Intertextualität und Intermedialität

Guido Isekenmeier · Andreas Böhn · Dominik Schrey

Intertextualität und Intermedialität

Theoretische Grundlagen – Exemplarische Analysen

 J.B. METZLER

Guido Isekenmeier
Institut für Literaturwissenschaft
Amerikanische Literatur und Kultur
Universität Stuttgart
Stuttgart, Deutschland

Andreas Böhn
Institut für Germanistik, KIT
Karlsruhe, Deutschland

Dominik Schrey
Medienkulturwissenschaft
SP Digitale Kulturen, Universität Passau
Passau, Deutschland

ISBN 978-3-476-04376-4   ISBN 978-3-476-04377-1 (eBook)
https://doi.org/10.1007/978-3-476-04377-1

Die Deutsche Nationalbibliothek verzeichnet diese Publikation in der Deutschen Nationalbibliografie; detaillierte bibliografische Daten sind im Internet über http://dnb.d-nb.de abrufbar.

© Springer-Verlag GmbH Deutschland, ein Teil von Springer Nature 2021
Das Werk einschließlich aller seiner Teile ist urheberrechtlich geschützt. Jede Verwertung, die nicht ausdrücklich vom Urheberrechtsgesetz zugelassen ist, bedarf der vorherigen Zustimmung des Verlags. Das gilt insbesondere für Vervielfältigungen, Bearbeitungen, Übersetzungen, Mikroverfilmungen und die Einspeicherung und Verarbeitung in elektronischen Systemen.
Die Wiedergabe von allgemein beschreibenden Bezeichnungen, Marken, Unternehmensnamen etc. in diesem Werk bedeutet nicht, dass diese frei durch jedermann benutzt werden dürfen. Die Berechtigung zur Benutzung unterliegt, auch ohne gesonderten Hinweis hierzu, den Regeln des Markenrechts. Die Rechte des jeweiligen Zeicheninhabers sind zu beachten.
Der Verlag, die Autoren und die Herausgeber gehen davon aus, dass die Angaben und Informationen in diesem Werk zum Zeitpunkt der Veröffentlichung vollständig und korrekt sind. Weder der Verlag, noch die Autoren oder die Herausgeber übernehmen, ausdrücklich oder implizit, Gewähr für den Inhalt des Werkes, etwaige Fehler oder Äußerungen. Der Verlag bleibt im Hinblick auf geografische Zuordnungen und Gebietsbezeichnungen in veröffentlichten Karten und Institutionsadressen neutral.

Umschlagabbildung: „Fast Film", © 2003 by widrichfilm.com (http://widrichfilm.com)

Planung/Lektorat: Ferdinand Pöhlmann/Ute Hechtfischer
J.B. Metzler ist ein Imprint der eingetragenen Gesellschaft Springer-Verlag GmbH, DE und ist ein Teil von Springer Nature.
Die Anschrift der Gesellschaft ist: Heidelberger Platz 3, 14197 Berlin, Germany

Einführung

Wenn es den Literaturwissenschaften um das „Leben" von Texten zu tun ist (so etwa Brillenburg Wurth und Rigney 2019), dann geht es in diesem Buch um deren Verwandtschafts- und Beziehungsverhältnisse. Im Rahmen des so angedeuteten kultursemiotischen Sprachspiels, das die Begrifflichkeiten der sozialen auf die materiale Kultur anwendet (vgl. Posner 2008), handelte es sich bei der Intertextualitäts- und Intermedialitätsforschung um Erkundungen der Sozialität von Texten als Kulturträgern oder im Grunde um eine relationale Anthropologie der Literatur (vgl. Strathern 2018). Deren Feld reichte von der ‚Familie' der literarischen Texte über die ‚Verwandtschaft' der sprachlich verfassten Texte bis hin zur ‚Gesellschaft' oder ‚Kultur' der Medientexte. Und so wie in der Ethnographie Ähnlichkeiten (und Unterschiede) zwischen kleineren Sozialstrukturen und größeren Organisationsformen diskutiert werden (vgl. Thelen 2015), soll im Folgenden die auf Bezügen zwischen medialen Artefakten fußende ‚Koproduktion' von Intertextualität und Intermedialität verhandelt werden. In dieser Modellierung verhielten sich intertextuelle und intermediale Analysen dann in einer Weise zueinander, die dem Verhältnis von Verwandtschaftsethnologie und Kulturanthropologie entspräche.

Die ersten beiden Teile dieses Bandes folgen somit der gängigen Sichtweise, dass sich der Zusammenhang zwischen Intertextualität und Intermedialität nicht in der Homologie der Begriffe und deren geteiltem Präfix (‚Inter-') erschöpft, sondern dass sich das Konzept der Intermedialität als Ergebnis einer Fortführung der Ausweitung des Textbegriffs im Rahmen der Intertextualitätstheorie verstehen lässt (vgl. Rajewsky 2002, S. 43–57). Als wichtiges Bindeglied fungieren dabei die Intertextualitäten in einzelnen Medien – etwa die Intertextualität in der Malerei, dem Film oder der Musik (s. Abschn. 2.1), aber auch in der Fotografie (Köhler 2018) oder dem Fernsehen (Fiske 1978) –, ohne dass sich die Bandbreite intermedialer Phänomene darin erschöpfen würde, wie deren ausschließliche Behandlung in Berndt/Tonger-Erk (2013, S. 162–201) nahelegen könnte. Vielmehr handelt es sich um Kreuzungspunkte zwischen der Intertextualität und ebenso vielen Beispielen einer bestimmten Vorstellung von Medien (als etablierten und selbstbezüglichen Einzel-Medien, s. Abschn. 2.4). Darüber hinaus umfasst Intermedialität aber auch Beziehungen zwischen Texten verschiedener Medialitäten sowie die sich daraus ergebenden Zwischenräume der Medien.

Der Herkunft des Intermedialitätsdiskurses aus dem der Intertextualität versuchen wir gerecht zu werden, indem wir jeweils zwei Zugangsweisen unterscheiden und ausführlich darstellen, deren eine auf konkrete Bezugsformen und deren Klassifizierung (s. Abschn. 1.1 und 2.2), deren andere auf (medien-)kulturelle Funktionen von Bezüglichkeit abhebt (s. Abschn. 1.2 und 2.3). Doch auch wenn die Geburt der Intermedialität aus dem Geiste der Intertextualität keine bloße Fußnote bleiben sollte (wie bei Robert 2014, S. 71–74), speist sich die Beschäftigung mit intermedialen Verhältnissen aus einer Vielzahl anderer Denk- und Forschungsrichtungen (vgl. dazu ausführlich Robert 2014, S. 30–77). Sechs exemplarischen Feldern, die alternative Zugänge zur Intermedialität eröffnen, gilt deshalb unser dritter Teil.

Auch im Lichte dieser vielfältigen Herangehensweisen scheint fraglich, ob es so etwas wie eine ‚intermediale Methode' überhaupt geben kann, deren Fehlen etwa Bruhn (2016, S. 2) beklagt. Schon die dabei vorausgesetzte Trennung von ‚Theorie' (im Singular) und Analyse wird im Folgenden dadurch konterkariert, dass wiederholt Betrachtungen von Beispielen in die Darstellung einbezogen werden, die den interpretatorischen Nutzen nicht der Theorien (im Plural) als ‚Ganzen', sondern einzelner Konzepte und Denkfiguren herausstellen. Entsprechend sind auch unsere ‚Fallstudien' in den abschließenden drei Teilen nicht das Ergebnis einer planmäßigen Anwendung von Theorie, sondern Exemplifikationen des mehr (s. Kap. 4) oder weniger (s. Kap. 5 und 6) gelingenden theoriegeleiteten Umgangs mit konkreten (Medien-)Texten. Während sich die dabei behandelten literarischen Beispiele als Herausforderung für ein ‚material-medial' blindes Intertextualitätsverständnis (Berndt/Tonger-Erk 2013, S. 157; s. Abschn. 1.3 und 2.5) erweisen, zeigen die Medien-Beispiele intermedialen Begriffen, die in Anlehnung an oder Fortsetzung zu intertextuellen Vorstellungen formuliert wurden, ihre Grenzen auf.

Literaturverzeichnis

Berndt, Frauke/Tonger-Erk, Lily: *Intertextualität: Eine Einführung*. Berlin 2013.
Brillenburg Wurth, Kiene/Rigney, Ann: *The Life of Texts. An Introduction to Literary Studies* [niederl. 2006]. Amsterdam 2019.
Bruhn, Jørgen: *The Intermediality of Narrative Literature: Mediality Matters*. London 2016.
Fiske, John: „Intertextuality". In: *Television Culture*. London 1987, 108–127.
Köhler, Astrid: *Déjà-vu-Effekte: Intertextualität und Erinnerung in inszenierter Fotografie*. Bielefeld 2018.
Posner, Roland: „Kultursemiotik". In: Ansgar Nünning/Vera Nünning (Hg.): *Einführung in die Kulturwissenschaften*. Stuttgart 2008, 39–72.
Robert, Jörg: *Einführung in die Intermedialität*. Darmstadt 2014.
Strathern, Marilyn: „Relations" (2018), https://www.anthroencyclopedia.com/entry/relations (01.09.2020).
Thelen, Tatjana: „Wege einer relationalen Anthropologie: Ethnographische Einblick in Verwandtschaft und Staat". In: *Wiener Arbeitspapiere zur Ethnologie* 4 (2015), 1–26.

Inhaltsverzeichnis

1 Intertextualität 1
  1.1 Referenzialität: Intertextualität als Bezüglichkeit von Texten 2
      1.1.1 Begrenzte Formen der Intertextualität: Von A wie
            Anspielung bis Z wie Zitat........................... 6
      1.1.2 Umfassende Formen der Intertextualität: Vom Plagiat
            zur Parodie.. 11
      1.1.3 Weitere umfassende Varianten: Intertextualität als
            Bezug auf Stile..................................... 14
      1.1.4 Intertextualität zwischen Selbstbezug und Weltbezug 17
  1.2 Dialogizität: Intertextualität als wechselseitige Erhellung
      der Texte.. 19
      1.2.1 Dialog und Dialogizität bei Bachtin.................... 21
      1.2.2 Intertextualität bei Kristeva 25
      1.2.3 Anonymität und Adressierbarkeit 29
      1.2.4 Der Dialog der Texte 32
      1.2.5 Das Gedächtnis der Literatur......................... 35
  1.3 Operationalität: Intertextualität als Schreibszene 38
      1.3.1 Interauktorialität: Einfluss anders 40
      1.3.2 Auto-Intertextualität: Schreiben als Selbstplagiat 44
      1.3.3 Cut-up: Intertextualität als Handwerk 48
  1.4 Literaturgeschichte der Intertextualität 51
  Beispielverzeichnis... 57
  Literaturverzeichnis 58

2 Von der Intertextualität zur Intermedialität 65
  2.1 Intertextualität in anderen Medien........................... 66
      2.1.1 Interpiktorialität/Interbildlichkeit...................... 69
      2.1.2 Intermusikalität 76
      2.1.3 Interfilmizität 82
  2.2 Intermedialität als Intertextualität zwischen Medien-Texten....... 88
      2.2.1 Intermedialität als Beziehung zwischen Literatur und
            Medien... 91
      2.2.2 Zur Typologisierung intermedialer Beziehungen.......... 92

2.3 Intermedialität und die Zwischenräume der Medien............ 100
  2.3.1 Das Kino-Dispositiv und die Frage der Medienspezifik 102
  2.3.2 Intermedialität als Wiedereinschreibung des
         Mediums in die Form.............................. 105
  2.3.3 Die Digitalisierung und das „ur-intermediale Netzwerk" ... 108
2.4 Die Medien der Intermedialität............................ 111
  2.4.1 Basis-Medien: Text, Bild, Ton (und Zahl)............... 112
  2.4.2 Einzel-Medien: zwischen begrifflicher Einheit und
         historischer Vielfalt................................ 114
  2.4.3 Filmische Medialitäten: (inter-)mediale Konstellationen ... 118
2.5 Rückkopplungen: die Medialität der Literatur................. 124
  2.5.1 Literarische (Im-)Materialitäten....................... 125
  2.5.2 Materialität und Visualität von Literatur................ 128
  2.5.3 Materialität und Intertextualität: das Zitat.............. 130
  2.5.4 (Inter-)Medialität und (Hyper-)Textualität.............. 132
Beispielverzeichnis.. 133
Literaturverzeichnis... 134

3 Andere Wege zur Intermedialität............................. 147
3.1 Interartialität: der Wettstreit der Künste..................... 148
3.2 Narrativität: Erzählen als transmediale Praxis................. 155
3.3 Visual Culture: Medien der Visualität........................ 159
3.4 Sound Culture: Medien des Klangs........................... 164
3.5 Medien und Erinnerung: von den Memory Studies zur
     Mediennostalgie....................................... 173
3.6 Multimedia: vom Gesamtkunstwerk zur Medienkonvergenz....... 178
Beispielverzeichnis.. 183
Literaturverzeichnis... 184

4 Intertextualität (und Intermedialität) in Robert Coovers
  The Public Burning (1977).................................. 193
4.1 Coovers Roman als Enzyklopädie des Jahres 1953.............. 194
4.2 Die Dialogizität des Cut-up: Coovers Vision von Eisenhower..... 197
4.3 Coovers satirisches Pastiche: Nixon und der Mob............... 204
4.4 E Pluribus Unum: Uncle Sam als nationales Cento............... 209
4.5 Intertextualität als Intermedialität: Die Schlagzeilen der
     New York Times und die Titelmusik von *High Noon*.......... 213
Literaturverzeichnis... 218

5 Intertextualität und Intermedialität in der deutschsprachigen
  Gegenwartsliteratur.. 221
5.1 Ebenen der Intertextualität bei Felicitas Hoppe................. 222
5.2 Metareferenz und Intermedialität bei Thomas Lehr.............. 229
5.3 Inter- und Paratextualität bei Wolf Haas...................... 232
Literaturverzeichnis... 236

6 Sampling und Remix Culture 237
6.1 Intermediale Formzitate in GAME OF THRONES 1995 STYLE 238
6.2 Virgil Widrichs FAST FILM als Datenbanknarrativ 245
Literaturverzeichnis 253

Personenregister 255

Intertextualität

Inhaltsverzeichnis

1.1	Referenzialität: Intertextualität als Bezüglichkeit von Texten	2
	1.1.1 Begrenzte Formen der Intertextualität: Von A wie Anspielung bis Z wie Zitat	6
	1.1.2 Umfassende Formen der Intertextualität: Vom Plagiat zur Parodie	11
	1.1.3 Weitere umfassende Varianten: Intertextualität als Bezug auf Stile	14
	1.1.4 Intertextualität zwischen Selbstbezug und Weltbezug	17
1.2	Dialogizität: Intertextualität als wechselseitige Erhellung der Texte	19
	1.2.1 Dialog und Dialogizität bei Bachtin	21
	1.2.2 Intertextualität bei Kristeva	25
	1.2.3 Anonymität und Adressierbarkeit	29
	1.2.4 Der Dialog der Texte	32
	1.2.5 Das Gedächtnis der Literatur	35
1.3	Operationalität: Intertextualität als Schreibszene	38
	1.3.1 Interauktorialität: Einfluss anders	40
	1.3.2 Auto-Intertextualität: Schreiben als Selbstplagiat	44
	1.3.3 Cut-up: Intertextualität als Handwerk	48
1.4	Literaturgeschichte der Intertextualität	51
	Beispielverzeichnis	57
	Literaturverzeichnis	58

Dieses erste Kapitel widmet sich zunächst den (Inter-)Relationen von ‚Texten', also von sprachlich verfassten Schriften oder solchen Artefakten, die sich als vergleichbar strukturiert darstellen oder jedenfalls betrachten lassen. Die folgende Kapiteleinteilung folgt dabei der gängigen Ansicht, dass es zwei Vorstellungen von Intertextualität gibt: eine engere, deren Interesse den Formen und Funktionen von Bezüglichkeit zwischen Texten gilt und die klassifizierend und typologisierend vorgeht; und eine weitere, die auf eine Kulturtheorie des textuellen Dialogs abzielt und die Arbeit an Begriffen in den Mittelpunkt stellt. Pfister (1985, S. 11) unterscheidet entsprechend zwischen „spezifische[r] Intertextualität" und „universale[m] Intertext", Samoyault (2001) zwischen „conceptions restreintes" und

„conceptions extensives" und Berndt und Tonger-Erk (2013) sprechen kurz von „Typologien" und „Grundlagen".

- **Abschn.** 1.1 führt den engeren Intertextualitätsbegriff ein und gibt einen Überblick über die verschiedenen Vorschläge, das weite Feld der intertextuellen Verfahren zu ordnen, die bis zu den Systematisierungsversuchen seit den 1980er Jahren unter einer Vielzahl von Einzelbegriffen verhandelt wurden.
- **Abschn.** 1.2 behandelt den weiteren Intertextualitätsbegriff, der sich vor allem durch eine seit den späten 1960er Jahren erarbeitete Verallgemeinerung des Textbegriffs auszeichnet und dem zufolge Kultur als Epiphänomen textueller Beziehungen zu sehen sei.
- **Abschn.** 1.3 untersucht Modelle der Autorschaft im Zeichen der Intertextualität, wobei eher die sich aus der weiteren Konzeption ergebende Vorstellung von Schreibenden als intertextuellen Schnittstellen zum Tragen kommt als der im engeren Konzept anzutreffende Fokus auf „bewußte, intendierte und markierte Bezüge" (Pfister 1985, S. 25).
- **Abschn.** 1.4 stellt das „Projekt einer Geschichte der Intertextualität" (Pfister 1985, S. 30) dar, das sich umgekehrt eher der Idee literarhistorisch differenzierbarer spezifischer Intertextualitäten verdankt als der Idee einer ‚Pan-Intertextualität' (Wolf 2018, S. 4), die Textualität und Intertextualität grundsätzlich in eins setzt.

1.1 Referenzialität: Intertextualität als Bezüglichkeit von Texten

Texte wie Zeichen überhaupt zeichnen sich dadurch aus, dass sie sich auf etwas beziehen, das außerhalb von ihnen liegt. Einfach gesagt, beziehen sich Texte auf Ausschnitte von (möglichen) Welt(en). Da hierzu jedoch auch Texte gehören, können sich Texte ebenso auf andere Texte beziehen. Die Intertextualitätsforschung richtet sich auf diese Bezüge eines Textes zu anderen Texten (vgl. Böhn 2007, S. 204–206), wie dies in der älteren Forschung auch schon Untersuchungen zu stofflichen und motivischen Vorläufern und Einflüssen von anderen Autor/innen taten.

Intertextualität bei Kristeva

Der Begriff der Intertextualität und das sich daran anknüpfende Forschungsfeld entstanden jedoch erst ab den 1960er Jahren. Julia Kristeva (1972) prägte den Begriff der Intertextualität (s. Abschn. 1.2) und radikalisierte zudem die Vorstellung von der Bezüglichkeit von Texten, indem sie jeden Text als Rekombination von Elementen aus anderen Texten auffasste. Dieser **weite Intertextualitätsbegriff,** der insbesondere im Umfeld des Poststrukturalismus und Dekonstruktivismus intensiv rezipiert wurde, richtete sich gegen als ideologisch belastet angesehene Begriffe wie ‚Autorschaft' (s. Abschn. 1.3) und ‚Geschlossenheit' des literarischen Werks. Propagiert wurde stattdessen die Konzeption eines alles umfassenden **Textuniversums,** in dem Einzeltexte nur noch Knotenpunkte vielfältiger Bezugslinien darstellen. An dieser Auffassung gab es jedoch auch Kritik. Aufgrund seiner Allgemeinheit eignet sich der weite Intertextualitätsbegriff nach Pfister (1985a) kaum als Basis konkreter textanalytischer Arbeit. Daher setzten bald Versuche ein, den Intertextualitätsbegriff enger zu fassen und so als Oberbegriff für die vielfältigen Bezüglichkeiten von Texten operationalisierbar zu machen (vgl. Pfister 1985a, S. 18).

Transtextualität bei Genette
Einen wichtigen Versuch hierzu unternahm der Strukturalist Gérard Genette (1993). Er ersetzte den Begriff der Intertextualität durch den der Transtextualität, welcher alles umfasst, was einen Text in Beziehung zu einem oder mehreren anderen Texten setzt, und in fünf Typen unterteilt werden kann:

- **Intertextualität** im engeren Sinne, die Übernahme von Teilen aus anderen Texten, für die das (wörtliche) Zitat als Beispiel gelten kann;
- **Paratextualität,** die Beziehung eines Textes zu den Texten, die zwischen dem (Haupt-)Text und dem Textaußen vermitteln, wie Titel, Vorwort, Fußnoten, Klappentexte usw. (vgl. Genette 1989);
- **Metatextualität,** die Relation zwischen einem Text und Texten über diesen Ausgangstext wie Kommentar oder Kritik;
- **Hypertextualität,** die Überführung eines Textes in einen anderen Text;
- **Architextualität,** die Beziehung eines Textes zu der Textklasse, der er angehört.

Gegen diese Typologie ist eingewandt worden, dass es sich bei Paratextualität um intra- statt intertextuelle Bezüge handle, da die Paratexte Bestandteile des Textes selbst seien, wenn auch solche mit einem besonderen Status (Stocker 1998, S. 59). Außerdem wurde darauf hingewiesen, dass im Feld der Architextualität zwischen der bloßen Aktualisierung einer Gattung, also dem Schreiben in einer Gattungstradition, und dem markierten Verweis auf diese Gattung etwa durch Formzitate unterschieden werden muss (Böhn 2001, S. 40–44).

Dennoch kommt Genette das Verdienst zu, einen wichtigen Anstoß sowohl zur Entwicklung eines methodisch abgesicherten Instrumentariums zur differenzierten Bestimmung von Intertextualitätsphänomenen als auch zur Klärung des Verhältnisses der neu entwickelten Terminologie zu eingeführten Begriffen wie ‚Zitat', ‚Parodie', ‚Pastiche', ‚Adaption' usw. gegeben zu haben. Beides leistet er vor allem auch mit seiner weitergehenden Aufgliederung der verschiedenen Formen von **Hypertextualität.** Ein Hypertext kann demnach den ihm zugrunde liegenden Hypotext entweder nachahmen oder auf spielerische, satirische oder ernste Weise transformieren. Das Nachahmen ist dabei die weitaus komplexere Vorgehensweise, da sie die Reproduktion eines abstrahierten zugrundeliegenden Musters erfordert, während das Transformieren auch einfach durch Weglassen irgend eines Elements des Textes erfolgen kann. Durch die Kombination dieser Kriterien ergeben sich sechs Klassen von Hypertexten: Parodie (spielerische

Transformation), Pastiche (spielerische Nachahmung), Travestie (satirische Transformation), Persiflage (satirische Nachahmung), Transposition (ernste Transformation) und Nachbildung (ernste Nachahmung). Wenngleich sich Genettes Begriffsprägungen, die teilweise traditionelle Begriffe wie ‚Parodie‘, ‚Travestie‘ und ‚Pastiche‘ einer Bedeutungsänderung unterziehen, nicht durchgesetzt haben, zeigt seine Taxonomie dennoch nützliche Unterscheidungs- und Beschreibungsmöglichkeiten auf.

In der Folge entstanden seit Mitte der 1980er Jahre eine Fülle von Einzelstudien und Anwendungen, aber auch Systematisierungsvorschläge. Ulrich Broich und Manfred Pfister (1985) etwa versuchten, Intertextualität auf solche Bezüge zwischen Texten einzuschränken, die produktions- und rezeptionsästhetisch relevant sind, und dadurch von den Bezügen abzugrenzen, die grundsätzlich zwischen einem Text und anderen Texten hergestellt werden können, die etwa ganz oder teilweise ähnliche Stoffe und Motive aufgreifen. Außerdem wurde systematisch zwischen **Einzeltext- und Systemreferenz** unterschieden, wobei unter Letzterer der Bezug auf die jeweilige Textklasse zu verstehen ist, also das, was bei Genette Architextualität genannt wurde. Dabei wird der Unterschied zwischen dem bloßen Aufgreifen einer Gattung und dem Verweis auf diese herausgestellt, allerdings ohne dass daraus die Konsequenz einer scharfen terminologischen Trennung von Systemaktualisierung und Systemreferenz gezogen würde (Pfister 1985b, S. 53–54).

Hatte Pfister (1985a, S. 25–30) Kriterien für eine Skalierung der **Intensität von Intertextualität** vorgeschlagen (Referentialität, Kommunikativität, Autoreflexivität, Strukturalität, Selektivität und Dialogizität), die wichtige Orientierungen für die textanalytische Operationalisierung darstellten, so betonte Susanne Holthuis (1993), dass die Aktualisierung von intertextuellen Bezügen von dem Wechselspiel zwischen produktionsseitigen Impulsen, die sich in Textstrukturen manifestieren, einerseits und rezeptionsseitiger Kompetenz und Bereitschaft zum Aufnehmen dieser Impulse andererseits abhängt. Leser/innen müssen auf der Basis spezifischer Kompetenzen Bezüge zwischen Texten konstruieren, um das intertextuelle Potenzial des Textes und die dadurch ermöglichten zusätzlichen Bedeutungsebenen zu erschließen.

Intertextuelle Lektüre
Peter Stocker (1998) griff diesen lektüreorientierten Ansatz auf und versuchte, die Unterscheidung zwischen Einzeltext- und Textklassenbezug mit den Funktionen Zitieren/Demonstrieren, Thematisieren und Imitieren zu kreuzen, was sechs mögliche Formen von Intertextualität ergibt: Palintextualität (Zitieren eines Einzeltextes), Demotextualität (Demonstrieren der Charakteristika einer Textklasse), Metatextualität (Thematisieren der Charakteristika eines Einzeltextes), Thematextualität (Thematisieren der Charakteristika einer Textklasse), Hypertextualität (Imitieren eines Einzeltextes) und Similtextualität (Imitieren einer Textklasse). Auch hier, wie schon bei Genette, bleibt jedoch beim Textklassenbezug die Grenze zwischen Anwendung von Mustern und Verweis auf

1.1 Referenzialität: Intertextualität als Bezüglichkeit

diese Muster unklar, wenn Similtextualität so bestimmt wird, dass „diese Muster in augenfälliger Weise imitiert werden" (Stocker 1998, S. 64) und Demotextualität so, dass „diese Muster demonstrativ angewendet werden" (ebd., S. 68).

Ob das Sonettschema bei jedem Sonett ‚augenfällig' ist oder nur in besonderen Fällen, und wo bei letzteren dann die Grenze zur ‚demonstrativen Anwendung' des Schemas zu ziehen wäre, ist genau die Frage nach der Unterscheidung zwischen dem Schreiben in einer Tradition oder Gattung und dem Verweis darauf. Zur Klärung dieser Frage wurde die Anwendung des Zitatbegriffs auch auf die uneigentliche Verwendung von **Textklassenmustern** als Form- oder Gattungszitaten, die auf diese verweist und sie nicht nur gebraucht bzw. anwendet, vorgeschlagen (Böhn 2001). Hier wurde auch der enge Zusammenhang von Intertextualität und kulturellen Strategien des Erinnerns herausgestellt, der durch Hinweise auf die Beziehung zwischen Intertextualität und kulturellem Wissen ergänzt wurde (Neumann und Nünning 2006; s. Abschn. 1.2.5).

Form- und Gattungszitate sind Sonderfälle des Codezitats (vgl. zum Folgenden Böhn 2001, S. 38–44). Um eine Gattung zu zitieren, müssen für diese Gattung bzw. eine bestimmte Entwicklungsstufe dieser Gattung charakteristische Formen zitierend so aufgegriffen werden, dass über die einzelnen Formen hinaus ein Verweis auf die gesamte Gattung entsteht. Es erscheint daher sinnvoller, den Begriff ‚**Formzitat**' statt den des ‚Gattungszitats' zu verwenden und den Verweis auf Gattungen als möglichen Effekt von Formzitaten zu behandeln. Beim Zitieren von Gattungen, genauer: beim Zitieren von für eine Gattung typischen Formen, liegt ein Verweis vor, da die Form nicht gebraucht, sondern nur erwähnt wird. Die normale Funktion der Form entfällt, und es entsteht eine Differenz zum Kontext des Zitats. Dadurch wird eine Einstellungsänderung bei den Rezipient/innen angeregt und die komplexere Auffassungsweise nahegelegt, nach der die Form auf den Gattungszusammenhang, aus dem sie stammt, verweist.

Systemaktualisierung und Systemreferenz
Dieser Verweis auf Formen und Gattungen durch das Formzitat (vgl. Böhn 2001, S. 38–44) ist zu unterscheiden von dem, was gewissermaßen die Null-Form des Gattungsbezugs darstellt, der durch die einfache Zugehörigkeit bzw. Zuordenbarkeit zu einer Gattung gegeben ist. Dieser von Pfister (1985) unter ‚**Systemreferenz**' und von Genette (1993, S. 13–14) unter ‚Architextualität' gefasste einfache Gattungsbezug bleibt implizit und stellt keinesfalls einen Verweis dar, so dass sich die Frage stellt, ob es überhaupt sinnvoll ist, ihn unter Intertextualität im Sinne des Verweisens auf andere Texte zu fassen (vgl. Böhn 2007, S. 207–212). Für die reine Aktualisierung einer Form oder Gattung sollte man nicht den Begriff ‚Referenz' verwenden, sondern diesen für Fälle der Thematisierung der Form oder Gattung reservieren. Zu der so verstandenen, von **Systemaktualisierung** unterschiedenen, Systemreferenz oder Textklassenreferenz bildet das Formzitat eine Unterklasse, die durch die definitorischen Merkmale des Zitats gekennzeichnet ist, zu denen neben der Verweisfunktion auch das Enthaltensein dessen bzw. einer Nachbildung dessen, worauf verwiesen wird, gehört. Nur

wenn strukturelle und/oder inhaltlich-motivische Elemente der Form, auf die verwiesen wird, in dem verweisenden Zeichenkomplex enthalten sind, kann man von einem Formzitat sprechen.

Andere Möglichkeiten des Verweises wie explizite Benennung, paraphrasierende Kennzeichnung oder Thematisierung auf der Ebene des Dargestellten sind davon zu trennen. In der Praxis sind diese Unterklassen der Systemreferenz ebenso wie Systemreferenz und Einzeltextreferenz gleichwohl häufig eng miteinander verbunden und stützen sich gegenseitig oder aber bauen signifikante Spannungen untereinander auf.

Intertextualität kann punktuell und sehr begrenzt auftreten (s. Abschn. 1.1.1), etwa als einzelne Anspielung auf einen anderen Text bezieht oder als wörtliches Zitat aus demselben. Sie kann in umfassender Form einen Text prägen, der sich durchgehend auf einen anderen Text bezieht wie bei der Parodie (s. Abschn. 1.1.2) oder auf einen bestimmten Stil wie beim Pastiche (s. Abschn. 1.1.3), und es können sich Text- und Weltbezug überlagern (s. Abschn. 1.1.4) wie bei Kombinationen von Parodie und Satire (vgl. Böhn 2007, S. 206–212).

1.1.1 Begrenzte Formen der Intertextualität: Von A wie Anspielung bis Z wie Zitat

Anspielungen und wörtliche Zitate verweisen auf jeweils *einen* anderen Text, jedoch in unterschiedlicher Art und Weise. Dies lässt sich gut an Titeln und Namen von Figuren zeigen, die beide häufig für solche Verweise genutzt werden. Während beim **Zitat** der Titel oder Teile davon wörtlich wiederholt werden bzw. Figurennamen direkt aufgegriffen werden, wie in Tom Stoppards Theaterstück *Rosencrantz and Guildenstern Are Dead* (1966) die Namen der beiden Nebenfiguren aus Shakespeares *Hamlet*, bezieht sich eine **Anspielung** auf ‚den berühmtesten dänischen Prinzen der Weltliteratur' durch eine Umschreibung auf Shakespeares Helden. Wenn Anspielungen oder Zitate nicht zusätzlich strukturell abgesichert sind wie bei Stoppard, dessen Stück gewissermaßen eine Version des *Hamlet*-Geschehens mit den beiden titelgebenden Figuren im Zentrum präsentiert, sondern als Verweise begrenzt bleiben und eventuell nur punktuelle und einmalige Bezüge darstellen, so müssen sie entweder besonders deutlich markiert sein oder sie werden sich nur Rezipient/innen erschließen, die über eine genaue Kenntnis des Bezugstextes verfügen. Deutliche **Markierungen** (vgl. Helbig 1996) sind etwa dann gegeben, wenn auf besonders berühmte und bekannte Stellen aus Klassikern angespielt oder diese zitiert werden, die fast schon sprichwörtlich verwendet werden, wie es etwa bei Anspielungen auf die ‚Gretchenfrage' oder dem Zitat „Das ewig Weibliche zieht uns hinan" aus Goethes *Faust* der Fall ist, oder wenn es sich um eine aktuelle und prominente Äußerung handelt, wie bei den vielfältigen Zitaten von und Anspielungen auf Angela Merkels Satz „Wir schaffen das" im Zusammenhang mit der sogenannten Flüchtlingskrise in den Jahren 2015 und 2016.

1.1 Referenzialität: Intertextualität als Bezüglichkeit

Gebrauch und Verweis

Charakteristisch für den Akt des Verweisens beim Zitieren ist, dass man die sprachlichen (oder anderen) Zeichen, die man zitiert, nicht so verwendet, wie sie ursprünglich verwendet wurden, nämlich um auf etwas nicht Zeichenhaftes zu verweisen, sondern um auf diese Zeichen und ihre vorangehende Verwendung zu verweisen. Viele der Zitate des Merkel-Satzes sollen etwas ganz anderes als das zunächst von der Bundeskanzlerin Gemeinte zum Ausdruck bringen, unter Umständen das genaue Gegenteil. Dies ist möglich, weil man beim Zitieren die zitierten Zeichen im strengen Sinne nicht gebraucht, wie sie üblicherweise verwendet werden, sondern auf sie bzw. ihre frühere Verwendung in einem vorangehenden Text, dem ‚Prätext', verweist und sich dann gegebenenfalls davon distanziert. Diese Unterscheidung kann man im Englischen vielleicht noch besser als im Deutschen mit dem Unterschied zwischen den Ausdrücken ‚to use' und ‚to mention a sign' wiedergeben (vgl. Davidson 1979; Böhn 2001, S. 33–37).

Auf wörtliche Zitate lassen sich die Kategorien nach Heinrich F. Plett (1991) anwenden, der am Beispiel des Zitats eine Grammatik der Intertextualität mit den Kategorien Quantität, Qualität, Distribution, Häufigkeit, Interferenz und Markierung (explizit, implizit, inexistent, pseudo-markiert) formuliert:

- Die **Quantität** lässt sich danach spezifizieren, ob nur ein ganz kurzer Ausschnitt des Prätexts, eine längere Passage oder der ganze Text zitiert wird.
- Die Kategorie der **Qualität** bestimmt sich nach den Änderungsrelationen zwischen Prätext und Zitat: Addition, Subtraktion (beides in Plenzdorfs Titel *Die neuen Leiden des jungen W.* von 1972, der im Vergleich mit Goethes Originaltitel *Die Leiden des jungen Werthers* sowohl „neuen" hinzufügt als auch den Namen des Protagonisten durch die Abkürzung größtenteils tilgt), Substitution (Sloterdijks *Kritik der zynischen Vernunft* aus Kants *Kritik der reinen Vernunft*), Permutation (Melchior Kirchhofers *Wahrheit und Dichtung* von 1824 aus Goethes *Dichtung und Wahrheit*, ab 1811 erschienen), Repetition (wörtliches Zitat ohne Veränderung wie im Titel von „Ich bin ein Berliner" des Berliner Rappers Ufo361 von 2016).
- Die **Distribution** von Zitaten kann sich gleichmäßig über den ganzen Text erstrecken oder sich an bestimmten Stellen ballen, was auf besonders enge Bezüge zwischen diesen Stellen und den zitierten Texten hinweist.
- Hinsichtlich der Kategorie **Häufigkeit** lässt sich untersuchen, wie viele Zitate aus welchen Prätexten vorkommen.
- Die **Interferenz** zwischen dem Zitat und seinem Kontext kann gering ausgeprägt sein, wenn sich das Zitat inhaltlich und formal in seinen neuen Kontext unproblematisch einfügt, so dass es möglicherweise gar nicht als Zitat auffällt, wenn man nicht die Übereinstimmung mit dem Prätext bemerkt. Ein Zitat in einer anderen Sprache, das graphisch hervorgehoben wird, eine Differenz der Stilebene mit sich bringt und sich inhaltlich nicht ohne interpretatorische Anstrengungen in den Kontext integrieren lässt, interferiert hingegen auf mehreren Ebenen sehr stark mit seinem Kontext.

- In diesem Falle wären auch eine sowohl explizite (hier graphische) als auch implizite **Markierung** als Zitat gegeben, die jedoch ebenso ganz fehlen kann. Zudem sind Pseudo-Markierungen möglich, die etwas als Zitat erscheinen lassen, das es gar nicht ist, wie man es etwa in den Werken von Jorge Luis Borges oder Felicitas Hoppe findet. Der Dimension der Markierung hat Helbig (1996) eine eigene Studie gewidmet.

Der **Verweis auf eigene Texte** und der auf nicht existierende Werke sind Formen von Intertextualität, die in der Intertextualitätsforschung nur eine Nebenrolle spielen, wenn sie überhaupt eigens betrachtet werden. Erstgenannte Variante wird zuweilen als ‚**Autotextualität**' bezeichnet, ein Terminus, der jedoch häufig auch synonym mit ‚Intratextualität' für einen Verweis auf eine Stelle im selben Text verwendet wird. Broich und Pfister (1985, S. 49–50) gebrauchen die Bezeichnungen Auto- und Intratextualität in diesem Sinne synonym, wie zuvor bereits Dällenbach (1976, S. 283), der jedoch auch Bezüge zu anderen Texten des gleichen Autors zur Autotextualität hinzurechnet. Es wurde allerdings auch vorgeschlagen, ‚Autotextualität' für **Bezüge innerhalb eines Textes** und ‚Intratextualität' für Verweise innerhalb des Werks eines Autors/einer Autorin zu verwenden (vgl. Winter 1998, S. 139). Selbst die synonyme Verwendung der beiden Termini für Bezüge innerhalb des Werks eines Autors/einer Autorin, also zwischen verschiedenen Texten, findet sich (vgl. Fauth 2007, S. 106). Holthuis (1993, S. 45) wiederum schlägt die Unterscheidung in Hetero-Intertextualität und Auto-Intertextualität vor (s. Abschn. 1.3.2).

Dieser etwas verwirrende terminologische Befund soll Anlass sein, auf eine Differenzierung von Genette zurückzugehen, der bei der Untersuchung hypertextueller (also komplexer und struktureller intertextueller) Beziehungen (vgl. Böhn 2007, S. 208–209) zwischen **allographen und autographen Hypertexten** unterscheidet und bei letzteren zwischen solchen „mit autonomem Hypotext" und solchen „mit ad-hoc-Hypotext" (Genette 1993, S. 75), also im Text selbst gegebenem Hypotext. Analog könnte man zwischen allographer, durch Verweise auf Texte anderer Autor/innen konstituierter Intertextualität und autographer, durch Verweis auf eigene Texte konstituierter Intertextualität differenzieren, und bei Letzterer wiederum zwischen dem Verweis auf autonome, also textexterne eigene Texte und dem Verweis auf den gegebenen Text selbst, den man synonym auch als Intratextualität bezeichnen könnte.

Doch ist ein **Verweis auf einen nicht existierenden Text** eigentlich ein Verweis oder vielmehr ein Pseudo-Verweis, ein fingierter Verweis? Auch hier ist die terminologische Vielfalt in der Intertextualitätsforschung, soweit sie sich diesem Phänomen überhaupt zugewandt hat, beeindruckend: Vorgeschlagen wurden etwa die Termini ‚fake quotes', ‚misquotes', und ‚misleading attributions' (Boller und George 1989, Titel), ‚pseudo-quotation' bzw. ‚pseudo-commentary'(Plett 1991, S. 12), ‚quasi-' oder ‚pseudo-intertextuelle' Relationen (Holthuis 1993, S. 45), ‚fiktive Hyper- bzw. Metatextualität' (Genette 1993, S. 351), ‚vakante Zitate', unterschieden in ‚Pseudo-' und ‚Parazitate' (Oraić Tolić 1995, S. 34–35) und ‚Pseudo-Markierungen' als Zitat (Böhn 2007, S. 208). Holthuis (1993, S. 44–45)

1.1 Referenzialität: Intertextualität als Bezüglichkeit

unterscheidet systematisch intertextuelle Relationen nach dem Bezugsbereich, auf den das erste Relationsglied verweist, und trennt zwischen **Auto-, Hetero- und Pseudo-Intertextualität,** wobei sie sich auch zu möglichen Funktionen der Pseudo-Intertextualität äußert:

> Gerade in literarischen Texten muß auch von der Möglichkeit ausgegangen werden, daß intertextuelle Relationen zwar signalisiert, tatsächlich aber nicht rekonstruierbar sind. In diesen Fällen kann [...] zum Beispiel damit gerechnet werden, daß der Autor fingierte intertextuelle Bezüge entweder aus Gründen einer Schein-Authentizität vornimmt oder aber, vor allem in der Literatur der Moderne, den Leser bewußt ‚auf die falsche Fährte' führt und mit ihm gewissermaßen ein Verwirrspiel betreibt. (Holthuis 1993, S. 45)

Der **Eindruck von Authentizität** kann allerdings nur entstehen, wenn und solange Leser/innen nicht erkennen, dass der Verweis sich auf kein reales Werk bezieht, das eine Bestätigung liefern könnte. Dann handelt es sich tatsächlich um eine Täuschung, die sich gewissermaßen zu der des Plagiats komplementär verhält: Bei Letzterem wird eine reale Übernahme nicht signalisiert, hier eine reale Übernahme signalisiert, die sich als fingierte erweist.

Dubravka Oraić Tolić (1995, S. 34) differenziert nach dem Grad der Übereinstimmung zwischen Zitat und Prä- oder ‚Prototext' zwischen ‚vollständigen, unvollständigen und vakanten oder leeren Zitaten'. Bei Letzteren ist keine Übereinstimmung vorhanden, sei es, dass das vorgebliche Zitat in einem vorhandenen vorgeblichen Herkunftstext nicht zu finden ist (‚Pseudozitat'), sei es dass der vorgebliche Herkunftstext nicht existiert (‚Parazitat'; vgl. ebd., S. 34–35). Manche Autor/innen der klassischen Moderne haben die Textstrategie der **Pseudo-Intertextualität** intensiv genutzt. Vladimir Nabokov etwa entwickelt in *Pale Fire* (1962) eine romanhafte Handlung über den Kommentar zu einem fiktiven Gedicht, und bei Borges finden sich in vielen Werken Pseudo-Resümees und Pseudo-Kommentare zu fiktiven Texten (vgl. Genette 1993, S. 348–352, und den Vergleich Hoppes mit Borges bei Holdenried 2005, S. 4). Beide imitieren dabei bestimmte Schreibweisen, parodieren sie (s. Abschn. 1.1.2) oder führen jedenfalls ihr Funktionieren vor, verzichten aber nicht auf die Möglichkeit, darüber zugleich eine erzählte Welt und eine sich darin abspielende Geschichte zu präsentieren. Vielmehr wählen sie bewusst die vorgeführte **Schreibweise als Medium,** um darin die erzählte Geschichte erscheinen zu lassen, und demonstrieren zugleich die Besonderheiten dieser Schreibweise, die zusätzlich noch kommentiert werden können (s. Abschn. 5.1)

Eine intertextuelle Form wie das wörtliche Zitat kann für sich genommen in dem Sinne begrenzt sein, dass sich jeweils nur ein Zitat auf genau einen Prätext bezieht, aber dennoch einen Text durchgehend prägen, der sehr viele Zitate auf verschiedene Prätexte aufweist oder im Extrem (fast) nur aus Zitaten besteht, wie es beim **Cento** der Fall ist. Solche ‚Flickgedichte', wie man sie auch nennt, bilden gewissermaßen ein Patchwork aus Versatzstücken vorgängiger Texte, die häufig einer bestimmten Textklasse angehören, beispielsweise bekannten Zitaten aus klassischen Werken wie in Edwin Bormanns *Goethe-Quintessenz* (1885). Damit steht das Cento im Übergang zu umfassenden Formen der Intertextualität, die den jeweiligen Text insgesamt in seiner Struktur prägen, und zwischen Einzeltextbezügen und Bezügen auf Textklassen.

Auch wenn ein Text eine Vielzahl von Verweisen auf unterschiedliche Prätexte enthält, so entsteht dadurch dennoch kein Textklassenbezug, falls diese Prätexte nicht eine Menge mit übereinstimmenden Merkmalen bilden, die sie als Textklasse erscheinen lassen. Umgekehrt kann es sich auch bei einem einzelnen Bezug um einen Verweis auf eine Textklasse handeln, wenn nicht Charakteristika eines singulären Prätexts, sondern Konstituenten einer Textklasse sein Gegenstand sind. So findet sich in **E.T.A. Hoffmanns** *Lebensansichten des Katers Murr* **(1819/1821)** eine außerordentlich große Menge von Zitaten und Anspielungen auf Einzeltexte, etwa auf eine ganze Reihe von Shakespeare-Stücken, ohne dass durch diese ein Textklassenbezug entstünde. Andererseits genügt ein Blick auf die Kapitelüberschriften des Murr-Teils, um den parodistischen Verweis auf die Textklasse der Künstlerautobiographie zu erkennen. Die entsprechenden Abschnitte eines Menschenlebens, die sich in Jahren bemessen würden, sind hier zu Monaten verkürzt, dem kürzeren Katerleben entsprechend. Der Untertitel eines dieser Abschnitte, „Auch ich war in Arkadien", zitiert nun aber mit Goethes *Italienischer Reise* (1816/17) den in der deutschen Literatur berühmtesten Einzeltext aus dieser Textklasse und verbindet somit einen Textklassenbezug mit einem Bezug auf einen für diese Textklasse prototypischen Einzeltext. Derartige Verweise auf herausragende und besonders prägnante einzelne Beispiele können Textklassenbezüge stützen oder auch dazu dienen, die Rezipient/innen auf derartige Bezüge aufmerksam zu machen.

Im Verfahren der Analyse müssen **Einzeltextbezüge** daher nach Frequenz und Zuordnung der Prätexte geprüft werden, um signifikante Häufungen von Verweisen auf einen bestimmten Text, auf Texte eines bestimmten Autors/einer bestimmten Autorin, einer bestimmten Gattung oder einer bestimmten Epoche zu ermitteln und dadurch übergeordneten Bezugsmöglichkeiten auf die Spur zu kommen. Es können auch wörtliche Übernahmen aus einzelnen Texten vorliegen und nachweisbar sein, ohne dass die Bezüge zu diesen einzelnen Texten in erkennbarer Weise funktionalisiert werden, sondern vielmehr in der Summe einen Bezug auf die Textklasse konstituieren, der die Einzeltexte zugehören, wie dies häufig beim Cento der Fall ist.

Sowohl Einzeltextbezüge als auch **Textklassenbezüge** können dadurch entstehen, dass Elemente und/oder Strukturen nachgeahmt werden, dass also etwas, das in dem oder den Prätext(en) enthalten war, auch in dem Text enthalten ist, an dem wir Intertextualität beobachten. In jedem Fall muss der Verweischarakter hinzukommen, denn die bloße, nicht funktionalisierte, vielleicht auch gar nicht bemerkbare Übernahme genügt nicht als Kriterium für Intertextualität. Die Verbindung von Übernahme von Teilen des Prätextes und Verweis charakterisiert das Zitat, weswegen sich für diese Art des Bezugs sowohl auf Einzeltexte als auch auf Textklassen die Verwendung des Zitatbegriffs anbietet (Böhn 2001, S. 33–44). Das wörtliche Zitat erscheint dann als Spezialfall eines weiter gefassten Zitatbegriffs. Der scheinbare Vorteil eines engeren, am wörtlichen Zitat orientierten Zitatbegriffs wird schnell problematisch, wenn man sich klarmacht, dass die Grenze der Wörtlichkeit bei Umformungen und Teilersetzungen, wie sie schon aufgeführt wurden, schwer zu ziehen ist. Vom Zitieren lassen sich thematisierende Formen der Bezugnahme abgrenzen, die von Genette (1993, S. 13) unter Metatextualität und von Stocker (1998, S. 55–60, 65–69) unter Metatextualität und Thematextualität gefasst werden. Diese Formen operieren nicht mit partieller Nachbildung von Prätexten, sondern mit expliziten oder paraphrasierenden Hinweisen.

1.1.2 Umfassende Formen der Intertextualität: Vom Plagiat zur Parodie

Geht man vom Zitat als wörtlicher Übernahme aus, so könnte das **Plagiat** geradezu als Prototyp von umfassender Intertextualität erscheinen, besteht es doch in der vollständigen Übernahme eines fremden Textes oder in minder ausgeprägter Form in der teilweisen Übernahme aus dann zumeist mehreren Texten, wie in der Dissertation eines früheren deutschen Verteidigungsministers (Anspielung). Doch zeigt gerade dieser Fall sehr deutlich den Unterschied zu den bisher behandelten Formen von Intertextualität auf. Es handelt sich zwar um Übernahmen, aber nicht um Verweise, denn der prinzipiell erkennbare Bezug auf andere Texte sollte ja gerade nicht erkannt, sondern vielmehr verschleiert werden. Andererseits werden die Übernahmen gebraucht, und zwar genau so, wie sie ursprünglich gebraucht wurden, nämlich als Ausweis einer wissenschaftlichen Leistung, die hier jedoch nur vorgetäuscht wird. Die Differenz ist ähnlich subtil und zugleich gravierend wie die zwischen Lüge und Fiktion: Im einen Fall wird das zugrunde liegende Handeln moralisch und gegebenenfalls juristisch verurteilt, im anderen wird darin eine völlig berechtigte kommunikative Strategie gesehen. Bei umfassenden Formen der Intertextualität baut diese auf Bezügen zu einem oder mehreren anderen Texten auf, die eine Verweisfunktion haben und so angelegt sind, dass das kommunikative Potential des verweisenden Textes nicht realisiert werden kann, ohne dem Verweis zu folgen, ja, dass er andernfalls häufig gar nicht sinnvoll verstanden werden kann. Insofern handelt es sich beim Plagiat im strengen Sinne nicht um Intertextualität.

So kann die **Parodie** nicht als Parodie verstanden werden und verliert dann zumeist völlig ihren eigentümlichen Reiz, wenn man nicht erkennt, dass und was sie parodiert. Die Parodie kann sowohl punktuelle als auch strukturelle Bezüge zu einem Einzeltext aufweisen (vgl. Böhn 2007, S. 212–214). Die Beziehung zwischen der Parodie und dem Parodierten ist wie die zwischen Zitat-Text und zitiertem Text gekennzeichnet durch die Verbindung von Imitation und Variation, von Analogie und Differenz (vgl. Müller 1994, S. 219). Das scheint der kleinste gemeinsame Nenner auch noch der divergentesten Stellungnahmen zur Parodie zu sein, sowohl in der poetischen und rhetorischen Tradition als auch in der Literaturwissenschaft (vgl. Verweyen und Witting 2003, S. 23–27). Um eine Parodie als Parodie verstehen zu können, muss man den Unterschied zwischen Analogem und Differentem bemerken. Man muss also über eine gewisse Kenntnis des Parodierten verfügen (selbst wenn diese nur aus der Parodie selbst stammen sollte) und sie benutzen, um die Veränderung des Parodierten in der Parodie wahrzunehmen.

Funktionen der Parodie
Die verschiedenen möglichen Funktionen dieser Veränderungen sind als Grundlage für Taxonomien verwendet worden, entweder um einen allgemeineren Begriff von ‚Parodie' in verschiedene Typen zu untergliedern oder um einen engeren Begriff von ‚Parodie' von verwandten Konzepten zu unterscheiden. Als Kriterien für solche taxonomischen Unterscheidungen findet man komische bzw. nicht-komische Funktion und kritische bzw. nicht-kritische Einstellung gegenüber der Vorlage. Obwohl die Parodie nicht immer als notwendigerweise komisch gesehen wurde, bezieht sich der moderne Wortgebrauch meist auf die komische Parodie. Nicht-komische Formen kann man aufteilen in solche mit und solche ohne kritische Einstellung zur Vorlage. Nach Verweyen und Witting (2003) ist die Letztere, die ‚**Kontrafaktur**', insofern der komischen Parodie entgegengesetzt, als sie nicht unbedingt auf die Vorlage verweist. Die Kontrafaktur wird definiert als ein Gebrauch der Vorlage, der weder notwendigerweise komisch noch kritisch ist und noch nicht einmal von der Wahrnehmung der Beziehung zwischen Text und Vorlage abhängt, sondern nur deren kommunikatives Potential nutzt. Dies ist häufig der Fall, wenn eine Melodie wie bei der deutschen Nationalhymne mit einem neuen Text verbunden wird („Einigkeit und Recht und Freiheit ..." statt „Gott erhalte Franz, den Kaiser ...").

Parodie im engsten Sinne, als nahezu identische Wiedergabe der Form der Vorlage bei Veränderung des Inhalts, scheint viel mit dem direkten Zitieren gemeinsam zu haben. Sie besteht nicht nur aus direkten Zitaten, sondern unterscheidet sich in ihrer extremen Form, als „Minimalparodie" (Genette 1993, S. 29), vom Parodierten nur durch den unterschiedlichen Kontext wie es beim wörtlichen Zitat der Fall ist; so etwa in anonymen Parodien von Werbeslogans wie „Der Mann ist tot, die Witwe kichert – hoffentlich Allianz versichert" oder „Enjoy Cocaine". Aber auch hier ist wie beim Zitieren der entscheidende Punkt nicht die identische Wiedergabe der Vorlage, sondern der Verweis auf die Vorlage. Selbst weitgehende Modifikationen oder rein strukturelle Analogien können diese Aufgabe grundsätzlich ebenso gut erfüllen, wie in Parodien von Sprichwörtern oder Bauernregeln („Besser reich und gesund als arm und krank"; „Wenn's im November schneit, ist Weihnachten nicht mehr weit").

Die Parodie teilt mit dem Zitieren die Kriterien der Übernahme (von Elementen oder Strukturen der Vorlage) und der Verweisfunktion, und verlangt zusätzlich zumindest einen minimalen Gebrauch der Teile der Vorlage, auf die verwiesen wird, auf der Basis ihres Gebrauchs in der Vorlage. Die Parodie als Gattung scheint in den meisten Fällen auf diesen minimalen Gebrauch des Parodierten beschränkt zu sein. Sie ist dominant eine komische oder zumindest kritische **Transformation** ihrer Vorlage und zielt normalerweise nicht über diese komischen bzw. kritischen Effekte hinaus. Die Parodie als Schreibweise, als generell anwendbares Verfahren, eignet sich hingegen auch für einen komplexeren Gebrauch des parodierten Materials, allein schon wegen der möglichen Kombination mit anderen Schreibweisen. Am anderen Ende der Skala steht die Kontrafaktur, die ihre Vorlage gebraucht, ohne unbedingt auf sie zu verweisen.

Generell lässt sich eine Verselbstständigung der **Parodie als Schreibweise** und ihre Loslösung von der Parodie als Gattung konstatieren. Obwohl die genannten Unterschiede zwischen Parodie als Gattung und Parodie als Schreibweise nur graduell und nicht kategorial sind, ist es offensichtlich, dass die Entwicklung von der Parodie als Gattung ausging und zu immer differenzierteren und subtileren Verwendungen der Parodie als Schreibweise führte. Die Literaturtheorie folgte dieser Tendenz mit einer **Ausweitung des Begriffs** der Parodie bis zum Einschluss sehr divergenter Formen der Transformation von Vorlagen. Folgerichtig hält Linda Hutcheon zum Beispiel Christa Wolfs *Kassandra* für eine Parodie der *Ilias*, aber auch von Aischylos' *Oresteia*, den Schriften von Herodot und Aristoteles, Goethes *Faust* und Schillers Gedicht „Cassandra" (Hutcheon 1991, S. 230). Es ist zweifelhaft, ob eine derart breite Verwendung des Begriffs sinnvoll ist. An dieser Stelle soll Hutcheons Position aber nur als Beispiel für Entwicklungen in der Forschung stehen, die ihre Motivation in der Literatur selbst haben, was nicht mit einer Legitimation gleichzusetzen ist. Phänomene, auf die Hutcheon den Begriffsumfang von ‚Parodie' ausweiten möchte, können vielmehr mit dem Instrumentarium der Intertextualitätsanalyse wesentlich differenzierter erfasst werden.

Die verschiedenen Erscheinungsformen der Parodie können als Intertextualität im Sinne eines strukturellen Einzeltextbezugs oder aber eines Textklassenbezugs aufgefasst werden. Lässt sich die Einzeltextparodie eindeutig unter Intertextualität subsumieren, so stellt sich bei der Gattungsparodie das Problem der begrifflichen Abgrenzung vom Formzitat (Böhn 2001) und der möglichen Beziehungen zwischen beiden. Allerdings ist die Möglichkeit von **Gattungsparodien** im Zusammenhang mit Versuchen einer schärferen Fassung des Parodiebegriffs bestritten worden, etwa von Genette (1993, S. 112). Folgt man dieser Auffassung jedoch nicht, da sich die parodistischen Strategien bei Einzeltext- und Textklassenbezug kaum klar voneinander abgrenzen lassen, so besteht die Gattungsparodie in der Nachahmung von Gattungskennzeichen, die dann gebrochen wird, was eine komische Wirkung zur Folge hat. Das Formzitat hingegen lässt sich allgemeiner als uneigentliche Verwendung von konventionalisierten Formen und Gattungsmustern beschreiben. Damit geht häufig Selbstreferenz sowie Reflexion auf ästhetische Gestaltungsweisen und die eingespielte Semantik von Formen einher, gegebenenfalls auch auf Spezifika unterschiedlicher Medien. Diese indirekte Verwendung von Formen lässt sich wiederum vom Zitat von Stilen unterscheiden, das für das Pastiche prägend ist (s. Abschn. 1.1.3).

Die prototypische Parodie ist durch **Übersteigerung und Herabsetzung** der Vorlage mit komischen und kritischen Effekten gekennzeichnet. E.T.A. Hoffmanns Roman *Kater Murr* setzt die Muster der Künstlerautobiographie und des Bildungsromans alleine schon dadurch herab, dass er sie auf einen Kater bezieht und dass dieser sich die genannten Muster in völlig übersteigerter Form aneignet. Die parodistische Herabsetzung wird als Instrument der Kritik genutzt, das falsche

Sentimentalität, Spiritualität und falschen Heroismus mit ihrer realen Grundlage konfrontiert, nämlich mit körperlichen Antrieben und Egoismus. Beide Strategien, Übersteigerung und Herabsetzung, werden meistens kombiniert, und Zitieren spielt dabei eine wichtige Rolle, wie im folgenden Beispiel. Murr möchte seiner Mutter einen Heringskopf bringen:

> Wer ermißt die Wandelbarkeit derer, die da wandeln unter dem Mondschein! – Warum verschloß das Schicksal nicht unsere Brust dem wilden Spiel unseliger Leidenschaften! – Warum müssen wir, ein dünnes schwankendes Rohr, uns beugen vor dem Sturm des Lebens? – Feindliches Verhängnis! – O Appetit, dein Name ist Kater! – Den Heringskopf im Maule kletterte ich, ein pius Aeneas, aufs Dach – ich wollte hinein ins Bodenfenster! – Da geriet ich in einen Zustand, der auf seltsame Weise mein Ich meinem Ich entfremdend, doch mein eigentliches Ich schien. – Ich glaube mich verständlich und scharf ausgedrückt zu haben, so daß in dieser Schilderung meines seltsamen Zustandes jeder den die geistige Tiefe durchschauenden Psychologen erkennen wird. – Ich fahre fort! Das sonderbare Gefühl, gewebt aus Lust und Unlust, betäubte meine Sinne – überwältigte mich – kein Widerstand möglich – ich fraß den Heringskopf! (Hoffmann: Murr, S. 57)

Allein schon der äußerst rhetorische Stil der Passage ist **hyperbolisch.** Das parodistische Zitat von Hamlets „Frailty, thy name is woman", das später wiederaufgenommen wird mit „Schwachheit, dein Name ist Katz" (Hoffmann: *Murr,* S. 361), und die Anspielungen auf zeitgenössische Philosophie passen zu der übertriebenen Glorifizierung von Murrs sehr simpler Motivation, den Hering zu fressen: Appetit. Besondere Beachtung verdient der Topos des „pius Aeneas", der nicht nur ein weiteres humanistisches Aperçu darstellt. Der das brennende Troja mit seinem Vater auf den Schultern verlassende Aeneas ist ein Bild der Liebe zu den eigenen Eltern. Ebendies war zunächst auch Murrs Motiv, und indem er den Hering tragend aufs Dach steigt, imitiert er Aeneas, der seinen Vater tragend die Hügel seiner Heimat hinaufsteigt, wenngleich verbunden mit einer bedeutsamen Herabsetzung. Doch wichtiger ist, dass Murr am Ende den Gehalt des strukturell zitierten Topos in sein Gegenteil verkehrt, als er seinem egoistischen körperlichen Antrieb folgt und den Hering frisst. Offensichtlich parodiert Murr mit seiner Art zu schreiben, und nicht zuletzt mit seiner Art zu zitieren und Anspielungen zu machen, unwillentlich die Gattung der Autobiographie und mit dieser verbundene Konzepte von Persönlichkeitsentwicklung und geistiger Bildung, wie sie den Zeitgenossen durch Goethes *Dichtung und Wahrheit* und dessen *Italienische Reise* sehr vertraut waren.

1.1.3 Weitere umfassende Varianten: Intertextualität als Bezug auf Stile

Die Sprache eines anderen als Maske zu benutzen – so könnte man allgemein die Praxis des Pastiches umschreiben (vgl. Böhn 2007, S. 214–216). Sie besteht in der Nachahmung eines Stils, die eben durch die Nachahmung diesen Stil mechanisiert, als solchen erkennbar macht, den Blick auf ihn lenkt und sich dadurch vom

Pastichierten abhebt. Es gibt also eine Inkongruenz zwischen **Pastiche** und Vorlage, die auf der Mechanisierung beruht, aber keine Inkongruenz innerhalb des Pastiches, im Gegensatz zur Parodie. Je nach Betonung der Inkongruenz kann sich das Pastiche zwischen Hommage und Komik bewegen. Das Pastichieren einzelner Zeit-, Gruppen- und Individualstile kann also sowohl für parodistische Wirkungen nutzbar gemacht werden als auch, wenn diese Stile bestimmten Formen zugeordnet werden, zum Element von Formzitaten werden.

In **Thomas Manns** *Doktor Faustus* **(1947)** finden sich vielfältige Hinweise auf das 16. Jahrhundert, die wiederum in der Konstruktion der deutschen Geschichte im Roman ihren Grund haben. Zu ihnen gehört auch das ‚Lutherdeutsch', das an verschiedenen Stellen verwendet wird. Adrian Leverkühns akademischer Lehrer in Halle, der Theologe Ehrenfried Kumpf, trägt nicht nur einige Persönlichkeitsmerkmale Luthers, er zitiert ihn zum Teil auch wörtlich nach den ‚Tischgesprächen' und dessen Briefen. Diese Zitate sind aber nicht deutlich als Zitate gekennzeichnet, sie verweisen nicht in erster Linie auf die betreffende Luther-Stelle. So werden sie etwa auch mit noch weniger expliziten Zitaten aus Grimmelshausens *Simplizissimus* vermischt und dienen insgesamt dazu, Kumpfs Sprache einen altertümlichen und auf eine bestimmte Zeit, eben das Reformationszeitalter verweisenden Charakter zu geben. Die Sprache Kumpfs bewirkt denn auch eine **Mischung von Wiedererkennen und Mechanisierung,** von distanzierender Komik und Authentizität, wie sie dem Pastiche eignet:

> Wenn er von der ‚Hellen und ihrer Spelunck' sprach, was er gern tat – in dieser archaisierenden Form, in der es sich zwar halb scherzhaft, zugleich aber viel überzeugender ausnahm, als wenn er auf neudeutsch ‚Hölle' gesagt hätte –, so hatte man keineswegs den Eindruck, daß er symbolisch redete, vielmehr entschieden den, daß es ‚gut altdeutsch, ohn' alle Bemäntelung und Gleisnerei' gemeint war. (Mann: *Faustus*, S. 132–133)

Auch Adrians Abschiedsrede in Kapitel XLVII ist in „einer Art von älterem Deutsch" (Mann: *Faustus*, S. 662) gehalten, wie sein Biograph Zeitblom vorweg anmerkt, und verstärkt die Auffälligkeit der Nachahmung des Lutherdeutsch noch durch das Schwanken zwischen den Redeweisen:

> ‚Muß mich', fuhr er fort, ‚zuvörderst auch für euch entschüldigen' (er verbesserte sich und sagte: ‚entschuldigen', wiederholte dann aber: ‚entschüldigen') ‚und euch bitten, deß nicht Beschwerung zu tragen, daß unser Hund Prästigiar, er wird wohl Suso genannt, heißt aber in Wahrheit Prästigiar, sich so übel gehube und euch ein so hellisch Gekleff und Geplerr vor den Ohren gemacht, da ihr euch doch um meinetwillen habt solcher Mühe und Beschwer unterwunden.' (Mann: *Faustus*, S. 663–664)

Dies und das Fremdartige und Manierierte von Adrians Sprache trägt zu ihrem Verweischarakter wesentlich stärker bei als die Tatsache, dass sich direkte Vorlagen bei Luther oder im Faust-Volksbuch nachweisen lassen. Hinter Adrian stehen perspektivisch-figural (unter anderem) Faust und die neuere Geschichte des protestantisch geprägten Deutschlands, und die Rede, die seine Lebensgeschichte abschließt, deutet durch die Rekapitulation von Handlungsmomenten, aber eben auch allein schon durch ihre Sprache zurück auf die Anfänge dieser Geschichten, auf die Zeit der Reformation, aus der auch die Faust-Sage stammt.

Wie sich die Kreise schließen, das lässt sich *in nuce* schon im Mittelpunkts- und Schlüsselkapitel XXV verfolgen, im Teufelsgespräch. Der Teufel, der es, wie Adrian bemerkt, „außerordentlich Dürerisch liebt" (Mann: *Faustus*, S. 307), beginnt in einem etwas altertümelnden Stil, dem sich Adrian anpasst:

> Mit dem Kerl vor mir war unterdes, während seiner letzten Reden, weylinger Weis was andres vorgegangen: Sah ich recht hin, kam er mir verschieden vor gegen früher; saß da nicht länger als Ludewig und Mannsluder, sondern, bitte doch sehr, als was Besseres [...] – ein Intelligenzler, der über Kunst, über Musik, für die gemeinen Zeitungen schreibt, ein Theoretiker und Kritiker, der selbst komponiert, soweit eben das Denken es ihm erlaubt. [...] Höre ich ihn denn sagen und sehe seinen breiten, an den Winkeln verkniffenen Mund unter der mangelhaft rasierten Oberlippe sich vorn artikulierend bewegen: ‚Was ist heute die Kunst? Eine Wallfahrt auf Erbsen. Gehört mehr zum Tanz heutzutag als ein rot Paar Schuh, und du bists nicht allein, den der Teufel betrübt.' (Mann: *Faustus*, S. 321)

Erinnert die Ausdrucksweise des Teufels mit ihrer volkstümlichen Derbheit zunächst noch eher an Luther, so ändert sich das schnell, und wenige Seiten weiter hat sich sein Stil völlig verwandelt: „Die Kritik des Ornaments, der Konvention und der abstrakten Allgemeinheit ist ein und dasselbe. Was der Kritik verfällt, ist der Scheincharakter des bürgerlichen Kunstwerks, an dem die Musik teilhat, obgleich sie kein Bild macht" (Mann: *Faustus*, S. 325). Wenn sich heutige Leser/innen hier an einen bestimmten Autor erinnert fühlen und Thomas Mann auch tatsächlich aus Manuskripten Adornos zitiert hat, so ist das für die Zeit der Entstehung und des Erscheinens des *Doktor Faustus* weniger von Belang, da Adornos Kunstphilosophie damals noch nicht die spätere Bekanntheit hatte. Wichtiger als die produktionstechnische Herkunft ist die **rezeptionslenkende Struktur** des Pastiches, die die Assoziationen vom 16. zum 20. Jahrhundert verschiebt, indem sie einen spezifischen Stil moderner philosophischer Essayistik imitiert und somit die Reflexionen zur Entwicklung von Kunst und Kunsttheorie im Teufelsgespräch in seiner sprachlichen Gestalt und deren Veränderung spiegelt.

Die **Nachahmung** bestimmter **sprachlicher Codes** ist zunächst neutral. Sie ist an sich weder komisch-parodistisch in Bezug auf das Nachgeahmte, noch bringt sie notwendigerweise Bewunderung zum Ausdruck. Sie verweist auf den Kontext, aus dem die Codes stammen, und ist daher als **Stilzitat** zu bestimmen. Die Verwendung des Begriffs ‚Stil' lässt sich in diesem Zusammenhang rechtfertigen, auch wenn man sprachliche Codes für sich genommen nicht als ‚Stile' bezeichnen würde. Als vergangene Sprachstufen etwa, die in der zeitgenössischen Sprache dennoch gegenwärtig und verfügbar sind, stellen sie jedoch stilistische Möglichkeiten dar. Die präsente Vergangenheit einer Sprache bildet ein Stilreservoir, weshalb man ja auch etwa von ‚archaisierendem Stil' spricht. Als vergangene erfüllen diese Sprachen die Kriterien der Zitierbarkeit, da es einen Standpunkt gibt, von dem aus auf sie verwiesen werden kann, einen Code, in dem sie als Zitat eingesetzt werden können: eben die jeweils aktuelle Sprachentwicklungsstufe. Das **Pastiche**

als Stilzitat teilt also mit dem Formzitat den Zitatcharakter, aber es bezieht sich auf einen anderen Bereich, auf Stile statt auf Formen. Es reproduziert immer Strukturen und nicht nur Elemente. Auch im Fall des Pastiches von Individualstilen richtet es sich nicht auf einzelne Äußerungen oder Werke, denn ‚Stil' bezeichnet ein Regelsystem, auch wenn die Stileigentümlichkeiten an einem einzelnen Fall abgelesen werden.

Vielfalt hypertextueller Verfahren
In der Intertextualitätsforschung wurden verschiedene Vorschläge zur Systematisierung dieser Bezüge auf Einzeltexte oder auf Textklassen gemacht, die hier beispielhaft mit den traditionellen Begriffen ‚Parodie', ‚Kontrafaktur' und ‚Pastiche' eingeführt wurden. Einzeltextbezüge können sich punktuell auf einzelne Elemente eines oder mehrerer Einzeltexte richten oder aber auf übergreifende Strukturen eines Einzeltextes oder von Teilen desselben. Strukturelle Bezüge wurden von Genette (1993, S. 44) unter den Begriff der Hypertextualität gefasst und in einer komplexen Taxonomie aufgegliedert. In der weiteren Durchführung seiner Studie wird zudem eine Fülle von hypertextuellen Verfahren behandelt. So kann etwa zu einer vorliegenden Geschichte eine Vor- oder Nachgeschichte erzählt oder ein ergänzender Teil eingeschoben werden, Nebenfiguren können zu Hauptfiguren gemacht werden, das Geschlecht, der soziale Status, die Nationalität oder andere wichtige Eigenschaften der Protagonisten können verändert werden, eine Geschichte kann verdichtet und dadurch verkürzt oder amplifiziert und dadurch verlängert werden. Die gleiche Handlung kann in ihrer Erscheinungsweise dadurch wesentlich verändert werden, dass den Figuren zuvor nicht vorhandene Motivationen zugeschrieben werden, oder dadurch, dass Motivationen getilgt werden, oder aber durch die Veränderung von Motivationen. Ein früheres Werk kann in eine andere Sprache und Kultur, in einen anderen Stil oder eine andere Gattung überführt werden, wobei im letztgenannten Fall die **Übergänge zur Intermedialität** fließend sind, wie beispielsweise im Verhältnis zwischen der Dramatisierung eines Erzähltextes, einer Filmaufzeichnung einer Aufführung dieser Dramatisierung und einer Verfilmung desselben Erzähltextes. Wenn ein Text in Form einer ganzen Reihe anderer Texte fortgeführt oder um zeitlich früher liegende Handlungen ergänzt wird, so wird dadurch zugleich die Gattungsgrenze zwischen einem Einzelwerk und einem Zyklus oder einer Serie überschritten. Inhaltliche, formale und mediale Veränderungen können also ineinandergreifen und sich wechselseitig bedingen oder stützen.

1.1.4 Intertextualität zwischen Selbstbezug und Weltbezug

Der **Kontext** eines Textes als „Menge der für die Erklärung eines Textes relevanten Bezüge" lässt sich in intratextuelle Bezüge zwischen Teilen eines Textes (auch Ko-Text genannt), intertextuelle und extratextuelle Bezüge aufteilen (Danneberg 2000, S. 333–334; vgl. Böhn 2007, S. 206–207). Letztere bilden das weite Feld der Gegebenheiten in der Wirklichkeit, zu denen ein literarischer Text in unterschiedlichsten Beziehungen stehen kann. Bei genauerer Betrachtung handelt es sich eigentlich jedoch um das auf Produktions- und/oder Rezeptionsseite verfügbare Wissen über solche Gegebenheiten, das sich gerade in historischer Perspektive meist wiederum vor allem oder nur über Texte erschließen lässt. So wird man bei der Vermutung, dass für einen Text etwa des 18. Jahrhunderts mythologische, historische oder naturwissenschaftliche **Hintergründe** eine Rolle spielen, als Informationsquellen auf zeitgenössische Nachschlagewerke oder wissenschaftliche Darstellungen zurückgreifen, um das für die Textproduktion und die intendierte unmittelbare Rezeption relevante Wissen zu eruieren. Dies gilt entsprechend auch für **spezifisch literarisches Wissen,** beispielsweise über literarische Gattungen, Stile, Formen, Stoff- und Motivtraditionen usw., das bekannt sein muss, um einen einer bestimmten Gattung zuzuordnenden, in einem bestimmten Stil geschriebenen oder ein bestimmtes Motiv gestaltenden Text adäquat auffassen und erklären zu können.

Welt- als Textbezug: Es ist allerdings auch die noch wesentlich weitergehende Auffassung vertreten worden, dass jeder Bezug eines Textes auf Welt letztlich ein Bezug auf andere Texte sei, etwa von Jonathan Culler (1976, S. 1383): „whenever a work seems to be referring to the world one can argue that this supposed reference is in fact a comment on other texts and postpone the referentiality of the fiction to another moment or another level". Tiphaine Samoyault (2001, S. 83) prägte dafür den Begriff der ‚référencialité' (mit ‚c' statt ‚t'): „wir schlagen den Neologismus der Referenzialität vor, da er im Unterschied zur Referentialität zum Ausdruck bringt, dass die Referenz von Literatur auf Realität nur vermittelt über intertextuelle Referenzen erfolgt" (ebd., S. 83, unsere Übersetzung). Zielrichtung ist dabei die Forderung, dass Intertextualitätsforschung sich zuvorderst mit anonymen Beziehungen zur (jeweils zeitgenössischen) Kultur zu beschäftigen habe und dass jede Reduktion auf Bezüge zu einzelnen (identifizierbaren) literarischen Texten zur **Einflussforschung** zurückführe (s. Abschn. 1.2.3). Allerdings ist dagegen einzuwenden, dass die Unterscheidung zwischen anonymen Referenzen auf kulturelle Präsuppositionen und identifizierbaren Referenzen auf literarische Texte selbst problematisch ist, da Erstere sich nur unter Rekurs auf einzelne Texte oder aus Textklassen erschließbare Muster in intersubjektiv überprüfbarer Weise behaupten lassen. Sinnvoller erscheint daher das hier aufgezeigte Spektrum **von intra- bis extratextuellen Bezügen** einerseits und von begrenzten bis umfassenden Formen der Intertextualität andererseits.

Außerdem ist es wichtig, Intertextualität als markierten und als Verweis funktionalisierten Bezug vom reinen Fortschreiben innerhalb etablierter Gattungen, Formen und Konventionen abzugrenzen. Von Letzterem lassen sich intertextuelle Bezüge unterscheiden, die in Verweisen auf vorangehende Texte oder Textklassen bestehen und somit deren Muster nicht einfach reproduzieren, sondern die Differenz zwischen Text und Prätext herausstellen und eine spezifische Relation zwischen beiden begründen. Im konkreten Fall überlagern sich häufig inter- und extratextuelle Bezüge, was etwa die Unterscheidung zwischen **Satire und Parodie** schwierig machen kann. Die Satire richtet sich auf extratextuelle Gegebenheiten wie menschliche Schwächen oder soziale Missstände, die sie angreift und verspottet, die Parodie hingegen auf Texte, die sie komisierend herabsetzt.

Johann Nestroys *Weder Lorbeerbaum noch Bettelstab* (1835) ist eine Parodie auf Karl von Holteis kurz zuvor mit großem Erfolg aufgeführtes Stück *Lorbeerbaum und Bettelstab* (1834), das es, beginnend mit dem Titel, teilweise nachahmt, dann aber an entscheidenden Stellen transformiert und dadurch die Vorlage lächerlich macht und sich von ihren Wertsetzungen distanziert. Zugleich ist es aber auch eine Satire auf den zeitgenössischen Literatur- und Theaterbetrieb, für dessen miserablen Zustand Holteis Stück und sein Erfolg ein gutes Beispiel darstellen. Über den intertextuellen, in diesem Fall parodistischen Bezug auf den Prätext wird hier also auch ein Bezug auf die extratextuelle Wirklichkeit hergestellt und eine poetologische Position markiert (vgl. Böhn 2003). Es handelt sich also sowohl um Metatheater (Selbstbezug im Sinne des Bezugs eines Theaterstücks auf das Theater), Parodie (Fremdbezug im Sinne des Bezugs eines Theaterstücks auf ein anderes Theaterstück) und Satire (Weltbezug im Sinne des Bezugs eines Theaterstücks auf den Weltausschnitt ‚Theaterbetrieb').

Einen Grenzfall zwischen extra- und intertextuellen Bezügen stellen **intermediale Verweise** auf mediale Gestaltungen dar, die keine Texte im engeren Sinne sind, also etwa Gemälde, Musikstücke, Filme oder Computerspiele (s. Kap. 2). Diese unterscheiden sich von anderen extratextuellen Bezügen dadurch, dass sie in ihrer Funktionalität eher intertextuellen Bezügen vergleichbar sind, denn sie dienen ebenfalls der künstlerischen Profilierung durch Verweis auf eine andere **ästhetische Gestaltung.** Doch kann man sie nur um den Preis einer extremen Ausweitung des Textbegriffs als intertextuelle Bezüge fassen, die wiederum die medialen Differenzen verwischen würde.

1.2 Dialogizität: Intertextualität als wechselseitige Erhellung der Texte

Die Bestandsaufnahme der Formen der Bezugnahme von Texten (Referenzialität) im ersten Abschnitt verdeutlicht zweierlei: Zum einen scheint es sinnvoll, die unter einer Vielzahl von poetologischen Begriffen verhandelten Phänomene von Text-Text-Bezügen unter einem gemeinsamen Oberbegriff zu bündeln. Schließlich lassen sich an begrenzte (von Zitat bis Anspielung) und umfassende Formen (von Parodie bis Pastiche) der Referenz auf andere Texte ähnliche Fragen richten, etwa nach deren Markiertheit oder Funktion. Zum anderen führt schon diese basalste Bestimmung von Intertextualität als Bezüglichkeit zu weiterführenden Problemen, insbesondere hinsichtlich der Möglichkeit einer Unterscheidung von Welt- und Textbezug. Insoweit Welt als dargestellte Wirklichkeit begegnet, ist textuelles Handeln von ihr intertextueller Akt, durch Texte vermitteltes Verweisen. Eine Phänomenologie der Intertextualität schlägt so um in eine Ontologie der Textualität, die nicht mehr nach typologischer Ordnung, sondern theoretischer Einordnung verlangt.

Dies soll im Folgenden mit Blick auf die Arbeiten Julia Kristevas aus den späten 1960er Jahren geschehen, die nicht nur das Theorem der Textualität von Welt, sondern zuvorderst den Begriff der Intertextualität selbst formulieren. Die folgenden Abschnitte zielen dabei nicht auf eine **Theoriegeschichte der Intertextualität,** die etwa Kristevas Schriften zur Intertextualität im Rahmen ihrer umfassenderen literaturtheoretischen Überlegungen oder im Kontext der französischen Theoriebildung um die Gruppe Tel Quel verorten müsste. So beklagt etwa Mary Orr (2003, S. 23) in ihrem Unterkapitel „Kristeva's Term in Context": „her work in linguistics and intertextuality is severed from her later work within psychoanalysis and poetics". Graham Allen (2011, S. 30) betont in seinem Abschnitt „*Tel Quel,* Production: Kristeva" ihre paradoxe Position innerhalb der Gruppe: „both that of ‚l'étranger' (a woman, a literal foreigner) and of central theorist of textuality". Andere theoriegeschichtliche Abrisse folgen der Ansicht, „dass es keine Intertextualitätstheorie (im Singular) gibt, sondern Intertextualitätstheorien (im Plural)" (Berndt und Tonger-Erk 2013, S. 13), und verlieren sich in der Vielfalt epigonaler Entwürfe, was der Überzeugung Vorschub leisten mag, es handele sich bei der Intertextualität um eine ‚unbeständige Vorstellung': Samoyault (2001, S. 7–32) beispielsweise betitelt ihre Übersicht über nicht weniger als acht theoretische Ansätze (Kristeva, Bachtin, Barthes, Riffaterre, Genette, Compagnon, Jenny, Schneider) mit „Une Notion Instable".

Was hingegen die Arbeit am **Begriff der Intertextualität** anbelangt, sind seine wesentlichen „Komponenten" (in der Metasprache des Kapitels „Was ist ein Begriff?" in Deleuze und Guattari 2000, S. 21) in Kristevas namensgebender Formulierung bereits enthalten: Textualität der Kultur (s. Abschn. 1.2.2); Nebeneinander von Anonymität und Adressierbarkeit (s. Abschn. 1.2.3); Dialog der Texte (s. Abschn. 1.2.4). Diese „Komponenten, die ihrerseits als Begriffe aufgefaßt werden können" (ebd., S. 25) gewinnt Kristeva im Zuge ihrer Auseinandersetzung mit Michail Bachtins Konzept der **Dialogizität.** Während sich die erstgenannte Komponente aus einer radikalen Verschiebung Bachtins ergibt, die den „vorangehende[n] Begriff umändert oder ersetzt" (ebd., S. 24), übernimmt Kristeva zugleich die beiden letztgenannten.

Zwischen Kristeva und Bachtin ereignet sich somit eine „zitierende, alludierende, replizierende Verflechtung ihrer Theorieprodukte" (Lachmann 1990, S. 56), die die Konstitution des Begriffs der Intertextualität selbst zu einem intertextuellen Geschehen in „explizitem Rückbezug" (Pfister 1985, S. 1) macht, das aufgrund der erwähnten Versetzung nicht nach Art des Kommentars (also ‚metatextuell' im Sinne von Genette 1993, S. 13), sondern eher als ‚hypertextuelle' Transformation gedacht werden kann. Das macht Bachtin nicht zu einem „major theorist of intertextuality itself" (Allen 2011, S. 16), aber seine Theorie der Dialogizität (s. Abschn. 1.2.1) stellt „Vorformulierungen von unterschiedlicher Prägnanz" (Lachmann 1990, S. 52) bereit. Es geht also im Folgenden darum, „Konzepte des Dialogischen herauszuarbeiten, die in denen der Intertextualität eingeschlossen sind" (ebd., S. 126).

Intertextualität als Gedächtnis der Literatur
Zu diesen ‚Einschlüssen' zählt auch eine Dimension der Intertextualität, die bei Kristeva unterbelichtet bleibt: die „Gedächtnisarbeit, die von Texten geleistet wird" (Samoyault 2001, S. 95, unsere Übersetzung). Indem sie die **Gleichzeitigkeit** *(syn-chron)* von eigener und fremder Rede in der Äußerung bei Bachtin in die „effektive Präsenz eines Textes in einem anderen Text" (Genette 1993, S. 10) durch die Zeit *(dia-chron)* überführt, wird aus dem „‚lebendigen' Gedächtnis" (Lachmann 1990, S. 199) des Dialogs das „materialisierte Gedächtnis" (ebd., S. 36) der Texte. Mediologisch gesprochen handelt es sich also nicht mehr nur darum, „eine Information im Raum innerhalb ein und derselben räumlich-zeitlichen Sphäre zu transportieren" (Debray 2003, S. 11), sondern auch darum, „eine Information in der Zeit zwischen unterschiedlichen räumlich-zeitlichen Sphären zu transportieren" (ebd., S. 11). Damit vollzieht sich der Übergang von der dialogischen Kommunikation zur intertextuellen Übermittlung, oder im Sinne der **Memory Studies** (s. Abschn. 3.5) vom kommunikativen zum kulturellen Gedächtnis. Abschließend (s. Abschn. 1.2.5) sei daher die „Interpretation der Intertextualität (konkreter Texte) als eines mnemonischen Raumes, der sich zwischen den Texten entfaltet" (Lachmann 1990, S. 11) ausgeführt.

1.2.1 Dialog und Dialogizität bei Bachtin

Bachtins Ausgangspunkt ist der Befund, dass jede Sprache in eine **Vielzahl von Varietäten** zerfällt, unter denen die Standardsprache nur eine ist. Abhängig von situativen Faktoren wie beteiligten Sprechern oder besprochenem Gegenstand kommen in einer Äußerung unterschiedliche Ausprägungen einer Sprache zum Einsatz, die sich nach geographischer Region (diatopisch), sozialer Schicht (diastratisch) und kommunikativem Kontext (diaphasisch) unterscheiden lassen. Gesprochen werden also in jeder Situation „‚Sprachen' und nicht die Sprache" (Bachtin 1979b, S. 186):

> Niemand kann (gleichzeitig) die *ganze* italienische oder die *ganze* englische Sprache sprechen, das Englische bzw. das Italienische ‚ohne Adjektive' (z. B. ein Italienisch, das weder toskanisch noch römisch noch mailändisch usw., weder familiär noch feierlich usw., oder aber ein Italienisch, das gleichzeitig toskanisch, römisch *und* sizilianisch, umgangssprachlich *und* gehoben, familiär *und* feierlich, usw. wäre). (Coseriu 1988, S. 284)

Sprache als Diasystem
Bachtin (1979) antizipiert in seinen zwischen den Weltkriegen verfassten, jedoch erst zwischen 1965 und 1975 publizierten Arbeiten (vgl. Freise 1995) die sprachwissenschaftliche Kritik an einer Auffassung von Sprache als systemischem Zustand. Diese Kritik gipfelt in der Beschreibung der ‚Architektur' (nicht Struktur) der Sprache als eines ‚Diasystems' (Coseriu 1980). Zugleich geht er über diese linguistische Sicht hinaus, indem er den ideologischen Charakter jeder Sprachvarietät hervorhebt. Jede Sprechweise bringt demnach ihre eigenen Wertungen mit sich (Bachtin 1979b, S. 171).

Wenn sich die Varietäten einer Sprache terminologisch mit dem Suffix ‚-lekt' erfassen lassen und von Dia-lekten (geographisch), Sozio-lekten (stratifikatorisch) und Idio-lekten (individuell) gesprochen werden kann, dann kommt es bei Bachtin zu einer Inflation von Idio-Sozio-lekten, von Sprachen, die je spezifischen, wechselhaften Gruppen zu eigen sind und die für die „innere Aufspaltung jeder Sprache im je einzelnen Moment ihres geschichtlichen Daseins" (Bachtin 1979b, S. 157) charakteristisch sind. Unter die „soziale[n] Dialekte" zählen deshalb bei Bachtin (ebd., S. 157) unter anderem die „Redeweisen von Gruppen, Berufsjargon, Gattungssprachen, Sprachen von Generationen und Altersstufen, Sprachen von Interessengruppen, Sprachen von Autoritäten, Sprachen von Zirkeln und von Moden, bis hin zu den Sprachen sozio-politischer Aktualität (jeder Tag hat seine eigene Losung, sein Wörterbuch, seine Akzente)".

Bachtin nennt dieses Nebeneinander vielfältiger Sprachen, mit dem zugleich die im Zeitalter der Nationalstaaten oft proklamierte Einheit von Sprache und Nation oder von Nationalsprache und Kultur in Frage steht, *raznorečivost,* was in der deutschen Übersetzung mit ‚Redevielfalt' (Bakhtin 1979), in der englischen mit ‚heteroglossia' (Bakhtin 1981) wiedergegeben wird. ‚**Heteroglossie**' als Zusammensetzung eines neulateinischen und eines griechischen Wortbestandteils kann als besonders gelungene Übertragung gelten, da die Mehrsprachigkeit innerhalb einer Sprache bei Bachtin auch, und vor allem mit Blick auf die Formierung der römischen Literatur vor dem Hintergrund des Griechischen, mit der „wechselseitigen Erhellung großer, voll ausgebildeter" (Bachtin 1979c, S. 322) Sprachen in Verbindung gebracht wird. In jedem Fall fördert der Sprachkontakt ein „galileische[s] Sprachbewußtsein, das sich vom Absolutismus der einheitlichen und einzigen Sprache losgesagt hat" (Bachtin 1979b, S. 251).

Vor dem Hintergrund der gesellschaftlichen Redevielfalt erscheint jede Äußerung als **Dialog sozialer Sprachen.** Im ‚Wort' – *slóvo,* was neben dem Einzelwort auch die Äußerung meint (Martinez 1996, S. 432), analog zu deutschen Bildungen wie Sprich- oder Ehrenwort, Gruß- oder Abschiedswort(en) – begegnen sich die sprachlich sedimentierte „ideologische Grundhaltung" (Berndt und Tonger-Erk 2013, S. 19) des Sprechers (das ‚eigene Wort' bei Bachtin) und die Sprachen der Anderen (das ‚fremde Wort'): „Jedes Wort wird im Dialog als seine lebendige Replik geboren, es erlangt seine Form in der dialogischen Wechselwirkung mit dem fremden Wort im Gegenstand" (Bachtin 1979b, S. 172).

In einer ersten Variation des Ineinanders von **Welt- und Textbezug** (s. Abschn. 1.1.4; vgl. die ontologisierende Variante in Abschn. 1.2.2) beschreibt Bachtin (1979b, S. 171) den ‚Gegenstand' dabei als von einem „babylonische[n] Sprachengewirr" umgeben. Der Bezug auf Welt ist verwiesen auf den sozialen Dialog, der sie umhüllt. Der Gegenstand „verflicht sich mit dem ihn umgebenden sozialen Dialog" (ebd., S. 171) und geht auf in der „Vielfalt der Wege, Bahnen und Tropen, die das soziale Bewußtsein in ihm angelegt hat" (ebd., S. 171).

Mag es Bachtin auch letzten Endes um einen Gegenstand jenseits der Sprache oder Literatur zu tun sein, einer „außerästhetischen Wirklichkeit von Erkennen und Handeln" (Bachtin 1979a, S. 121), so scheint es doch verfehlt zu behaupten, dass bei ihm „der ‚intertextuelle' Bezug zur vorgefundenen Literatur gegenüber dem unmittelbaren Wirklichkeitsbezug sekundär gesetzt [wird]"

(Pfister 1985, S. 2). Im Gegenteil ist die „schwer zu durchdringende Sphäre der anderen, fremden Wörter zu demselben Gegenstand" (Bachtin 1979b, S. 170) die Bedingung von dessen Erscheinen, wie die **visuelle Metaphorik** Bachtins (ebd., S. 169) verdeutlicht, der zufolge „das konkrete Wort (die Äußerung) jenen Gegenstand, auf den es gerichtet ist, immer schon sozusagen besprochen, umstritten, bewertet vor[findet] und von einem ihn verschleiernden Dunst umgeben oder umgekehrt vom Licht über ihn bereits gesagter, fremder Wörter erhellt".

Antwortlichkeit
Darüber hinaus ist die Äußerung nicht nur im Entwurf des Gegenstandes vom fremden Wort gezeichnet, sondern auch in ihrer Ausrichtung auf ihre Rezipient/innen. Wie im Dialog im engeren Sinne, als Wechselspiel der Worte im (Zwie-)Gespräch, zeichnet sich das dialogische Wort durch eine vorauseilende „Antwortlichkeit" (Bachtin 1979b, S. 233) aus. Es wird an einen Anderen gewandt gesprochen, in der Art, dass es dessen Antwort vorbereitet und sie insofern bereits in sich aufnimmt: „Jedes Wort ist auf eine Antwort gerichtet und keines kann dem tiefgreifenden Einfluß des vorweggenommenen Wortes der Replik entgehen. Das lebendige, umgangssprachliche Wort ist unmittelbar auf das Wort der folgenden Replik eingestellt; es provoziert die Antwort, nimmt sie vorweg und formt sie auf sich hin" (ebd., S. 172). Die „**innere Dialogizität des Wortes**" (ebd., S. 172) lässt sich damit als „Dialogbeziehung zum fremden Wort im Gegenstand und zum fremden Wort in der vorweggenommenen Antwort des Hörers" (ebd., S. 175) bestimmen.

Die Bachtinsche Theorie der Dialogizität kann nach Art eines Kommunikationsmodells und diagrammatisch wie in Abb. 1.1 dargestellt werden.

Eingelassen in die unhintergehbare Redevielfalt (Schraffur) ist das ‚Wort' zugleich

- Ausdruck der ideologischen Position des ‚Sprechers', die sich als Zusammenstellung der ihm eigenen Sprachen verstehen lässt;
- „Strahl" auf den ‚Gegenstand' durch das „komplexe Spiel des Helldunkel" (Bachtin 1979b, S. 170) fremder Worte zum gleichen Thema;
- Vorgriff auf die Antwort des ‚Hörers', die sich in dessen Worten artikuliert, bevor diese überhaupt gesprochen werden.

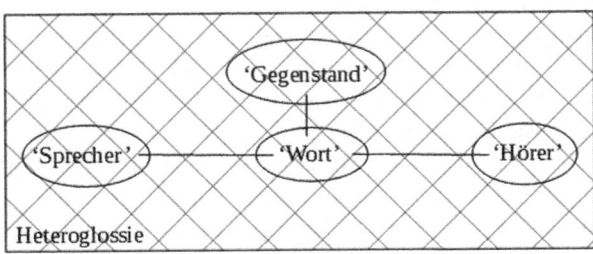

Abb. 1.1 Bachtins Theorie der Dialogizität

Wie die dem Feld der **Mündlichkeit** entnommenen Begriffe andeuten, die „den Bereich der Stimme, nicht den der Schrift [...] profilieren" (Lachmann 1990, S. 174), handelt es sich bis hierher um eine **Pragmatik des Dialogs** (eine Pragmalinguistik). Diese wendet Bachtin (1979b, S. 290) ins Literaturtheoretische, indem er es zur Aufgabe des Romans erklärt, nicht mehr nur die Vielfalt der Stimmen im Dialog, sondern die Redevielfalt einer Kultur darzustellen: „Im Roman müssen alle sozioideologischen Stimmen der Epoche vertreten sein, das heißt, alle wesentlichen Sprachen der Epoche, kurz, der Roman muß ein Mikrokosmos der Redevielfalt sein".

Diese präskriptive **Romanpoetik** lenkt das Augenmerk von den konkreten „Verfahren der Wiedergabe" fremder Rede weg (s. Abschn. 1.1), die auch die Alltagsrede kennt und die „überaus verschieden [sind] – von der direkten wortgetreuen Wiedergabe reicht die Skala bis zur böswilligen und absichtlichen parodistischen Verfälschung und Verleumdung des fremden Wortes" (Bachtin 1979b, S. 227). An deren Stelle rücken die Formen der künstlerischen Abbildung der Redevielfalt ins Zentrum, die Möglichkeiten, „ein Bild der Sprache im Roman zu schaffen" (ebd., S. 244).

Bachtin (1979b, S. 212) unterscheidet drei „Formen der Einführung und Organisation der Redevielfalt im Roman", in abnehmender Orientierung am Paradigma der Mündlichkeit:

- den **„eigentlichen Dialog"**, also „die Abbildung sprechender Menschen und ihrer ideologischen Welten" (ebd., S. 249). In den Gesprächen zwischen literarischen Figuren in direkter Rede, die er auch als „inneren" oder „Mikrodialog" (Bachtin 1985, S. 301) bezeichnet, verleiht der Roman den gesellschaftlichen Stimmen „personifizierte Repräsentanzen und stellt sie einander in endlosen Romandialogen gegenüber" (Bachtin 1979b, S. 182).
- die **„dialogisierte Wechselbeziehung"**, bei der „in der Äußerung eine einzige Sprache aktualisiert [ist], doch sie wird im Licht einer anderen Sprache dargestellt" (ebd., S. 247). Es handelt sich somit um die „künstlerische Abbildung eines fremden Sprachstils". Dies ist eine der Formen des „äußeren, als Element der Komposition erscheinenden Dialogs" (Bachtin 1985, S. 301), die sich unter anderem in „parodistischen Stilisierungen" wie dem Romanbild der Lyrik Puschkins zeigt, das Bachtin (1979c, S. 306) bespricht. Sie kann jedoch auch die Gestalt einer Darstellung von Figurenrede annehmen, etwa in der „dual voice" (Pascal 1977) der erlebten Rede.
- die **„Hybridisierung"**, die „Vermischung zweier sozialer Sprachen innerhalb einer einzigen Äußerung" (Bachtin 1979b, S. 244). In dieser anderen Variante des ‚äußeren Dialogs' verhalten sich schließlich die sich „kreuzenden Sprachen zueinander wie Repliken eines Dialogs" (Bachtin 1979c, S. 331), wie es sich in der gemischten Parodie des Mittelalters beobachten lässt, in der sich das Lateinische mit etwa der französischen Umgangssprache ‚streitet' (ebd., S. 333). Hinsichtlich der Redewiedergabe ist wohl an die indirekte Rede zu denken.

Innerer und äußerer Dialog zusammen bilden den „großen **Dialog des Romans im Ganzen**" (Bachtin 1985, S. 301). Aus der Vielfalt der Stimmen erwächst so die soziale Redevielfalt und mit ihr „die gesamte abzubildende und auszudrückende Welt der Gegenstände und Bedeutungen" (Bachtin 1979b, S. 157). Der Roman orchestriert ein Bild der Gesellschaft im Streit nicht nur der Sprachen, sondern auch der Weltbilder: „Alle wesentlichen Romanbilder sind so beschaffen, sie sind von innen heraus dialogisierte Bilder von fremden Sprachen, Stilen und Weltanschauungen (sie sind von ihrer konkreten sprachlichen und stilistischen Verkörperung nicht zu trennen)" (Bachtin 1979c, S. 305). Nach Bachtin (1985, S. 301) ist der Roman somit „durch und durch dialogisch".

1.2.2 Intertextualität bei Kristeva

Die theoretische Operation, die von Bachtins Theorie der Dialogizität zu Kristevas Begriff der Intertextualität führt, ist wie erwähnt selbst ein intertextueller Akt. Der Titel ihres maßgeblichen Aufsatzes, „Bachtin, das Wort, der Dialog und der Roman" (Kristeva 1972) erwähnt nicht nur den theoretischen Vorläufer und sein zentrales Konzept, sondern greift auch dessen einschlägigsten Titel („Das Wort im Roman") anspielend auf. Derart als Kommentar getarnt und ausführlich auf seine Arbeiten verweisend, schreitet Kristevas Beitrag zu einer ‚Interpretation' Bachtins voran, die dessen Überlegungen weniger um- als neu schreibt (Allen 2011, S. 38 und S. 43, spricht unter anderem von „redescription" und „rewriting"). Zentral ist dabei die folgende, oft (und meist fragmentarisch) zitierte Passage:

> Die drei Dimensionen [des poetischen Funktionierens der Sprache] sind: das Subjekt der Schreibweise, der Adressat und die anderen Texte. (Diese drei Elemente stehen miteinander in einem Dialog.) Der Wortstatus läßt sich also folgendermaßen definieren: a) *horizontal:* das Wort im Text gehört zugleich dem Subjekt der Schreibweise und dem Adressat[en], und b) *vertikal:* das Wort im Text orientiert sich an dem vorangegangenen oder synchronen literarischen Korpus.
> Nun ist aber der Adressat in das diskursive Universum des Buches lediglich als Diskurs einbezogen worden. Er wird aber mit dem anderen Diskurs (dem anderen Buch), auf den sich der Schriftsteller beim Schreiben des eigenen Textes bezieht, so in eins gesetzt, daß die horizontale Achse (Subjekt-Adressat) und die vertikale Achse (Text-Kontext) koinzidieren. Diese Koinzidenz enthüllt eine wesentliche Tatsache: das Wort (der Text) ist Überschneidung von Wörtern (von Texten), in der sich zumindest ein anderes Wort (ein anderer Text) lesen läßt. Diese beiden Achsen, die Bachtin *Dialog* und *Ambivalenz* nennt, werden von ihm nicht immer klar voneinander unterschieden. Dieser Mangel an Strenge ist jedoch eher eine Entdeckung, die Bachtin als erster in die Theorie der Literatur einführt: jeder Text baut sich als Mosaik von Zitaten auf, jeder Text ist Absorption und Transformation eines anderen Textes. An die Stelle des Begriffs der Intersubjektivität tritt der Begriff der Intertextualität, und die poetische Sprache läßt sich zumindest als eine doppelte lesen. (Kristeva 1972, S. 347–348)

Die Bachtinsche Folie ist gut zu erkennen: Sprecher, Hörer und Gegenstand stehen in einem Dialog, der über das Wort verläuft. Nur dass diese Begriffe aus dem Bereich der Mündlichkeit durch solche der **Schriftlichkeit** ersetzt sind. Der

Sprecher wird zum Subjekt der Schreibweise, der Hörer zu ihrem Adressaten, der Gegenstand zum Kontext und schließlich das Wort, in einer Serie von schrittweisen Verschiebungen – „Wort" → „Wort im Text" → „das Wort (der Text)" → „Text" –, zum Text.

Hinter dieser oberflächlichen Ähnlichkeit verbirgt sich jedoch eine folgenreiche Umstellung. Denn bei Bachtin ist der Gegenstand zwar von der Redevielfalt umhüllt, keineswegs aber beschränkt er sich auf den „vorangegangenen oder synchronen literarischen Korpus". Die dialogische Auseinandersetzung mit literarischen Formen ist bei Bachtin zwar wichtig, „doch all dieser Bewegung und diesem Kampf im Rahmen des rein literarischen Kontextes liegt der wesentlichere, bestimmende primäre Kampf mit der Wirklichkeit von Erkennen und Handeln zugrunde" (Bachtin 1979a, S. 120). Und aus Sicht dieses künstlerischen Imperativs des Widerstands gegen „vorgefundene Wirklichkeit" (ebd., S. 120) ist der innerliterarische Dialog dann tatsächlich sekundär (s. Abschn. 1.2.1).

Bei Kristeva freilich stellt sich dieses Problem nicht mehr in dieser Form, da Kontext bei ihr eben genau das ist: Kon-Text, die selbst textuelle Umgebung, mit der der Text verwoben *(contextum)* ist. Die Rede vom „literarischen Korpus" meint dabei nichts anderes als das **„Textgewebe der Kultur** selbst" (Plottel 1978, S. xv), die „Gesamtheit der Texte" (Kristeva 1972, S. 170), zu denen dann auch (und vorgeblich nach Bachtin) „die Geschichte und die Gesellschaft" zählen, „welche wiederum als Texte angesehen werden" (ebd., S. 346). Roland Barthes, zugleich Gefolgsmann (vgl. sein ausführliches Referat in Barthes 1973) und Lehrmeister Kristevas (vgl. ihre Bemerkungen in Kristeva 2002, S. 8), wird später von der „Unmöglichkeit, jenseits des unendlichen Texts zu leben" (Barthes 1982, S. 53–54), sprechen. Dies ist die zweite, ontologisierende Variation der Kontamination von Text- und Weltbezug (s. Abschn. 1.1.4): Wo sich Welt als Text konstituiert, ereignet sich jede Referenz *zwischen Texten,* inter-textuell.

Nur mehr in groben Zügen erinnert Kristevas Anordnung der beiden Achsen **Subjekt-Adressat** und **Text-Kontext** (vgl. die diagrammatische Darstellung in Berndt und Tonger-Erk 2013, S. 38) an das Bachtinsche Modell (s. Abb. 1.1). In der Horizontalen nennt sie ‚Dialog', was bei Bachtin als Antwortlichkeit firmiert; in der Vertikalen nennt sie die in der Redevielfalt gebrochene Ausrichtung auf den Gegenstand ‚Ambivalenz', was bereits eine „intertextuelle Revision" (Allen 2011, S. 41) Bachtins darstellt, sofern dieser Begriff bei ihm zumindest nicht an zentraler Stelle auftaucht. Sodann ‚faltet' sie in einer gleichsam topologischen Operation den Hintergrund des Modells derart, dass Adressat/in (Hörer/in) und Kontext (Gegenstand) und damit die beiden Achsen, auf denen sie liegen, zusammenfallen. Denn in den Text gehen die Rede (nunmehr der Diskurs) des Anderen in gleicher Weise ein wie die Worte (der andere Diskurs) eines Textes, „auf den sich der Schriftsteller beim Schreiben des eigenen Textes bezieht": als Intertextualität.

Intertextualität als Dialog der Texte
Aus Bachtins dialogischem Kontakt zwischen eigenem und fremdem Wort, der sich in der Äußerung vollzieht, wird somit ein „textuelle[s] Zusammenspiel, das

1.2 Dialogizität: Intertextualität als wechselseitige Erhellung

im Inneren eines einzigen Textes abläuft" (Kristeva 1971, S. 500). Dabei bleibt die ‚poetische' Sprache, die Sprache des sich intertextuell konstituierenden literarischen Textes, „als eine doppelte" lesbar, wie es auch bei Bachtin für die „Sprache, die eine andere Sprache abbildet" (Bachtin 1979b, S. 244) gilt: Diese vermag „gleichzeitig sowohl außerhalb von ihr [der anderen Sprache] als auch in ihr zu klingen, von ihr und zugleich in ihr und mit ihr zu sprechen" (ebd., S. 244). Analog ließe sich dies für den Text, der auf einen anderen Text Bezug nimmt, formulieren. Die Rede von der ‚poetischen' Sprache kündet dabei von Kristevas Versuch, „das Bachtinsche **Sprach- und Gattungsdenken** […] aus der Opposition von Prosa (Roman) und Lyrik herauszutrennen" (Lachmann 1990, S. 184), obgleich auch bei ihr „Probleme der Textstrukturation" (Kristeva 1971) vornehmlich als solche der „Strukturation des Romans" (Kristeva 1970, S. 68) behandelt werden. Und diese fasst sie eben „als einen Dialog mehrerer Texte, als einen textuellen Dialog, oder besser gesagt: als eine Intertextualität" (ebd., S. 69) auf.

Schreiben als Textverarbeitung
Schließlich liegt es in der Logik dieser ‚Faltung' (die wie in der Mathematik zu zwei Funktionen, Dialog und Ambivalenz, deren Produkt, Intertextualität, liefert), dass sie das (männliche oder weibliche) Subjekt der Schreibweise dergestalt umgeht, dass es vom Autor im emphatischen Sinne zum bloßen Schreiber degradiert wird. An die Stelle des Werkschöpfers tritt bei Kristeva die Vorstellung des Schrift-Stellers als einer „Textverarbeitung" (Kristeva 1977, S. 194; dort als Übersetzung von „permutation de textes"), als einer Instanz des „Schreiben-Lesen[s]" (Kristeva 1972, S. 346) des Texts der Kultur, „die der Schriftsteller liest, in die er sich einfügt, wenn er schreibt" (ebd., S. 346). Schreibende sind „von Anfang an ein Moment dieses kulturellen Gewebes" (Michel Butor zit. Pfister 1985, S. 9), *aus dem* sie ‚ihren' Text ‚schöpfen' (nicht im Sinne von ‚erschaffen', sondern von ‚entnehmen') und *in dem* sie sich dann erschöpfen. Damit tritt schließlich an die Stelle (dialogischer) Intersubjektivität bei Bachtin, die einen „Kontakt von Persönlichkeiten" (Bachtin 1979d, S. 353) inszeniert, eine wenn nicht „**subjektfreie**" (Berndt und Tonger-Erk 2013, S. 36), so zumindest von einem ‚operationalisierten' Subjekt der **Schreibweise** (s. Abschn. 1.3) zu verantwortende Intertextualität. Als Schreiber/in wie als Leser/in ist das „‚Ich', das sich dem Text annähert […] selber schon eine Pluralität anderer Texte" (Barthes 1976, S. 14).

Unausgesprochen bleibt bei Kristeva die stete Möglichkeit, dass jeder Text selbst wieder von einem weiteren Text absorbiert oder transformiert werden kann. Bachtins Antwortlichkeit, die Vorwegnahme der Replik in der Äußerung, bleibt damit erhalten in Form der „Vorstellung einer offenen **Intertextualitätskette,** in der jedes Glied zunächst als das letzte (das vorangehende umschließend) gedacht werden kann, das jedoch durch Anschluß eines neuen Gliedes diesem einverleibt wird usf." (Lachmann 1990, S. 79). Unter Berücksichtigung dieser zukünftigen Intertextualität lässt sich Kristevas Theorie wie in Abb. 1.2 darstellen.

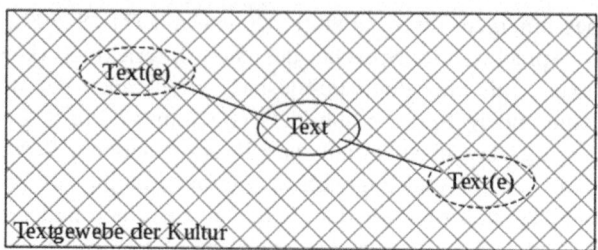

Abb. 1.2 Kristevas Theorie der Intertextualität

Zusätzlich zu den bereits genannten Unterschieden zu Bachtin stellt dieses Diagramm mit seiner engeren Schraffur den Umstand dar, dass das kulturelle Gewebe aus Texten kleinteiliger gedacht werden muss als Bachtins Heteroglossie, in der ‚die Sprache' zwar in diverse Sprachen zerfällt, die jedoch als normierte Äußerungssysteme eine soziale Reichweite jenseits einzelner ‚Worte' haben. Hingegen stellt jeder Text eine ihm eigene Permutation der Texte her, er ist „ein Gewebe von Zitaten aus unzähligen Stätten der Kultur" (Barthes 2000, S. 190). Zudem, und dies mögen die gestrichelten Linien andeuten, sind die Bezugsgrößen in Kristevas Modell (‚Texte') ungleich schwerer von ihrem Hintergrund zu unterscheiden, der ja selbst Text ist, während bei Bachtin beispielsweise der ‚Sprecher' zwar als Kreuzungspunkt mehrerer Sprachen erscheint, ohne jedoch selbst in Sprache aufzugehen (und analog für den ‚Hörer' und den ‚Gegenstand'). Schließlich sei darauf hingewiesen, dass die Verbindungslinien, im Unterschied zum Bachtinschen Modell, in denen sie als ‚Achsen' fungieren, die Dimensionen des Dialogs aufspannen, bei Kristeva tendenziell als ‚Pfeile' fungieren, die eine **zeitliche Abfolge intertextueller Bezüge** nahelegen. Es liegt deshalb nahe, die räumliche Anordnung von links oben nach rechts unten unter einem zeitlichen Index zu lesen, von den Vor- bis zu den Nachtexten (s. Abschn. 1.2.4).

Es sei noch angemerkt, dass Kristevas eingangs dieses Abschnitts zitierte Bestimmung eines jeden Textes als „Absorption und Transformation *eines* anderen Textes", die oft als Definition von Intertextualität aus dem Kontext der oben zitierten Passage herausgerissen wird, zumindest missverständlich ist. So wurde ihre Theorie als „Verengung der Bachtinschen Konzeption" (Pfister 1985, S. 6) beklagt, in der „der Zitatspender auf einen einzigen Text eingegrenzt wird" (ebd., S. 6). Tatsächlich deutet schon der Verweis auf „zumindest ein anderes Wort" darauf hin, dass es sich auch um **mehrere Bezugstexte** handeln kann: „Im Bereich des Textes überschneiden und neutralisieren einander mehrere Aussagen, die anderen Texten entstammen" (Kristeva 1977, S. 194). Daher die in Klammern hinzugefügten Pluralendungen.

Bemerkenswert ist eher der erste Teil ihrer ‚Definition' („jeder Text baut sich als **Mosaik von Zitaten** auf"), der selbst zitathaft vor Augen führt, wie Kristeva ihr Modell aus demjenigen Bachtins durch Verallgemeinerung gewinnt. Bachtin bezog seine ähnliche Formulierung („Einige Arten von Werken wurden wie

Mosaike aus fremden Texten aufgebaut") auf die Gattung des Cento (lat. ‚Flickwerk', s. Abschn. 1.1.1), also auf Gedichte, die „sich aus fremden Versen und Halbversen zusammen[setzen]" (Bachtin 1979c, S. 325). Indem Kristeva die Merkmale dieser durch und durch intertextuellen Gattung zur allgemeinen Signatur von Texten erklärt („einige Arten von Werken" → „jeder Text"), gelangt sie zu einer Theorie der generalisierten Intertextualität, der **Intertextualität als Inbegriff der Textualität:** Als solche richtet sich ihr Entwurf gegen traditionelle Textmodelle, wie Barthes in seinem Kristeva-Referat, einem Lexikon-Eintrag unter dem Lemma ‚Text (Theorie des)', ausführt: „Der Text [die Intertextualität] dekonstruiert die Sprache der Kommunikation, der Repräsentation oder der Expression" (Barthes 1973, S. 1015, unsere Übersetzung). Mit anderen Worten: Der Text ist weder Ausdruck der Innerlichkeit eines Subjekts, noch Darstellung eines Gegenstandes jenseits der Sprache, noch Begegnungszone zwischenmenschlicher Verständigung, sondern Ereignis der Intertextualität.

1.2.3 Anonymität und Adressierbarkeit

Entgegen der so umrissenen Theorie, der zufolge das Spiel der Intertextualität allgemein die „Texte der vorhergehenden und umgebenden Kultur" (Barthes 1973, S. 1015, unsere Übersetzung) erfasst, gibt es in kritischen Darlegungen des Konzepts die Tendenz, Intertextualität auf den Bezug auf konkrete (literarische) Prätexte einzugrenzen. Irina O. Rajewsky (2002, S. 157) etwa bestimmt Intertextualität als ‚intramediale Einzelreferenz', also „Bezüge eines literarischen Textes auf einen bestimmten Einzeltext" (analog zu Film-Film- und Malerei-Malerei-Bezügen, s. Abschn. 2.1.1). Pfister (1985, S. 14) behandelt entsprechend die „Einengung auf literarische Intertexte" unter dem Stichwort ‚**spezifische Intertextualität**'.

Dabei ist klar, dass schon die Einschränkung auf (selbst wieder) **literarische Bezugstexte** hinter die Idee eines intertextuellen Dialogs zurückfällt, der schon bei Bachtin (1979b, S. 226) die gesamte Bandbreite **kultureller Äußerungen** umfasste: „Jedes Gespräch ist angefüllt mit der Wiedergabe und Interpretation fremder Wörter. Auf Schritt und Tritt findet sich darin ein ‚Zitat' oder ein ‚Hinweis' auf das, was eine bestimmte Person gesagt hat, auf ‚man sagt' oder auf ‚alle sagen', auf die Wörter des Gesprächspartners, auf eigene früher gesagte Wörter, auf eine Zeitung, auf einen Beschluß, auf ein Dokument, auf ein Buch usw.". Diese „Nicht-Privilegierung des Bezugs zwischen literarischen Texten" (Pfister 1985, S. 5) wiederaufnehmend und ebenfalls in Form einer offenen Aufzählung *(et cetera)* expliziert Barthes (1973, S. 1015, unsere Übersetzung) Kristevas Grundgedanken: „Den Text durchlaufen, in ihm neu verteilt, Versatzstücke von Codes, textuellen Formeln, rhythmischen Modellen, Fragmente von sozialen Sprachen, usw.".

Zum Teil mag die **Einschränkung auf interliterarische Bezüge** den Erfordernissen einer literaturwissenschaftlichen Praxis entspringen, der die Annahme eines ‚universalen Intertexts' „von geringem heuristischen Potential für die Analyse und Interpretation" (Pfister 1985, S. 15) zu sein scheint. Tatsächlich ist mit der Literarisierung der Intertextualität jedoch nicht nur eine Begrenzung ihrer Reichweite auf eine bestimmte Klasse von Texten erreicht, sondern auch auf eine bestimmte Art von Bezügen, nämlich solchen, die adressierbar sind, also sich auf je konkret benennbare Referenztexte beziehen: „it is difficult to make that universe [of texts] as such the object of attention, so there is a tendency to narrow the intertextual domain and to speak of specific works which a text takes up" (Culler 1976, S. 1384).

Diese Verknüpfung von literarischer Referenz und **Adressierbarkeit** findet sich (einmal mehr) schon bei Bachtin (1979b, S. 188) vorbereitet: „nur ihres Lebens in poetischen Kontexten kann sich die Sprache erinnern (hier kann es auch konkrete Reminiszenzen geben)". Die vorausgesetzte Adressierbarkeit literarischer Intertextualität, also die Möglichkeit, spezifische Prätexte zu identifizieren, erstreckt sich noch auf den Bezug auf literarische Gattungen, die sich als Einzelreferenz auf gattungsprägende Texte deuten lässt (vgl. Suerbaum 1985). Ein **Ausschluss nicht-literarischer Texte** aus dem Korpus der Intertextualität bedeutet insofern immer auch einen Ausschluss nicht-adressierbarer Bezugnahmen aus dem Feld der Intertextualität.

Dabei ist die Möglichkeit der anonymen Herkunft fremder Stimmen, die sich (ein letztes Mal) schon in Bachtins ‚man sagt' artikuliert, fester Bestandteil des Konzepts der Intertextualität und wird bei Kristeva noch stärker akzentuiert: „Der Intertext ist ein allgemeines Feld **anonymer Formeln,** deren Ursprung kaum festgestellt werden kann, unbewußter oder automatischer Zitate, die nicht in Anführungszeichen gesetzt werden" (Barthes 1973, S. 1015, unsere Übersetzung) – oder wie Bachtin (1979c, S. 303) sagen würde: die mit „intonatorischen Anführungszeichen" versehen sind. Genaue Adressierbarkeit ist deshalb nicht intertextuelle Norm, sondern ein besonderer Fall von Bezüglichkeit: „a situation in which one can track down sources with such precision cannot serve as the paradigm for a description of intertextuality, if intertextuality is the general discursive space which makes a text possible" (Culler 1976, S. 1385).

Prätext, intertextueller Vorwand *(pretext)*, kann ein bestimmter (literarischer) Text sein, es kann sich aber auch um eine anonyme Stimme handeln. Deshalb ist es einer intertextuellen Interpretation nicht notwendig um die Aufdeckung eines oder mehrerer konkreter textueller Vorbilder zu tun, sondern stets auch um eine umfassendere Suche nach den **Voraussetzungen der Textkonstitution:** „to look at the specific presuppositions of a given text, the way in which it produces a pretext, an intertextual space whose occupants may or may not correspond to other actual texts" (Culler 1976, S. 1395). Intertextuelle Kritik hat es allenfalls mit Graden der Zuschreibung zu tun, bewegt sich zwischen den beiden Extremen völliger **Anonymität** und präziser Adressierbarkeit: „jeglicher Text ist ein Intertext [tout texte est un intertexte]: andere Texte sind in ihm gegenwärtig, auf veränderlichen Ebenen, *in mehr oder weniger erkennbaren Formen*" (Barthes 1973, S. 1015, unsere Übersetzung und Hervorhebung).

Noch inmitten eines Schaustücks adressierter Intertextualität wie **T.S. Eliots** *The Waste Land* **(1922)** finden sich formelhafte Fragmente, die sich nicht

1.2 Dialogizität: Intertextualität als wechselseitige Erhellung

zurückverfolgen lassen. Während Eliot die zahllosen Beispiele spezifischer (und begrenzter) Intertextualität in ‚seinem' Gedicht ab der ersten Buchausgabe (1923) in eigenen Anmerkungen nachweist und so eine Identifizierung seiner Bezugstexte aus antiker und moderner Literatur (sowie religiösem und anthropologischem Schrifttum) ermöglicht, lässt sich im zweiten Teil („A Game of Chess") wiederholt die anonyme Stimme des Kneipiers vernehmen (die Sprache des Pub-Betreibers), der die Sperrstunde ankündigt: „HURRY UP PLEASE ITS TIME" (Eliot: *Waste Land*, Z. 141, 152, 165, 168, 169). Und dieses Bruchstück sozialen Textes nimmt, zusammen mit den nachweisbaren Anspielungen und Zitaten aus Ovid, Dante, Shakespeare, usw., als vollwertiges Mitglied des Ensembles an der intertextuellen „Sinnkomplexion" (Schulte-Middelich 1985, S. 214) teil, jener „**semantische**n **Explosion,** die in der Berührung der Texte geschieht" (Lachmann 1990, S. 57). Im Gedicht ist es deshalb nicht nur ein Hinweis auf den Schauplatz eines Gesprächs unter Frauen (Eliot: *Waste Land*, Z. 111–172); im Kontext des kulturellen Verfalls, den Eliot vermittels der Verweise auf die kanonischen Texte des (westlichen) zivilisatorischen Prozesses inszeniert, wird der Ruf, der das Ende des Pub-Besuches besiegelt, und die Teilnehmer in die Trostlosigkeit ihrer Leben entlässt, zum Sinnbild menschlicher Geworfenheit in eine Welt spiritueller Ödnis (oder, im Register der Grallegende, die ebenfalls als adressierbarer Intertext fungiert: einer ausgedehnten Dürre, die der letzten Runde folgt).

Wie für die literarisch-hochkulturellen Elemente des Gedichts gilt für die anonyme Formel des Kneipenschlusses, dass sie von ihrem intertextuellen Einschluss nicht unberührt bleibt: „die in einen Kontext eingeschlossene fremde Rede wird, wie genau sie auch wiedergegeben sein mag, stets in gewisser Weise in ihrem Sinn verändert. Der das fremde Wort einfassende Kontext schafft einen dialogisierenden Hintergrund, dessen Einfluß sehr groß sein kann" (Bachtin 1979b, S. 227). Vielleicht mit dem Unterschied, dass das Fragment der sozialen Sprache anders als die Bezugsstelle des benennbaren Einzeltextes, „sein vorheriges Leben [...] vergessen" kann (ebd., S. 188), insofern es ungeachtet seiner intertextuell angereicherten Bedeutung in Eliots Gedicht auch weiterhin seine Funktion als sprachliches Alltagselement erfüllen kann. Wohingegen die **intertextuelle Sinnkomplexion** den literarischen Bezugstext selbst verändert, der danach niemals wieder derselbe sein kann (s. Abschn. 1.2.4).

Es sei noch vermerkt, dass Eliot später einen nachträglichen Ursprungsmythos für die besprochene(n) Zeile(n) geliefert hat, der nachdrücklich vor Augen führt, wie sinnlos dies für einen anonymen Intertext ist: „In 1942, as Eliot and Mary Trevelyan passed the dingy flats of Crawford Mansions on the border of Paddington, he said: ‚We lived there – I was very unhappy. There was a pub – I used to watch people coming out at closing time. That's the origin of HURRY UP PLEASE IT'S TIME'" (Gordon 2001, S. 68). Diese Hinweise auf die Herkunft der Wendung sind bestenfalls redundant (der Satz, der die *closing time* in einem *public house* verkündet, stammt aus einem eben solchen zu eben jenem Zeitpunkt), schlimmstenfalls irreführend, sofern sie mit der situativen Gefühlslage Eliots verknüpft wird, von der ausgehend das gesamte Gedicht zu einem Ausdruck von Innerlichkeit verklärt wird. Dass es sich beim *Waste Land* um einen Versuch Eliots handelt, mit seinem ganz persönlichen Unglück umzugehen, mag manchen Anknüpfungspunkt im Gewebe des Textes finden (etwa die Zitate aus Wagner's *Tristan und Isolde*), wird aber dem intertextuellen Gefüge als Ganzem kaum gerecht. Und ganz gewiss lässt es sich nicht aus einer abgedroschenen Phrase herauslesen.

1.2.4 Der Dialog der Texte

Der Einbezug anonymer Stimmen stellt einen der wesentlichen Unterschiede zwischen intertextuellen Ansätzen und der Einfluss- und Quellenforschung (s. Abschn. 1.3.1) dar, die die Abhängigkeit literarischer Texte von spezifischen Vorläufern untersucht (vgl. Culler 1976, S. 1388). Schwerlich ließe sich behaupten, dass Eliots Komposition des *Waste Land* von einem Pub-Besuch ‚beeinflusst' oder dass dieser eine ‚Quelle' des Gedichts wäre. Der andere grundlegende Unterschied besteht darin, dass das Konzept der Intertextualität die einseitige Gerichtetheit des älteren Modells der Textbeziehungen verwirft, die sich auch in der gesamten fluiden Begrifflichkeit niederschlägt, die den Fluss der Ideen streng von der Quelle zur Mündung ausrichtet. Dagegen betont das Konzept des intertextuellen Dialogs den Austausch in beiden Richtungen, so dass nicht nur der Folgetext eine Zusatzkodierung erhalten kann, sondern auch der Prätext (Schulte-Middelich 1985, S. 214). Es geht mithin darum, nicht nur im „Gegenwärtigen die Spuren des Vergangenen [zu] erkennen", sondern auch „im Vergangenen die Spuren des Gegenwärtigen" (Lachmann 1990, S. 46).

Wiederum (und ein allerletztes Mal) lässt sich auch diese **Doppeltgerichtetheit intertextueller Bezüglichkeit** bis zu Bachtin (1979d, S. 353) zurückverfolgen: „Der Text lebt nur, indem er sich mit einem anderen Text (dem Kontext) berührt. Nur im Punkt dieses Kontaktes von Texten erstrahlt jenes Licht, das nach vorn und nach hinten leuchtet, das den jeweiligen Text am Dialog teilnehmen läßt". Vorsichtig formuliert lässt sich aufgrund dieser doppelten Bewegung ‚nach vorn' und ‚nach hinten' behaupten, dass intertextuelle Bezugnahmen auch die Bedeutung ihrer Bezugstexte verändern können: „Intertextuality, in one interpretation (Julia Kristeva's) of the much used term, is the power of the written text to impose a reorganization of the corpus of texts that preceded its appearance, creating a modification in the manner in which they are read" (Brée 1978, S. 4; vgl. Plett 1985, S. 87; Lachmann 1990, S. 60; Samoyault 2001, S. 91).

Die „wechselseitige Kontamination" (Eilert 1991, S. 16) der intertextuell aufeinander bezogenen Texte erlaubt nach Genette, eine „**relationale Lektüre** (zwei oder mehrere Texte in Bezug aufeinander lesen)" (Genette 1993, S. 533), der „das spezifische Verdienst zu[kommt], die alten Werke ständig in einen neuen Sinnkreislauf einzuspeisen" (ebd., S. 534). Eine solche Lektüre erlaubt es, den Text in eine „doppelte Perspektive" zu setzen: „relational (Austausch zwischen den Texten) und transformational (wechselseitige Veränderung der Texte, die sich in dieser Beziehung des Austausches befinden)" (Samoyault 2001, S. 49, unsere Übersetzung). Jede intertextuelle Bezugnahme verändert ihren Referenztext in diesem Sinne unwiderruflich, was letztlich die bisweilen als skandalös empfundene (vgl. Irwin 2004, S. 36) Annahme eines ‚rückwärtsgerichteten Einflusses' rechtfertigt.

Mieke Bal (1999) hat für diese Inversion der chrono-logischen Abfolge den Terminus der *preposterous history* vorgeschlagen. Sie entwickelt ihre Gedanken anhand von Bild-Bild-Bezügen (s. Abschn. 2.1.1), die sie jedoch nicht als genuin (inter)piktorial, sondern im Rahmen einer Intertextualität der Bilder („,textualising' iconography", ebd., S. 10) und mit textuellen Begrifflichkeiten behandelt – allen voran der des Zitats, die im interpiktorialen Kontext zumindest nicht ganz unproblematisch ist (vgl. Goodman 1984). Es geht ihr dabei genau um das Moment der „**aktiven Teilnahme von Bildern am kulturellen Dialog**" (Bal 1999, S. 9), die wesentlich in einer Revision von Bezugsbildern besteht: „the work performed by later images obliterates the older images as they were before that intervention and creates new versions of old images instead" (ebd., S. 1). In einer Diskussion der neo-barocken Bilder Ken Aptekars prägt sie schließlich in unübersetzbarer Manier (als re-etymologisierendes Wortspiel mit dem englischen *preposterous,* das so viel wie ‚absurd' oder ‚widersinnig' bedeutet, aber in der Tat aus den lateinischen Bestandteilen ‚prae' und ‚posterus' gebildet wurde, ‚vorher-nachher'):

> We cannot read his work without a sense of history into which the artist is inscribing himself. At the same time, the baroque works gain a new dimension through the juxtaposition, as much as through the overwriting and reworking in each of Aptekar's works. [...] This reversal, which puts what came chronologically first (‚pre-') as an aftereffect behind (‚post') its later recycling, is what I would like to call a preposterous history. (Bal 1999, S. 6–7)

Ein recht klares hypertextuelles Beispiel mag dies verdeutlichen (für ein etwas subtileres intertextuelles Beispiel vgl. Isekenmeier 2013, S. 40–41). Bei der 1848 auf der Women's Rights Convention in Seneca Falls verabschiedeten ***Declaration of Sentiments*** (DoS, https://www.nps.gov/wori/learn/historyculture/declaration-of-sentiments.htm) handelt es sich um eine Parodie der *Declaration of Independence* (DoI, https://www.archives.gov/founding-docs/declaration-transcript) im engeren Sinne, wie ihn Genette (1993, S. 40) reaktiviert hat: „Ich schlage also vor, als Parodie (wieder) die Bedeutungsänderung durch minimale Transformation eines Textes zu bezeichnen". Deren wesentliche Strategie besteht hier darin, die Frauen in der Rolle der Amerikaner, die Männer in der Georgs III. in Szene zu setzen. Die beiden Fassungen der Einleitung im Vergleich lesen sich dann so:

> When in the Course of human events, it becomes necessary for one people [...] to assume among the powers of the earth, the separate and equal station to which the Laws of Nature and of Nature's God entitle them, a decent respect to the opinions of mankind requires that they should declare the causes which impel them to the separation. (DoI).

> When, in the course of human events, it becomes necessary for one portion of the family of man to assume among the people of the earth a position different from that which they have hitherto occupied, but one to which the laws of nature and of nature's God entitle them, a decent respect to the opinions of mankind requires that they should declare the causes that impel them to such a course. (DoS).

Der Beginn der Anklage liest sich entsprechend in beiden Fassungen wie folgt:

> The history of the present King of Great Britain is a history of repeated injuries and usurpations, all having in direct object the establishment of an absolute Tyranny over these States. To prove this, let Facts be submitted to a candid world. (DoI).

> The history of mankind is a history of repeated injuries and usurpations on the part of man towards woman, having in direct object the establishment of an absolute tyranny over her. To prove this, let facts be submitted to a candid world. (DoS).

Als Effekt dieser vergleichsweise einfachen Prozedur (womit das textuelle Verfahren, nicht das kulturhistorische Ereignis gemeint ist) erreicht die Seneca Falls Declaration eine unwiderrufliche Veränderung (der Lesart) ihres Hypertextes. *Nach* ihr ist es unmöglich, die Präambel („We hold these truths to be self-evident, that all men are created equal", DoI) als eine Erklärung natürlicher (oder göttlich verliehener) Menschenrechte zu lesen. Stattdessen wird sie nachfolgend immer im Lichte ihrer Umschrift („We hold these truths to be self-evident: that all men and women are created equal", DoS) als eine historische Momentaufnahme männlicher Machtansprüche erscheinen, die wohlfeil als Naturrecht dargeboten werden. Mit anderen Worten: *men* lässt sich hernach nicht mehr als ‚Menschen' lesen, wie es noch im unverändert übernommenen *mankind* nachklingt, sondern nur mehr als ‚Männer'. Und natürlich bahnt dies den Weg für weitere Revisionen eingedenk der Tatsache, dass es sich letztlich auch nicht einfach um ‚Männer', sondern um ‚weiße männliche Besitzbürger' handelte (s. Abschn. 1.2.5).

Ungleich unübersichtlicher wird die Situation, wenn ein Text mit mehreren anderen Texten in Dialog tritt, wie es in **T.S. Eliots *The Waste Land*** geschieht. Plett (1985, S. 86) spricht in diesem Zusammenhang von einer ‚Vervielfältigung' des Dialogs, der nun nicht mehr nur zwischen dem bezugnehmenden Text und den Bezugstexten, sondern jeweils auch unter diesen zu vielfältigen dialogischen Kontakten führen kann. Der dritte Teil zum Beispiel verweist schon in seinem Titel („The Fire Sermon") auf Buddhas ‚Feuerpredigt' *(Ādittapariyāya Sutta)*, die Eliot in seinen Anmerkungen auf eine Stufe mit der Bergpredigt stellt und die sich um die Überwindung des durch die Sinne entfachten Feuers der Leidenschaft dreht, was sich in der von Eliot benutzten englischen Übersetzung so anhört: „All things, O priests, are on fire. [...] The eye, O priests, is on fire; forms are on fire; eye-consciousness is on fire; impressions received by the eye are on fire; and whatever sensation [...] originates in dependence on impressions received by the eye, that also is on fire" (Buddha: „Fire-Sermon", S. 54).

Am Ende dieses dritten Teils begegnen sich in chiastischer Anordnung auf engstem Raum Verweise (in Form eines Zitats und einer Anspielung) auf eine Episode aus Augustinus' *Bekenntnissen (Confessiones)* und auf Buddhas Diskurs: „To Carthage then I came/Burning burning burning burning/O Lord Thou pluckest me out/O Lord Thou pluckest/burning" (Eliot: *Waste Land,* Z. 307–311). Dazu Eliots Anmerkung: „The collocation of these two representatives of eastern and western asceticism, as the culmination of this part of the poem, is not an accident" (ebd., S. 25). Tatsächlich verhandelt Augustinus' autobiographischer Bericht mit seiner Versuchung durch die sinnlichen Verlockungen der sündigen Stadt Karthago eine vergleichbare Problematik: „Nach Karthago kam ich und von allen Seiten umtoste mich das ekle Gewirr schändlicher Liebeshändel. [...] Deshalb siechte meine Seele, und in ihrem Elend warf sie sich hinaus in die Außenwelt, gierend nach sinnlicher Reizung" (Augustinus: *Bekenntnisse,* S. 59). Damit schaltet Eliot auf textökonomische Art und Weise die Bemühungen zweier Stellvertreter ihrer Religion zusammen, sich dem Leiden an den Sinnen, der sinnlichen Leidenschaft, zu entziehen, was im fünften Teil noch auf den Hinduismus ausgedehnt wird. (Eliot rekurriert auf die in den *Upanishaden* übermittelte göttliche Maxime der Selbstbeherrschung).

Da nun aber das zentrale Ereignis im dritten Teil des Gedichts eine Vergewaltigungsszene ist (Eliot: *Waste Land,* Z. 215–248), in der ein Angestellter eines Maklerbüros eben dem ‚Feuer' seiner Triebe erliegt („Flushed and decided, he assaults at once; / Exploring hands encounter no defence; /His vanity requires no response", ebd., Z. 239–241), scheint Eliot das epochale Scheitern religiöser Selbstzucht in der Zeit nach dem Zivilisationsbruch des Ersten Weltkriegs (im Englischen noch immer ‚The Great War') anzudeuten. Die besagte Szene wird wiederum vom blinden Seher Tiresias (aus Ovids *Metamorphosen*) beobachtet, der seinerseits auf andere Art von den Versuchungen des Sehens befreit ist, als dies von Buddha gemeint war, usw. Kurz: Es entwickelt sich ein fast erdrückend komplexer **intertextueller Polylog,** der die „Mehrfachkodierung" (Schulte-Middelich 1985, S. 214) bis an die Grenze der Lesbarkeit vorantreibt und dem die Einförmigkeit fluvialer Metaphorik (Quelle, Einfluss, usw.) in keiner Weise gerecht werden kann.

1.2.5 Das Gedächtnis der Literatur

Der semantische Mehrwert des Dialogs der Texte erschließt sich in der Lektüre nur, wenn intertextuelle Bezüge rezeptionsseitig realisiert werden. Dazu bedarf es im Allgemeinen einer **Markierung von Bezüglichkeit** (s. Abschn. 1.1). So sind Eliots Anmerkungen selbst für aufmerksame Leser/innen vonnöten, wo Hinweise auf intertextuelle Referenzen im Haupttext fehlen und sich das Echo eines anderen Textes nahtlos einfügt. „I hear/The sound of horns and motors" (Eliot: *Waste Land,* Z. 196–197) wird als Echo von John Days Worten in *The Parliament of Bees* (1641 veröffentlicht) – „you shall hear/A noise of horns and hunting" – erst durch seinen paratextuellen Hinweis lesbar (ebd., S. 23).

Markierung und Kanon
Abhängig vom Status des Referenztextes kann jedoch auch jede Form der (expliziten) Kenntlichmachung eines Bezugs entbehrlich sein („We hold these truths to be self-evident, that all men are created equal"): „So kann ein Autor z. B. auf jede Markierung verzichten, wenn sein eigener Text auf Texte verweist, die einem breiteren Lesepublikum bekannt sind. Dies ist etwa bei Verweisen auf Klassiker oder die Bibel häufig der Fall" (Broich 1985, S. 32). Solche ‚kanonischen' Texte, also ursprünglich die in die Heilige Schrift aufgenommenen

Texte im Unterschied zu den apokryphen, später die in einem Bildungskanon als Klassiker versammelten Werke, zeichnen sich durch eine **niedrige ‚Signalschwelle'** (ebd., S. 33) aus und können als Teil eines normierten kulturellen Gedächtnisses als bekannt vorausgesetzt werden.

Schon wegen des historischen Wandels des (beispielsweise literarischen) Kanons darf das **kulturelle Gedächtnis** allerdings nicht als statischer Aufbewahrungsort begriffen werden, der der Intertextualität vorgegeben ist und stillschweigend vorausgesetzt werden kann. Seine Formierung und Reformierung vollzieht sich vielmehr fortwährend und von Anfang an im intertextuellen Vollzug:

> Die intertextuelle Gegebenheit ist nicht nur die Funktion eines semiotisch abgerufenen Vorwissens, das der Rezipient ins Spiel zu bringen hat. Der Text vielmehr spielt den Bezugstext herein, und zwar in einer Artikuliertheit, Reliefhaftigkeit, die das Ganze des intertextuellen Bezugstextes nicht einfach als Wissen voraussetzt, sondern es im Medium seiner konkreten Aufgerufenheit erscheinen läßt. (Stierle 1983, S. 15)

Kanonisch ist ein Text deshalb in dem Maße, in dem er in intertextuellen Verfahren **reaktualisiert** wird. Und er wird kulturell apokryph genau insofern er aus dem intertextuellen Gefüge eines (literarischen) Korpus herausfällt. Veränderungen des Status von Texten können dabei im Rahmen von Kanondebatten herbeigeführt werden, die gleichsam die metatextuelle, kritische Variante des Vollzugs kultureller Erinnerung sind. Sie können sich jedoch ebenso gut aus der (literarischen) Praxis der Intertextualität selbst ergeben, in der diejenigen Texte dem Vergessen anheimfallen, auf die nicht (mehr) Bezug genommen wird. Genau in diesem Sinne ist **Intertextualität das Gedächtnis der Literatur,** die „Erinnerung, die die Literatur von sich selbst hat" (Samoyault 2001, S. 6, unsere Übersetzung).

Intertextualität als Mnemotechnik

Diese Sicht von Intertextualität als „kultureller Mnemotechnik" (Assmann 1992, S. 212) verdankt sich wie schon Kristevas Theorie der Intertextualität (s. Abschn. 1.2.2) einer weitergedachten Bachtin-Lektüre, nunmehr in den Händen Renate Lachmanns (1990). Diese erneute Relektüre verortet freilich das Moment der Wendung von einer Pragmatik der Mündlichkeit (und des kollektiven Gedächtnisses) zu einer Poetik der Schriftlichkeit (und des kulturellen Gedächtnisses) schon innerhalb der Theorie Bachtins: „Das Dialogwort als Wort der ‚Kultur' ist Speicher des ‚lebendigen' Gedächtnisses [...]. Es ist das Romanwort, das die **dialogische Interpretation des Gedächtnisses** fortführt" (ebd., S. 199). Im Roman als paradigmatischer Gattung schlägt sich die Gedächtnisleistung der Literatur schriftlich nieder, er transformiert das Gedächtnis einer Kultur in Text:

> Wenn die Literatur im Folgenden unter dem Blickwinkel des Gedächtnisses betrachtet wird, erscheint sie als mnemonische Kunst *par excellence,* indem sie das Gedächtnis für eine Kultur stiftet; das Gedächtnis einer Kultur aufzeichnet; Gedächtnishandlung ist; sich in einen Gedächtnisraum einschreibt, der aus Texten besteht; einen Gedächtnisraum

entwirft, in den die vorgängigen Texte über Stufen der Transformation aufgenommen werden. Die Texte repräsentieren das ausgelagerte materialisierte Gedächtnis. (Lachmann 1990, S. 36)

Damit aber wird aus der Intertextualität das Bindeglied zwischen dem, was in der Mediologie als Kommunikation von Transmission geschieden wird (für das Folgende vgl. das Diagramm in Debray 2003, S. 24). Demnach gibt es auf der einen Seite die synchrone Verbreitung von Information an zeitgenössische Adressaten, auf der anderen die diachrone Übermittlung von Werten und Wissensbeständen an spätere Adressaten. Doch während Debray (ebd., S. 12) annimmt, dass es „keine Kontinuität zwischen diesen beiden Typen von Phänomenen" gibt, verbindet die Intertextualität genau diese beiden ‚Vektoren' miteinander. Einerseits verfolgt die intertextuelle Sinnkomplexion kommunikative Zwecke, sofern sie die Bedeutung des Textes bereichert, andererseits wird der Text als „Intertextdeponie" (Lachmann 1990, S. 36) zum **Übermittlungsmedium**, sofern er an seine Bezugstexte erinnert.

Dabei ist an Beispiele einer **Intertextualität 1-zu-n** (ein Text korreliert viele Bezugstexte) zu denken, wie das *Waste Land,* das einen (schon zu seiner Zeit etwas angestaubten) hochkulturellen Kanon reformuliert – allen voran einen Kanon englischer Dichter und Dramatiker (die metonymisch durch ein oder mehrere begrenzte Referenzen aufgerufen werden), dem, in der Reihenfolge ihres Erscheinens in Eliots Anmerkungen, Webster, Milton, Spenser, Marvell, Day, Shakespeare und Kyd angehören (mit Goldsmith als einzigem Romancier). Mehr noch tragen Beispiele einer **Intertextualität n-zu-1** (viele Texte nehmen auf einen Text Bezug) zur Kanonisierung bei, wie im Fall der amerikanischen Unabhängigkeitserklärung, die in endlosen Iterationen (re-)zitiert wird. Allein der Beginn der Präambel lässt sich quer durch alle Gattungen verfolgen, von politischen Erklärungen und Reden über Gedichte (etwa Archibald MacLeishs *Land of the Free,* 1938) und Romane (etwa Harper Lees *To Kill a Mockingbird,* 1960) bis hin zu Filmen (etwa Andrew Dominiks Killing Them Softly, 2012), womit dann die Übergangszone zur Intermedialität erreicht wäre (s. Abschn. 2.2).

Intertextuelle Ketten
Am eindrucksvollsten zeigt sich die kulturelle Zentralität eines Textes, wo er als Ausgangspunkt intertextueller Ketten fungiert. Abraham Lincolns „Gettysburg Address" von 1863, zum Beispiel, beginnt mit einem Verweis auf das Jahr der Unabhängigkeitserklärung und ihre Präambel („Four score and seven years ago our fathers brought forth on this continent, a new nation, conceived in Liberty, and dedicated to the proposition that all men are created equal." https://www.abrahamlincolnonline.org/lincoln/speeches/gettysburg.htm), um dann den Bürgerkrieg als einen Akt der erneuten Hingabe an dieses Prinzip der Gleichheit zu stilisieren. Martin Luther Kings Rede im Rahmen des Marschs auf Washington 1963 (https://kinginstitute.stanford.edu/king-papers/documents/i-have-dream-address-delivered-march-washington-jobs-and-freedom), dem es wieder um die Präambel

zu tun ist („When the architects of our Republic wrote [...] the Declaration of Independence, they were signing a promissory note [...]. This note was a promise that all men – yes, black men as well as white men – would be guaranteed the unalienable rights of life, liberty and the pursuit of happiness"), kann diesen Bezug gleichsam im Durchgang durch Lincoln vollziehen („Five score years ago a great American in whose symbolic shadow we stand today signed the Emancipation Proclamation"). Kings Rede mit der Unabhängigkeitserklärung als zentralem Bezugstext spielt mit der Jahresangabe im Zwanziger- oder Vigesimalsystem auf Lincolns Rede an, die ihrerseits bereits auf die Unabhängigkeitserklärung verwies, stets um die Bedeutung dieses zentralen Satzes kreisend, demzufolge alle Männer/ Menschen gleich geschaffen sind. Auf diese Weise ergänzt das **intertextuelle Nachleben** der Unabhängigkeitserklärung ihre museale Aufbewahrung als kulturelles Monument in den National Archives und wird zum Träger ihrer Übermittlung (vgl. Debray 2003, S. 24).

1.3 Operationalität: Intertextualität als Schreibszene

Aus intertextualitätstheoretischer Sicht unterscheiden sich Texte nur nach dem Grad ihrer „textuelle[n] Transzendenz" (Genette 1993, S. 9), ob diese nun mit Genette als Bezüglichkeit auf einzelne Texte (Hypertextualität, Intertextualität im engeren Sinne) oder auf „übergreifende[] Kategorien" (Architextualität) bestimmt wird (s. Abschn. 1.1) oder mit Bachtin als Dialogisierung von gesellschaftlichen Stimmen, die in Texten sedimentiert sind oder sozial zirkulieren (s. Abschn. 1.2). Stets liegt das Augenmerk auf der konstitutiv intertextuellen Verfasstheit von Texten. Eine solche Vorstellung von Textualität führt zu einem veränderten **Verständnis von Autorschaft,** die sich nunmehr als eine Funktion des Umgangs mit früheren und zeitgenössischen Texten darstellt, die ihr als kulturelle Umgebung oder literarische Tradition aufgegeben sind. ‚Autor/in' ist dann der Name einer **textverarbeitenden Instanz,** deren Tätigkeit als ‚Permutation' von Texten (Kristeva 1977, S. 194) erscheint oder als ‚Weben' („the true storyteller, the poet, is a weaver", Bringhurst 1992, S. 25) von Wortgeflechten, deren ‚Fäden' dem Gewebe der Kultur entnommen sind (zur textilen Metaphorik, die auch die Etymologie des Textbegriffes selbst bestimmt, vgl. Greber 2002).

An die Stelle des durch göttliche Inspiration (Afflatus) oder poetische Gabe (Genie) zu schöpferischer Originalität gelangenden Autors (vgl. Morgan 1989, S. 240–241), tritt der „kompilatorische[] Schreiber" (Jannidis et al. 2000, S. 181–182), dessen „einzige Macht [...] darin [besteht], die Schriften zu vermischen und sie miteinander zu konfrontieren" (Barthes 2000, S. 190). Die **Tätigkeit des Schreibers als eine Kombinatorik** kennt dabei zwar „eigenständige[] Sinnbildung" (Martinez 1999, S. 479), aber nur als intertextuelles Ereignis: „the so-called genius of the author becomes an incidental function of the intertexts of the past and contemporaneous literature" (Morgan 1989, S. 243).

1.3 Operationalität: Intertextualität als Schreibszene

Eine solche Idee von Autorschaft ist dabei selbst keineswegs eine Erfindung der Intertextualitätsforschung. Schon Edgar Allan Poe (1845, S. 354) formulierte entsprechend: „There is no greater mistake than the supposition that a true originality is a mere matter of impulse or inspiration. To originate, is carefully, patiently, and understandingly to combine". Diese Vorstellung des Literaturschaffens lässt sich mit Modellen der Prozessualität des Schreibens verknüpfen. Es geht also im Folgenden um Intertextualität als operationale Praxis, als ein „Repertoire von Gesten und Vorkehrungen" (Campe 1991, S. 759) oder kurz: um Intertextualität als Schreibszene.

Als ‚**Schreibszene**' lässt sich im Anschluss an Rüdiger Campe (1991, S. 760), der sie kurz als „nicht-stabiles Ensemble von Sprache, Instrumentalität und Geste" eingeführt hatte, „die historisch und individuell von Autorin und Autor zu Autorin und Autor veränderliche Konstellation des Schreibens" bezeichnen, „die sich innerhalb des von der Sprache (Semantik des Schreibens), der Instrumentalität (Technologie des Schreibens) und der Geste (Körperlichkeit des Schreibens) gemeinsam gebildeten Rahmens abspielt" (Stingelin 2004, S. 15). Der Begriff markiert eine Hinwendung zum „materiellen Akt des Schreibens" (Clare 2017, S. 8) und impliziert ein „**Autorschaftskonzept,** das die Vorstellung des reinen, raumzeitlich klar begrenzbaren Schöpfungsakts einer Einzelperson aufgibt zugunsten einer Sensibilität für das ‚weitläufige [...] Myzelium, aus dem sich ein Werk erhebt und von dem es als fertiges umgeben ist'" (Clare 2017, S. 8; das Zitat im Zitat ist Mainberger 2003, S. 266, entnommen und bringt ein weiteres in diesem Zusammenhang produktives Bildfeld ins Spiel, das den Text als ‚gesponnen' aus den ‚(Pilz-)Fäden' der Kultur vorstellt. Vgl. die Benennung der Texttheorie als ‚Hyphologie' bei Barthes 1973, S. 1015).

Der Begriff der Schreibszene ist ein „wichtiges Instrument der Beschreibung einer intertextuellen Umgebung" (Clare 2017, S. 9) in zweierlei Hinsicht. Zum einen lenkt er die Aufmerksamkeit auf den Prozess des Schreibens, der den Text als (provisorischen) **Endpunkt einer intertextuellen Kette** erzeugt, deren Verlauf sich in „handschriftlichen oder typographischen [und zunehmend digitalen] Spuren wie Vorarbeiten (Exzerpten, Notizen und Fragmenten, Plänen), Entwürfen, verschiedenen Fassungen, Arbeitshandschriften, Druckmanuskripten und Korrekturfahnen" (Stingelin 2004, S. 16) materialisiert. Als allmähliche Verfertigung eines als (vorläufigen) Endpunkt des Kompositionsprozesses vorstellbaren Produkts ist Schreiben nichts anderes als intertextuelle Arbeit an ‚eigenen' Texten, fortlaufende Auseinandersetzung einer Autorfunktion mit den Vorstufen dessen, was sich als mehr oder weniger fertiger Text zum ‚Werk' (Opus) kristallisieren kann. Dass dabei **Textbausteine** fortwährend wiederaufgenommen, umgeschrieben und in verschiedenen ‚Werken' rekontextualisiert werden, ist Ausdruck der Grenzen der Kreativität und Originalität Literaturschaffender, die nicht als Schöpfergenies aus unergründlicher Tiefe erschaffen, sondern als Textverarbeitungssysteme mit begrenzter Kapazität Sprachmaterial prozessieren. Schon deshalb ist **Auto-Intertextualität,** die Bezugnahme auf andere Texte, die von demselben Eigennamen autorisiert sind (vgl. Gouaux 2006 mit Blick auf Eudora Welty), ein Merkmal von Textualität überhaupt (s. Abschn. 1.3.2).

Zum anderen umfasst der Begriff der Schreibszene in seiner Ausrichtung auf einen Vorgang, „in dem Körper sprachlich signiert werden oder Gerätschaften am Sinn [...] mitwirken" (Campe 1991, S. 760), auch „Schreibgewohnheiten" jenseits der üblicher Weise „zu Gebote stehenden" Schreibwerkzeuge „(in der Regel Papier, Feder und Tinte, Bleistift, Kugelschreiber, Schreibmaschine oder Computer)" (Stingelin 2004, S. 16). Denn es gibt Erscheinungsweisen des ‚Schreibens', die sich als „Arbeit mit der Medialität des Materials" (Fahrer 2009, S. 15) darstellen, als **topologische Manipulation des Körpers der Schrift**. Zu denken ist etwa an das sich „durch eine spezifische Körperlichkeit des Schreibakts" (Stingelin 2004, S. 18) auszeichnende **Verfahren des Cutup,** das als ‚Schreibinstrument' eine Schere (sowie physikalische Kopien der zu bearbeitenden Texte) und als Geste das räumliche Rearrangieren der damit gewonnenen Text-Ausschnitte in Anschlag bringt. Insofern sie die Aneignung von Textmaterial radikal veräußern und zu einer körperlichen Tätigkeit machen, die auch unter Absehung von der Semantik durchgeführt werden kann, sind Cut-ups Beispiele einer vollständig operationalisierten Intertextualität (s. Abschn. 1.3.3).

Im Cut-up wird das Schreiben zur „reinen Geste der Einschreibung" (Barthes 2000, S. 190), in deren Licht „jegliche Berufung auf das Innere des Schriftstellers wie reiner Aberglaube" (Barthes 2000, S. 187) erscheint. Demgegenüber gibt es eine beharrliche Traditionslinie der Beschäftigung mit Intertextualität, die an einem hypostasierten Verständnis von Autorschaft festhält (vgl. Barthes 2000, S. 191). In ihr werden intertextuelle Beziehungen durch eine „**Verlagerung von den Texten auf die Personen**" (Culler 1976, S. 1386, unsere Übersetzung) zu interauktorialen Relationen, die sich – „primarily at the psychological level" (Morgan 1989, S. 244) – zwischen den „Autorenpersönlichkeit[en]" (Schabert 1983, S. 679) einstellen. Damit schließen Konzepte der **Interauktorialität** an Überlegungen Bachtins zur dialogischen Intersubjektivität an, insofern die Herstellung interauktorialen Kontakts nicht länger durch die konkrete Arbeit *mit* Texten erfolgt, sondern durch die immaterielle Anstrengung einer Lektüre, die Texte symptomal mit Blick auf „den Autor [...] hinter dem Werk" (Barthes 2000, S. 191) liest. Sie rekurrieren damit jedoch auf ein emphatisches Verständnis des Autors, der sich nicht in seiner Stimme erschöpft oder „im selben Moment wie sein Text geboren" (Barthes 2000, S. 189) wird, sondern „seinem Werk zeitlich voraus[geht] wie ein Vater seinem Kind" (Barthes 2000, S. 191). In einem an Metaphern ohnehin reichen Feld (mathematischen, textilen, mykologischen) bereitet diese Rhetorik der Filiation den Boden für den zunächst vorgestellten Ansatz (s. Abschn. 1.3.1) einer Intertextualität als Familienroman (Bloom 1997, S. 8).

1.3.1 Interauktorialität: Einfluss anders

In seiner ausgehend von *The Anxiety of Influence* (1973) entwickelten Theorie, die Harold Bloom ausschließlich anhand von Gedichten entwickelt („Any poem is an inter-poem", Bloom 1976, S. 3) und die er daher als „story of intra-poetic

1.3 Operationalität: Intertextualität als Schreibszene

relationships" (Bloom 1997, S. 5) bezeichnet, fasst er das Verhältnis des Dichters zu seinen Vorgängern als ödipalen Konflikt auf (vgl. Culler 1981, S. 111), in dem der stets männliche Nachkomme mit dem Erbe seiner großen Dichterväter ringt. Diese Auseinandersetzung folgt nach Bloom einem esoterischen Schema („the strong poet's life-cycle", Bloom 1997, S. 10), dessen Stufen er mit hermetischer antikisierender Terminologie bezeichnet (Clinamen, Tessera, Kenosis, Daemonization, Askesis, Apophrades) und die einen allmählichen Prozess der Ablösung vom Vorbild beschreiben. Blooms Darstellung der Selbstbehauptung des Dichters gegenüber seinen Vorgängern lässt sich als eine **psychologisierende Version der rhetorischen Nachahmungslehre** verstehen, von der er neben der misogynen Einstellung und der Hingabe an kanonisierte Autoren („the Dead White European Males", Bloom 1997, S. xviii; vgl. Orr 2003 S. 61–83, für eine ausführliche Kritik beider Aspekte) vor allem die Vorstellung eines „Wettstreit[s] mit den Vorlagen" (Till 2005a, S. 80) übernimmt, die in der antiken Rhetorik von der *imitatio*, „der Auseinandersetzung mit Gegebenem, mit kanonischen Texten, die er [der Schüler] sich durch intensives Lesen erst aneignen muß", zur *aemulatio*, dem „Übertrumpfen der Vorlage" (Till 2005a, S. 87), führt.

Diese Vorstellung eines „durchaus anspruchsvolle[n] und **schöpferische[n] Wettkampf**[s] mit der Tradition" (Till 2005a, S. 87) geriet erst im unmittelbaren Vorlauf der Romantik, deren Autoren Bloom vornehmlich behandelt, in dem Maße unter Druck, „in dem Originalität und ästhetische Eigenständigkeit zum scheinbar wichtigsten Kriterium künstlerischer Produktion" (Baader 2011, S. 97) wurden, wofür die Poetik wiederum sinnreiche Metaphern aus dem Tierreich bereitstellte:

> Die *imitatio auctorum* als ästhetisches Verfahren wird [...] im 18. Jh. insgesamt abgewertet; statt der ‚sammelnden' Biene dient jetzt die Spinne, die ‚alle ihre Fäden aus sich selbst hervorbringet', als Sinnbild für den Poeten. [...] In der Entwicklung der *imitatio*-Ästhetik zeichnet sich schon jene Verschiebung ab, die auch mit Blick auf den Poeten zentral wird: die Verabsolutierung der dichterischen *natura* im ‚**Original-Genie**' (dessen rhetorische Wurzeln in der Kategorie des *ingenium* liegen). (Till 2005b, S. 147, Johann Christoph Gottsched zitierend; vgl. dagegen Barthes 1973, S. 1015, für den die Spinne ein Sinnbild intertextueller Arbeit ist)

Im Zeichen des Gebots künstlerischer Individualität wird die literarische Erbmasse zur Last und die Lust an der überbietenden Nachahmung zur **Einfluss-Angst.**

Nicht dass eine solche Gefühlslage oder Disposition der Antike gänzlich unbekannt gewesen wäre – wie „aus einem aus Ägypten überlieferten Gedicht des 2. Jt. v. Chr. hervorzugehen scheint: ‚O dass ich unbekannte Sätze hätte, seltsame Aussprüche, neue Rede, die noch nicht vorgekommen ist, frei von Sprüchen, die die Vorfahren gesagt haben. [...] Denn was gesagt ist, ist Wiederholung, und gesagt wird nur, was gesagt wurde'" (zit. Baader 2011, S. 97–98). Aber unter der Vorgabe dichterischer Originalität wird die *anxiety of influence* zu einer psychologischen Zwangslage, die nur durch einen **gewaltsamen Akt der Befreiung** beseitigt werden kann, den Bloom (1997, S. xxiv) in unübersetzbarer Manier als „agonistic misprision" bezeichnet (*misprision* meint im anglo-amerikanischen Recht heute vor allem die Verschleierung einer Straftat, ursprünglich analog zum *mis+take* den strafbaren Fehler oder das Vergehen, aus der französisierten Form von lat. *mis+prendere;* vgl. franz. *méprise*) und der die Form eines „complex act of strong misreading" (Bloom 1997, S. xxiii) annimmt, dessen Charakter aus Blooms Ausführungen nur bedingt klar wird (vgl. etwa Bloom 1997, S. 147: „The strong poet peers in the mirror of his fallen precursor and beholds neither the precursor nor himself but a Gnostic double, the dark otherness or antithesis that both he and the precursor longed to be, yet feared to become").

Eingedenk der Unmöglichkeit einer **emphatischen Schöpfung neuer Rede** erscheinen romantische Vorstellungen eines ureigenen Sprechens aus dem Selbst illusionär: „Imitation und Konkurrenz sind immer die einzige Art, durch die Literatur zustande kommt, aber sie werden seit der Romantik durch eine erlogene und gestellte Originalität ersetzt" (Strycker 2006, S. 175). So gesehen ist **Missverstehen** *(misreading)* der Versuch, ein Modell der (wort-)künstlerischen Tätigkeit zu formulieren, das der Dialektik von Eigenem und Fremdem Rechnung trägt, insofern es ohne die Worte des Anderen ebenso wenig denkbar wäre wie ohne die Fehlinterpretation dessen, der sie ver-nimmt (im etymologischen Sinne des Weg- oder Gefangen-Nehmens, ahd. *firneman,* was wiederum dem ‚fälschlichen Nehmen', *misprision,* vergleichbar ist). Blooms Theorie der **agonistischen Revision** stellt somit einen Versuch dar, Einfluss und Originalität in eins zu denken („poetic influence need not make poets less original", Bloom 1997, S. 7). In dieser Hinsicht schließt er an Eliots diesbezügliche Überlegungen in „Tradition and the Individual Talent" (1919) an (vgl. Morgan 1989, S. 245, der in Blooms Theorie das „unüberhörbare Echo" Eliots ausmacht), die in einer nur scheinbar paradoxen Formulierung die poetische Individualität genau dort verortet hatten, wo die Stimme der Vorläufer als untote wiederkehrt: „the most individual parts of his [the poet's] work may be those in which the dead poets, his ancestors, assert their immortality most vigorously" (Eliot 1919, S. 55). Eliot hatte dieses merkwürdige Verhältnis im Bild des **Autors als Katalysator** (chemische Metapher) gefasst:

> When the two gases previously mentioned [Sauerstoff und Schwefeldioxid] are mixed in the presence of a filament of platinum, they form sulphurous acid. This combination takes place only if the platinum is present; nevertheless the newly formed acid contains no trace of platinum, and the platinum is apparently unaffected [...]. The mind of the poet is the shred of platinum. [...] The poet's mind is in fact a receptacle for seizing and storing up numberless feelings, phrases, images, which remain there until all the particles which can unite to form a new compound are present together. (Eliot 1919, S. 72–73)

Diese „suggestive analogy" (ebd., S. 55) zwischen Autorfunktion und Reaktionsbeschleuniger verdeutlicht dabei vor allem eines: dass der metaphorische Vergleich (wie zuvor der mit der Spinne) hinkt. Nur mit einigem Aufwand lässt sich aus ihm ein wesentlicher Zug von Eliots (und Blooms) Versuch, „Einfluss anders" zu denken (so der Titel von Uffelen 2006), (re)konstruieren, den dieser – neben der Neutralisation der Frage der Bewusstheit interauktorialer Bezüglichkeit, die „gleichzeitig absichtsvoll und unwillkürlich" (Bloom 1997, S. 45, unsere Übersetzung) erfolge – mit den zuvor dargestellten Intertextualitätstheorien (s. Abschn. 1.2.4) teilt: dass nämlich ‚Einfluss' kein einseitig gerichteter Strom vom Vorgänger zum Nachfolger ist. So, wie sich die Ausgangsstoffe nach erfolgter Reaktion nur noch in ihrer neuen Verbindung beobachten lassen, erscheinen auch die Bezugstexte nurmehr im Lichte des neuen Textverbundes lesbar.

Umgekehrter Einfluss
Es kommt somit zu einer wechselseitigen Beeinflussung, die dem seinerseits ursprünglich astrologischen Modell des notwendig in einer Richtung verlaufenden *influxus* („to receive an ethereal fluid flowing in upon one from the stars", Bloom 1997, S. 26) widerspricht: „the past should be altered by the present as much as the present is directed by the past" (Eliot 1919, S. 55). Genau in diesem Sinne ist es dann bei Bloom (1997, S. 16) der Sohn, der unter „umgekehrte[m] Einfluss" (Strycker 2006, S. 193) das Werk des Vaters vollendet: „the new poem's achievement makes it seem to us, not as though the precursor were writing it, but as though the later poet himself had written the precursor's characteristic work" (Bloom 1997, S. 16; vgl. Morgan 1989, S. 274).

Mindestens so aufschlussreich wie die vielleicht gerade noch analogischen Verhältnisse ist indes der Bruch in Eliots Bild, dem zufolge der Katalysator zugleich der Reaktionsbehälter sei *(receptacle)*. Im Unterschied zu den im Folgenden verhandelten Modellen, die den Ort der Intertextualität in **veräußerten Schreibszenen** suchen (s. Abschn. 1.3.2 u. 1.3.3), wird in interauktorialen Entwürfen intertextuelle Arbeit noch immer in einem geistigen Innenraum geleistet („The mind of the poet"). Insofern der Autor bei Eliot (und bei Bloom) ein textverarbeitendes psychisches System ist („a particular medium [...], in which impressions and experiences combine in peculiar and unexpected ways", Eliot 1919, S. 73), das in der Lektüre die textuellen Spuren eines anderen „Autorenbewußtseins" (Schabert 1983, S. 679) dechiffriert, handelt es sich bei **interauktorialen Beziehungen** um ein Geschehen, das sich eher zwischen Personen als zwischen Texten abspielt (vgl. Strycker 2006, S. 172). Bloom (1997, S. 30) scheint die beiden Ebenen zunächst für kaum unterscheidbar zu halten: „It does happen that one poet influences another, or more precisely, that one poet's poems influence the poems of the other". Sodann betont er wahlweise (in einem später verfassten Vorwort) die textuelle Performanz („influence-anxiety [...] is an anxiety achieved in and by the story, novel, play, poem, or essay", Bloom 1997, S. xxiii) oder (im weiteren Verlauf) die **personale Verortung** („Poems are written by men", Bloom 1997, S. 43). Wenn er jedoch behauptet, dass sich auch Texte missverstehen lassen, die gar nicht gelesen wurden (Bloom 1997, S. 70), so scheint dies weniger darauf abzuzielen, „dass man von Autor/inn/en beeinflusst werden kann [...], von denen man etwa gehört hat" (Uffelen 2006, S. 200), als darauf, dass sich in der Lektüre die Konturen eines anderen auktorialen Mediums derart erschlossen haben, dass sich ein „**Einfluss des Ungelesenen**" (Strycker 2006, S. 193) ergeben kann.

Von einem solchen Erschließen der Funktionsweise eines anderen Autors (als textgeneratives System) ist es nur noch ein kleiner Schritt zu einem Verständnis von Interauktorialität als „Begegnung mit dem Anderen bei der Lektüre seines Werks" (Schabert 1983, S. 682), also einem „personal orientierte[n] Lesen", das „vom Glauben an die Möglichkeit **echter Fremderfahrung** getragen[]" ist (ebd., S. 682). Während bei Eliot der Autor noch dezidiert eine Unperson ist, die nur Texte katalysiert („the poet has, not a ‚personality' to express, but a particular medium", Eliot 1919, S. 73), geht es bei solch emphatisch verstandener Interauktorialität, die Ina Schabert (1983, S. 679) als „in einem literarischen Werk dargestellte Begegnung seines Autors mit einer in der Lektüre eines vorgängigen literarischen Textes erfahrenen Autorpersönlichkeit" bestimmt, darum, die in den Texten eines Anderen „wahrnehmbaren physischen, psychischen und intellektuellen Erfahrungsmodi" (Schabert 1983, S. 687) in einer **„interauktorialen Fiktion"** (Schabert 1983, S. 683) einzufangen. Spätestens mit dieser Reintegration des Schriftstellers als Schreiber in eine ganzheitliche Figuration des Autors als Mensch/Mann, die Eliot noch säuberlich getrennt halten wollte („the more perfect the artist, the more completely separate in him will be the man who suffers and the mind which creates", Eliot 1919, S. 72), verlässt dieser Strang der Theoriebildung das Territorium einer sich zwischen Texten ereignenden Intertextualität und es stellt sich die schon von Culler (1976, S. 1387) formulierte Frage, „why the intertextual should be compressed to a relationship between two individuals".

1.3.2 Auto-Intertextualität: Schreiben als Selbstplagiat

Zwischen Autotextualität und Intertextualität
Tatsächlich benötigt eine intertextuelle Beziehung nicht zwei Schreiber, sondern zunächst einmal zwei Texte. Entgegen der von Theorien der Interauktorialität eingeschlagenen Richtung von den Texten (Gedichten) zu den Autoren (Männern) ließe sich sogar fragen, ob die in einer intertextuellen Relation stehenden Texte überhaupt zweier unterschiedlicher Signaturen bedürfen. Das Phänomen einer intra-auktorialen Intertextualität hatte schon Jean Ricardou in den 1970er Jahren beispielhaft beschrieben und als ‚beschränkte Intertextualität' bezeichnet: „Claude Simon wird folglich nicht als Autor zu betrachten sein, sondern als Schreiber, der Texte unter Bezug auf andere Texte produziert, die er unterzeichnet hat, d. h. als ein Schreiber der mit Problemen der ‚beschränkten Intertextualität' beschäftigt ist. [...] Die beschränkte Intertextualität ist eine Kette von Transformationen" (Ricardou 1975, S. 11–12, unsere Übersetzung). Aus Gründen der terminologischen Eleganz (und weil Samoyault 2001, S. 18, von „conceptions restreintes" spricht, um Ansätze wie den Genettes von ‚umfassenden' wie demjenigen Kristevas abzugrenzen) bietet sich für solche intertextuellen Bezüge zwischen Texten ein und desselben Schrift-Stellers bzw. ein und derselben Schriftstellerin die Bezeichnung ‚Auto-Intertextualität' an, da sie im Bereich zwischen Autotextualität als textinterner Bezüglichkeit (vgl. Dällenbach 1976;

s. Abschn. 1.1.1) und Intertextualität als Bezug nicht nur auf einen anderen Text, sondern den Text eines/einer Anderen angesiedelt ist.

Genetische Auto-Intertextualität
Wenn Ricardou von der Auto-Intertextualität als einer „Kette von Transformationen" spricht, so scheint er zunächst einen Aspekt des „schöpferischen Arbeitsprozesses" (Stingelin 2004, S. 16) im Sinn zu haben, der als Schreibszene verhandelt wird. Schließlich vollzieht sich noch das eilfertigste Schreiben in **Zyklen der textuellen Arbeit,** die „vom Einfall, der Organisation, der Formulierung, der Aufzeichnung, der Überarbeitung und der Korrektur bis zur Veröffentlichung" (Stingelin 2004, S. 16) reichen. Zwischen den genetischen Stufen eines Textes lassen sich offenkundig mannigfaltige textuelle Beziehungen herstellen, die von begrenzten Formen der Intertextualität wie der mehr oder weniger umfangreichen Implizitation (vgl. Samoyault 2001, S. 44–45) bis hin zu den von Genette (1993) noch der Hypertextualität zugerechneten Transpositionen (wie der Übersetzung in eine andere Sprache) reichen. Charaktere werden umgeschrieben (was zu interfiguralen Beziehungen führt, vgl. Müller 1991), die Erzählsituation geändert (eine Variante dessen, was Genette Transmodalisierung nennt) oder die Stillage manipuliert (Genettes Transformation), kurz: jeder (literarische) Text durchläuft eine Reihe von Kompositionsstadien, die sich als intertextuelle Serie begreifen lässt. Ein solcher Blick auf die schriftstellerische Tätigkeit „bricht mit dem schönen Klischee von einem eruptiven Schaffen aus geheimnisvollen Tiefen, von Werken, die schlafwandlerisch gezeugt und mit einer Geste vollendet aufs Papier geworfen werden" (Mainberger 2003, S. 266) und lenkt den Blick auf den veräußerten Prozess des Schrift-Stellens, der Produktion von Text im gestischen Umgang mit Schreibinstrumenten und -materialien.

Nun mag es aus verschiedenen Gründen problematisch erscheinen, die **Relationen zwischen aufeinanderfolgenden Textschichten** als inter-textuelle verstehen zu wollen. Einmal bleibt unklar, inwiefern es sich bei einer Vorstufe überhaupt um einen *anderen* Text handelt (wie im Falle eines zunächst separat in einer Zeitschrift abgedruckten Romankapitels), ein andermal erlangt die frühere Fassung nur notdürftig oder überhaupt nicht den Status eines sicht- und lesbaren *Textes* (wie im Falle der im Archiv verschütteten oder gleich gänzlich verlorenen autographischen Handschrift). Präzisierend müsste also hinzugefügt werden, dass zwischen den verschiedenen Stadien eines Textes intertextuelle Beziehungen in dem Maße bestehen, als diese sich hinreichend unterscheiden und in lesbaren Spuren (vom Manuskript bis zur Dateiversion) sedimentiert haben. Alternativ ließe sich festhalten, dass das Bild von Autorschaft, das aus der Beobachtung der Prozessualität **des Schreibens** entsteht, das einer Textverarbeitung ist, die aus einem endlichen Fundus an gelungenen Formulierungen schöpft (die ihrerseits aus Transformationen von Texten anderer Schreiber/innen hervorgegangen sein können), die wiederaufgenommen, in neue textuelle Umgebungen eingebaut oder nach und nach verändert und überarbeitet werden. Die wortschöpferischen Möglichkeiten eines individuellen Textprozessors sind eben vor allem eines:

erschöpflich. So nimmt es kaum Wunder, dass sich das Phänomen der Auto-Intertextualität nicht nur zwischen unmittelbar genetisch verknüpften, sondern auch zwischen in jeder praktischen Hinsicht verschiedenen Texten desselben Verfassers/derselben Verfasserin ereignet – so in den im Folgenden diskutierten Beispielen.

Genetische und – wie sich ob der Verbindung der Texte über einen Autor/innennamen sagen ließe – **nominelle Auto-Intertextualität** teilen dabei die Eigenschaft, dass die so bezeichneten Beziehungen aus prinzipiellen Gründen fast immer unmarkiert bleiben. Sei es, weil die spätere Version sich stillschweigend als weiteren Schritt in der Textkonstitution versteht, deren Mühen nach Maßgabe des *celare artem* (des ‚Verbergens der Kunst', vgl. Rosen 2003) verborgen bleiben sollen; sei es, dass der für den kreativen Ruf abträgliche **Eindruck des Selbstplagiats** vermieden werden soll. T.S. Eliot beispielsweise, der der ersten Buchfassung von *The Waste Land* zahlreiche Anmerkungen beifügte, die einen guten Teil der intertextuellen Bezüge des Gedichts offenlegen (was er später wiederum als „bogus scholarship" abgetan hat, vgl. Eliot: *Waste Land,* S. 21), ließ ausgerechnet den vierten Teil („Death by Water") – und nur diesen – gänzlich unkommentiert, wohl wissend, dass dieser im Wesentlichen eine Übersetzung der letzten Strophe seines auf Französisch verfassten Gedichts „Dans le Restaurant" ist (vgl. Eliot: *Waste Land,* S. 16, mit Eliot 1963, S. 43–44). Dass sich dieser Umstand den umfassenden Kürzungen verdankt, die Ezra Pound an dem in Eliots Entwurf noch 93 Zeilen umfassenden Abschnitt vorgenommen hatte (Booth 2015, S. 187; vgl. Eliot: *Waste Land Facsimile,* S. 132–149), erinnert daran, dass die Signatur eines Autors/einer Autorin keineswegs verbürgt, dass ein Text allein dessen/deren Werk ist (im Gegenteil würdigt Eliot Pound in einer Widmung, die er bei Dante borgt, als den „besseren Handwerker" *[il miglior fabbro]*).

Die typischen Merkmale intertextueller Bezüglichkeit wie die Doppeltgerichtetheit des textuellen Dialogs oder die Erinnerungsarbeit in intertextuellen Ketten lassen sich genauso im Falle von Auto-Intertextualität beobachten. In **F. Scott Fitzgeralds Tender is the Night** (1934) beispielsweise findet sich folgende Sequenz, die den Beginn einer Taxifahrt des verheirateten Dick Diver mit dem 17-jährigen Filmstarlet Rosemary Hoyt durch Paris beschreibt und deren Wortlaut großteils implizitierend einer 1931 veröffentlichten Kurzgeschichte Fitzgeralds, „Babylon Revisited", entnommen ist, in der Charlie Wales, zurück in Paris um seine Tochter zu besuchen, ein Taxi besteigt:

[…] outside the taxi windows the green and cream twilight faded, and the fire-red, gas-blue, ghost-green signs began to shine smokily through the tranquil rain. It was nearly six, the streets were in movement, the bistros gleamed, the Place de la Concorde moved by in pink majesty as the cab turned north. (Fitzgerald 1998 S. 85)	Outside, the fire-red, gas-blue, ghost-green signs shone smokily through the tranquil rain. It was late afternoon and the streets were in movement; the *bistros* gleamed. At the corner of the Boulevard des Capucines he took a taxi. The Place de la Concorde moved by in pink majesty; they crossed the logical Seine […] (Fitzgerald 2014, S. 5)

1.3 Operationalität: Intertextualität als Schreibszene

Beide Erzählungen haben außer dem Schauplatz und der Tatsache, dass sie das Leben amerikanischer *expatriates* (Dick, Charlie) in den 1920er Jahren nachzeichnen, das Fitzgerald selbst gelebt hat, nicht viel gemein. Dennoch werfen die beiden Texte, vermittelt über die Variationen der Taxi-Szene, ein bezeichnendes Licht aufeinander. Dick ist im Begriff, seine Frau Nicole mit der viel jüngeren Rosemary zu hintergehen, indem er sich dem freizügigen Leben in der französischen Hauptstadt hingibt. Auch Charlie hatte sich, während er mit seiner Frau Helen in Paris lebte, von einer anderen Frau (Lorraine) angezogen gefühlt, was letztlich (verkürzt gesagt) zu Helens Tod führte. Für Charlie ist aufgrund der sexuellen Versuchungen und des ausschweifenden Lebensstils, den er in dieser Zeit pflegte, seine Rückkehr nach Paris ein erneuter Besuch einer als Sündenpfuhl zu begreifenden Stätte, wie dies der Titel der Geschichte andeutet („Babylon Revisited"), mit dem der Text auf die Begegnung mit der Hure Babylon in der biblischen Offenbarung des Johannes Bezug nimmt. In der englischen Fassung der *King James Bible* (1769) heißt es dort:

> […] and I saw a woman sit upon a scarlet coloured beast, full of names of blasphemy, having seven heads and ten horns. And the woman was arrayed in purple and scarlet colour, and decked with gold and precious stones and pearls, having a golden cup in her hand full of abominations and filthiness of her fornication: And upon her forehead was a name written, Mystery, Babylon the great, the Mother of Harlots and Abominations of the Earth. (Revelation 17: 3–5)

Die grelle Farbgebung in den beiden zitierten Passagen bei Fitzgerald, die sich mit Blick auf die „Stadt der Lichter" (Bouvet und Durozoi 2009, S. 67) auch naturalisierend als Hinweise auf die Straßenbeleuchtung („gas-blue", vgl. die Abb. der Gaslaternen am Place de la Concorde ebd., S. 293) oder auch auf Leuchtreklamen (vgl. die Abb. einer Mazda-Werbung „auf den Großen Boulevards" ebd., S. 287) sowie als visueller Effekt der untergehenden Sonne („pink majesty") lesen lassen, lässt sich mit Blick auf den biblischen Bezugstext als Anspielung auf Babylon verstehen. Und natürlich ist es genau der sich anbahnende Ehebruch durch Dick („fornication"), der im Raum steht. Die möglichen Konsequenzen solcher „Hurerei" (Luthers Übersetzung von *fornication*) und des nachfolgenden Zerwürfnisses der Ehepartner lassen sich nicht nur an Charlies Geschichte, sondern auch an seiner veränderten Erfahrung der Stadt und der Taxifahrt ablesen: Er findet sich „im Freien" („outside") ungeschützt den durch die bittere Erinnerung an den Tod seiner Frau überblendeten Eindrücken der Hure Paris ausgesetzt, vor denen er mittels des Taxis über die Seine nach Süden (zur Rive Gauche) flieht. Dagegen haben Dick und Rosemary, nach Norden unterwegs, nur Blicke füreinander übrig, während sie die Fensterscheiben des Taxis, obgleich durchsichtig, gegen die billigen Reize der Stadt abzuschirmen scheinen. Umgekehrt lässt die spätere Szene aus dem Roman in zum poetischen Bild verdichteter Form die für Charlie verlorene Möglichkeit eines zügellosen Lebens jenseits der Schuld erkennen, die in der Kurzgeschichte stets nur in Andeutungen auf sexuelle Attraktionen und Drogengebrauch durchscheint.

Vom einen zum anderen Text (und zurück) und über diesen hinaus zu einem dritten kanonischen Text, der von beiden reaktualisiert wird: so entfaltet sich auch **auto-intertextuell** der charakteristische **Dialog der Texte,** der die Intertextualität ausmacht. Fitzgeralds ‚Autorschaft' besteht in diesem Beispiel vor allem darin, dass er eine seiner gelungenen Wortkonfigurationen, von denen jedem Literaturschaffenden nur eine begrenzte Zahl vergönnt ist, variierend wiederaufnimmt. Mithin ist es weniger so, dass er einen weiteren Text ‚erschafft', als dass er einen vorangegangenen Text ‚umschafft'. Oder, noch einmal in der Formulierung Ricardous (diesmal mit Bezug auf Alain Robbe-Grillet): „Der Text rührt nicht allein von einem Autor her. [...] Er schreibt sich ohne zu zögern [il s'écrit résolument] in Beziehung mit schon geschriebenen Texten desselben Unterzeichners" (Ricardou 1976, S. 12–13, unsere Übersetzung). Autorschaft ist somit eine Funktion, die es erlaubt, eine Menge von Texten mit einem Eigennamen zu signieren, wenn dieses Korpus durch wechselseitige intertextuelle Beziehungen hinreichend verdichtet ist. Mit anderen Worten: Indem die Texte sich aus- und miteinander schreiben, autorisieren sie eine **gemeinsame Signatur,** die die Illusion eines unabhängig von diesen Texten existierenden Urhebers begründet. Der Autor/die Autorin ist ein auto-intertextuelles Konstrukt.

1.3.3 Cut-up: Intertextualität als Handwerk

Unter auto-intertextuellen Vorzeichen erscheint Schreiben bereits als veräußerter Prozess. Der Autor/die Autorin ist nicht mehr Quelle oder Ursprung (und sei es einer Schrift, die er/sie einem/einer Anderen psychologisch entrissen hat), sondern eine textuelle Spur (sei es der Auseinandersetzung mit eigenen oder den Texten anderer), wie sie etwa in werkgenetischen Editionen lesbar wird. Allerdings bleibt der Prozess des Schreibens dabei bis zu einem gewissen Grad verwiesen auf mentale Operationen der Textmanipulation. Die Rekombinationen von Textualität, die sich in ihm vollziehen, finden noch immer in einem unzugänglichen Kombinationsraum statt (Eliots „mind of the poet"). In einem letzten Schritt der **Veräußerung des Schreibens,** das dann gänzlich ohne die Ressource einer wie auch immer gearteten auktorialen Innerlichkeit auskäme, wäre daher die Textproduktion in einen vollständig operationalisierten Umgang mit Textmaterial zu überführen. Eine derart von Instrumentalität und Gestik dominierte Schreibszene findet sich im Verfahren des **Cut-up,** wie es von William S. Burroughs in Kollaboration mit Brion Gysin im Anschluss an dadaistische Kompositionsexperimente („in the 1920s Tristan Tzara [...] proposed to create a poem on the spot by pulling words out of a hat", Burroughs 1978a, S. 29) entwickelt wurde. In Burroughs' und Gysins Cut-up wird Schreiben zu einem rein körperlichen Tun am Text, zum **textuellen Hand-Werk:** „It is experimental in the sense of being *something to do*" (ebd., S. 31). Das Verfahren lässt Gysin sich wie folgt selbst erklären (Abb. 1.3).

1.3 Operationalität: Intertextualität als Schreibszene

Abb. 1.3 „Cut-Ups Self-Explained", Gysin (1978, S. 34–35)

In diesem Beispiel dient der Ausgangstext zugleich als Material für die folgende Operation („Cut the text into three colums: A B C […] Now […] read across the normal way the text ACB") und als deren Reflexionsmedium. Er enthält selbst sowohl die Anleitung zu seiner Bearbeitung („Cut right through the pages […] lengthwise, for example, and shuffle the columns of text. Put them together at hazard and read the newly constituted messsage.") als auch Ausführungen zu den texttheoretischen Implikationen eines solchen Vorgehens („The permutated poems set the words spinning off on their own" usw.). Insofern sich in ihm die Schreibszene „an sich selbst aufzuhalten beginnt, thematisiert, problematisiert, reflektiert" (Stingelin 2004, S. 15), inszeniert er das Cut-up-Verfahren in einer **Schreib-Szene** (vgl. Clare 2017, S. 3). Dass sich der gesamte Prozess auf einer Doppelseite anschaulich ausbreiten lässt, verdeutlicht dabei das zentrale Merkmal der radikalen **Veräußerung des Schreibens** an Instrumente (Schere und Papier) und Geste (händisches Rearrangieren), die Schriftsteller/innen von Denker/innen zu Handwerker/innen werden lässt: „Who told poets they were supposed to think?" Noch das Lesen des so erzeugten Textes („read the newly constituted message") meint nicht länger eine verstehende Lektüre, sondern ein mechanisches Abschreiben; es ist, wenn man so will, *optical character recognition.*

Andererseits ergeben sich zwischen der Schreib-Szene (der Darlegung des Cut-up im Ausgangstext) und der Schreibszene (dem doppelseitig vor Augen geführten Verfahren) auch Differenzen. Erstere betont die **intermediale Herkunft** des Verfahrens, indem sie Cut-up als Fortsetzung der bildkünstlerischen Collage darstellt („Writing is fifty years behing painting. I propose to apply the painters' techniques to writing; things as simple and immediate as collage or montage."), wie Gysin (zit. Fahrer 2009, S. 26) dies auch in seiner Entdeckungsgeschichte getan hatte: „While cutting a mount for a drawing [...], I sliced through a pile of newspapers, with my Stanley blade and thought of what I had said to Burroughs some six months earlier about the necessity for turning painters' techniques directly into writing". Andererseits demonstriert die typographische Angleichung des rekombinierten Textes (Text ACB) an das Layout der übrigen Texte in Burroughs' und Gysins Buch, dass es sehr wohl einen Unterschied gibt zwischen Collage und Cut-up. Das Ergebnis der *textuellen* Collage lässt sich nämlich vermeintlich verlustfrei durch Abtippen reproduzieren, da diese sich eines „allographischen" Symbolsystems bedient, in dem die Äquivalenz der „Inskriptionen" (des mit Papier und Schere hergestellten materialen Cut-ups sowie des als Ergebnis dieser Operation dargestellten Textes) darin besteht, „daß sie auf dieselbe Weise buchstabiert werden" (Goodman 1984, S. 67; vgl. jedoch Abschn. 2.5.3). Dagegen ist die Collage *als Bild* „autographischen" Charakters, kann also nicht verlustfrei reproduziert werden, da die **materiale Beschaffenheit des Kunstwerks** als bedeutsam angesehen wird. Sigrid Fahrer (2009, S. 142) hat dies als den Unterschied zwischen einer „Ästhetik des Materials" (Collage) und einer „Ästhetik der Materialität" (Cut-up) beschrieben.

Im Cut-up kommt es also zu einer **„Homogenisierung im Medium Text"** (Fahrer 2009, S. 142): „Die Heterogentität des Materials, die sich in unterschiedlicher Typographie [...] äußern kann, beseitigt Cut-up weitgehend", was auch für charakteristische Eigenschaften des (papiernen) Trägers oder des Text-Layouts gilt. Cut-ups (als Resultat) unterscheiden sich deshalb lediglich hinsichtlich des Grades der Glättung der Schnittkanten, die typographisch simuliert werden (z. B. durch Gedankenstriche, Ellipsen oder Einrückungen, s. die folgenden Beispiele), in ihren sprachlichen Effekten lesbar bleiben (z. B. in zer- oder zusammengestückelten Wörtern wie „y" oder „suwords" oder unvollständigen/ungrammatischen Sätzen wie „The painters' techniques as simple and use to writing") oder beseitigt werden können (z. B. durch Berücksichtigung von Wortgrenzen und stillschweigend vorgenommene syntaktisch notwendige Veränderungen wie bei Robert Coover, s. Kap. 4). Andererseits ist für Cut-ups (als Prozedur) die Materialität des Ausgangstextes und dessen physische Bearbeitung insofern unerlässlich, als sich manches Vorgehen trotz der digitalen Simulation der beiden grundlegenden Arbeitsschritte in Textverarbeitungsprogrammen (Cut & Paste) mit diesen nicht reproduzieren lässt, angefangen beim Längsschnitt (von oben nach unten entgegen der Laufrichtung des Textes) bis hin zu komplexeren Manipulationen wie dem Falten von Texten (die „fold-in method", Burroughs 1978a, S. 96).

Ansonsten teilt die **„Zerschneide-Methode"** (Burroughs 1993) viele Eigenschaften mit den zuvor vorgestellten intertextuellen Verfahren: Sie kann auf eigene wie fremde Texte angewandt werden („Take your own words or the words said to be ‚the very own words' of anyone else living or dead."), auf literarische wie nicht-literarische, adressierbare wie anonyme („where do these words and voices come from? Many sources: conversations heard and overheard, movies and radio broadcasts, newspapers, magazines, yes, and other writers", Burroughs zit. Fahrer 2009, S. 50). Sie eignet sich sogar zu einer texttheoretischen Verallgemeinerung, deren Formulierung frappierende Ähnlichkeiten mit der **Theorie universaler Intertextualität** aufweist: „All writing is in fact cut-ups. A collage of words read heard overheard" (Burroughs 1978a, S. 32). Mit dem wesentlichen Unterschied, dass Cut-ups im Streben nach spontaner Zufälligkeit („the accident of spontaneity", Burroughs 1978a, S. 29) unter Absehung von der „Semantik des Schreibens" (Stingelin 2004, S. 15) erfolgen können und deshalb nicht nur lexikalische oder syntaktische Probleme der Lesbarkeit, sondern auch Herausforderungen an den Sinn zeitigen. Je mehr das Setzen der Schnitte und das Arrangement der Schnipsel dem Zufall überlassen wird, desto weniger steht zu erwarten, dass deren Produkt den rhetorischen Idealen der *puritas* (idiomatische Wohlgeformtheit) und der *perspicuitas* (gedankliche Klarheit) entspricht („clear classical prose", Burroughs 1978a, S. 32).

Burroughs' Nova Express (1964)
Die Ergebnisse von Burroughs' Einarbeitung von Fragmenten von Eliots *The Waste Land* in seinen Roman *Nova Express* etwa (dem letzten Buch seiner Cut-up-Trilogie, dem „Höhepunkt von Burroughs' experimenteller Phase, in deren Zentrum die Beschäftigung mit dem Cut-up-Verfahren steht", Fahrer 2009, S. 32), lassen sich kaum mehr als „cut-ups emerging as quite coherent and meaningful prose" (Burroughs 1978a, S. 29) beschreiben. Dies mag der folgende Absatz aus dem Abschnitt „Remember I was Carbon Dioxide" verdeutlichen, in dem Schnittstellen mehr oder weniger getreu durch Geviertstriche angezeigt werden: „‚What thinking, William? – Were his eyes – Hurry up please its half your brain slowly fading – Make yourself a bit smart – It's them couldn't reach flesh – Empty walls – Good night, sweet ladies – Hurry up please it's time – Look any place – Faces in the violet light – Damp gusts bringing rain – '" (Burroughs 1992, S. 116). Solche Textpassagen markieren das äußerste Extrem intertextueller Sinnkomplexion, sofern sie nach einer rezeptionsseitigen Mitarbeit verlangen, die eine Herstellung von Kohärenz und Sinn jenseits der Muster konventioneller linearer Erzählung (Sobieszek 1996, S. 19) und der Doppelgerichtetheit intertextueller Beziehungen anstrebt. Burroughs' „mosaic style" (Lydenberg 1987, S. xi) erfordert eine Lektüre, die voneinander weit entfernte Textstellen und intertextuelle Fragmente als nur zusammen funktionierende Elemente des Versuchs ansieht, poetische Bilder und narrative Strukturen zu entwerfen. Gerade so, wie das Cut-up die Bezugstexte materialiter zerteilt, wird die Semantik der Bezüglichkeit über den Text verteilt, „echoing out […] into an expanding ripple of meanings" (Gysin 1978, S. 34).

1.4 Literaturgeschichte der Intertextualität

Im Rahmen des Konzepts einer „spezifischen Intertextualität" (Pfister 1985a, S. 11), dem es um Verfahren eines „konkret greifbaren Bezugs auf einzelne Prätexte" (Pfister 1985a, S. 15) geht, erscheint die Bezüglichkeit von Texten „nicht als universelles Prinzip […], sondern als eine Möglichkeit, eine Alternative, ein Verfahren des Bedeutungsaufbaus literarischer Werke" (Preisendanz 1982, S. 26–27).

Für jeden einzelnen Text lässt sich dann so etwas wie seine **intertextuelle Signatur** bestimmen, die Auskunft darüber gibt, in welchem Maße er sich der Möglichkeiten der Bezugnahme auf andere Texte bedient, und verschiedene Texte lassen sich „nach Graden der Intensität des intertextuellen Bezugs differenzieren" (Pfister 1985a, S. 25). Eine solche „**Skalierung der Intertextualität**" (Pfister 1985a, S. 25) erscheint freilich nur sinnvoll, wenn sich mit ihrer Hilfe Gruppen von Texten bilden lassen, deren intertextuelle Profile einander ähneln. Denn mit der bloßen Bestimmung der relativen „Intensität von Intertextualität" (Pfister 1985a, S. 26) zweier oder mehrerer Texte (nach dem Muster ‚Maria Cummins' *The Lamplighter* ist in geringerem Maße intertextuell verfasst als Herman Melvilles *Moby-Dick*') ist zunächst nicht viel gewonnen. Erst wenn sich die Differenz als charakteristisch für die Zugehörigkeit zu einer oder mehreren Textgruppen erweist, erlangt sie heuristischen Wert (‚enzyklopädische Romane neigen eher zur Verwendung intertextueller Verfahren als *domestic romances*').

Es stellt sich also die Frage, ob es Muster oder Konjunkturen der spezifischen Intertextualität gibt, die sich mit **architextuellen oder literarhistorischen Gruppenbildungen** in Beziehung setzen lassen. Können Gattungen oder Epochen derart intertextuell skaliert werden, dass die ihnen zugerechneten Texte vergleichbare intertextuelle Intensitäten aufweisen? Aus theoretischer Sicht ist diese Frage früh emphatisch bejaht worden. Für Pfister (1985b, S. 243) etwa ist Intertextualität „ein wesentlicher Faktor der Herausbildung dessen, was man literarische Tradition oder Literaturgeschichte nennt", und er erhofft sich von einer „**Historisierung des Intertextualitätskonzepts**" (Kühlmann und Neuber 1994, S. IX) nicht weniger als eine intertextuell grundierte Rekonstitution der Literatur- und Gattungsgeschichte: „Intertextualität ist [...] nicht nur ein geschichtsbildender Faktor, sondern selbst geschichtlich, indem sie historisch spezifische Formen und Strukturen – spezifisch für bestimmte Schulen, Gattungen, Epochen [...] – annimmt" (Pfister 1985b, S. 243). In der literarhistorischen Praxis ist eine solche Literaturgeschichte der Intertextualität freilich eher ein Versprechen geblieben, deren Möglichkeit zwar mit Blick auf literarhistorische Epochen von der Frühen Neuzeit bis zur Gegenwart behauptet wurde, ohne dass sich dies in überzeugenden textübergreifenden Überlegungen niedergeschlagen hätte. So wird die Frage nach der „Intertextualität als epochenspezifisches Problem der Frühen Neuzeit" (Kühlmann und Neuber 1994, S. XI) schon dadurch unterminiert, dass sie nur in „exemplarische[n] Fallstudien" (Kühlmann und Neuber 1994, S. IX) beantwortet werden soll (ähnlich O'Donnell und Davis 1989 für die Literatur einer wohl das gesamte 20. Jahrhundert umfassenden ‚Gegenwart').

So sind interessante Versuche intertextueller Literaturgeschichtsschreibung rar. Für die **Lyrik der Romantik** ließe sich beispielsweise davon ausgehen, dass sie aufgrund der Zentrierung ihrer Poetiken auf den Ausdruck von Innerlichkeit sowie den Gebrauch gewöhnlicher Sprache (Lerner 1985, S. 283) weniger intertextuell verfährt als etwa die modernistische Lyrik (vgl. Lachmann 1982). Mithilfe des Kriteriums der ‚Kommunikativität' (Pfister 1985a, S. 27) ließe sich dann im Zuge einer „Darstellung des historischen Wandels in den Formen der Markierung von Intertextualität" (Broich 1985, S. 47) zeigen, dass romantische Gedichte dazu tendieren, ihre Bezüge auf andere Texte nicht zu explizieren oder sie gar in Form einer „negierten Intertextualität" („als ausdrücklicher Verweis auf eine Konvention oder einen Vergleich, deren man sich gerade nicht bedient", Lerner 1985, S. 295) zu leugnen.

Modernismus
Andererseits scheint bei literaturgeschichtlichen Verallgemeinerungen dieser Art Vorsicht geboten. Dass etwa die „modernistische und postmoderne Literatur [...] im Detail eine stärker verdeckte und weniger eindeutige oder explizite Markierung [bevorzugt]" (Broich 1985, S. 47), mag – vor allem im Vergleich zur Literatur des englischen Klassizismus (und seiner auf die Vorbildlichkeit antiker Prätexte gründenden Poetik) – grundsätzlich einleuchten, produziert jedoch im Detail das Problem, dass zentrale Texte etwa des anglo-amerikanischen Modernismus dieser Einordnung entgegenstehen. T. S. Eliot bevorzugte es jedenfalls, wenigstens einen Teil der intertextuellen Bezüge von *The Waste Land* (1922) in dessen Buchausgaben in Anmerkungen nachzuweisen, die eine der explizitesten *Formen* der (para-) textuellen Markierung darstellen. Im selben Jahr hatte sich James Joyce zwar gegen die Verwendung der von ihm ersonnenen Kapitelüberschriften (von „Telemachus" bis „Penelope") in der gedruckten Form seines Romans entschieden, behielt jedoch im Titel (als einem der prominentesten *Orte* der Markierung) den eindeutigen Hinweis auf dessen Hypotext bei *(Ulysses).*

Tatsächlich ist die einzige literarhistorische Generalisierung, die sich recht gefahrlos vorbringen lässt, die, dass Bezüge auf andere Texte die Literatur seit jeher begleitet haben. Die epische Tradition entfaltet sich beispielsweise von Vergils *Aeneis* bis Joyces *Ulysses* zwischen den von Genette (1993, S. 15–17) ausgemachten Polen der Nachahmung und der Transformation als hypertextueller Bezug auf **die homerischen Epen,** die ihrerseits als schriftliche Fixierung mündlicher ‚Texte' einer von Dichter-Sängern (Aoiden) geprägten Kultur gelten können, der (orale) Intertextualität ohnehin eine Selbstverständlichkeit war, beruhte doch ihr kulturelles Gedächtnis auf der variierenden Iteration der Rhapsoden, die „ganz bewusst Texte aus anderen Texten [schuf], entlehnte, übernahm" (Ong 2016, S. 124). *Imitatio vitae/naturae* (Mimesis, Aristoteles) und *imitatio veterum* (Aemulatio, Horaz) gehen in der (europäischen) Literatur von Anfang an Hand in Hand.

Ähnlich lässt sich mit Blick auf eine Gattungsgeschichte der Intertextualität wohl vor allem festhalten, dass intertextuelle Praktiken vor keiner Gattung haltmachen. Noch machen sie vor deren Grenzen halt: Mag der Übergang vom Epos (Homer) zum Roman (Joyce) noch als Ergebnis einer Ungleichzeitigkeit der Gattungen gesehen werden können (Roman als modernes, bürgerliches Epos), so verläuft die intertextuelle (und interfigurale) Transposition, die von Shakespeares Hamlet/*Hamlet* zu Joyces Stephen Dedalus/*Ulysses* führt (vgl. Haekel 2018), zwischen ‚gleichzeitigen' Gattungen (Drama und Roman). Tatsächlich scheint das Konzept der Gattung nur eine der Orientierungsmarken im Spektrum der „**Versetzungsformen der Intertextualität**" (Broich 1985, S. 135) zu sein, das von der ‚intramodalen Transformation', die Genette (1993, S. 383) als „Wechsel, der der internen Funktionsweise des Modus gilt", bestimmte, bis hin zur ‚intermedialen Versetzung' reicht.

Shakespeares Tragödie um den dänischen Prinzen lässt sich so unterhalb der Ebene der Gattung, intramodal, ‚transfokalisieren' (Genette 1993, S. 402), indem die Aufmerksamkeit vom Protagonisten auf zwei Nebenfiguren verschoben wird, und zugleich ‚transmodalisieren' (Genette 1993, S. 382), vom Tragischen zum Komischen (W. S. Gilbert: *Rosencrantz and Guildenstern,* 1874) oder zum Tragikomischen (Tom Stoppard: *Rosencrantz and Guildenstern are Dead,* 1966); über die Gattung hinaus lässt es sich (zusammen mit Gilberts und Stoppards Stücken) intermedial in einen Film (und nebenbei ins Vampir-Genre) versetzen (ROSENCRANTZ AND GUILDENSTERN ARE UNDEAD, 2009, R.: Jordan Galland). Wenn es überhaupt so etwas wie eine intertextuell grundierte Gattungsgeschichte geben kann, dann auf der Grundlage von modal und medial angereicherten Gattungsbegriffen.

Im Lichte dieser Schwierigkeiten der intertextuellen Skalierung von Epochen und Gattungen scheint eine **Literaturgeschichte der Intertextualität** ein Ding der Unmöglichkeit. Während in der Zeit der Konsolidierung des intertextuellen Ansatzes eine solche Geschichte zumindest als zukünftige denkbar schien, wird Intertextualität bald eher als Kampfansage an die Bildung historischer Textgruppen an sich gesehen: „Intertextuality challenges those systems of signification which allow us to mark off the formal terrains of ‚literary period' [or] ‚genre'" (O'Donnell und Davis 1989, S. xiv). Wenn in jüngerer Zeit überhaupt noch von einer *history of intertextuality* die Rede ist (so im Titel von Juvan 2008), dann handelt es sich um eine Theoriegeschichte des Konzepts selbst (ebd., S. 49–95). Und vielleicht liegen im Hang zur theoretischen Selbstbespiegelung und im Mangel an literarhistorischer Urteilskraft die Gründe dafür, dass die Intertextualität ihren rechtmäßigen Platz im Kanon der (Literatur-)Theorien und der literaturwissenschaftlichen Methoden nicht festigen konnte, in den sie in den 1990er Jahren eingeführt worden war (z. B. in Kimmich et al. 1996, zwischen Psychoanalyse, New Historicism und Gender Studies, die sich alle – mit Ausnahme der Intertextualität – in neueren und neuesten Theorie-Readern wiederfinden).

Postmoderner Roman
Selbst die der Auswahl des in Kap. 4 diskutierten Beispiels einer exzessiven Intertextualität zugrundeliegende Annahme, dass eine besonders hohe Intensität von Intertextualität an der Schnittstelle einer Epoche, die ihr Selbstverständnis aus dem Bewusstsein der Nachzeitigkeit schöpft (post-; vgl. Blooms 1997, S. xxv, „cultural belatedness"), und einer Gattung, deren (moderne) Karriere im Modus hypertextueller Aneignung begann (*Don Quijote* als Parodie der Ritterromanze), also im postmodernen Roman zu finden ist, bedarf genauerer Betrachtung. Denn was ist das Besondere an einer solchen Kreuzung von Epoche und Gattung, wenn Literatur immer schon intertextuell verfasst war („literature of all times – and not only the postmodern – was made primarily of literature", Juvan 2008, S. 10) und sich jedes Genre von Anfang an intertextueller Verfahren bediente

1.4 Literaturgeschichte der Intertextualität

(das neuzeitliche Drama beginnt bei Shakespeare als Dramatisierung, also Transmodalisierung, etwa der von Saxo Grammaticus in dessen *Gesta Danorum* als „Vita Amlethi" überlieferten Legende des dänischen Prinzen Amleth)?

Postmodernismus
Was die Einordnung von Intertextualität als „peculiarly postmodern [...] gesture" (Shastri 2001, S. 13) anbelangt, so wäre dies dahingehend zu präzisieren, dass nicht die Zugehörigkeit eines Textes zur Epoche, sondern sein Gebrauch einer Ästhetik von Interesse ist. Mit Umberto Eco (1984, S. 77) ließe sich formulieren, „daß ‚postmodern' keine zeitlich begrenzbare Strömung ist, sondern eine Geisteshaltung oder, genauer gesagt, eine Vorgehensweise, ein *Kunstwollen*". Und dieses postmodernistische (wie sich dann terminologisch differenzieren ließe) Kunstwollen zeichnet sich, wie Eco (1984, S. 78–79) am Beispiel der Liebeserklärung zu zeigen versucht, dadurch aus, dass es der gefühlten Erschöpfung der Möglichkeiten (vgl. Barth 1984), seine Liebe schlicht durch deren Erklärung zu beglaubigen („Ich liebe dich inniglich"), begegnet, indem es den zitathaften Charakter dieser Erklärung explizit macht („Wie jetzt Liala sagen würde: Ich liebe dich inniglich"). Eco (1984, S. 79) resümiert: „Keiner der beiden Gesprächspartner braucht sich naiv zu fühlen, beide akzeptieren die Herausforderung der Vergangenheit, des längst schon Gesagten [...]. Aber beiden ist es gelungen, noch einmal von Liebe zu reden".

Natürlich gibt es einen (nicht nur terminologischen) Zusammenhang zwischen **Postmoderne und Postmodernismus.** Unter den epochalen Vorzeichen einer „used-upness of certain forms" (Barth 1984, S. 64) – einer Verbrauchtheit nicht nur literarischer, sondern auch politischer und sozialer ‚Formen' (für einen solchen Formbegriff vgl. Levine 2017) nach dem Zweiten Weltkrieg – ist zeitgemäßes literarisches Schreiben (und gesellschaftliche Praxis) nur noch eingedenk der Vergangenheit (des längst schon Gesagten) denkbar. Und *eine* Möglichkeit, dies zu tun, besteht in der Anwendung einer Ästhetik der Zitathaftigkeit, die den jeweiligen literarischen Text als intertextuelle Antwort inszeniert (vgl. „The Poetics of Intertextuality as Citationality" in Juvan 2008, S. 144–178). Und so entfaltet die postmodernistische Literatur der Postmoderne den Spielraum einer intertextuellen Poetik in ganzer Breite: von der konzeptuellen Metatextualität (Literatur als Kommentar zu imaginären Prätexten, z. B. bei Jorge Luis Borges, vgl. Barth 1984, S. 66–76) über die transfokalisierende Hypertextualität (Literatur als „paraleptische Weiterführung", Genette 1993, S. 402) – wie in Barths Rahmenerzählung zu *Tausendundeine Nacht* aus der Sicht der jüngeren Schwester der Scheherazade, „Dunyazadiad", in *Chimera* (1972) – bis hin zur Intertextualität im engeren Sinne (Literatur als fragmentierter Gedächtnisraum), etwa in David Foster Wallace' *Infinite Jest* (1996), das etwa seinen Titel dem *Hamlet* entlehnt.

Heteroglossischer Roman
Was nun den Roman anbelangt, dem eine grundsätzliche Nähe zu intertextuellen Verfahren nachgesagt wird – so von Shastri (2001, S. 3), die Intertextualität als „natural to some genres (like the novel) and not to some others (like lyric poetry)"

ansieht (ähnlich O'Donnell und Davis 1989, S. xiv, mit Bezug auf „narrative") –, so erreicht dieser seine maximale Intensität der Intertextualität im Versuch, die Redevielfalt einer Gesellschaft durch Zitation zu orchestrieren. Im postmodernistischen heteroglossischen Roman wird der Dialog sozialer Stimmen nicht mehr nur ‚künstlerisch abgebildet', wie Bachtin mit Blick vor allem auf Dostojewski meinte (s. Abschn. 1.2.1), sondern textuell inszeniert. Zunehmend wird die dialogisierte/hybridisierte Stilisierung der sozialen Sprachen im Autorwort ergänzt und ersetzt durch die „effektive Präsenz" (Genette 1993, S. 10) des fremden Wortes im Text. Nach und nach wird die Aufgabe von Schriftsteller/innen, „ein Bild der Sprache im Roman zu schaffen" (Bachtin 1979, S. 244), ersetzt durch die intertextuelle Arbeit des Arrangierens von Sprach-Fragmenten.

Das Bild des viktorianischen England in **John Fowles'** *The French Lieutenant's Woman* **(1969)** etwa ist bereits *durchwoben von Zitaten* (v. a. aus Gedichten und Wissenschaftsprosa der Zeit). Es wird jedoch noch immer getragen von einer auktorialen Stimme, die fortwährend in eine „dialogisierte Wechselbeziehung" (Bachtin 1979, S. 247) tritt, sowohl zu den im „eigentlichen Dialog" (ebd.) der Figuren imaginierten Stimmen der Protagonisten seiner Geschichte als auch zu den zeitgenössischen Kommentatoren des englischen 19. Jahrhunderts. Zudem hält Fowles' Roman seinem Erzähler die meisten Zitate derart vom Leib, dass er sie an die paratextuellen Ränder verweist (etwa als Mottos seiner Kapitel).

Hingegen ist das Bild der Vereinigten Staaten im Jahre 1953, dass **Robert Coovers** *The Public Burning* **(1977)** entwirft, zu einem guten Teil *aus Zitaten gewoben,* deren Geflecht den Körper des Textes selbst beherrscht. Die Funktion des Autors ist dabei buchstäblich die der Textverarbeitung – Zitate ausschneiden/kopieren und sie zu einem neuen Text zusammenfügen *(cut and paste)*: „I collected thousands of one-liners and typed them all out with carbon copies, cut them up and spread them around on the tables and floor, and played with them in the context of the events and Cold War fever of June 1953" (Coover in McCaffery 2000, S. 119). Die Darstellung des gesellschaftlichen Chronotop(o)s (um noch einmal mit Bachtin zu sprechen) erfolgt natürlich noch immer in gesellschaftskritischer Absicht. Nur dass sich diese nicht mehr in der Orchestrierung der stilisierten Stimmen der Figuren (die Dialoge von Charles Smithson usw. bei Fowles) und deren Hybridisierung mit und Kommentierung durch die Stimme eines auktorialen Erzählers artikuliert, sondern als streng (inter-)textuelle Operation, als materiale Anordnung von tatsächlich Gesagtem/Gedrucktem. Den verschiedenen Ausprägungen des so umrissenen intertextuellen Verfahrens in Coovers Roman sei in Kap. 4 nachgegangen. Dabei wird sich *The Public Burning* als herausragendes Beispiel dessen erweisen, was Juvan (2008, S. 5) „the blatantly intertextual bent of postmodernism" genannt hat.

Die konstitutive Beziehung zwischen Intertextualität und postmodernistischer Literatur (vgl. O'Donnell und Davis 1989, S. xii) ist zugleich theoriegeschichtlich insofern relevant, als sie die Entwicklung der Intertextualitätsforschung auf ein Zusammenspiel von Theoriebildung und zeitgenössischer Literatur zurückführt. Auch in unserer Beispielwahl zeichnet sich daher die „besondere[] Affinität zwischen einer poststrukturalistischen Intertextualitätstheorie und aktueller Literaturproduktion" (Pfister 1985b, S. 244) ab, ohne dass der Eindruck erweckt werden soll, „Intertextualität sei per se ein Privileg der [...] Postmoderne" (Pfister 1985b, S. 244).

Beispielverzeichnis

Abschn. 1.1

Hoffmann, E. T. A.: *Lebensansichten des Katers Murr* (1819/1821)
Mann, Thomas: *Doktor Faustus* (1947)
Nestroy, Johann: *Weder Lorbeerbaum noch Bettelstab* (1835)

Abschn. 1.2

Augustinus: *Bekenntnisse [Confessiones]* (um 400 n. Chr.)
Buddha: „Feuerpredigt [Ādittapariyāya Sutta]" (um 500 v. Chr.)
Eliot, T.S.: *The Waste Land* (1922)
Jefferson, Thomas u. a.: *Declaration of Independence* (1776)
King, Martin Luther: „‚I Have a Dream' Speech" (1963)
Lincoln, Abraham: „Gettysburg Address" (1863)
Stanton, Elizabeth Cady u. a.: *Declaration of Sentiments* (1848)

Abschn. 1.3

Burroughs, William S. *Nova Express* (1964)
Eliot, T.S.: *The Waste Land* (1922)
Fitzgerald, F. Scott: „Babylon Revisited" (1931)
Fitzgerald, F. Scott: *Tender is the Night* (1934)

Abschn. 1.4

Coover, Robert: *The Public Burning* (1977)
Fowles, John: *The French Lieutenant's Woman* (1969)
Joyce, James: *Ulysses* (1922)
Shakespeare, William: *Hamlet* (1603)

Literaturverzeichnis

Kap. 1

Berndt, Frauke/Lily Tonger-Erk: *Intertextualität. Eine Einführung*. Berlin 2013.
Samoyault, Tiphaine: *L'intertextualité: mémoire de la littérature*. Paris 2001.
Pfister, Manfred: „Konzepte der Intertextualität". In: Ulrich Broich/Manfred Pfister (Hg.): *Intertextualität: Formen, Funktionen, anglistische Fallstudien*. Tübingen 1985, 1–30.
Wolf, Werner: „Intermedialität als neues Paradigma der Literaturwissenschaft? Plädoyer für eine literaturzentrierte Erforschung von Grenzüberschreitungen zwischen Wortkunst und anderen Medien am Beispiel von Virginia Woolfs ‚The String Quartet'" [1996]. In: *Selected Essays on Intermediality by Werner Wolf (1992–2014): Theory and Typology, Literature-Music Relations, Transmedial Narratology, Miscellaneous Transmedial Phenomena*. Hg. von Walter Bernhart. Leiden 2018, 3–37.

Abschn. 1.1

Böhn, Andreas: *Das Formzitat. Bestimmung einer Textstrategie im Spannungsfeld zwischen Intertextualitätsforschung und Gattungstheorie*. Berlin 2001.
Böhn, Andreas: „Vielstimmigkeit als Austauschprozess zwischen poetischen Ebenen. Ist Nestroys Weder Lorbeerbaum noch Bettelstab Parodie, Satire oder Metatheater?". In: Beate Henn-Memmesheimer/David John (Hg.): *Cultural Link: Kanada – Deutschland. Festschrift zum dreißigjährigen Bestehen eines akademischen Austauschs*. St. Ingbert 2003, 269–278.
Böhn, Andreas: „Intertextualitätsanalyse". In: Thomas Anz (Hg.): *Handbuch Literaturwissenschaft. Gegenstände – Konzepte – Institutionen*. Bd. 2: Methoden und Theorien. Stuttgart 2007, 204–216.
Boller, Paul F. Jr./George, John. *They Never Said It. A Book of Fake Quotes, Misquotes, and Misleading Attributions*. New York 1989.
Broich, Ulrich/Pfister, Manfred (Hg.): *Intertextualität. Formen, Funktionen, anglistische Fallstudien*. Tübingen 1985.
Broich, Ulrich: „Zur Einzeltextreferenz". In: Broich/Pfister 1985, 48–52.
Culler, Jonathan: „Presupposition and Intertextuality". In: *Modern Language Notes* 91/6 (1976), 1380–1396.
Dällenbach, Lucien: „Intertexte et autotexte". In: *Poétique* 27 (1976), 282–296.
Danneberg, Lutz: „Kontext". In: Harald Fricke (Hg.): *Reallexikon der deutschen Literaturwissenschaft*. Bd. 2. Berlin 2000, 333–337.
Davidson, Donald: „Quotation". In: *Theory and Decision* 11 (1979), 27–40.
Fauth, Søren R.: *Der metaphysische Realist: Zur Schopenhauer-Rezeption in Wilhelm Raabes Spätwerk*. Göttingen 2007.
Genette, Gérard: *Paratexte. Das Buch vom Beiwerk des Buches* [franz. 1987]. Frankfurt a. M. 1989.
Genette, Gérard: *Palimpseste. Die Literatur auf zweiter Stufe* [franz. 1982]. Frankfurt a. M. 1993.
Helbig, Jörg: *Intertextualität und Markierung. Untersuchungen zur Systematik und Funktion der Signalisierung von Intertextualität*. Heidelberg 1996.
Hoffmann, Ernst Theodor Amadeus: *Sämtliche Werke*. Bd. 5: *Lebens-Ansichten des Katers Murr. Werke 1820–1821*. Hg. von Hartmut Steinecke. Frankfurt a. M. 1992.
Holdenried, Michaela: „Ein unbekannter Stubengenosse Schillers, das Tropenverdikt Ottiliens und die Suche nach dem Berbiolettenfell. Anmerkungen zur postmodernen Zitationspraxis und Autorschaft im Werk von Felicitas Hoppe" (2005), https://www.goethezeitportal.de/fileadmin/PDF/kk/df/postkoloniale_studien/holdenried_hoppe.pdf (01.07.2019)

Holthuis, Susanne: *Intertextualität. Aspekte einer rezeptionsorientierten Konzeption*. Tübingen 1993.
Hutcheon, Linda: „The Politics of Postmodern Parody". In: Heinrich F. Plett (Hg.): *Intertextuality*. Berlin 1991, 225–236.
Kristeva, Julia: „Wort, Dialog und Roman bei Bachtin" [franz. 1967]. In: Jens Ihwe (Hg.): *Literaturwissenschaft und Linguistik*. Bd. 3: *Zur linguistischen Basis der Literaturwissenschaft II*. Frankfurt a. M. 1972, 345–375.
Mann, Thomas: *Doktor Faustus. Das Leben des deutschen Tonsetzers Adrian Leverkühn erzählt von einem Freunde* [1947]. *Gesammelte Werke in Einzelbänden. Frankfurter Ausgabe.* Hg. von Peter de Mendelssohn. Frankfurt a. M. 1980.
Müller, Beate: *Komische Intertextualität: Die literarische Parodie*. Trier 1994.
Neumann, Birgit/Ansgar Nünning: „Kulturelles Wissen und Intertextualität: Grundbegriffe und Forschungsansätze zur Kontextualisierung von Literatur". In: Marion Gymnich/Birgit Neumann/Nünning, Ansgar (Hg.): *Kulturelles Wissen und Intertextualität. Theoriekonzeptionen und Fallstudien zur Kontextualisierung von Literatur*. Trier 2006, 3–28.
Oraić Tolić, Dubravka: *Das Zitat in Literatur und Kunst. Versuch einer Theorie*. Wien 1995.
Pfister, Manfred (1985a): „Konzepte der Intertextualität". In: Broich/Pfister 1985, 1–30.
Pfister, Manfred (1985b): „Bezugsfelder der Intertextualität: Zur Systemreferenz". In: Broich/Pfister 1985, 52–58.
Plett, Heinrich F.: „Intertextualities". In: Heinrich F. Plett (Hg.): *Intertextuality*. Berlin 1991, 3–29.
Samoyault, Tiphaine: *L'intertextualité: mémoire de la littérature*. Paris 2001.
Stocker, Peter: *Theorie der intertextuellen Lektüre*. Paderborn 1998.
Verweyen, Theodor/Witting, Gunther: „Parodie". In: Jan-Dirk Müller (Hg.): *Reallexikon der deutschen Literaturwissenschaft*. Bd. 3. Berlin 2003, 23–27.
Winter, Ulrich: *Der Roman im Zeichen seiner selbst: Typologie, Analyse und historische Studien zum Diskurs literarischer Selbstrepräsentation im spanischen Roman des 15. bis 20. Jahrhunderts*. Tübingen 1998.

Abschn. 1.2

Allen, Graham: „Origins: Saussure, Bakhtin, Kristeva". In: *Intertextuality*. London ²2011, 8–60.
Assmann, Jan: *Das kulturelle Gedächtnis: Schrift, Erinnerung und politische Identität in frühen Hochkulturen*. München 1992.
Augustinus, Aurelius: *Bekenntnisse*. Übers. Otto F. Lachmann [1888]. Wiesbaden 2008.
Bachtin, Michail M.: *Die Ästhetik des Wortes*. Frankfurt a. M. 1979.
Bachtin, Michail M.: „Das Problem von Inhalt, Material und Form im Wortkunstschaffen". In: Bachtin 1979a, 95–153.
Bachtin, Michail M.: „Das Wort im Roman". In: Bachtin 1979b, 154–300.
Bachtin, Michail M.: „Aus der Vorgeschichte des Romanwortes". In: Bachtin 1979c, 301–337.
Bachtin, Michail M.: „Zur Methodologie der Literaturwissenschaft". In: Bachtin 1979d, 349–357.
Bachtin, Michail M.: *Probleme der Poetik Dostoevskijs*. Frankfurt/Berlin/Wien 1985.
Bakhtin, Mikhail M.: *The Dialogic Imagination. Four Essays*. Hg. von Michael Holquist. Austin 1981.
Bal, Mieke: *Quoting Caravaggio. Contemporary Art, Preposterous History*. Chicago 1999.
Barthes, Roland: „Texte (Théorie du)". In: *Encyclopædie Universalis*. Bd. 15: *Smollett–Théosophie*. Paris 1973, 1013–1017.
Barthes, Roland: *S/Z* [franz. 1970]. Frankfurt a. M. 1976.
Barthes, Roland: *Die Lust am Text* [franz. 1973]. Frankfurt a. M. 1982.

Barthes, Roland: „Der Tod des Autors" [engl. 1967, franz. 1968]. In: Fotis Jannidis/Gerhard Lauer/Matias Martinez/Simone Winko (Hg.): *Texte zur Theorie der Autorschaft*. Stuttgart 2000, 185–193.
Berndt, Frauke/Lily Tonger-Erk: *Intertextualität. Eine Einführung*. Berlin 2013.
Brée, Germaine: „The Archaeology of Discourse in Malraux's *Antimémoires*". In: Jeanine Parisier Plottel/Hanna Charney (Hg.): *Intertextuality: New Perspectives in Criticism*. New York 1978, 3–13.
Broich, Ulrich/Pfister, Manfred (Hg.): *Intertextualität: Formen, Funktionen, anglistische Fallstudien*. Tübingen 1985.
Broich, Ulrich: „Formen der Markierung von Intertextualität". In: Broich/Pfister 1985, 31–47.
Buddha, Gotama. „The Fire-Sermon". In: Eliot 2001, 54–55.
Coseriu, Eugenio: „‚Historische Sprache' und ‚Dialekt'". In: Joachim Göschel/Pavle Ivic/Kurt Kehr (Hg.): *Dialekt und Dialektologie*. Wiesbaden 1980, 106–122.
Coseriu, Eugenio: *Einführung in die allgemeine Sprachwissenschaft*. Tübingen 1988.
Culler, Jonathan: „Presupposition and Intertextuality". In: *Modern Language Notes* 91/6 (1976), 1380–1396.
Debray, Régis: *Einführung in die Mediologie*. Bern 2003.
Deleuze, Gilles/Félix Guattari: *Was ist Philosophie?* [franz. 1991] Frankfurt a. M. 2000.
Eilert, Heide: *Das Kunstzitat in der erzählenden Dichtung. Studien zur Literatur um 1900*. Stuttgart 1991.
Eliot, T. S.: *The Waste Land* [1922]: *Authoritative Text, Contexts, Criticism*. Hg. von Michael North. New York 2001.
Freise, Matthias: „*Voprosy literatury i èstetiki (Fragen der Literatur und Ästhetik)*, Michail M. Bachtin". In: Rolf Günter Renner/Engelbert Habekost (Hg.): *Lexikon literaturtheoretischer Werke*. Stuttgart 1995, 452–453.
Genette, Gérard: *Palimpseste. Die Literatur auf zweiter Stufe* [franz. 1982]. Frankfurt a. M. 1993.
Goodman, Nelson: „Probleme des Zitierens" [engl. 1974]. In: *Weisen der Welterzeugung*. Frankfurt a. M. 1984, 59–75.
Gordon, Lyndall: „The Composition of The Waste Land" [1999]. In: Eliot 2001, 67–72.
Irwin, William: „Against Intertextuality". In: *Philosophy and Literature* 28 (2004), 227–242.
Isekenmeier, Guido: „In Richtung einer Theorie der Interpiktorialität". In: Guido Isekenmeier (Hg.): *Interpiktorialität. Theorie und Geschichte der Bild-Bild-Bezüge*. Bielefeld 2013, 11–86.
Kristeva, Julia: *Le texte du roman. Approche sémiologique d'une structure discursive transformationelle*. Den Haag 1970.
Kristeva, Julia: „Probleme der Textstrukturation". In: Jens Ihwe (Hg.): *Literaturwissenschaft und Linguistik: Ergebnisse und Perspektiven*. Bd. 2.2: *Zur linguistischen Basis der Literaturwissenschaft I*. Frankfurt a. M. 1971, 484–507.
Kristeva, Julia: „Bachtin, das Wort, der Dialog und der Roman". In: Jens Ihwe (Hg.): *Literaturwissenschaft und Linguistik: Ergebnisse und Perspektiven*. Bd. 3: *Zur linguistischen Basis der Literaturwissenschaft II*. Frankfurt a. M. 1972, 345–375.
Kristeva, Julia: „Der geschlossene Text" [franz. 1969]. In: Peter V. Zima (Hg.): *Textsemiotik als Ideologiekritik*. Frankfurt a. M. 1977, 194–229.
Kristeva, Julia: „‚Nous deux' or a (Hi)story of Intertextuality". In: *Romanic Review* 93/1–2 (2002), 7–13.
Lachmann, Renate: *Gedächtnis und Literatur. Intertextualität in der russischen Moderne*. Frankfurt a. M 1990.
Martinez, Matias: „Dialogizität, Intertextualität, Gedächtnis". In: Heinz Ludwig Arnold/Heinrich Detering (Hg.): *Grundzüge der Literaturwissenschaft*. München 1996, 430–445.
Orr, Mary: „Intertextuality". In: *Intertextuality: Debates and Contexts*. Cambridge 2003, 20–59.

Pascal, Roy: *The Dual Voice: Free Indirect Speech and its Functioning in the Nineteenth-Century European Novel*. Manchester 1977.
Pfister, Manfred: „Konzepte der Intertextualität". In: Broich/Pfister 1985, 1–30.
Plett, Heinrich F.: „Sprachliche Konstituenten einer intertextuellen Poetik". In: Broich/Pfister 1985, 78–98.
Plottel, Jeanine Parisier: „Introduction". In: Jeanine Parisier Plottel/Hanna Charney (Hg.): *Intertextuality: New Perspectives in Criticism*. New York 1978, xi–xx.
Rajewsky, Irina O.: *Intermedialität*. Tübingen 2002.
Samoyault, Tiphaine: *L'intertextualité: mémoire de la littérature*. Paris 2001.
Schulte-Middelich, Bernd: „Funktionen intertextueller Textkonstitution". In: Broich/Pfister 1985, 197–242.
Stierle, Karlheinz: „Werk und Intertextualität". In: Wolf Schmid/Wolf-Dieter Stempel (Hg.): *Dialog der Texte*. Wien 1983, 7–26.
Suerbaum, Ulrich: „Intertextualität und Gattung: Beispielreihen und Hypothesen". In: Broich/Pfister 1985, 58–77.

Abschn. 1.3

Baader, Hannah: „Einfluss". In: Ulrich Pfisterer (Hg.): *Metzler Lexikon Kunstwissenschaft: Ideen, Methoden, Begriffe*. Stuttgart ²2011, 96–99.
Barthes, Roland: „Texte (Théorie du)". In: *Encyclopædia Universalis. Bd. 15: Smollett–Théosophie*. Paris 1973, 1013–1017.
Barthes, Roland. „Der Tod des Autors". In: Fotis Jannidis/Gerhard Lauer/Matias Martinez/Simone Winko (Hg.): *Texte zur Theorie der Autorschaft*. Stuttgart 2000, 185–193.
Bloom, Harold: *Poetry and Repression*. New Haven 1976.
Bloom, Harold: *The Anxiety of Influence: A Theory of Poetry*. New York ²1997 [1973].
Booth, Allyson. „,Phlebas the Phoenician': Eliot's ,Dans le Restaurant'". In: *Reading The Waste Land from the Bottom Up*. New York 2015, 187–191.
Bouvet, Vincent/Durozoi, Gérard: Paris 1919–1939: *Kunst, Leben & Kultur. Malerei, Architektur, Design, Mode, Musik, Tanz, Literatur, Fotografie, Film, Reklame*. Wien 2009.
Bringhurst, Robert. *The Elements of Typographic Style*. Point Roberts 1992.
Burroughs, William S./Gysin, Brion: *The Third Mind*. New York 1978.
Burroughs, William S.: „The Cut-up Method of Brion Gysin". In: Burroughs & Gysin 1978a, 29–33.
Burroughs, William S.: „Fold-Ins.". In: Burroughs & Gysin 1978b, 95–101.
Burroughs, William S.: *Nova Express* [1964]. New York: Grove, 1992.
Burroughs, William S. „Die Zerschneide-Methode". In: Utz Riese (Hg.): *Falsche Dokumente. Postmoderne Texte aus den USA*. Leipzig 1993, 84–97.
Campe, Rüdiger. „Die Schreibszene, Schreiben". In: Florian Rötzer (Hg.): *Digitaler Schein: Ästhetik der elektronischen Medien*. Frankfurt a. M. 1991, 759–772.
Clare, Jennifer. „Textspuren und Schreibumgebungen. Schreiben, Schreib-Szene und Schrift aus kulturpoetologischer Perspektive." *Textpraxis* 13/1 (2017), https://www.textpraxis.net/jennifer-clare-textspuren-schreibumgebungen (01.07.2019)
Culler, Jonathan: „Presupposition and Intertextuality". In: *Modern Language Notes* 91/6 (1976), 1380–1396.
Culler, Jonathan: *The Pursuit of Signs: Semiotics, Literature, Deconstruction*. Ithaca 1981.
Dällenbach, Lucien: „Intertexte et autotexte." *Poétique* 27 (1976), 282–296.
Eliot, T.S.: „Tradition and the Individual Talent." *The Egoist* 6/4 & 6/5 (1919), 54–55 & 72–73.
Eliot, T.S.: *Collected Poems 1909–1962*. New York 1963.
Eliot, T.S.: *The Waste Land: A Facsimile and Transcript of the Original Drafts Including the Annotations of Ezra Pound*. Hg. von Valerie Eliot. London 1971.

Eliot, T.S.: *The Waste Land* [1922]. Hg. von Michael North. New York 2001.
Fahrer, Sigrid: *Cut-up: Eine literarische Medienguerilla.* Würzburg 2009.
Fitzgerald, F. Scott: *Tender is the Night: A Roman*ce [1934]. Hg. von Arnold Goldman. London 1998.
Fitzgerald, F. Scott: „Babylon Revisited [1931]". In: *Babylon Revisited and Other Stories.* London 2014, 3–26.
Genette, Gérard: *Palimpseste. Die Literatur auf zweiter Stufe* [franz. 1982]. Frankfurt a. M. 1993.
Goodman, Nelson: *Weisen der Welterzeugung* [engl. 1978]. Frankfurt a. M. 1984.
Gouaux, Laurence: „Traduire les intertextualités littéraires, lexicales et énonciatives chez Eudora Welty, ou comment mettre au jour l'intimité du texte, sa genèse." *Palimpsestes* 18 (2006), 181–198. https://journals.openedition.org/palimpsestes/584 (01.07.2019)
Greber, Erika: *Textile Texte. Poetologische Metaphorik und Literaturtheorie: Studien zur Tradition des Wortflechtens und der Kombinatorik.* Böhlau 2002.
Gysin, Brion: „Cut-Ups Self-Explained". In: Burroughs & Gysin 1978, 34–37.
Jannidis, Fotis/Lauer, Gerhard/Martinez, Matias/Winko, Simone: „Einleitung: Roland Barthes, ‚Der Tod des Autors'". In: Fotis Jannidis/Gerhard Lauer/Matias Martinez/SimoneWinko (Hg.): *Texte zur Theorie der Autorschaft.* Stuttgart 2000, 181–184.
Kristeva, Julia: „Der geschlossene Text" [franz. 1969]. In: Peter V. Zima (Hg.): *Textsemiotik als Ideologiekritik.* Frankfurt a. M. 1977, 194–229.
Lydenberg, Robin: *Word Cultures: Radical Theory and Practice in William S. Burroughs' Fiction.* Urbana 1987.
Mainberger, Sabine: „Von der Liste zum Text – vom Text zur Liste. Zu Werk und Genese in moderner Literatur". In: Gundel Mattenklott/Friedrich Weltzien (Hg.): *Entwerfen und Entwurf: Praxis und Theorie des künstlerischen Schaffensprozesses.* Berlin 2003, 265–284.
Martinez, Matias: „Autorschaft und Intertextualität". In: Fotis Jannidis/Gerhard Lauer/Matias Martinez/Simone Winko (Hg.): *Die Rückkehr des Autors: Zur Erneuerung eines umstrittenen Begriffs.* Tübingen 1999, 465–479.
Morgan, Thaïs: „The Space of Intertextuality". In: Patrick O'Donnell/Robert Con Davis (Hg.): *Intertextuality and Contemporary American Fiction.* Baltimore 1989, 239–279.
Müller, Wolfgang G.: „Interfigurality. A Study on the Interdependence of Literary Figures". In: Heinrich F. Plett (Hg.): *Intertextuality.* Berlin 1991, 101–121.
Orr, Mary: „Influence". In: *Intertextuality: Debates and Contexts.* Cambridge 2003, 60–93.
Pfister, Manfred: „Konzepte der Intertextualität". In: Ulrich Broich/Manfred Pfister (Hg.): *Intertextualität: Formen, Funktionen, anglistische Fallstudien.* Tübingen 1985, 1–30.
Poe, Edgar Allan: „Magazine-Writing – Peter Snook". *Broadway Journal* 1/23 (1845), 354–357. https://www.eapoe.org/works/criticsm/bj450607.htm (01.07.2019)
Ricardou, Jean: „‚Claude Simon', textuellement". In: Jean Ricardou (Hg.): *Claude Simon. Analyse, théorie.* Paris 1975, 7–38.
Ricardou, Jean: „Terrorisme, théorie". In: Jean Ricardou (Hg.). *Robbe-Grillet. Colloque de Cerisy.* Paris 1976, 10–33.
Rosen, Valeska von: „Celare artem. Die Ästhetisierung eines rhetorischen Topos in der Malerei mit sichtbarer Pinselschrift". In: Ulrich Pfisterer/Max Seidel (Hg.): *Visuelle Topoi: Erfindung und tradiertes Wissen in den Künsten der italienischen Renaissance.* München 2003, 323–350.
Samoyault, Tiphaine: *L'intertextualité: mémoire de la littérature.* Paris 2001.
Schabert, Ina: „Interauktorialität". *Deutsche Vierteljahresschrift für Literaturwissenschaft und Geistesgeschichte* 57/4 (1983), 679–701.
Sobieszek, Robert A.: *Ports of Entry: William S. Burroughs and the Arts.* London 1996.
Stingelin, Martin: „‚Schreiben': Einleitung". In: Martin Stingelin (Hg.): *‚Mir ekelt vor diesem tintenklecksenden Säkulum'. Schreibszenen im Zeitalter der Manuskripte.* München 2004, 7–21.

Strycker, Carl de: „Harold Blooms *Anxiety of Influence* und die niederländische Literaturwissenschaft". In: Herbert van Uffelen/Dirk de Geest (Hg.): *Niederländische Literaturwissenschaft auf neuen Wegen*. Wien 2006, 171–195.
Till, Dietmar: „III. Systemgeschichte. 1. Antike". In: Gert Ueding (Hg.): *Rhetorik: Begriff – Geschichte – Internationalität*. Tübingen 2005a, 78–109.
Till, Dietmar: „IV. Rezeptionsgeschichte. 3. Poetik". In: Gert Ueding (Hg.): *Rhetorik: Begriff – Geschichte – Internationalität*. Tübingen 2005b, 144–151.
Uffelen, Herbert van: „Einfluss anders: Neue Perspektiven auf die Einflussforschung". In: Herbert van Uffelen/Dirk de Geest (Hg.): *Niederländische Literaturwissenschaft auf neuen Wegen*. Wien 2006, 197–213.

Abschn. 1.4

Bachtin, Michail M.: „Das Wort im Roman". In: Michail M. Bachtin: *Die Ästhetik des Wortes*. Frankfurt a. M. 1979, 154–300.
Barth, John: „The Literature of Exhaustion" [1967]. In: John Barth: *The Friday Book: Essays and Other Non-Fiction*. London 1984, 62–76.
Broich, Ulrich/Manfred Pfister (Hg.): *Intertextualität: Formen, Funktionen, anglistische Fallstudien*. Tübingen 1985.
Broich, Ulrich: „Formen der Markierung von Intertextualität". In: Broich/Pfister 1985, 31–47.
Genette, Gérard: *Palimpseste: Die Literatur auf zweiter Stufe* [franz. 1982]. Frankfurt a. M. 1993.
Eco, Umberto: „Postmodernismus, Ironie und Vergnügen". In: Umberto Eco: *Nachschrift zum ‚Namen der Rose'*. München 1984, 76–82.
Haekel, Ralf: „Shakespeares *Hamlet* in Joyces *Ulysses*: Intertextualität und Modernismus". In: Susanne Scholz/Martin Windisch (Hg.): *Zeit-Sprünge: Wirkungsmacht und Aktualität frühneuzeitlicher Denkmuster*. Frankfurt a. M. 2018, 344–358.
Juvan, Marko: *History and Poetics of Intertextuality*. West Lafayette 2008.
Kimmich, Dorothee/Renner, Rolf Günter/Stiegler, Bernd (Hg.): *Texte zur Literaturtheorie der Gegenwart*. Stuttgart 1996.
Kühlmann, Wilhelm/Neuber, Wolfgang: „Vorwort". In: Wilhelm Kühlmann/Wolfgang Neuber (Hg.): *Intertextualität in der Frühen Neuzeit: Studien zu ihren theoretischen und praktischen Perspektiven*. Frankfurt a. M. 1994, VII–XV.
Lerner, Laurence: „Romantik, Realismus und negierte Intertextualität". In: Broich/Pfister 1985, 278–296.
Levine, Caroline: *Forms: Whole, Rhythm, Hierarchy, Network*. Princeton 2017.
McCaffery, Larry: „As Guilty as the Rest of Them: An Interview with Robert Coover". In: *Critique* 42/1 (2000), 115–125.
O'Donnell, Patrick/Davis, Robert Con: „Introduction: Intertext and Contemporary American Fiction". In: Patrick O'Donnell/Robert Con Davis (Hg.): *Intertextuality and Contemporary American Fiction*. Baltimore 1989, ix–xxii.
Ong, Walter J.: *Oralität und Literalität: Die Technologisierung des Wortes*. Wiesbaden ²2016.
Pfister, Manfred: „Konzepte der Intertextualität". In: Broich/Pfister 1985a, 1–30.
Pfister, Manfred: „Zur Beispielwahl". In: Broich/Pfister 1985b, 243–244.
Preisendanz, Wolfgang: „Zum Beitrag von R. Lachmann ‚Dialogizität und poetische Sprache'". In: Renate Lachmann (Hg.): *Dialogizität*. München 1982, 25–28.
Shastri, Sudha. *Intertextuality and Victorian Studies*. Hyderabad 2001.

Von der Intertextualität zur Intermedialität 2

Inhaltsverzeichnis

2.1 Intertextualität in anderen Medien 66
    2.1.1 Interpiktorialität/Interbildlichkeit 69
    2.1.2 Intermusikalität. 76
    2.1.3 Interfilmizität. 82
2.2 Intermedialität als Intertextualität zwischen Medien-Texten 88
    2.2.1 Intermedialität als Beziehung zwischen Literatur und Medien 91
    2.2.2 Zur Typologisierung intermedialer Beziehungen 92
2.3 Intermedialität und die Zwischenräume der Medien 100
    2.3.1 Das Kino-Dispositiv und die Frage der Medienspezifik. 102
    2.3.2 Intermedialität als Wiedereinschreibung des Mediums in die Form. 105
    2.3.3 Die Digitalisierung und das „ur-intermediale Netzwerk". 108
2.4 Die Medien der Intermedialität. 111
    2.4.1 Basis-Medien: Text, Bild, Ton (und Zahl) 112
    2.4.2 Einzel-Medien: zwischen begrifflicher Einheit und historischer Vielfalt. 114
    2.4.3 Filmische Medialitäten: (inter-)mediale Konstellationen 118
2.5 Rückkopplungen: die Medialität der Literatur 124
    2.5.1 Literarische (Im-)Materialitäten 125
    2.5.2 Materialität und Visualität von Literatur. 128
    2.5.3 Materialität und Intertextualität: das Zitat 130
    2.5.4 (Inter-)Medialität und (Hyper-)Textualität 132
Literaturverzeichnis. 134

Analog zur Unterscheidung von zwei Vorstellungen von Intertextualität (und zum Teil im Anschluss an diese), lassen sich „zwei Auffassungen von Intermedialität" (Rippl 2014, S. 143) ausmachen: „The first concentrates on intermediality as a fundamental condition or category, while the second approaches intermediality as a critical category for the concrete analysis of specific individual media products or configurations" (Rajewsky 2005, S. 47). Vor allem der zweite Ansatz lässt sich als Übertragung von Konzepten, die an Beziehungen zwischen (literarischen)

Texten erprobt wurden, auf mediale Relationen verstehen. Dabei kann es sich jedoch einmal um ‚intertextuelle' Beziehungen zwischen Produkten handeln, die *einer* anderen medialen Konfiguration angehören, ein andermal um solche zwischen Medienprodukten aus verschiedenen ‚Konfigurationen'.

- **Abschn.** 2.1 stellt mit den Beziehungen zwischen Bildern, denen zwischen Musikstücken, und jenen zwischen Filmen drei Felder einer Intertextualität in anderen Medien vor und erwägt deren mediale Eigenheiten im Vergleich miteinander und vor allem mit den eigentlich inter-textuellen Relationen.
- **Abschn.** 2.2 behandelt den wohl gängigsten Ansatz einer Untersuchung von Intermedialität als Intertextualität zwischen heteromedialen ‚Texten' (oder ‚Medienprodukten') und problematisiert dessen Typologisierungsbestrebungen.
- **Abschn.** 2.3 gibt einen Überblick über Ansätze zu einer Intermedialitätsforschung, die eher an den weiten Intertextualitätsbegriff anknüpfen und Intermedialität als Überschreitung im emphatischen Sinne begreifen, bei der die Grenzen zwischen den Medien nicht unberührt bleiben.
- **Abschn.** 2.4 skizziert drei verschiedene Medienbegriffe, von denen jeder eine gewisse Affinität zu einer der drei vorgestellten Näherungsweisen an Intermedialität hat.
- **Abschn.** 2.5 führt aus, welche Auswirkungen die Beschäftigung mit Intermedialität auf ein Verständnis von Literatur als Medium hat und blickt somit aus inter-medialer Sicht auf die Theorie der Inter-Textualität zurück.

2.1   Intertextualität in anderen Medien

Phänomene der Bezüglichkeit gibt es offenkundig auch in medialen Konstellationen jenseits von Texten (im engeren Sinne von sprachlich verfassten Artefakten): **Bilder** können sich auf andere Bilder, **Musikstücke** auf andere Musikstücke oder **Filme** auf andere Filme beziehen. Mit der Intertextualität teilen die damit angesprochenen Bereiche der Interbildlichkeit, der Intermusikalität und der Interfilmizität die Eigenschaft, dass in ihnen Bezugnahmen zwischen zwei als gleichartig oder zumindest als hinreichend ähnlich wahrgenommenen ‚Texten' (im weiteren Sinne von Medienprodukten) erfolgen. Insofern es *Inter*medialität auf die eine (s. Abschn. 2.2) oder andere Art (s. Abschn. 2.3) um mediale Überschreitung zu tun ist, handelt es sich somit jeweils um *intra*mediale Phänomene. Irina Rajewsky (2002, S. 69–77) führt Intertextualität entsprechend als prominentestes Beispiel **intramedialer Bezüge** an und fügt in einer Fußnote hinzu: „In Anlehnung an die ‚Intertextualität' ließe sich somit ebenso von ‚interfilmischen', ‚intertelevisuellen', ‚intermusikalischen' usw. Phänomenen sprechen, die sämtlich spezifische Manifestationsformen intramedialer Bezugnahmen […] darstellen" (ebd., S. 75).

Des Weiteren teilen Interbildlichkeit, Intermusikalität und Interfilmizität mit der Intertextualität die Formierung um einen hochkulturellen Kernbereich, eine Kunstform, von der her sie konzeptuell entwickelt worden sind: literarische

2.1 Intertextualität in anderen Medien

Texte, Gemälde, Kunstmusik und Kinospielfilm sind mehr oder weniger explizierter Inbegriff der medialen Produkte, deren Bezüglichkeit zu untersuchen ist. Rajewsky (2002, S. 157) etwa führt folgende Beispiele an: „Bezüge eines literarischen Textes auf einen bestimmten Einzeltext, ein literarisches Genre oder die Literatur qua System; entsprechend Film-Film-, Malerei-Malerei-Bezüge usw." Wohlgemerkt handelt es sich dabei nicht um Varianten einer wechselseitigen Erhellung der Künste (*Inter*artialität, s. Abschn. 3.1), sondern um ebenso viele Spielarten von ***intra*artialen Bezügen** innerhalb von Künsten, die in deren Vollzug bei sich bleiben. Noch nicht von einer Intertextualität *zwischen* Medien und/oder Künsten, sondern von einer Intertextualität *in* (anderen) Medien und/oder Künsten sei also in den folgenden drei Unterkapiteln die Rede.

Gemeinsam ist den so umrissenen Feldern der Beziehung zwischen *(inter)* Texten/‚Texten', die sich innerhalb des jeweiligen Feldes *(intra)* vollzieht, dass sie schon in den genannten Kernbereichen auf unterschiedliche Weise eine Verunsicherung hinsichtlich des Begriffs des Mediums mit sich bringen. Schon von Literatur lässt sich als ‚Medium' nur auf der Grundlage eines **„exzentrischen" Medienbegriffs** sprechen, dem die „Konvergenz eines je bestimmten Typs von ‚Fernanwesenheit' mit einem je bestimmten Bündel von ‚Zusicherungs-Verhältnissen'" zugrunde liegt (so Gumbrecht 1998, S. 83–84, der durchgehend vom Medium ‚Literatur' in Anführungszeichen spricht, s. Abschn. 2.5.1). Und auch für den Kino-Film, der selbst nur mehr einen unbedeutenden Teil der Video-Kultur ausmacht (Harnhardt 1986), kann es keinesfalls als ausgemacht gelten, dass es sich um *ein* Medium handelt, das eine wie auch immer geartete Identität im Laufe seiner Entwicklung vom orchesterbegleiteten, schwarz-weißen Stumm- zum Ton- und Farbfilm in 3D bewahrt (s. Abschn. 2.4.2). Ganz zu schweigen von den Schwierigkeiten, „medialer Produkte" (so die Sprechweise Rajewskys) in einer sich zwischen Partitur und Performance ereignenden klassischen europäischen Musikkultur habhaft zu werden.

Problematisch wird die Rede von ‚Medien' (und von ‚Intertextualität in anderen Medien') spätestens jenseits des jeweiligen kunstförmigen Kerns der Begriffe ‚Bild', ‚Musik' und ‚Film'. Wie der Begriff des Textes eben nicht nur ‚Literatur', sondern auch Schriftzeugnisse ganz anderer medialer Umgebungen umfasst (etwa journalistische Texte in Printmedien wie der Zeitung, s. Abschn. 4.5), erschöpft sich die Bedeutung von ‚Bild' natürlich keineswegs in gemalten Tafelbildern, sondern lässt sich auf **unterschiedlichste mediale Realisationsformen** von Bildlichkeit anwenden, von der Karikatur bis zum Graffiti, von der analogen Fotografie bis zum digitalen Wärmebild. Mithin erscheinen Text und Bild in diesem Zusammenhang weniger als Medien im Sinne von „konventionell als distinkt angesehene[n] Kommunikationsdispositiv[en]" (Wolf 2002, S. 165), denn als grundlegende Formatierungsweisen kultureller Inhalte (Basis-Medien, s. Abschn. 2.4.1). Ähnliches ließe sich wohl für den Ton im Rahmen eines Intermusikalitätskonzepts behaupten, dessen Gegenstände von der Kammermusik bis zum digitalen Sampling (s. Abschn. 3.4) reichen.

Im Übrigen impliziert die Rede von Inter*textualität* in anderen Medien (oder ‚Medien') keineswegs einen texttheoretischen Übergriff, der die „eigene, nur ihnen zugehörige Logik" (Boehm 2007, S. 31) anderer medialer Konstellationen tilgen oder zumindest überspielen möchte, wie insbesondere von Seiten der Bildwissenschaften ins Feld geführt wurde. Nicht die Textualität, sondern der Ansatz der **Analyse von Interrelationen** steht im Mittelpunkt des Versuchs einer Übertragung auf andere Felder, die im Rahmen der Bezüglichkeit von Bildern, Musik, oder Filmen darauf abzielt, deren spezifische Differenzen herauszustellen. So hatte es schon Genette als Programm formuliert, als er sich – gegen Ende seiner monumentalen Studie der von ihm sogenannten ‚hypertextuellen' Phänomene (s. Abschn. 1.1) und mit vertrautem Fokus auf die Hochkünste – den **„hyperästhetischen Praktiken"** zuwandte:

> Es erscheint mir [...] nützlich, einen kurzen Blick darauf zu werfen, der sich vorsichtshalber auf die Malerei und die Musik beschränkt, um dabei einige Ähnlichkeiten oder Entsprechungen zum Vorschein zu bringen, aus denen der transästhetische Charakter der Ableitungspraktik hervorgeht, aber auch einige Verschiedenheiten, die zumindest die diesbezügliche irreduzible Besonderheit jeder Kunstgattung aufzeigen. (Genette 1993, S. 514)

Nirgends zeigt sich das In- und Nebeneinander von Gemeinsamkeiten und Unterschieden deutlicher als in den **terminologischen Austauschprozessen** zwischen den in diesem Kapitel verhandelten Arenen der Bezüglichkeit. Mag auch die Mehrzahl der Begriffe für Formen der Interrelation ihren Ursprung in der literarischen Poetik haben (vgl. Rosen 2003, S. 162, für Bezeichnungen interpiktorialer Beziehungen), so gibt es doch auch Wanderungsbewegungen in umgekehrter Richtung, weshalb von literarischen ‚Collagen' und ‚Montagen' (in bildkünstlerischer oder filmischer Diktion) oder von literarischen oder filmischen ‚Kontrafakturen' (in der mittelalterlichen Musik das „Abfassen eines Liedtextes auf eine schon vorhandene Melodie", Diehr 2004, S. 119) gesprochen werden kann – ohne dass dabei in jedem Fall klar wäre, welche Bedeutung dem jeweiligen Begriff im neuen Kontext zukommt (s. Abschn. 1.1.2 für die literarische Kontrafaktur). Stets bleibt jedenfalls bei solchen Transfers ein unübersetzbarer Rest, der Anlass zum Nachdenken über die Eigenarten des jeweiligen Anwendungsfeldes gibt, etwa in der Diskussion über das „bildliche Analogon von Anführungszeichen" (Goodman 1984, S. 65) beim piktorialen ‚Zitieren' (vgl. Gelshorn 2007, S. 56; s. Abschn. 2.5.3).

Sofern die folgenden Überlegungen zur Interpiktorialität, Intermusikalität und Interfilmizität auch dazu dienen, die Verschiedenheit ihrer ‚Medien' von (literarischen) Texten zu sondieren, bleiben Vorstellungen von (Inter-)Textualität davon nicht unberührt. Die vergleichende Betrachtung von Bezüglichkeiten initiiert einen Prozess der Rückkopplung, in dessen Verlauf sich eine **Rekonzeptualisierung der Medialität von Literatur** ergibt (s. Abschn. 2.5). An die Stelle einer Idee von Literatur, die in ihren Texten nur „Repliken" von „Inskriptionen" eines „allographischen multiplen Symbolsystems" (Goodman 1984, S. 66–67) sieht, also Wortfolgen, die verlustlos als solche wiederholt werden können, tritt ein Bewusstsein der lange währenden literaturwissenschaftlichen „ästhetischen Blindheit" (Shusterman 1982) gegenüber den Materialitäten literarischer Kommunikation. In diesem Sinne sind schon die *intra*medialen Interrelationen zwischen Bildern, Musikstücken und Filmen Elemente einer *inter*medialen Reflexion, die Mediengrenzen überschreitet.

2.1.1 Interpiktorialität/Interbildlichkeit

Eine Interpiktorialitätsforschung, die sich für sämtliche Varianten der Bezüglichkeit zwischen Bildern aller Art zuständig fühlte und deren Untersuchung unter einem gemeinsamen Oberbegriff zu versammeln begänne, entwickelt sich erst allmählich im Gefolge der Intertextualitätsdebatte (vgl. Gamer 2018 für eine umfassende Diskursgeschichte der Rede von der ‚Intertextualität der Bilder'). Dabei sind die Voraussetzungen für die Formulierung eines Konzepts der Interbildlichkeit überaus günstig: Zum einen sind Bild-Bild-Bezüge, vornehmlich solche zwischen Gemälden, ein veritables Feld kunstgeschichtlicher Untersuchungen: „Die enorme Bedeutung des Phänomens in der Geschichte der Kunst macht die Analyse von Verweisungsbezügen seit jeher zum bevorzugten Gegenstand kunsthistorischen Arbeitens" (Zuschlag 2006, S. 90; vgl. Rosen 2003, S. 161). Zum anderen hatte sich die **Kunstgeschichte** schon bald nach ihrer disziplinären Formierung der Vielfalt der Phänomene geöffnet, die sich jenseits des Modells des gemalten Tafelbildes als ‚Bilder' ansprechen lassen: „Die Kunstgeschichte des 19. Jahrhunderts hat ihre Methoden zwar an den komplexesten Gebilden der sog. Hochkunst entwickelt und geschärft, keinesfalls aber auf diesen Werkkreis beschränkt; vielmehr wurden in Teilbereichen der kunsthistorischen Praxis auch nicht-künstlerische Bilder aller Art eingeschlossen" (Bredekamp 2011, S. 72).

Bis in die 1980er Jahre hinein, in denen der Begriff der Intertextualität seine (alter-)mediale Wanderungsbewegung begann, die dann im Konzept der Intermedialität gipfelte (s. Abschn. 2.2), blieb es jedoch mit Blick auf Interrelationen zwischen Bildern bei Ansätzen mit klar begrenzter Reichweite. Unter dem Label der ‚**Pathosformel**' untersuchte etwa Aby Warburg in den 1920er Jahren in seinem *Bilderatlas Mnemosyne* Verweisungsketten zwischen bildlich inszenierten Ausdrucksgesten. Dabei bezog er zwar unter anderem Fotografien aktueller Ereignisse in seine Untersuchungen ein, beschränkte sich aber konsequent auf die „Bildersprache der Gebärde" (Warburg 2000, S. 5), also auf einen wohlumgrenzten Teilbereich dessen, was ‚piktoriale Interfiguralität' genannt werden könnte (vgl. Müller 1991). Zudem galt seine Untersuchung im Kern der Rückverwiesenheit der Renaissance-Kunst auf die Antike (sein Atlas sollte den Untertitel „Bilderreihe zur Untersuchung der Funktion vorgeprägter Ausdruckswerte bei der Darstellung bewegten Lebens in der Kunst der europäischen Renaissance" erhalten, vgl. Saxl 2000, S. xviii), wie überhaupt die Fokussierung auf zeitlich eng umrissene Konjunkturen von Bezügen zwischen Bildern bis heute die systematische Bündelung interpiktorialer Untersuchungen unter einem Dach behindert (so wird in einem Themenheft über ‚Künstler-Künstler' der

Zeitschrift *Texte zur Kunst* über den „‚**Referenzialismus**' in der Gegenwartskunst" sinniert, als hätte es die Diskussion um Bezüglichkeiten im Rahmen der Intertextualitätsforschung nie gegeben; vgl. Graw 2008; Rottmann 2008; s. Abschn. 1.1.4).

Erst Überlegungen zu ‚intertextuellen Beziehungen zwischen Gemälden' (Steiner 1985) oder einer ‚visuellen Poetik der Intertextualität' (Bryson 1988) markieren die Hinwendung zu einem umfassenden **Konzept der Interpiktorialität,** das in der Folge sogar vereinzelt Eingang in kunstwissenschaftliche Nachschlagewerke gefunden hat (vgl. Rosen 2003, 2011). Dessen Weiterentwicklung zum tragfähigen Komplementärbegriff der Intertextualität obliegt jedoch weithin den Bemühungen von Literatur- und/als Kulturwissenschaftler/innen (vgl. Rose 2008, 2011; Hebel 2013; Isekenmeier 2013; Quante 2013), während Kunst- und Bildwissenschaften der ‚**Intertextualität der Bilder**' noch immer kritisch gegenüberstehen. Aus Angst vor einer befürchteten „feindliche[n] Übernahme" (Gelshorn 2007, S. 56) zieht sich deren Widerstand gegen die Text-Theorie im Namen der Bilder darauf zurück, dass „Bildbezüge anders und noch vielfältiger als Textrelationen funktionieren" (Gelshorn 2007, S. 57).

Noch in ihrer Ablehnung der Übertragung des intertextuellen Ansatzes auf Bilder reproduzieren solche kunst-/bildwissenschaftlichen Interventionen Diskursstationen der Intertextualitätsdebatte, wie sie noch vor (der deutschen Übersetzung von) Genettes Versuchen der **terminologischen Binnendifferenzierung** (s. Abschn. 1.1) formuliert wurden und denen zufolge die „große Vielfalt möglicher Bezüge, unter denen Texte zu Texten in ein Verhältnis treten können, [...] durch den Begriff der Intertextualität nicht erhellt, sondern eher verdunkelt" würde (Stierle 1983, S. 21). Mit Blick auf die als „noch vielfältiger" angesehenen Relationen zwischen Bildern folgt auf die Anmahnung begriffslogischer Vorsicht die konzeptuelle Kapitulation, die in der Frage gipfelt, „ob es überhaupt eine Theorie der ‚Bezüglichkeit' von Kunst- und Bildwerken geben kann" (Gelshorn 2007, S. 55). Damit würde sich die Bildforschung freilich genau der Möglichkeit benehmen, die **spezifische Differenz von Bildern gegenüber Texten** systematisch zu reflektieren. Denn die Andersheit der Bilder besteht nicht in einer unterschiedlichen Seinsweise, die sich in einem „ontologisierten Bildbegriff" (Falkenhausen 2007, S. 10) fassen ließe, sondern in den unterschiedlichen Vollzugsformen der Bezüglichkeit, die eine performative Auffassung von Bild begründen. An die Stelle der Frage ‚Was ist ein Bild?' (Boehm 1994; Egenhofer et al. 2012) tritt im Rahmen der Übertragung des Intertextualitätskonzepts auf Bilder deshalb die Frage ‚Was passiert zwischen zwei [oder mehr] Bildern?' (vgl. Didi-Huberman 2010).

Interpiktorialitätsforschung umfasst vor diesem Hintergrund immer auch eine Kritik solcher Denkfiguren, die Bilder (oder gleich ‚das Bild') als das Andere von Texten (oder einer bedrohlichen, „alles dominierenden Sprache", Boehm 1994a, S. 11) setzen, von Lessings Unterscheidung von piktorialer Raum- und textueller Zeitkunst (s. Abschn. 3.1) bis hin zu Formulierungen einer „ikonischen Differenz" (Boehm 2011), die diverse Differenzkriterien von der Anschauungsnähe (vgl. Sachs-Hombach 2013, S. 73–98) bis zur Materialität (s. Abschn. 2.5) bündelt.

2.1 Intertextualität in anderen Medien

Solche Versuche, die **„Eigenart der Bilder"** (Frank und Lange 2010, S. 67) unter Absehung von (interpiktorialen) Bildpraxen zu bestimmen, gehen allesamt am Anliegen einer am Modell der Intertextualität geschulten Untersuchung von Bezügen zwischen Bildern vorbei, deren Interesse nicht einer Zementierung einer vorausgesetzten Wesensbestimmung *des Bildes* als Anderes des Textes gilt, sondern der ergebnisoffenen Suche nach (Gemeinsamkeiten und) Unterschieden im Vollzug von Bezüglichkeiten, in der „keineswegs ausgemacht [ist], dass diese Differenz überhaupt existiert" (Zuschlag 2006, S. 98; vgl. Bryson 1988, S. 87). Nicht haltbar erscheint etwa im Licht interpiktorialer Arrangements wie dem weiter unten diskutierten (s. Abb. 2.1) der sich seit Lessing hartnäckig haltende **Mythos der „Unmittelbarkeit und Simultaneität"** (Rosen 2003, S. 163) der Bilder (vgl. für Beispiele seines Fortlebens Isekenmeier 2013, S. 45–47). Mehr noch als deren bloße Betrachtung ist die Erschließung von Bildern als interpiktorialen Ereignissen ein „radikal zeitlicher Prozess" (Bryson 1988, S. 184).

Wie der Interpiktorialitätsforschung erscheint auch den Visual Culture Studies die kunstgeschichtliche Fokussierung auf das einzelne, zum Kunst-Werk stilisierte Bild (sowie dessen bildwissenschaftliche Überschreitung in Richtung einer **Konzeption von Bildlichkeit** an sich) als problematisch, ja unzeitgemäß: „Heutiger Kritik jedenfalls erscheint dergleichen Konzentration auf ein Bild, das zählt, als verantwortlich für eine Unfähigkeit der Gesellschaft, mit denjenigen Bildern umzugehen, die man kaum mehr zu zählen vermag" (Frank 2006, S. 39). Studien zur visuellen Kultur zielen jedoch auf eine Kontextualisierung, die über die Beziehungen zwischen Bildern hinausgeht, indem sie sich dem gesamten „Beziehungsfeld von Kultur und Visualität" (Rimmele und Stiegler 2012, S. 10) zuwenden (s. Abschn. 3.3).

Einer derartigen **Entgrenzung der Bilder** kann eine Theorie der Interpiktorialität auf zweierlei Arten begegnen. Zum einen kann sie auf den schon früh in der Text-Kontext-Debatte (vgl. Jahraus 2007) formulierten Vorbehalt verweisen, demzufolge dem Versprechen einer im Vergleich zum zu verstehenden (visuellen) Text besseren **Lesbarkeit des Kontextes** mit Vorsicht zu begegnen ist (vgl. Bal und Bryson 1991, S. 176–177). Für eine Untersuchung von Bildern sind Bezugstexte, die ebenfalls als Bild begegnen, einfacher zu prozessieren als „Praktiken des Zu-Sehen-Gebens" (Schade und Wenk 2011, S. 9), zumal wenn diese „ganz ohne materielle Fixierung ihre Wirkung entfalten" (Rimmele und Stiegler 2012, S. 9–10).

Zum anderen kann sie darauf bestehen, dass die Gestalt von Bildern (deren „sinnliche Konfiguration", Davis 2011, S. 76), maßgeblich von ihren interbildlichen Relationen her formatiert wird. Die Art und Weise, in der Bilder zu sehen geben, hängt demnach in erster Linie von denjenigen anderen Bildern ab, auf die sie Bezug nehmen. Kommt hinzu, dass uns **Welt als Bild** zugerichtet erscheint, wofür sich von Heideggers (1950) „Zeit des Weltbildes" bis hin zu Virilios (1989) „Standardisierung des Blickes" zahlreiche Formulierungen finden lassen, dann sind in interpiktorialen Bezügen nicht weniger als Weltverhältnisse beschlossen: „when the world *is* a picture, to see it is to see what depiction has configured" (Davis 2011, S. 231). Die interpiktoriale Konstitution von Bildern ist in diesem

Sinne keine visuelle Praxis unter anderen, sondern eine für visuelle Kulturen zentrale „Weise der Welterzeugung" (Goodman 1984).

Für die Interpiktorialitätstheorie bedenkenswert bleibt vor allem die von Seiten der Visual Culture Studies vorgebrachte Kritik an einer Auffassung von **Bildern als (rein) visuellen Medien** (vgl. Mitchell 2007). Allenthalben, so ließe sich mit Blick auf die „kulturelle Leitdifferenz" von Wort und Bild (Rippl 2005, S. 27) sagen, überkreuzen sich Bild(er) und Text(e) in verschiedenen Konstellationen. Als Varianten solcher ‚Kreuzung' (Bild X Text, Mitchell 2012) lassen sich etwa Bildtexte (wie z. B. Comics), Bild-Texte (wie z. B. bildliche Sprache) und Bild/ Texte (wie z. B. Bildunterschriften) unterscheiden (Mitchell 1994, S. 89). Auf vielerlei Arten und Weisen sind Bilder immer schon von Wörtern begleitet, sind Wort und Bild aufeinander verwiesen.

Interpiktoriale Bezüge beispielsweise erschließen sich bisweilen nur über die Kenntnis von **Begleittexten,** die einem Bildwerk beigegeben sind, allen voran Bildtiteln. Angesichts der wechselvollen Geschichte dieser Art von Bild/Text (vgl. Yeazell 2015) mag es übertrieben sein, Bildtitel zum „wesentlichsten intertextuellen Mechanismus der Malerei" (Steiner 1985, S. 62, unsere Übersetzung) zu erklären, aber zweifellos gibt es interpiktoriale Verfahren, die ohne eine explizite **Markierung im Titel** unterhalb der Signalschwelle der Interbildlichkeit verbleiben würden. Mit Blick auf die Hommage etwa bemerken Sitt und Horányi (1993, S. 17), dass deren Bezüglichkeit meist „im Titel angedeutet und nicht unbedingt im Werk selbst bildlich abzulesen" sei. Umso mehr gilt dies für Bilder, die jenseits von Genettes (1993, S. 17) „schematische[r] Opposition" von Transformation und Nachahmung operieren („dasselbe anders sagen/etwas anderes auf dieselbe Weise sagen", ebd.).

Dies trifft etwa zu auf ein Bild wie **Salvador Dalís** *Paranoisch-kritische Studie zu Vermeers Spitzenklöpplerin* von 1955, das auf dessen ‚paranoischkritischer' Einsicht beruht (vgl. Descharnes 1962, S. 54), dass die Körperhaltung der Spitzenklöpplerin in Vermeers Gemälde sich an der Perfektion einer logarithmischen Spirale orientiere, wie sie sich in der Natur in der Gestalt des Nas-Horns (des Horns eines Rhinozeros) realisiert fände (vgl. dazu Krüger 2005, S. 104–105). Dalís Studie zeigt nun ein Arrangement solcher Hörner, das um eine vage Ahnung des Gesichts der Klöpplerin und des roten Seidenfadens auf Vermeers Bild organisiert ist. Diese Bezugnahme wird über den Titel eindeutig markiert und könnte andernfalls nur über die Kenntnis des seinerseits interpiktorialen Kontextes innerhalb von Dalís Œuvre erschlossen werden, das neben einer (in der Terminologie von Isekenmeier 2013) strengen ‚formalen Transposition' des Vermeer-Bildes (vgl. Brettell et al. 2009, S. 358–362) auch ein *Rhinozerotisches Porträt von Vermeers Spitzenklöpplerin* umfasst (alle aus dem Jahre 1955, Abbildungen bei Waters 2011), dessen Piktorialität in keiner Weise mehr an den Vermeer gemahnt (und also weder dasselbe noch auf dieselbe Weise zeigt).

Ein weiteres Feld, in dem die Verwiesenheit von Bildern auf Texte als ‚Lesehilfen' verhandelt wird, ist das der **(inter-)piktorialen Argumentation.** In Frage steht dabei der bildwissenschaftliche Gemeinplatz vom Bild als „Medium der [...]

nicht-diskursiven Artikulation" (Krüger 2005, S. 90). Zwar wird Bildern in verschiedenen Umfeldern (wie den Naturwissenschaften, vgl. Mersch 2006, oder der politischen Ikonographie, vgl. Behr 2005) eine **rhetorische Kraft** zugestanden; jedoch geschieht dies im Rahmen einer Gegenüberstellung von Visualität und Diskursivität, die dem Bild zwar unmittelbare Evidenz zugesteht, fortschreitendes Schlussfolgern aber der Sprache vorbehält. Als Gründe begegnen Bilder fast immer mit einem Fragezeichen versehen (vgl. die Titel von Mössner 2013; Harth 2013).

Dagegen ließe sich zeigen, dass es persuasive Botschaften gibt, für deren diskursive Logik Bilder nicht supplementär, sondern konstitutiv sind. Auf dem folgenden Plakat einer **Werbekampagne für das italienische Mineralwasser Ferrarelle** aus den frühen 1980er Jahren etwa (s. Abb. 2.1; zum Erfolg der Kampagne vgl. Anon 2001, S. 111–113) mag es so scheinen, dass die offenkundig auf die *Mona Lisa* rekurrierenden Bilder zur Veranschaulichung des Slogans *(Liscia? Gassata? O Ferrarelle?)* und somit bloß illustrativen Zwecken dienen. Für die Markenführung besonders relevant ist dabei der Einsatz des Markennamens als Äquivalent eines Adjektivs, das einen mittleren Kohlensäuregehalt bezeichnet, für den noch dazu ein natürlicher Ursprung reklamiert wird *(Effervescente naturale;* „imbottigliata così come sgorga alla sorgente" [abgefüllt wie es aus der Quelle sprudelt], hieß es 2018 auf der Homepage von Ferrarelle). Nicht *ein,* sondern *das* Medium-Wasser wird hier beworben. Und die Bilder scheinen diese Logik der ‚natürlichen Mitte' zu untermauern, unter Ausnutzung der Homonymie der italienischen Wörter für glatt(es Haar – *capelli lisci*) und still(es Wasser – *acqua liscia*).

Von den Wörtern her gelesen erscheinen die Bilder in diesem Beispiel gleichsam als ‚Hintersetzer', als piktoriale Botschaft, die den Werbetext aus dem Hintergrund kommentiert und einen Eindruck **visueller Ironie** zeitigt (vgl. Nicola 2007, S. 91, der das Plakat unter dem Stichwort ‚Ironie' diskutiert). Damit ist aber der konative Appell der Werbebotschaft, ihr Kauf-Argument, noch nicht hinreichend erfasst. Dazu bedarf es einer Betrachtung von den Bildern her, deren Arrangement auf die kulturelle Dignität des Maßhaltens im Allgemeinen, jedenfalls jenseits des Wasser-Konsums, zielt. Was die Bilderfolge inszeniert, ist das ästhetische Ideal der Mäßigung, der goldenen Mitte, als dessen Inbegriff üblicherweise nicht die Haartracht, sondern das Lächeln der Gioconda gilt (sprichwörtlich in Aldous Huxleys Kurzgeschichte „The Gioconda Smile" von 1921). Auf diesem **bildlichen ‚Grund'** beruht dann letztlich parasitär die verbal formulierte Konsequenz, dass es auch im Konsumverhalten die Mitte zu halten gelte, womit das rechte Maß vom ästhetischen zum ethischen Imperativ wird, wie er etwa schon in der Aristotelischen Tugendlehre formuliert ist *(mesotes).* Die implizite Kaufempfehlung für das beworbene Wasser wird damit zur konkreten Anwendung einer allgemeinen Regel, die piktorial formuliert dargeboten wird.

Hinzu kommt, dass sich die Einsicht in den **Argumentcharakter der Anordnung der Bilder** als kategorialer Umschlag in der interpiktorialen Relationierung realisiert. Was zunächst, auf den ersten Blick und aus der Ferne, als serielle Reproduktion von da Vincis Gemälde erscheint, erweist sich beim

Abb. 2.1 Printwerbung von Ferrarelle, ca. 1982; https://www.pinterest.de/danielemurra/r-i-p-vertising/ (19.07.2020)

näheren Hinsehen als parodistische Variation. Besonders mit Blick auf das ‚erste' Bild (in ‚Leserichtung', also oben links) erweist sich dessen Einordnung als Parodie als **zeitlicher Prozess,** der mithilfe der anderen beiden Bilder (sowie des mitgegebenen Begleittextes) oder schlicht bei genauerer Betrachtung in Gang kommt. Anders als bei Duchamps *L.H.O.O.Q.* (1919), das die Mona Lisa mit einem Bart versehen hatte, springt die Abweichung in diesem Falle nicht ins Auge, sondern muss im Zusammenhang der Bildserie oder im mnemonischen Abgleich erschlossen werden. In jedem Falle gilt es, das **Bild in Relation** und somit mittelbar zu sehen.

Plakate wie das von Ferrarelle und die sie flankierenden Fernseh-Spots (wie der von Ferrarelle aus dem Jahr 1982, archiviert im *l'archivio vintage della pubblicità* unter https://www.tecata.it/) – oder heute: entsprechende Banner und Webvideos – bleiben als Werbeträger ihrer kommunikativen Aufgabe verhaftet. Gleichwohl leisten sie zugleich Übermittlungsarbeit, indem sie Bilder wie die *Mona Lisa* im **Bildgedächtnis** lebendig halten (zur mediologischen Unterscheidung von

Kommunikation und Übermittlung s. Abschn. 1.2.5; s. auch Abschn. 3.5). Tatsächlich trägt die Unmenge an Werbeauftritten von da Vincis Gemälde, ob sie nun auf die Frisur der Gioconda abzielen (Chiara 2011a) oder auf andere Aspekte des Bildes (Chiara 2011b), zwischenzeitlich wohl mehr zur Zementierung seines Status als berühmtestes Gemälde der Welt bei, als seine museale Platzierung im Louvre (und seine Entwendung von dort durch Vincenzo Peruggia im Jahr 1911).

Im Unterschied zu den Gebrauchsbildern der Werbung kann die „**Übermittlungsfunktion**" (Debray 2003, S. 10) interpiktorialer Bezüge in bildenden Kunstwerken ihre kommunikativen Zwecke überschreiten. Den Entstehungskontext von **Grant Woods *Daughters of Revolution*** von 1932 (s. Abb. 2.2) etwa bildet ein konkreter kommunikativer Anlass: anlässlich eines von Wood für das Cedar Rapids Veterans Memorial Building ausgeführten Buntglasfensters (1927–1929) ereiferten sich die in der patriotischen Frauenvereinigung der Daughters of the American Revolution (DAR) organisierten Nachfahrinnen der amerikanischen Unabhängigkeitskämpfer darüber, dass das Fenster in Deutschland gefertigt worden war (gegen das die Veteranen, zu deren Ehren das Gebäude errichtet wurde, im Ersten Weltkrieg gekämpft hatten). Das Gemälde stellt Woods recht zeitnahe Antwort auf diesen selbstgerechten Vorwurf dar. Es zeigt drei ältere Damen, denen eine gewisse Ähnlichkeit mit drei prominenten Gründervätern nachgesagt wird („Ben Franklin, Thomas Jefferson and George Washington in drag", Adams 2012), die vor (einer im Stile Woods gehaltenen ‚Paraphrase' von) Emanuel Leutzes *Washington Crossing the Delaware* (1851) posieren.

Woods Gemälde zielt nun in **satirischer Absicht** zum einen auf die Selbststilisierung der DAR als ur-amerikanisch, indem er jede der drei Figuren ein Accessoire zur Schau stellen lässt, das diesen Anspruch untergräbt – ein Paar (orientalische?) Perlenohrringe, eine (englische?) Teetasse mit chinesischem Muster, einen (belgischen?) Spitzenbesatz; zum anderen ist das von den DAR anlässlich des 200. Geburtstags von Washington im Archiv des Metropolitan Museum of Art in New York wiederentdeckte Gemälde Leutzes – ein in Deutschland gemaltes Bild eines deutschstämmigen Künstlers (Langton 2016) – eine

Abb. 2.2 Grant Wood, *Daughters of Revolution*, 1932; (Cincinnati Art Museum, Planalp 2014)

passende Replik auf die gegen ihn erhobenen Vorwürfe eines Mangels an Patriotismus.

In dem Maße jedoch, in dem sich Wood den Vektoren der Übermittlung zuwendet, den Praktiken der institutionellen Erinnerung, emanzipiert sich *Daughters of Revolution* von der zeitgenössischen Kontroverse und wird zum Schaustück **interpiktorialer Arbeit am kulturellen Gedächtnis.** Indem es den Akt der Einrahmung (gedoppelt im gemalten und mit dem Titel versehenen äußeren Rahmen) und der Ausstellung in Szene setzt, der den selbstgefälligen Bezug der DAR auf ihr revolutionäres Erbe durch dessen museale Einhegung allererst ermöglicht, vollzieht Woods Werk eine kritisch gebrochene Wiederaufnahme seines Bezugsbildes ins Bildgedächtnis. Im **Dialog der Bilder** (s. Abschn. 1.2.4) entsteht eine Lesart von Leutzes Gemälde, in der es nicht mehr als Dispositiv der Übermittlung von Werten und Wissensbeständen (vgl. Debray 2003, S. 24) erscheint, sondern als Stilisierung eines heroischen Aktes. So wenig sich Leutze um die historischen Einzelheiten des revolutionären Ereignisses kümmerte (und so nicht nur die Boote, die Uniformen und die Besatzungen, sondern auch noch die Flagge unzutreffend darstellte; vgl. Howat 1968), so wenig scheren sich die selbstzufriedenen Erbinnen Washingtons in Woods Bild um die vermeintlich in ihm inszenierten demokratischen Werte. Das heroische Historienbild wird von einer abstammungsaristokratischen Gesinnung für sich reklamiert, was seinen Status als bildliches Monument des amerikanischen Unabhängigkeitskampfes relativiert. Als derart **entzauberte Ikone** kann es dann erneut in das Bildarchiv der Kultur aufgenommen werden, indem das bezugnehmende Bild selbst wieder zum musealen Objekt wird.

2.1.2 Intermusikalität

Ähnlich wie die Kunstgeschichte beschäftigt sich auch die Musikwissenschaft traditionell mit Fragen nach thematischen und motivischen Bezügen zwischen einzelnen Künstlern bzw. Werken: „Reminiszenzen nachzuspüren, ist eine Lieblingsbeschäftigung vieler Musiker und Musikliebhaber", heißt es bei Günther Noé (1965, S. 102). Wohl auch deshalb, mutmaßt Ludwig Finscher, sei das Konzept der Intertextualität als Theorie-Import in der akademischen Disziplin der Musikwissenschaft vergleichsweise zurückhaltend rezipiert worden: Die Untersuchung der „Beziehung zweier oder mehrerer Werke zueinander, auf welcher Ebene auch immer", sei für den/die Musikhistoriker/in schließlich schon immer ein „selbstverständliches Phänomen" gewesen (2003, S. 101). Ziel dieses Kapitels ist es daher nicht, eine Geschichte der Musikwissenschaft oder einen erschöpfenden Überblick über die musikwissenschaftliche Auseinandersetzung mit den vielfältigen Phänomenen der musikalischen Bezugnahme zu geben. Stattdessen werden schlaglichtartig einzelne **anschlussfähige Diskurse** beleuchtet. Von besonderem Interesse sind dabei jene Ansätze, die sich in Bezug auf Musik explizit auf das Vokabular beziehen, das im Rahmen der literaturwissenschaftlichen Intertextualitätsforschung geprägt wurde. Dies geschieht einer-

2.1 Intertextualität in anderen Medien

seits innerhalb der Musikwissenschaft selbst – und dort sowohl im Rahmen der Auseinandersetzung mit Kunstmusik als auch mit im weitesten Sinne populärer Musik –, andererseits im Rahmen anderer kulturwissenschaftlicher Disziplinen, die Musik als Gegenstand in ihre Überlegungen mit einbeziehen, wobei der Austausch zwischen diesen Polen begrenzt ist. Insbesondere die spezifischen Probleme, die sich bei der Übertragung dieses Vokabulars auf musikalische Gegenstände ergeben, sollen hier betrachtet werden.

Bereits 1739 wird von Johann Mattheson zum ersten Mal der Begriff des **Zitats** in einem musikalischen Kontext verwendet, wobei er voraussetzt, dass nur solche Melodien zitiert werden können, die allgemein bekannt sind (vgl. Gruber 2016). Mehr Interesse erfährt die **Variation** im Sinne einer transformativen Auseinandersetzung mit einem gegebenen Thema als Grundprinzip der musikalischen Gestaltung (vgl. Drees 2016), allerdings wird den im engeren Sinne intertextuellen Aspekten dieses Verfahrens wenig Aufmerksamkeit geschenkt. Auch die Diskussion um **Plagiate** in der Musik kann bis in die Zeit um 1800 zurückverfolgt werden.

Zugespitzt wird die musikalische Einflussforschung 1868 in einer bemerkenswerten Studie des Komponisten und „Musikschriftstellers" Wilhelm Tappert mit dem Titel *Wandernde Melodien,* die damals über die deutschen Sprachgrenzen hinaus rezipiert wurde und 1890 in einer erweiterten zweiten Auflage erschien. Tappert versucht, „innerhalb der Tonkunst nach Belegen für die Darwinsche Lehre zu suchen" (1890, S. 2), denn ähnlich wie in der Evolution der Arten sei auch in der Musikgeschichte ein Prinzip der **natürlichen Selektion und Transmutation** am Werk. Diese Gesetzmäßigkeiten sorgen ihm zufolge dafür, dass Melodien über Länder- und Kulturgrenzen hinweg zirkulieren und sich dabei stetig weiterentwickeln, etwa indem sie – bewusst oder unbewusst – mit anderen Tonfolgen kombiniert oder in andere Tonarten transponiert werden. Auf diese Weise veränderte Melodien kämen häufig nach langer „Wanderung" wieder in ihre Heimaten zurück, wo sie dann nicht selten als exotische Kulturimporte wahrgenommen würden. Nicht nur die großen „Meister" hätten „unbedenklich sich angeeignet, was zu brauchen war", sondern auch und gerade die Volksweisen seien letztlich nur aus „Spänen und Schnitzeln zusammengefügt" (1890, S. 37–38).

Tappert richtet seinen Blick demnach nicht ausschließlich auf die westliche Kunstmusik, wie es die akademische Musikwissenschaft nach ihm bis in die zweite Hälfte des 20. Jahrhunderts hinein tun wird (vgl. Janz 2013), sondern zieht für seine **genealogischen Untersuchungen** auch zahlreiche Beispiele aus der Volkskultur heran. In diesem rudimentären Ansatz einer Intertextualitätstheorie *avant la lettre* lässt Tappert keinen Zweifel daran, dass das Volk „nur zu accomodiren [vermag], höchstens zu variieren; es schafft niemals, es wählt; es meisselt nicht aus tönenden Marmorblöcken seine Gebilde, – das ist einzig und allein des Künstlers Sache, – aber es setzt aus vorhandenen Stücken zusammen, was es braucht, kurz: es annectirt zunächst" (Tappert 1890, S. 38). Mit „Annectiren", „Accomodiren", „Variieren" und – hier eher marginal – dem einfachen „Citiren" (Tappert 1890, S. 48) sind bei Tappert demnach **vier inter-**

textuelle bzw. intermusikalische Verfahren benannt, deren Spezifika und Unterschiede jedoch im Vagen bleiben.

Mit der Kulturtechnik der **Phonographie** werden im späten 19. Jahrhundert erstmals „Klänge selbst und nicht nur Anweisungen zu ihrer Erzeugung speicherbar" (Großmann 2005, S. 308), was in der Folge nicht nur zur Ausdifferenzierung einer kommerziellen Massenmusikkultur führt, sondern auch zur gesteigerten Vergleichbarkeit musikalischer Artefakte und damit zu einer neuen Sensibilität für intertextuelle Verfahren in der Musik (s. Abschn. 3.4). Dennoch beharrt die dominante musikwissenschaftliche Diskussion bis weit ins 20. Jahrhundert hinein weiterhin auf der Vorstellung von der Essenz eines Werks als „einer im Notentext repräsentierten und kommunizierbaren Struktur" (Großmann 2005, S. 313), was zu einer weitreichenden Ignoranz gegenüber den materiellen und medialen Aspekten aufgezeichneter Musik führt.

Bis in die 1950er Jahre hinein entstehen einige meist kleinere Studien, die den Fokus zunehmend auf die Frage nach der **Intentionalität der Bezüge** verschieben. So untersucht etwa Hugh Arthur Scott (1927) verschiedene Formen der „indebtedness in music" und unterscheidet dabei vage zwischen Einflüssen, Plagiaten und Zitaten. Im deutschsprachigen Raum knüpft R. Hennig zwei Jahre später wieder explizit an Tappert an und veröffentlicht einen Aufsatz über „unbewusste Plagiate", in dem er bislang unbekannte Entlehnungen „aufdecken" möchte. Dabei bezieht er sich vor allem auf solche Fälle, die er für rätselhaft hält, da er sich die modalen Zusammenhänge nicht erklären kann: etwa die „taktelange Identität der Melodie zwischen dem alten, derben Volkslied vom Saubub und der dicken Viehmagd [...] und dem Gesang des jugendlichen Siegfried" in Wagners *Ring des Nibelungen* (Hennig 1929, S. 179).

Auffällig in diesen frühen Studien über Plagiate, Einflüsse und Zitate in der Kunstmusik ist – neben der eher aufzählenden als systematischen Natur – vor allem, dass sie nie die Frage nach **spezifisch musikalischen Charakteristika** der beschriebenen Verfahren stellen: Wie unterscheiden sich z. B. musikalische Zitate oder Entlehnungen von solchen in der Literatur oder der bildenden Kunst? Gibt es auch musikalische Referenzen, die über die in Notenschrift fassbaren Tonfolgen hinausgehen?

Einen Schritt weiter geht in dieser Hinsicht Theodor W. Adorno, der sich in seiner 1947 verfassten *Philosophie der Neuen Musik* einer selbstreflexiven Tendenz innerhalb der jüngeren Kunstmusik widmet, die er als „**Musik über Musik**" bezeichnet und bei Strawinsky verabsolutiert findet. Zwar gebe es zahlreiche frühere Vorläufer – etwa die Pastiches und Anspielungen bei Strauss oder die Händelimitationen bei Mozart –, doch erst mit dem frühen 20. Jahrhundert werde das Phänomen akut. Die einst unbegrenzt scheinenden **Möglichkeiten musikalischer Neuschöpfung** seien „im Schema der Tonalität fast zählbar: weitgehend definiert einerseits vom zerlegten Dreiklang, andererseits der diatonischen Sekundenfolge. Zur Zeit des Wiener Klassizismus, als die Formtotalität mehr galt denn der melodische ‚Einfall', hatte man an solcher Enge des Verfügbaren sich nicht gestoßen" (2003, S. 166–167). Mit der Genieästhetik des 19. Jahrhunderts sei jedoch die Originalität des musikalischen Einfalls zum Paradigma erhoben worden, was zu einer weitreichenden Ausschöpfung der begrenzten harmonisch-melodischen Kombinationsmöglichkeiten geführt habe. Die „Neue Musik" des 20. Jahrhunderts reagiere auf den „**Verlust des Glaubens an Originalität**" (Tischer 2009, S. 60) daher mit zwei entgegengesetzten Strategien: Einerseits mit der ostentativen und mitunter auch kritisch-reflexiven Ausstellung des Zitatcharakters von Neukompositionen (z. B. bei Strawinsky), andererseits mit der radikalen Verabschiedung des rigiden Korsetts der Tonalität (z. B. bei Schönberg).

Obwohl auch Adorno nicht zu einer Systematisierung intermusikalischer Bezüge beiträgt, ist sein Konzept der „Musik über Musik" in vielerlei Hinsicht relevant für eine Theorie der Intermusikalität: Erstens, weil hier im Bereich der Kunstmusik eine Diskussion antizipiert wird, die auch für die Auseinandersetzung mit der populären Musik des 21. Jahrhunderts wieder vehement geführt wird. Zweitens, weil hier zum ersten Mal **musikspezifische** und (im weitesten Sinne) ideologische **Bedingungen intermusikalischer Bezüge** benannt werden. Drittens, weil die Entlehnungen und Zitate hier nicht mehr einfach nur „aufgedeckt", sondern als Form einer zumindest potenziell kritischen Auseinandersetzung mit der Vergangenheit gedeutet werden.

Ab den späten 1950er Jahren lassen sich in der Musikwissenschaft mehrere Phasen des Theorieimports aus anderen Disziplinen beobachten, vor allem aus der Literaturwissenschaft, die einen **differenzierteren Zitatbegriff** anbot. Das musikalische Zitat wird in der Musiksemiotik nun abgegrenzt von anderen Formen der musikalischen Bezugnahme „wie dem Parodieverfahren, der Kontrafaktur, Variation, Transkription, der Phantasie über bestimmte Themen, der Paraphrase, dem Pasticcio, der Metamorphose und der Stilisierung" (Lissa 1966, S. 364). Außerdem wird jetzt unterschieden zwischen „wörtlichen" und transformierten Zitaten, Einzelwerk- oder Genrezitaten (Keppler 1956) und Zitaten von Tonfolgen und anderen musikalischen Strukturen wie etwa dem Rhythmus (Noé 1965). Außerdem werden die verschiedenen möglichen Funktionen von Zitaten (Lissa 1966; Noé 1963; Kneif 1973) systematisiert und die Voraussetzungen für deren „Funktionieren" untersucht, da der Hörer „das gegebene Fragment als Zitat erkennen kann, aber nicht muß" (Lissa 1966, S. 365).

Besonders dieser Umstand wird als Spezifikum des musikalischen Zitierens besprochen: Anders als in einem geschriebenen Text, der durch **Anführungszeichen und Quellennachweise** auch aus unbekannten anderen Texten zitieren und zugleich erkennbar auf diese verweisen kann, wird ein Zitat in der Musik nur dann als solches erkannt, wenn das „historische Antefactum" (Lissa 1966) den Hörer/innen auch bekannt ist (vgl. Karbusicky 1992). Darüber hinaus müsse die Funktion des musikalischen Zitats stets „hermeneutisch ermittelt werden" (Kneif 1973, S. 3), da seine Zeichenhaftigkeit nicht konventionalisiert sei. Dass freilich dasselbe analog auch für andere mediale Kontexte wie etwa die Malerei gilt, bleibt unerwähnt. Bemerkenswert erscheint zudem, dass es in dieser Debatte einerseits stets nur um **klangliche Zitate** geht – sprachliche oder textuelle Dimensionen, die ja auch in der Kunstmusik in Form etwa von Gesang häufig gegeben sind, bleiben weitgehend unberücksichtigt. Andererseits wird die prinzipielle Möglichkeit von

polyphoner Musik, auf verschiedenen Ebenen gleichzeitig auf verschiedene „historische Antefacta" zu verweisen, offenbar nicht thematisiert.

Die englischsprachige musiksemiotische Diskussion, die weitgehend unabhängig von der deutschsprachigen stattfindet, beschäftigt sich mit ähnlichen Fragen und sucht ebenfalls nach dem musikalischen Äquivalent der Anführungszeichen, geht dabei jedoch insgesamt stärker medienvergleichend vor, zieht also nicht ausschließlich die Literatur als Vergleichsfolie heran. Ein wichtiger Bezugspunkt ist hier seit den 1970er Jahren die bereits erwähnte **Symboltheorie Nelson Goodmans** (Goodman 1984, 1997; Howard 1974; Bicknell 2001), für die nicht die Ähnlichkeiten zwischen dem Zitieren in verschiedenen medialen Kontexten im Zentrum stehen, sondern vor allem die Unterschiede: Wichtige Unterscheidungen wie etwa die für Literatur und Bildende Kunst zentrale Differenz zwischen einer denotativen und einer konnotativen Dimension spielten in der Musik, wenn überhaupt, nur eine sehr „bescheidene Rolle" (Goodman 1997, S. 215). Zudem gebe es hier keine lexikalischen oder syntaktischen Konventionen des Verweisens (Howard 1974, S. 318).

Goodman beschreibt die Musik als eine **allographische** und vor allem „**zweiphasige Kunst**" (1997, S. 114), die in einem zeitlich-räumlichen Sinn doppelt existiert bzw. zweifach geschaffen werden muss: zunächst als in Notenschrift angeschriebene **Komposition** und dann als tatsächliche **Auf- bzw. Ausführungen.** Diese können sich zwar „beträchtlich in solchen musikalischen Merkmalen wie Tempo, Timbre, Phrasierung und Ausdruck unterscheiden" (1997, S. 116), bleiben aber dennoch in allen „relevanten Aspekten" einer exakten Umsetzung der Anweisungen der Partitur verpflichtet und stellen insofern lediglich Varianten des primären Werks dar. Im Gegensatz dazu sei die Literatur zwar ebenfalls allographisch (da jede exakte Kopie eines literarischen Textes genauso gut wie das Original sei), aber einphasig, während die Malerei autographisch (eine noch so genaue Kopie eines Werks bleibt dennoch eine Kopie) und einphasig sei, ein Druck oder eine Radierung dagegen zweiphasig und autographisch. So entsteht eine zweidimensionale Matrix, in der sich zwar die verschiedenen Künste verorten lassen, die sich jedoch immer noch als blind für deren jeweilige Materialitäten erweist (s. Abschn. 2.5.3), was sich insbesondere in Goodmans Ausführungen zum musikalischen Zitat zeigt: Diese beziehen sich ausschließlich auf die westliche Kunstmusik klassischer Tradition und erweisen sich als weitgehend unbrauchbar für eine Übertragung auf Musikstile, die z. B. auf Improvisation beruhen. Darüber hinaus ignorieren sie dezidiert auch all jene **materialbezogenen Verweisungsverfahren,** die durch die Phonographie möglich geworden sind und in den verschiedenen Avantgarde-Bewegungen der Hochmoderne künstlerisch erprobt wurden, bevor sie Eingang in die populäre Musikkultur fanden (s. Abschn. 3.4).

Dies ändert sich ab den 1980er Jahren – auch als Resultat der in der Musikwissenschaft mit einiger Verzögerung stattfindenden **Rezeption der Intertextualitätstheorie.** Eine der ersten ausführlicheren Auseinandersetzungen mit diesem Theorieimport findet sich bei Vladimir Karbusicky (1983), der das Konzept gleich explizit in Richtung einer Intermedialität öffnet: „Was wir den ‚intermedialen Transfer' nennen, sind komplizierte Prozesse, in denen

2.1 Intertextualität in anderen Medien

Bedeutungen teils übernommen, teils umgedeutet und umfunktioniert, teils aus neuen Situationen generiert werden." Jeder solche **intermediale Transfer** mache „aber auch die gattungsbedingten Grenzen deutlich" (1983, S. 387) und schaffe dabei „etwas Neues, Spezifisches" (ebd., S. 361). Anhand von verschiedenen detaillierten Beispielanalysen führt er so vor, dass musikalische Intertextualität in gewisser Hinsicht immer schon intermedial ist. Zentral ist dabei für Karbusickys Analyse nicht mehr, was der/die Komponist/in intendiert hat, sondern die „rezeptive Intertextualität", also der Bedeutungskosmos, der sich erst beim Hören aktualisiere. Auch wenn der explizite Bezug auf entsprechende poststrukturalistische Theorieangebote eher marginal ausfällt, fühlt Karbusicky sich offensichtlich einem weiten Verständnis von Intertextualität verpflichtet und versteht den methodischen Ansatz dezidiert auch als **Instrument zur Analyse** von politischen und ideologischen Rahmenbedingungen der Künste.

Diese Perspektive wird – ähnlich wie in der Literaturwissenschaft – auch in der Musikwissenschaft in den folgenden Jahren zunehmend als problematisch empfunden und zugunsten einer systematischeren Betrachtung verschiedener intertextueller Verfahren aufgegeben. J. Peter Burkholder (1994, S. 862) etwa kritisiert am Import des Intertextualitätskonzepts, dass es einerseits quantitativ zu breit sei, da es alle möglichen Formen der Bezugnahme unter einem terminologischen Dach versammle, und andererseits, dass es **keinerlei qualitative Kriterien** zur Beurteilung von Phänomenen anbiete, obwohl es für die Musikwissenschaft doch wichtig sei zu wissen, welches Werk originär und welches derivativ ist. Auch für Ludwig Finscher (2003, S. 102) kann es nicht darum gehen, „den musikwissenschaftlichen Werkbegriff zu Grabe zu tragen. Wohl aber kann sich gerade in einer historiographischen Situation, in der die Kategorie ‚Werk' so dominiert wie bei uns, der Blick dafür schärfen, daß Intertextualität als korrelierende und korrigierende Kategorie nützlich sein kann, wenn sie systematisch entwickelt [...] wird." Die bei Karbusicky bereits explizierte **Dimension der Intermedialität** rückt so zunächst wieder in den Hintergrund und einige in der Folge erscheinende Studien betreiben die längst etablierte Form der Einflussforschung nun einfach unter dem modischeren Etikett einer Intertextualitätsanalyse. Dennoch verhilft der Theorieimport wie von Finscher erhofft mittelfristig zu einem **veränderten Selbstverständnis der Disziplin,** die sich zunehmend auch den bislang marginalisierten Formen von Musik widmet und ihren absoluten Werkbegriff zumindest relativiert (vgl. Beard und Gloag 2005, S. 72).

Eine Reaktion sowohl auf die gescheiterten Versuche der Systematisierung musikalischer Zitierpraktiken (vgl. Tischer 2009, S. 59) als auch auf die Probleme bei der Adaption des weitgefassten Intertextualitätsbegriffs stellen die jüngeren Versuche dar, alternativ einen Begriff der **Intermusikalität bzw. Intermusicality** zu konturieren. Im deutschsprachigen Raum tritt dieser Terminus seit den frühen 1990er Jahren vereinzelt auf und bezeichnet eher vage musikalische Formen der Intertextualität, meist aus der Perspektive anderer kulturwissenschaftlicher Disziplinen. Im englischsprachigen Raum dagegen wird er spezifischer verwendet und steht für eine revidierte Fassung des Intertextualitätskonzepts, das sich statt auf Julia Kristeva direkt auf Michail Bachtin beruft (für an Bachtin orientierte Intertextualitätskonzepte in der Musik vgl. auch Korsyn 1991; Klein 2005). Neben dem Konzept der Dialogizität der Sprache erweist sich dabei vor allem dessen Begriff der Heteroglossie (s. Abschn. 1.2) als fruchtbar für die Analyse musikalischer Werke.

Ingrid Monson prägte in diesem Sinne den Begriff der ‚Intermusicality' 1996 in einer einflussreichen Studie über **amerikanischen Jazz** – also einer Form von Musik, die auf Improvisation, Spontaneität und Interaktion basiert. Die Partitur, die gleichsam unabhängig von ihren tatsächlichen Aufführungen studiert werden könnte, tritt zurück hinter den Dialog der Musiker/innen, das Resultat ist kein sorgsam in Hinblick auf den Gesamtklang komponiertes und von einer autoritativen Instanz gelenktes Ensemble, sondern ein spannungsgeladener Austausch verschiedener Stimmen, von denen mal die eine, mal die andere in den Vordergrund tritt. Auf diese Weise, so Monson, spiegele die Musik die Stimmenvielfalt afroamerikanischer Identität wider (1996, S. 100). Doch auch Jazz ist in umgekehrter Art eine „zweiphasige Kunst", denn hier geht **die performative Session** der Aufnahme voraus, die erst den Textcharakter der Musik und damit gleichsam deren Gedächtnis konstituiert (ebd., S. 126). Die Verwendung des Begriffs der Intermusikalität beschränkt sie in diesem Kontext auf die tatsächlich hörbaren Beziehungen, während sie den weiteren Begriff der Intertextualität für solche Formen der Referenzialität reserviert, die rein sprachlich bzw. textuell funktionieren oder nur durch das Studium einer Partitur erschlossen werden können. Intermusikalität geht für sie deshalb auch weit über die Dimensionen der Harmonie, des Rhythmus und der Melodie hinaus und betrifft den **Sound oder Klang** im weiteren Sinn (s. Abschn. 3.4); der Begriff umfasst daher auch von den Musiker/innen intendierte Anspielungen genauso wie erst beim Hören entstehende individuelle Assoziationen. Ähnlich hatte auch Karbusicky bereits festgestellt: „Während in der Sprache das Zitat einer einzigen Silbe kaum einen Sinn gibt, ist der Klang allein in der Musik schon zitationsfähig" (1992, S. 63).

2.1.3 Interfilmizität

Wie bereits ausgeführt (s. Abschn. 2.1) ist **‚der' Film** keineswegs selbstverständlich als *ein* Medium aufzufassen, sondern differenziert sich bei näherem Hinsehen in vielerlei Hinsicht aus: in eine Reihe von technischen Entwicklungsstadien, von denen die Übergänge vom Stumm- zum Tonfilm, vom Schwarzweiß- zum Farbfilm und vom analogen zum digitalen Film nur die wichtigsten sind, welche zugleich die dominante Erscheinungsform des Films nachhaltig verändert haben; in unterschiedliche Ausprägungen wie Real- und Animationsfilm, fiktionaler und dokumentarischer Film, abendfüllender (Spiel-)Film und Kurzfilm; in Filme, die auf Jahrmärkten und in Cafés gezeigt wurden, Filme, die für Kinos produziert wurden, Filme, die zusätzlich oder ausschließlich im Fernsehen, auf Videokassette, DVD oder im Internet zu sehen sind; und schließlich, selbst wenn man nur auf den Spielfilm schaut, in unterschiedlichste Stile, die persönlich, national-

2.1 Intertextualität in anderen Medien

kulturell, durch eine (film-)historische Epoche, eine filmkünstlerische Gruppe oder ein Genre geprägt sein können.

Dennoch gibt es durchaus ein spezifisches Interesse, ‚den' Film oder eine bestimmte Art von Film als Einheit zu begreifen oder erscheinen zu lassen, etwa um ihn als eine (neue) Kunstform zu etablieren oder zu behaupten. Dafür spielt das **Verweisen zwischen Filmen** eine wesentliche Rolle, denn es schafft Kohärenz, trägt zur Formierung eines eigenen Universums der Bezüglichkeiten bei, erinnert an historische Wegmarken, kreiert und bestätigt Vorbilder und trägt zur Selbstreflexion ‚des' Mediums bzw. ‚der' Kunstform Film bei.

Die Möglichkeiten, wie sich ein Film auf einen anderen Film beziehen kann, sind dabei so vielfältig wie die **Zeichensysteme,** die der Film nutzt: Ein Filmbild kann sich auf ein anderes Filmbild beziehen, Filmmusik auf Filmmusik, eine Dialogpassage auf eine andere Dialogpassage, aber auch Figurennamen, Titel, Orte, Requisiten usw. auf das Entsprechende in anderen Filmen. Neben solchen eher punktuellen Wiederaufnahmen von Elementen können aber auch Handlungsverläufe, die Gestaltung ganzer Szenen oder die Montage mehrerer Einstellungen aufgegriffen werden.

Ähnlich vielfältig können die **Funktionen von Bezügen** sein: von nicht oder kaum vorhanden wie bei Remakes im ursprünglichen Sinne als erneute Produktion eines Filmes aus wirtschaftlichen Gründen, wobei etwa nur eine Anpassung an einen veränderten technischen Stand, Epochenstil oder eine andere Nationalkultur vorgenommen wird und gar nicht intendiert ist, dass der Bezug zwischen Remake und Original von den Zuschauer/innen bemerkt wird; über die Hommage als Bezeugen von Verehrung für ein berühmtes Vorbild; bis hin zur kritischen Abgrenzung, aggressiven Destruktion oder komischen Persiflage.

Diese Vielfalt erinnert an die Vielfalt der Bezugsmöglichkeiten zwischen (literarischen) Texten, und in der Tat hat der Film Referenzformen ausgebildet, die an solche der Literatur erinnern. So gibt es **Cento-Filme** wie DEAD MEN DON'T WEAR PLAID (1982, R.: Carl Reiner), die zu einem großen Teil aus einkopierten Ausschnitten anderer Filme bestehen. Doch kann man an diesem Beispiel auch die Unterschiede zwischen literarischer Intertextualität und Interfilmizität aufzeigen. Was in der Literatur ganz zwanglos möglich ist, nämlich das wörtliche Zitieren eines anderen Textes, dazu gibt es im Film keine Entsprechung. Am nächsten kommt ihm das Einkopieren eines Filmausschnitts, was aber nicht als Normalfall der Bezugnahme, sondern als Ausnahme erscheint. Die Unterschiede im Filmmaterial, der Belichtung, der Technik oder des Stils, die dabei zu Tage treten, können überspielt werden, etwa indem wie im genannten Beispiel eine stilistisch angepasste und die Ausschnitte verbindende Rahmenhandlung konstruiert wird, oder sie können durch eine die Unterschiede betonende ‚harte' Montage ausgestellt werden. Dies geschieht häufig in **Found Footage-Filmen,** die in experimenteller Weise Filmschnipsel unterschiedlicher Provenienz zusammenfügen, was sich mit zusätzlichen Verfahren der Bearbeitung verbinden und ins Intermediale steigern lässt (s. Abschn. 6.2).

Das Einkopieren bzw. digitale Einfügen von Filmausschnitten ist jedoch nicht die einzige Möglichkeit, die mit dem wörtlichen Zitieren in Texten verglichen werden kann. Eine andere ist das Zeigen eines Filmausschnitts innerhalb der diegetischen Welt, also etwa im Kinosaal oder auf einem Fernsehbildschirm. Ein Verweis auf einen anderen Film innerhalb der Diegese, der eher mit der Anspielung vergleichbar ist, wäre das Zeigen seines Titels auf der Werbetafel eines Kinos oder dessen Nennung im Figurendialog, oder auch umgekehrt die Verwendung eines Dialogzitats im Titel eines Films. Derartige **Bezüge durch Zitate oder Anspielungen** sind häufig stark funktionalisiert. So möchte in SULLIVAN'S TRAVELS (1941, R.: Preston Sturges) ein Filmregisseur einen Film über die Auswirkungen der *Great Depression* mit dem Titel *O Brother, Where Art Thou?* machen. Als er sich dazu in Verkleidung unter die Ärmsten der Armen mischt und im Laufe der Handlung in ein Straflager gerät, sieht er mit seinen Mitgefangenen den Disney-Film PLAYFUL PLUTO (1934, R.: Burt Gillett). Die Beobachtung des beim Publikum einsetzenden *comic relief* führt ihn zu der Überzeugung, dass eine Komödie die bessere Antwort auf Armut ist als Sozialrealismus. Der Film O BROTHER, WHERE ART THOU? (2000, R.: Joel und Ethan Coen) wiederum greift nicht nur den Titel des ungedrehten Films im Film auf, sondern spielt auch in der Depressionszeit und ist eine Komödie. In beiden Fällen dient der Bezug also der Selbstpositionierung im Hinblick auf die Möglichkeiten der filmischen Gestaltung eines bestimmten Sujets.

Andere begrenzte Formen der Interfilmizität bilden die Nachgestaltung von Settings, Einstellungen, Szenen oder ganzen Montagesequenzen. Damit Zuschauer/innen derartige Bezüge als solche auffassen können, müssen die Vorlagen einen hohen Bekanntheitsgrad haben. Zu den meistzitierten Szenen der Filmgeschichte gehört etwa die berühmte Treppenszene aus BRONENOSSEZ POTJOMKIN/PANZERKREUZER POTEMKIN (1925, R.: Sergei Eisenstein). Bei ihrer Wiederaufnahme in THE UNTOUCHABLES (1987, R.: Brian De Palma) wird vieles bis in einzelne Schnittfolgen hinein übernommen, das Setting ist hingegen völlig verändert: vom Matrosenaufstand in Odessa zum Kampf gegen die Mafia in Chicago. Zu Beginn der Sequenz laufen jedoch zwei Matrosen durchs Bild, was als Anspielung auf das ursprüngliche Setting verstanden werden kann.

Umfassende Formen der Interfilmizität entsprechen teilweise ebenfalls literarischen Vorprägungen wie der Parodie, andererseits gibt es spezifisch filmische Formen wie das Remake. **Parodien** können sich, wie im literarischen Kontext auch, auf berühmte Klassiker beziehen wie HIGH ANXIETY (1977, R.: Mel Brooks) auf eine Reihe von Hitchcock-Filmen, oder sie treten in einer späteren Phase einer Reihe von Gestaltungen des gleichen beliebten Stoffes auf wie ROBIN HOOD: MEN IN TIGHTS (1993, R.: Mel Brooks), oder sie parodieren ein populäres Genre zumeist ebenfalls nach seinem historischen Höhepunkt wie die Western-Parodie BLAZING SADDLES (1974, R.: Mel Brooks). Anhand des auf die Parodie festgelegten Regisseurs aller drei Filme lässt sich zeigen, dass Filme, die sich auf das Parodieren berühmter Vorlagen beschränken, zumeist in ihren ästhetischen Möglichkeiten und ihrem künstlerischen Anspruch reduziert sind. Die Werk-

2.1 Intertextualität in anderen Medien

geschichte von Woody Allen hingegen führt von einlinigen Genreparodien wie TAKE THE MONEY AND RUN (1969) oder BANANAS (1971) zu immer komplexeren Filmen, von denen die meisten sich aber die hochgradige interfilmische Bezüglichkeit und die parodistischen Züge bewahren.

Remakes entstanden als ökonomisch motiviertes Verfahren, um einen einmal erworbenen Stoff bzw. ein Drehbuch nochmals verwerten zu können, und nutzten den Umstand aus, dass die meisten Rezipient/innen gerade nicht in der Lage waren, Original und Remake zu vergleichen oder auch nur aufeinander zu beziehen, weil für sie nur die gerade im Kino gezeigten Filme verfügbar waren und Rückbezüge allenfalls über die persönliche Erinnerung an ein meist einmaliges Seherlebnis realisierbar waren. Solche frühen Remakes teilen also in ihrem Entstehungszusammenhang mit dem Plagiat die **weitgehende Entsprechung zum Original** sowie die fehlende Intention eines funktionalisierten Bezugs, waren aber in der Regel legale Produktionen. Durch die Sekundärausstrahlung von Kinofilmen im Fernsehen, filmhistorische Reihen im Kino, die Verbreitung von Filmen auf Video, DVD und schließlich im Internet steigern sich im historischen Verlauf die Möglichkeiten, Remake und Original zueinander in Beziehung zu setzen, und dies schlägt wiederum auf die Gestaltung von Remakes durch. Diese haben immer häufiger **transformativen Charakter,** heben sich also von der Vorlage ab, indem sie Handlungsverläufe oder Figurenzeichnung ändern, moralische Wertungen in Frage stellen oder sich stilistisch deutlich absetzen. Martin Scorseses Remake von CAPE FEAR (1991) transformiert das Original (1962, R.: J. Lee Thompson) nicht nur von Schwarz-weiß in Farbe und ist wesentlich expliziter in der Darstellung von Gewalt, sondern perspektiviert das Geschehen auch neu und verweist in stark markierter Weise auf die Vorlage, indem dessen zwei Hauptdarsteller in Nebenrollen eingesetzt werden. Demgegenüber erscheint ein streng originaltreues Remake wie Gus van Sants PSYCHO (1998) mittlerweile als erklärungsbedürftige Ausnahme, jedenfalls wenn sie sich nicht durch die Übertragung in eine andere Nationalkultur rechtfertigen lässt.

Haben Parodie und Remake als zunächst recht klar bestimmbare umfassende Formen von Interfilmizität also in der historischen Entwicklung die Tendenz zu **zunehmender Komplexität** in der Art und Weise ihres Bezugs auf das Original, so ist dies umso mehr bei Filmen gerade der letzten Jahrzehnte der Fall, die sich nicht auf ein derartiges Grundschema reduzieren lassen. L'APPARTEMENT (1996, R.: Gilles Mimouni) hat eine ohnehin schon recht verwirrende Handlung: Ein Mann (Max), der demnächst heiraten will, glaubt die Frau (Lisa) wiederzusehen, in die er verliebt war und die auf unerklärliche Weise verschwunden ist. Durch einen Schlüssel, den die Frau verloren hat, kommt er in eine leere Wohnung, wo er einen Hinweis auf eine Beerdigung findet, die ihn zu dem Witwer Daniel führt, über welchen er wiederum an einen weiteren Schlüssel kommt und in die Wohnung von Alice gelangt, die sich allerdings Lisa nennt. Er verhindert ihren Selbstmord und zwischen den beiden beginnt eine Liebesbeziehung. Es stellt sich heraus, dass

Alice Lisa vor Max kannte, sich damals schon in Max verliebte und den Brief von Lisa an Max unterschlug, der ihre Abwesenheit erklärt hätte. Lisa wird von ihrem eifersüchtigen Liebhaber Daniel getötet, der zuvor wegen ihr schon seine Frau umgebracht hat. Alice und Max scheinen ein Paar zu werden, doch Alice entzieht sich und Max trifft seine Verlobte wieder.

Dieses hier sehr gerafft und nur ausschnitthaft wiedergegebene Auf und Ab der Gefühle wäre durchaus komplex genug, wenn nicht auch noch Bezüge zu zwei dominanten filmischen Vorbildern (neben anderen wie etwa REAR WINDOW, 1954, R.: Alfred Hitchcock) hinzukämen. Das eine wird schon durch das Titelzitat aufgerufen: Billy Wilders THE APARTMENT (1960) ist eine Komödie, in deren Zentrum eine Wohnung steht, deren Schlüssel zirkuliert und die von verschiedenen Personen für außereheliche Abenteuer genutzt wird, was zu Verwechslungen und falschen Zuschreibungen führt. Der Protagonist verhindert den Selbstmord der Protagonistin und die beiden werden am Ende auf recht unsentimentale Weise ein Paar. Das andere, Hitchcocks VERTIGO (1958), bietet die düstere Variante des Identitätswechsels. Die Hauptfigur hilft einem Mann gegen Bezahlung, seine Frau umzubringen, indem sie deren Identität annimmt und dem männlichen Protagonisten einen Selbstmord vorspielt (nachdem sie sich zuvor von ihm bereits am Selbstmord hat hindern lassen). Als dieser sie wiedertrifft, hält er sie für die Reinkarnation einer Toten, was in einer berühmten Szene in einem nur von außen durch das Fenster beleuchteten Zimmer gipfelt, auf die in L'APPARTEMENT angespielt wird. Dessen **verzweigtes Geflecht interfilmischer Bezüge** kombiniert die teilweise identischen Themen und Motive der beiden Vorlagen (Identitätstäuschung, Selbstmord usw.) und entfaltet dadurch umso wirkungsvoller sein Thema, nämlich die Problematisierung des romantischen Konzepts von Liebe.

Als Gloria Withalm 1992 einen immer noch lesenswerten Überblick über „Methoden des Verweisens im Film" veröffentlichte, in dem sie sich auf Verweise auf andere Filme beschränkte, konnte sie zwar feststellen, dass solche Verweise seit der Frühzeit des Mediums zu finden sind und in einer unüberschaubaren Fülle von unterschiedlichsten Varianten vorliegen, musste aber auch konstatieren: „Weiters habe ich für den Bereich Film – im Gegensatz zu Fragen von Zitat, Intertextualität oder Metakommunikation im Zusammenhang mit literarischen Texten – kaum fundierte Arbeiten oder gar eine ausformulierte Theorie gefunden" (Withalm 1992, S. 201). Sie verweist allerdings in einer Fußnote auf einige im Entstehen befindliche Werke, und seither sind eine ganze **Reihe von einschlägigen Forschungsbeiträgen** erschienen, nicht zuletzt die umfassende Studie von Iampolski, auf Russisch bereits 1993 verfasst und 1998 in englischer Übersetzung publiziert, die Intertextualität im Film, also Interfilmizität, als Gegenbewegung zum mimetischen Charakter des Films deutet, welche die filmischen Zeichen mit einer kulturhistorischen Bedeutung neben ihrer vordergründig ikonischen auflädt. Seit Robert Stams ursprünglich 1985 erschienener Arbeit (1992) über Reflexivität im Film sind dazu bzw. zum autothematischen Film eine Fülle von Beiträgen erschienen, die sich zumeist mehr oder weniger intensiv auch mit interfilmischen Verweisen beschäftigen. Auch zu speziellen Formen wie dem

2.1 Intertextualität in anderen Medien

Remake gibt es seit Manderbach (1988) und Hennebelle (1989) mittlerweile eine reiche Forschungsliteratur (Horton und McDougal 1998; Forrest und Koos 2002). Dass die Forschung seit den 1980er Jahren so stark zugenommen hat, spiegelt die Zunahme der Bedeutung von Interfilmizität auf der Phänomenebene, die wiederum der durch technischen Wandel stark erhöhten Verfügbarkeit von Filmen geschuldet ist. Damit geht jedoch auch ein gesteigertes Bewusstsein von der **Historizität des Mediums** einher, die mit seiner Materialität bzw. genauer gesagt den materiellen und technischen Bedingungen seiner Phänomenalität und damit seiner Medialität eng verbunden ist. Wie im Zusammenhang der Musik (s. Abschn. 2.1.2) zeigen sich auch hier die Beschränkungen von Goodmans (1997, S. 112–115) Unterscheidungen zwischen autographischen und allographischen bzw. einphasigen und zweiphasigen Künsten. Einerseits könnte man den Film als allographisch und zweiphasig auffassen, da ein Drehbuch wie die Aufführung einer Partitur unterschiedlich realisiert werden kann, was sich an Remakes deutlich zeigt. Außerdem ist jede Kopie eines Films im Wesentlichen mit allen anderen identisch. Andererseits hat sich im Zusammenhang mit der Betrachtung von Filmzitaten als einkopierten Ausschnitten gezeigt, dass deren technisch bedingte Phänomenalität sehr wohl eine Rolle spielt, was nicht nur produktionstechnische Aspekte einschließt, sondern auch Alterungsspuren wie Verfärbungen, Kratzer usw. In dieser Hinsicht ist jede Kopie ein Unikat, jedenfalls wenn es sich um eine analoge Kopie handelt, und der Film wäre als autographische Kunst auf zwei Ebenen aufzufassen: zum einen durch die spezifische Umsetzung eines Drehbuchs und zum anderen durch die individuellen Objekteigenschaften einer analogen Filmkopie, und beide Ebenen könnten grundsätzlich zum Gegenstand von Verweisen werden. Außerdem basiert nicht jeder Film auf einem Drehbuch oder überhaupt einer schriftlichen Vorlage, so dass sowohl Ein- als auch Zweiphasigkeit gegeben sein können.

Interfilmizität setzt zunehmend an der **Medialität des Films** in ihrer ganzen Bandbreite an. So hatten frühere Remakes von KING KONG (1933, R.: Merian C. Cooper/Ernest B. Schoedsack) die Geschichte des Originals aktualisiert und teilweise fortgeschrieben, also das Setting der jeweiligen Gegenwart angepasst. Peter Jacksons Version von 2005 hingegen rekonstruiert digital das Setting des Originals und produziert dabei einen historischen Hyperrealismus, der selbst den Müll in den Straßen New Yorks authentisch erscheinen lässt. Filme wie THE ARTIST (2011, R.: Michel Hazanavicius) oder LA LA LAND (2016, R.: Damien Chazelle) beziehen sich auf die Ära des Stummfilms bzw. des klassischen amerikanischen Filmmusicals nicht nur durch den im jeweiligen Kontext angesiedelten Plot, sondern auch durch die Imitation stilistischer Eigentümlichkeiten und technischer Charakteristika. Die Thematisierung der vielfältigen Probleme künstlerischen Schaffens auf der Handlungsebene kontrastiert mit der perfektionierten, konzentrierten und nicht gealterten Version eines Films mit den Charakteristika eines Stummfilms bzw. eines klassischen Filmmusicals, die zwischen Hommage und Parodie oszilliert.

2.2 Intermedialität als Intertextualität zwischen Medien-Texten

Verschiedene Wege führen zur Intermedialität. Zu Fragestellungen, die die Beziehungen zwischen Medien oder deren Verhältnis zueinander betreffen, gelangt man über eine lange Geschichte, die von antiken Formulierungen eines Wettstreits oder zumindest einer Hierarchie der Künste ihren Ausgang nimmt (vgl. Robert 2014; s. Abschn. 3.1); oder auf dem ‚kurzen Dienstweg' einer Erweiterung oder Verschiebung des Konzepts der (Inter-)Textualität, die auch Medien-Texte jenseits des (gedruckten) Wortes einbezieht (vgl. Berndt und Tonger-Erk 2013). Diese letztere Genealogie der kurzen Dauer ist nicht nur begriffslogisch am plausibelsten (schließlich trägt auch Roberts Darstellung den Titel *Einführung in die Intermedialität* und nicht etwa in die ‚Paragonalität'), sie erlaubt auch den einfachsten Übergang in das Feld der Intermedialität, da sie lediglich eine minimale Reformulierung der erkenntnisleitenden Fragen der Intertextualitätstheorie verlangt: Was passiert, wenn der Bezugstext einer intertextuellen Relation hetero- oder alter-medial verfasst ist? Dass dabei zumeist (oder zunächst) in beiden Theoriegeschichten vom **Verhältnis zwischen Literatur und ihrem medialen Anderen** die Rede ist (vornehmlich der Malerei bzw. der Ekphrasis im ersten Fall; vornehmlich dem Film bzw. den filmischen Schreibweisen im zweiten), zeugt freilich von deren Gemeinsamkeiten jenseits der terminologischen Hegemonie des ‚Inter-'.

Eine Auffassung von Intermedialität als Intertextualität zwischen den Medien hat sich jedenfalls, wie Robert (2014, S. 71) bemerkt, „bis in die neuesten Handbücher *beider* Teilfelder durchgesetzt". Allerdings ist die Intertextualitätsdebatte selbst kein monolithischer Block, sondern es lassen sich zwei große Stränge der Theoriebildung unterscheiden. Der eine, eng mit dem Namen Genettes verbunden, richtet sein Augenmerk auf konkrete Bezugnahmen zwischen Texten (s. Abschn. 1.1); der andere, mit Kristeva als ‚Begriffsperson' (vgl. Deleuze und Guattari 2000, S. 70–96), betont die allgemeine (Inter-)Textualität von Kultur (s. Abschn. 1.2). Entsprechend haben sich dann auch in der Intermedialitätsforschung zwei Diskursstränge mit unterschiedlichen Schwerpunkten herausgebildet. Der eine kreist um „intermediale Bezüge" (so die Überschrift des Hauptkapitels von Rajewsky 2002, S. 78–180) und deren systematisch-klassifikatorische Durchdringung. Intermedialität gilt ihm als Intertextualität zwischen Medientexten. Der andere widmet sich der intermedialen Grundierung von Kultur aus einer Perspektive, die „auf die *historische* Entwicklung der Medien zielt" (Müller 2008, S. 34). Intermedialität gilt ihm als Erkundung der Zwischenräume der Medien (s. Abschn. 2.3).

Beiden Ansätzen geht es um die **Überschreitung von Mediengrenzen,** was die als Intertextualität *in* anderen Medien diskutierten Phänomene (s. Abschn. 2.1), sofern sie als *intra*medial begreifbar sind, für beide als Untersuchungsgegenstand wenig attraktiv macht. ‚Inter-medial', zwischen den Medien, bedeutet beiden jedoch jeweils etwas anderes: während einmal „konventionell als distinkt

2.2 Intermedialität als Intertextualität zwischen Medien-Texten

angesehene[] Kommunikationsdispositiv[e]" (Wolf 2002, S. 164) involviert sind, also Medien, zwischen denen eine etablierte Grenze besteht, die ihre intermediale Überschreitung unbeschadet übersteht, geht es andererseits um Mediengrenzen, die allererst gezogen oder neuerlich durchbrochen werden wollen, also um die sich zwischen zwei Medien ereignenden „Brüche, Lücken und Intervalle oder Zwischenräume, [...] in denen ihr mediales Differenzial figuriert" (Paech 1998, S. 25). Leschke (2003) nennt diese Prozesse der Be- und Entgrenzung **‚primäre'** **und ‚sekundäre' Intermedialität.** Im ersten Fall werden mediale Differenzen zwischen einem jeweils neuen Medium und bereits bestehenden Medien „auf dem Wege einer intermedialen Reflexion verhandelt" (Leschke 2003, S. 35); im zweiten Fall geht es „nicht mehr um Differenzen und die unterschiedliche Bedeutsamkeit von Medien, sondern um das Gegenteil, um Indifferenz und Interferenzen, also einen Ort zwischen den Medien" (Leschke 2003, S. 309).

Aus der unterschiedlichen Konzeptualisierung medialer Überschreitung in beiden Ansätzen resultieren dann unterschiedliche **Auffassungen des Präfixes ‚inter-':** einerseits eine **Relation zwischen Medien**, die vom einen zum anderen Medium verläuft, in der das eine Medium in das andere hineingetragen oder aus ihm herausgelesen werden kann; andererseits ein **Ort zwischen Medien,** der weder dem einen noch dem anderen Medium zugehört, ein mediales Dazwischen. Mithin handelt es sich um einen operationalisierten Intermedialitätsbegriff auf der einen Seite („Mediengrenzen überschreitende Phänomene, die mindestens zwei konventionell als distinkt wahrgenommene Medien involvieren", Rajewsky 2002, S. 13), auf der anderen um ein emphatisches Intermedialitätskonzept, das nur solche Phänomene als intermedial anerkennt, die „den Formwandel selbst als Inhalt des Medienwechsels in einem Transformationsverfahren anschaulich [machen]" (Paech 1998, S. 15).

Die Differenz beider Betrachtungsweisen lässt sich etwa am **Beispiel der Literaturverfilmung** veranschaulichen. Dabei handelt es sich um das (inter-) mediale Pendant dessen, was Genette (1993, S. 18) als intertextuelle Transformation (im Unterschied zur Imitation) bezeichnet hat: „dasselbe anders sagen" (Genette 1993, S. 17). Wobei ‚anders' eben in diesem Falle bedeutet ‚mit den einem anderen Medium eigenen Mitteln' – dem Film.

Dem systematischen Ansatz gilt die Literaturverfilmung als herausragendes Beispiel ‚extrakompositionaler' Intermedialität (Wolf 2005, S. 253) bzw. des ‚Medienwechsels' (Rajewsky 2002, S. 19) im Unterschied zur ‚harten' (Wirth 2005, S. 119), ‚intrakompositionalen' (Wolf 2005, S. 253) Intermedialität der ‚Medienkombination' (Rajewsky 2002, S. 19), die „die Kopplung verschieden konfigurierter Zeichenverbundsysteme" in „medialen Hybridisierungen" (Wirth 2005, S. 118) betrifft, wie sie sich in literarischen Formationen wie dem illustrierten Roman des 19. Jahrhunderts (Wagner 2015) realisiert. Im Unterschied dazu kommt im Falle der Literaturverfilmung **der Film *nach* dem Roman.** Es handelt sich um die „Transformation eines medienspezifisch fixierten Produkts [...] in ein anderes [...] Medium" (Rajewsky 2002, S. 19). Zudem bleibt in dieser ersten Sichtweise die Literaturverfilmung medial ganz bei sich und ist eben vor allem eines – Film (und nicht Roman): „nur letzteres [Medium] ist materiell präsent" (Rajewsky 2002, S. 19).

Untersuchungen in dieser Tradition sind vor allem Übungen in **Medienkomparatistik** (vgl. Gotto und Simonis 2019). Im Mittelpunkt steht die vergleichende Ausarbeitung medialer Differenzen wie zum Beispiel diejenige von literarischer Beschreibung und filmischer ‚Beschreibung' (Poppe 2007, S. 35–53, 70–84) – und nicht etwa die beispielsweise narrativen Gemeinsamkeiten (s. Abschn. 3.2), die es sehr wohl möglich machen, von filmischem Erzählen ganz ohne Anführungszeichen zu sprechen. Jedenfalls bleiben solche Studien einer Logik der Gegenüberstellung und des Nacheinanders verpflichtet. Literaturverfilmungen können sich dann ihrer Vorlage nur mehr oder weniger annähern (vgl. Poppe 2007, S. 91–95, wo „fünf verschiedene Transformationstypen" unterschieden werden), doch stets bleibt der Roman ihr medial Vorgängiges und Anderes.

Ganz anders im Rahmen des zweiten Ansatzes, dem nicht jede Literaturverfilmung schon definitionsgemäß als intermedial gilt. **Intermediale Ereignisse** sind ihm nur solche Beispiele, die den Vorgang der Verfilmung selbst in Szene setzen, wobei es nicht nur zu einem Mit- und Ineinander von literarischem Text und ‚seiner' Verfilmung kommen kann, sondern auch zu einer Verunsicherung hinsichtlich der materiellen Präsenz nur des einen Mediums. In **Marguerite Duras' LE CAMION (1977)** etwa liest eine Schriftstellerin (Duras selbst) zusammen mit einem Schauspieler (Gérard Depardieu) das Drehbuch für ihren nächsten Film (vgl. Krauthausen 2017). Man sieht die beiden die längste Zeit mit dem Skript in der Hand lesend in einem Raum sitzen, den das Buch (*Le Camion,* ebenfalls 1977, mehr oder weniger gleichzeitig mit dem Film, erschienen und doch im Film schon als Text vorhanden) als „Dunkelkammer oder Lesezimmer" ausweist. Von Zeit zu Zeit werden ihre Stimmen zum Voice-Over von Sequenzen, die einen Lastwagen bei der Durchquerung verschiedener Landschaften zeigen und die als Umsetzung (Verfilmung) des gelesenen Textes erscheinen. Mithin ist es das Sprechen über einen möglichen (zukünftigen) Film, das nicht nur diesen (als Film im Film) hervorbringt, sondern zugleich auch den Film, den die Zuschauer/innen im Kino zu sehen bekamen (Duras' LE CAMION). Das Ganze läuft darauf hinaus, dass sich Literatur *im Film* als optisches Medium, das Bilder eines Films zu erzeugen vermag, behauptet (Krauthausen 2017, S. 274). Darüber hinaus ist in Duras' Film der literarische Text, der als Vorlage für und Begleitbuch zu diesem Film dient, durchaus wortwörtlich (und Wort für Wort) ‚präsent': Er wird verlesen. Dieser Film ist nicht einfach ein Film, sondern zugleich (auf seiner Tonspur) ein Hörbuch, das von den Filmbildern gewissermaßen illustriert wird (die Szene im Lesezimmer). Er ist ein emphatisches Beispiel einer Intermedialität, die den klassifikatorischen Impuls der operationalisierten Intermedialitätsforschung durchkreuzt, welcher sich die folgenden Kapitel zuwenden.

2.2.1 Intermedialität als Beziehung zwischen Literatur und Medien

Wird Intermedialität „analog zur Intertextualität" (Wolf 2008, S. 327) verstanden, dann stellt sie sich als eine Ausweitung des Grabungsfeldes der Intertextualitätsforschung dergestalt dar, dass der verallgemeinerte Textbegriff der Intertextualitäts*theorie* (s. Abschn. 1.2) mit der klassifikatorischen Systematik der Intertextualitäts*analyse* (s. Abschn. 1.1) kombiniert wird. Zum einen geht es nicht mehr um ,Texte' im engeren Sinne, sondern um ,Medienprodukte' („als Hyperonym für Filme, Musikstücke, Videoclips, Texte usw.", Rajewsky 2002, S. 60), nicht mehr um Text-Text-Bezüge, sondern um die „in einem Artefakt nachweisliche Verwendung oder (referentielle) Einbeziehung wenigstens zweier Medien" (Wolf 2008, S. 327). Dabei vollzieht sich der Übergang von der Intertextualität zur Intermedialität (wissenschaftsgeschichtlich) zunächst und (forschungsstrategisch) zuvörderst über Phänomene der **literarischen Intermedialität,** also der Bezugnahme von literarischen auf Medien-Texte. Dies wird zum Teil explizit verhandelt („,intermediality' originated in a literature-centred milieu and is still used mostly in relation to literature", Wolf 2005, S. 252; vgl. Lüdeke und Greber 2004), findet zum Teil aber auch implizit Ausdruck, etwa in Definitionen von Intertextualität, die eine solche Erweiterungsbewegung vorbereiten. So wird beispielsweise bei Wolf (2008, S. 327) Intertextualität als „eine in einem Text nachweisliche Einbeziehung eines weiteren (verbalen) Textes" bestimmt, wobei das in Klammern gesetzte Adjektiv ,verbal' nur den Bezugs-Text modifiziert, so dass bereits der Phänomenbereich der Text-Medien-Relationen angedeutet wird, der als Übergangszone fungiert zwischen einer Intertextualitäts-Philologie und einer Intermedialitätsforschung, die ihren Ausgang nicht von verbalen Texten nimmt.

Die Orientierung am **Paradigma ,Literatur und andere Medien'** hat weitreichende Folgen für das Verständnis von Intermedialität. Wenn es sich um altermediale Bezugnahmen literarischer Texte etwa auf den Film (Rajewsky 2002) oder die Musik (Wolf 1999) handelt, so scheiden emphatische Grenzüberschreitungen im Sinne einer ,technisch-medialen Modulation' („harte Intermedialität", Wirth 2005, S. 119) aus. Rajewsky (2002, S. 39) spricht deshalb vom „,Als ob'-Charakter filmbezogenen Schreibens" und betont, „daß ein literarischer Text das filmische System nicht realisieren, sondern immer nur ,thematisieren', ,imitieren' oder ,evozieren' kann" (ebd., S. 57). Dies mündet in einem Begriff von Medien als „konventionell als distinkt angesehenen Kommunikationsdispositiven" (Wolf 2002, S. 165; vgl. Rajewsky 2002, S. 7) und von Intermedialität als einer Bezüglichkeit, die Mediengrenzen zwar im Modus des Zeichenhandelns überschreitet, ihre mediale Differenz aber letztlich für unhintergehbar erachtet, was durchaus als problematisch betrachtet werden kann:

> Wie üblich soll Medium nicht ,rein' (also gar nicht) ,technisch-materiell' definiert werden, sondern [als] ,konventionell als distinkt angesehenes Kommunikationsdispositiv', was erlaubt, Literatur und andere Medien als bloße ,semiotische Systeme' in Beziehung zu setzen. Damit wäre ein Medienbegriff, der Literatur, Malerei, Film, Fernsehen etc. als

Hardware und Software, Aufzeichnungs- und Übertragungsmedium oder gesellschaftliche Institution etc. versteht, vom Tisch. Künftig ist hinsichtlich der Literatur nur noch von Text oder System, hinsichtlich des Films von medialem System die Rede, wobei ‚medial' hier dazu da ist, beide ‚Systeme' unterschiedlicher Zeichenverwendung als inkompatibel auf Distanz zu halten. (Paech 2003, S. 63)

Aus der Kombination von literaturzentrierter Intermedialität (intermedial sind altermediale Bezugnahmen literarischer Texte) und pragmatischem Medienbegriff (Medium ist, was als Anderes der Literatur figuriert) ergibt sich dann insofern eine **Operationalisierung** des Vorgehens, als dass die Frage nach der Medialität von Film, Musik usw. in der intermedialen Analyse selbst beantwortet werden kann: Was das andere Medium (abgesehen von seiner Technik) ausmacht, lässt sich aus den literarischen Texten ermitteln, die sich auf es beziehen. Neben der semiotischen Verkürzung des Medienbegriffs, nach der ein Medium nur in der **intermedial inszenierten Differenz** zu einem anderen Medium bestimmt werden kann, richtet sich Joachim Paechs (2003, S. 63) Einwand, dass in einer derart umrissenen Intermedialitätsforschung „von vornherein nur (literarische) Texte und fremdmediale ‚Systeme' in Beziehung gesetzt werden", auch gegen die Setzung von Literatur als privilegiertem Ort einer intermedialen Verhandlung von **Einzelmedientheorien** (das heißt, ‚Einzelmedienontologien' ohne „technische[] Determiniertheit", Leschke 2003, S. 79). Nicht mehr, was ein Medium *ist* (und wie sein mediales Wesen intermedial überschritten werden kann), sondern was ein Medium *kann* (und wie die intermedialen Spuren seines Werdens in der Literatur gelesen werden können), steht dann im Mittelpunkt des Interesses.

2.2.2 Zur Typologisierung intermedialer Beziehungen

Zum anderen zeigt sich die ‚Verwandtschaft' von Intertextualitäts- und Intermedialitätsforschung (oder, in ebenfalls der Genetik entlehnter Metaphorik, deren ‚Kreuzung', wie Robert 2014, S. 71, formuliert), in der Übernahme jenes klassifikatorischen Impulses, der etwa Genettes ‚Formalisierung' (Samoyault 2001, S. 19) der ‚hypertextuellen' Verfahren angetrieben hatte. Dabei geht es weniger um die konkreten Kategorien der Hypertextualität, die Genette (1993, S. 44) entwickelt bzw. präzisiert hat (Parodie, Travestie, Transposition, Pastiche, Persiflage, Nachbildung, s. Abschn. 1.1), als um die grundsätzliche Überzeugung, dass es eine umfassende typologische Rahmung des gesamten Phänomenbereichs geben müsse. Mit Blick auf **Rajewskys Typologisierung des Feldes** (2002), das als Standardmodell eines solchen Ansatzes gelten kann (vgl. Wolf 2005), bemerkt Paech (2003, S. 63) spöttisch: „Freunde wird das Buch überall dort finden, wo Wissenschaftlichkeit mit aufwendiger kategorialer Systematik verwechselt wird". Was bei Rajewskys taxonomischem Versuch auf der Strecke bleibt, ist freilich nicht unbedingt die Wissenschaftlichkeit, sondern vor allem die Klarheit der tabulatorischen Organisation, die Genette (1993, S. 44) verwendet hatte, bei dem sich die sechs Typen streng strukturalistisch aus der Kombination einer

2.2 Intermedialität als Intertextualität zwischen Medien-Texten

binären Unterscheidung von Beziehungen (Transformation vs. Nachahmung) und einer ternären von Funktionen/Registern (spielerisch, satirisch, ernst) ergeben. Rajewsky hingegen unterscheidet zunächst (2002, S. 13) auf einer obersten Ebene zwischen:

- Intermedialität („Mediengrenzen überschreitende Phänomene, die mindestens zwei [...] Medien involvieren");
- Transmedialität („Medienunspezifische Phänomene, die in verschiedensten Medien mit den dem jeweiligen Medium eigenen Mitteln ausgetragen werden können, ohne daß hierbei die Annahme eines kontaktgebenden Ursprungsmediums wichtig oder möglich ist"); und
- Intramedialität („Phänomene, die nur ein Medium involvieren").

Sodann identifiziert sie **drei Varianten der Intermedialität** (Rajewsky 2002, S. 19), namentlich:

- Medienkombination („Punktuelle oder durchgehende Kombination mindestens zweier [...] Medien, die sämtlich im entstehenden Produkt materiell präsent sind");
- Medienwechsel („Transformation eines medienspezifisch fixierten Produkts bzw. Produkt-Substrats in ein anderes [...] Medium; nur letzteres ist materiell präsent"); sowie
- Intermediale Bezüge („Verfahren der Bedeutungskonstitution eines medialen Produkts durch Bezugnahme auf ein Produkt [= Einzelreferenz] oder das semiotische System [= Systemreferenz] eines konventionell als distinkt wahrgenommenen Mediums mit den dem kontaktnehmenden Medium eigenen Mitteln; nur letzteres ist materiell präsent").

Schließlich grenzt sie unter den **intermedialen Bezügen** zunächst punktuelle und kontinuierliche Formen der Referenz voneinander ab (Systemerwähnung vs. Systemkontamination), was grob mit Genettes Differenzierung von Inter- und Hypertextualität übereinstimmt, um dann, unter weitgehendem Verzicht auf terminologische Eleganz, folgende Untertypen zu setzen:

- explizite Systemerwähnung
- Systemerwähnung *qua* Transposition
  - evozierende Systemerwähnung
  - simulierende Systemerwähnung
  - (teil-)reproduzierende Systemerwähnung
- Systemkontamination *qua* Translation
- teilaktualisierende Systemkontamination

Die partiellen Symmetrien dieser Arten von intermedialen Bezügen lassen sich nurmehr schwerlich in tabellarischer Form ausdrücken. So teilen etwa (teil-)reproduzierende Systemerwähnung und teilaktualisierende Systemkontamination die Verwendung „medial deckungsgleicher und/oder medienunspezifischer" ‚Elemente', ‚Strukturen' oder ‚Komponenten' (Rajewsky 2002, S. 160–161), sind jedoch auf unterschiedlichen Hierarchieebenen angesiedelt. Anstatt nun jeden (Unter-)Typ intermedialer Bezüglichkeit zu definieren und zu exemplifizieren (für deren ausführliche Explikation vgl. ebd., S. 78–180), sei auf einige grundlegende und teilweise problematische Theoreme des Ansatzes hingewiesen:

1. Die Fokussierung auf intermediale Bezüge, die sich schon darin niederschlägt, dass dies der einzige Teilbereich der Intermedialität ist, der in Rajewskys Typologie genauer aufgeschlüsselt wird. Nur indirekt wird diese Voraussetzung in einer Fußnote beleuchtet, die dem vorgeblichen Zweck dient, „begrifflicher Verwirrung vorzubeugen" (Rajewsky 2002, S. 17) und die behauptet, „daß der Bereich ‚intermediale Bezüge' in der gängigen Forschung zumeist schlicht mit ‚Intermedialität' – z. T. ‚Intermedialität im engeren Sinne' – bezeichnet" (ebd.) werde. Dies lässt sich nicht nur aus heutiger Sicht (und in Ermangelung jeglicher Literaturhinweise) kaum mehr nachvollziehen, behandeln doch gängige Übersichtsdarstellungen routinemäßig beispielsweise **Medienkombinationen** (etwa in Rippl 2015 unter der Überschrift „Text-Picture Combinations"), was nicht nur der jüngeren Konjunktur ‚multimodaler Romane' geschuldet ist (vgl. Hallet 2015 im selben Band). Schon zum Zeitpunkt der Abfassung wurde es der überaus prominenten Rolle des **Medienwechsels,** namentlich der Literaturverfilmung, in der forschungsgeschichtlichen Entwicklung intermedialer Fragestellungen nicht gerecht. Gerade im von Rajewsky (2002, S. 29) „beispielhaft" herangezogenen „Forschungsfeld der Interdependenzen zwischen Film und Literatur" gehen Fragen des Medienwechsels und solche der Bezugnahme seit jeher Hand in Hand (vgl. Paech 1988; Elliot 2003). Und zumindest in der englischsprachigen Forschung verläuft die Entwicklung im Unterschied zur sich aus dem deutschsprachigen Raum international verbreitenden Intermedialitätsforschung (vgl. Wolf 2005, S. 252) von auf Untersuchungen filmischer Adaptionen literarischer Werke fokussierten Studien (Sinyard 1986; Cartmell 2012) zu umfassenden Theorien und Analysen, die intermediale Phänomene gerade unter dem Label der **Adaptation Studies** verhandeln (Hutcheon 2006; Leitch 2017).

Nun hat Rajewsky zwar Medienkombination und Medienwechsel als Teilbereiche der Intermedialität vorgesehen. Für Ersteren gibt sie sogar einen guten Grund an, warum ‚sedimentierte' Formen der Kombination (wie z. B. der Film) für sich eher Gegenstand einer Einzelmedienwissenschaft als einer Intermedialitätsforschung sind: weil die „Kombination unterschiedlicher Medien häufig zur Herausbildung eigenständiger Kunst- oder Mediengattungen führt oder führen kann, bei denen dann die **plurimediale Grundstruktur** zu einem Spezifikum des neu entstandenen (Einzel-)Mediums wird" (Rajewsky 2002, S. 15; s. Abschn. 2.4.2). Die Einbeziehung des Medienwechsels, für den ihr Übersichtsdiagramm als einziges Beispiel natürlich die „Literaturverfilmung bzw. -adaption" (ebd., S. 157) anführt, führt jedoch auf der nächsthöheren Ebene ihrer Klassifikation zu Schwierigkeiten, insofern es bisweilen äußerst schwierig ist, zwischen (intermedialem) **Medienwechsel und Transmedialität** entlang des Kriteriums, ob „die Annahme eines kontaktgebenden Ursprungsmediums wichtig oder möglich

2.2 Intermedialität als Intertextualität zwischen Medien-Texten 95

ist" (ebd., S. 13), zu unterscheiden. Das Paradigma ‚Novels into Film' (Bluestone 1957) wurde ja nicht nur vom ‚Roman zum Film' (Medienwechsel in umgekehrter Richtung), sondern auch von der Verfilmung, die sich neben einer Romanvorlage frei an den Versatzstücken eines fiktionalen Universums bedient (Peter Jacksons THE HOBBIT, 2012–2014), und von der (Fernseh-)Verfilmung, die ihre Buchvorlage überholt hat (HBOs GAME OF THRONES, 2011–2019), unterlaufen, deren Vorgehensweisen sich allenfalls noch in Nuancen vom ‚genuinen' *transmedia storytelling* (ohne ‚kontaktgebende' Vorlage) unterscheiden. Nicht umsonst ist das ‚Trans-' integraler Bestandteil der Adaptation Studies (in Leitch 2017 finden sich etwa Aufsätze zu *transtextuality, translation* und *transmedia storytelling*), was letztlich auch für Rajewskys (2002, S. 19) Intermedialitätskonzept zutrifft, wenn sie Medienwechsel als „Transformation" bestimmt. Jedenfalls scheint es nicht sinnvoll, transmediale Praktiken (des Erzählens) aus dem intermedialen Feld ausschließen zu wollen (s. Abschn. 3.2).

2. Die Geringschätzung von Thematisierung und Einzeltextreferenz. Als Inbegriff der Intermedialität gilt den Vertretern dieses Ansatzes die „verdeckte Intermedialität" der „Imitation bzw. Inszenierung eines fremden Mediums, d. h. [der] Versuch, in einem Medium (oft bis an die Grenzen von dessen Möglichkeiten) ein anderes Medium unter ‚ikonischer' statt ‚referentieller' Zeichenverwendung nachzuahmen" (Wolf 2008, S. 327). Die ‚bloße' Erwähnung eines anderen Mediums kann dann nicht als wahrhaft ‚intermedial' angesehen werden: „the mere mention of another medium or medium-product does not justify the label ‚intermedial', but only such media-products which evoke or imitate formal or structural features of another medium through the use of their own media-specific means" (Rippl 2015a, S. 12). Allenfalls in ihrer Funktion als „**Markierung**" (Rajewsky 2002, S. 157) **oder als** „**Lesehilfe**" (Wolf 2008, S. 327) sind die „explizite Systemerwähnung" bzw. die Formen „manifester Intermedialität"/ „intermediale[r] Thematisierung" (Wolf 2008, S. 327) für die Intermedialitätsforschung des hier diskutierten Zuschnitts interessant.

In ähnlicher Weise gilt ihr die Bezugnahme auf ein einzelnes konkretes Medienprodukt nur deshalb etwas, „weil das aus intermedialer Sicht interessante Moment dieses Rekurstyps (,Intermediale Einzelreferenz') weniger in seiner einzel- als vielmehr in der systemreferentiellen Dimension zu suchen ist" (Rajewsky 2002, S. 149). Rajewsky (ebd., S. 19) geht dabei soweit zu behaupten, dass jede Einzelreferenz „per definitionem" einen Bezug auf „das fremdmediale System als solches […] impliziert" (oder „indiziert", ebd., S. 157). Mit Blick auf intermediale Bezüge herrscht die Überzeugung vor, dass der Rekurs auf einen altermedialen ‚Text' stets die Medialitäten sowohl des Bezugs- als auch des bezugnehmenden Textes mit ins Spiel bringt: „Bei den intermedialen Beziehungen gehen **Einzelreferenz und Systemreferenz** meistens Hand in Hand. […] Wenn beispielsweise der Roman A auf das Bild B, den Film C, die Musik D oder das Dokument E referiert, dann nicht nur auf dieses spezifische mediale Produkt, sondern zugleich auch auf das Leistungsprofil des Mediums" (Berndt und Tonger-Erk 2013, S. 160; vgl. Rajewsky 2002, S. 74–75).

In einem entsprechend dieser Voraussetzung recht kurzen Abschnitt zur ‚intermedialen Einzelreferenz' (Rajewsky 2002, S. 149–155) wird dies an einem einzigen **Beispiel** durchdekliniert, in dem der Ich-Erzähler in Antonio Tabucchis *Notturno indiano* (1984, dt. *Indisches Nachtstück* 1990) das Aussehen eines Charakters wie folgt ‚evoziert': „‚Sie sehen aus wie **Iwan der Schreckliche**', sagte ich, ‚oder besser gesagt wie der Schauspieler, der ihn spielte.' [...] ‚Ich sprach von einem alten Film', erklärte ich ihm, ‚ich erinnerte mich gerade an einen alten Film.'" (zit. nach Rajewsky 2002, S. 151). Indem auf die evozierende Einzeltextreferenz, die sich als Bezug auf die Performance von Nikolaj Cherkasov in Sergei Eisensteins IWAN, DER SCHRECKLICHE (1944) bestimmen lässt (ebd., S. 151), eine explizite Bezugnahme, wenn nicht auf Eisensteins, so doch auf ‚einen alten Film' folgt, kommt der Erzähler dem offenkundig auch bei seinem Gesprächspartner vorhandenen Bedürfnis nach Markierung nach. Rajewsky analysiert im Anschluss die Funktion der Referenz für Tabucchis Text einleuchtend als ein Beispiel dessen, was als ‚deskriptive Abbreviatur' (Isekenmeier 2017) bezeichnet werden kann: „Indem der Ich-Erzähler des Textbeispiels einen verrückten, unheimlich anmutenden Alten mit der Figur I[w]ans des Schrecklichen vergleicht, wird ein Bildbereich eröffnet, für den als Abkürzung die Nennung der Film-Figur ausreicht" (2002, S. 153). Doch gibt sie sich nicht mit dieser einzelreferentiellen Dimension zufrieden und versucht in der Folge, die systemreferentiellen Implikationen des Beispiels herauszuarbeiten, denen zufolge das literarische ‚Bild' (die textuelle Beschreibung) notwendig Unbestimmtheitsstellen aufweist, während das (filmische) Bild nicht umhin kann, das Erscheinungsbild einer Person restlos zu konkretisieren: „Der durch den Vergleich eröffnete Bildbereich schränkt [...] den ursprünglich relativ weiten und vagen Bildbereich ein, der dem Leser verbalsprachlich vermittelt wurde, und spezifiziert ihn" (Rajewsky 2002, S. 153).

Diese Lesart, der zufolge die literarische Bezugnahme auf einen einzelnen Film eine Reflexion über das „Leistungsprofil" (Berndt und Tonger-Erk 2013, S. 160) von textuellen und bildlichen Medien im Allgemeinen anleitet, wirft jedoch Fragen auf. Zum einen steht die **Spezifizität des Bezugsmediums** auf dem Spiel. Was unterscheidet, so ließe sich fragen, den Film von anderen Bildmedien, wenn es um den Vergleich von piktorialer Konkret- und textueller Vagheit geht? Rajewsky (2002, S. 154) geht kurzerhand dazu über, von „den visuellen Medien" und von „bestimmten einzelnen Filmen, Fernsehsendungen, usw." zu sprechen, was fraglich erscheinen lässt, inwiefern dann überhaupt noch vom Film als einem „als distinkt wahrgenommenem Medium" die Rede sein kann. Zum anderen ist zu fragen, ob die so formulierte Theorie der **Differenz von Text(en) und Bild(ern)** überhaupt über den Status des Gemeinplatzes hinauskommt. Es mag wohl zutreffen, dass die Beschreibung des Gesichts einer literarischen Figur deren Nase nicht erwähnen muss, wohingegen eine bildliche Darstellung nicht umhin kommt, die Nase entweder zu zeigen oder auszulassen (und damit ihre Abwesenheit zu behaupten). Und selbst dann stellt sich wohl noch die Frage, ob wir uns ein Gesicht mangels deren Erwähnung ohne Nase vorstellen können (vgl. Mendelsund 2014, S. 24, zu Anna Kareninas Nase bei Tolstoi), von **bildlichen Strategien des**

2.2 Intermedialität als Intertextualität zwischen Medien-Texten

Entzugs wie Zensurbalken ganz abgesehen. Nicht haltbar hingegen ist die Feststellung, dass durch den Verweis auf eine piktoriale Darstellung die bildliche Vorstellung beispielsweise einer Person vereindeutigt wird: „Der Vorteil einer solchen Abkürzung liegt [...] darin, daß mittels eines filmischen Vergleichsmoments die Erinnerung des Lesers an ein intersubjektiv *bestimmtes* Bild abgerufen [...] werden kann" (Rajewsky 2002, S. 153). Denn das Bild, auf das Bezug genommen wird, ist keineswegs hinreichend bestimmt (Filmplakat oder Film Still, mit ihren jeweils eigenen Bildtechniken der Ausleuchtung, Rahmung usw.?) – und erst recht nicht in der (subjektiven) Erinnerung (an eine Kinovorführung oder das DVD-Cover?). Da hilft es auch nicht, einen Screenshot des Films neben die Analyse zu platzieren (ebd., S. 152), der das bewegte Bild von Iwan, dem Schrecklichen, das immer auch Aspekte der Dynamik oder Statik der Mimik, des Over- oder Underacting, usw. mitführt, gewaltsam stillstellt, um ein vermeintlich intersubjektives, da reproduzierbares Bild zu konstruieren. Selbst der als Kronzeuge angeführte englische Romancier John Fowles argumentierte differenzierter, wenn er ausführte, das Filmbild sei „*virtually* the same for all who see it" (zit. nach ebd., S. 154, unsere Hervorhebung). Ob eine Einzelreferenz systemreferentiellen Mehrwert produziert, bliebe jedenfalls am jeweiligen Beispiel zu überprüfen.

3. Der **Mangel an medialer Spezifizität** und die **Vorstellung von Medien als semiotischen Systemen.** Wenn ein literarischer Text beispielsweise auf einen (oder den) Film Bezug nimmt, ist unschwer zu erkennen, dass „zwei konventionell als distinkt wahrgenommene Medien" im Spiel sind. Als ungleich schwieriger kann es sich erweisen, zwischen Bezügen auf Film(e) und solchen auf andere (audio-)visuelle Medien(produkte) zu unterscheiden. Dies fordert etwa Rajewsky (2002, S. 36), wenn sie verlangt, dass „das jeweilige Referenzmedium [...] im kontaktnehmenden Produkt in seiner Spezifizität zu erkennen sein [muss], die es von anderen medialen Ausdrucksformen unterscheidbar macht". Dazu reicht es freilich nicht aus, sich auf so basale Differenzen zurückzuziehen wie jene, dass „der Film primär über das bewegte Bild, der literarische Text hingegen über das geschriebene Wort" (ebd., S. 36) kommuniziert. An verschiedenen Stellen ist daher bei ihr nicht mehr vom Film im Besonderen, sondern von „den audiovisuellen Medien" (ebd., S. 5) oder vom „Fernsehen, insbesondere [...] Werbefilmen und Videoclips" (ebd., S. 31) die Rede (zumindest Ersteres ein Format, das natürlich auch im Kino anzutreffen ist).

Mit der **medialen Spezifizität** (s. Abschn. 2.3.1) ist es, gerade mit Blick auf den Film, oft nicht weit her; ein ausgeprägtes Beispiel findet sich etwa bei Habermann (2005, S. 259), die, Spiegel (1976, S. 63) zitierend, dessen Argument an dieser Stelle zunächst auf Joyce' „kinship with Flaubert" (und nicht seine ‚filmische Schreibweise') zielt, jegliche Beschränkung des Blickfelds zum filmischen Effekt erklären zu wollen scheint: „Spiegel zitiert beispielhaft eine Szene aus Joyces *Ulysses,* in der Stephen Dedalus, den Kopf auf die Hand gestützt, aufs Meer hinausblickt: ‚Across the threadbare cuffedge he saw the sea' [...]. Gerade die Einschränkung des Blickfelds erzeugt hier einen der Kameraeinstellung analogen Effekt". Doch nicht nur bei visuellen Effekten, die schon die Malerei kannte, ist die Bestimmung des spezifisch Filmischen bisweilen problematisch. Selbst eine Erzählung wie **T. C. Boyles** Kurzgeschichte „**Heart of a Champion**" (1975), die die Seherfahrung der LASSIE-Zuschauer/innen parodiert und präzise Hinweise auf die Kameraarbeit gibt (wiederholt ist von ‚Einstellung' und ‚Schnitt' die Rede), bleibt in dieser Hinsicht unterbestimmt. Zwar wurde sie in eine Anthologie von *American Film Stories* aufgenommen (vgl. auch Nischik 1995), doch ob und inwiefern es sich nicht ebenso gut um eine Fernseherfahrung handeln könnte, bleibt unklar. Und wenn es in diesem Beispiel überhaupt möglich sein sollte, zwischen Film und Fernsehen zu unterscheiden, müsste sich die Analyse auf mediale Aspekte richten, die nicht mehr Teil der semiotischen Systeme ‚Film' und ‚Fernsehen' sind, sondern ihrer **technischen Möglichkeiten** (als Dispositive). Die hyperbolischen Farben – „the barn redder than red against the sky bluer than blue" (Boyle 1996, S. 50) – mögen auch als Hinweis auf die jeweiligen unausgereiften Farbsysteme lesbar sein – Technicolor für den Film, NTSC (‚Never Twice the Same Color') fürs Fernsehen.

Damit ist bereits angedeutet, dass es wenig hilfreich ist, die Reichweite intermedialer Bezüge auf **das „semiotische System"** (Rajewsky 2002, S. 19) eines anderen Mediums eingrenzen zu wollen. Wären lediglich Bezugnahmen auf die Art und Weise, in der ein Medium „kommuniziert" (ebd., S. 36), möglich, würde der verschiedentlich vorgebrachte Einwurf, dass es der Intermedialitätsforschung „überhaupt nicht um ‚Medium' oder ‚Medialität' […] geht" (Paech 2003, S. 63) und dass damit, wie eingangs angeführt, „ein Medienbegriff, der Literatur, Malerei, Film, Fernsehen etc. als Hardware und Software, Aufzeichnungs- und Übertragungsmedium oder gesellschaftliche Institutionen etc. versteht, vom Tisch [wäre]" (ebd., S. 63), durchaus angemessen. Tatsächlich können intermediale Bezüge jedoch sämtliche Aspekte der Medialität eines Mediums ansprechen, wie folgendes Fernseh-Beispiel aus **Trey Ellis'** 1988 erschienenem Roman *Platitudes* illustrieren mag:

> Earle […] reclines in the Stratolounger, the chicken on a plate in his lap, the television remote control unsteady on the armchair's arm, and a root beer at his feet. The television ignites with a ZWOOM and a crackle of static and much too large a volume of noise. Snatching the remote control, Earle sprays the twenty-seven-inch UltraColorMatic with the infrared beam that commands the set to quiet itself. He then changes the beam's wavelength to the ScanTron-Plus mode and the appliance begins its automatic ten-second channel sampler:
>
> *Gosh, she's the most beautiful woman I've ever seen: sexy, sweet, witty, and intelligent too, but what's this? Oh no, she's scratching her head. Must be dandruff.* Forget – [#1]
>
> If Lucy didn't realize Ricky hid the gunpowder from the firecrackers he took away from Little Ricky in the pepper shaker, then that means at the ladies' club luncheon, Lucy's *Boeuf Flambé* – [#2]
>
> Fire and Ice is like no other synthetic motor oil on the market today, since it is fortified with Polyaminide-80, so it will protect your car in an extra-special way far too complicated to explain here on Tee – [#3]
>
> ‚Visionary' is how I'd describe myself, Merv. Know that sounds conceited, but what have you, but I feel darn proud to be the first celebrity of note to have his own line of designer Lucite furniture – [#4]
>
> ‚We're movin' on up/to the East Side/to a dee-luxe apartment in the sky-ayyy./Aw movin' on up/to the East side./We fin'ly got a piece of the pie' – [#5]

2.2 Intermedialität als Intertextualität zwischen Medien-Texten 99

Aaaaaaaay! Tonight at eight o'clock you have an appointment with terror. From the director who brought you such classics as *Bloodbath* and *Eyeballs* comes – [#6] (Ellis 2003, S. 85–86)

Es handelt sich dabei um den Beginn des 25. Kapitels, das diese bunte Mischung aus mehr oder weniger identifizierbaren Referenzen über zwei weitere Seiten bis zu seinem Ende fortführt: Werbespots (#1: Head & Shoulders?, #3: Shell), Serien (#2: *I love Lucy,* #5: *The Jeffersons*), Talkshow (#4: *The Merv Griffin Show*), Programmvorschau (#6: die Horror-Klassiker könnten *Eyeball* [I, 1975] und *Bloodbath* [US/I, 1979] sein, die freilich von unterschiedlichen Regisseuren stammen) und viele andere Formate wie Musikvideos folgen einander im Rhythmus des automatisierten Zappings. Das Fernsehen, das hier in Szene gesetzt wird, ist das der frühen 1980er Jahre, vermutlich irgendwann zwischen dem Sendestart von MTV (1981) und dem Ende der *Jeffersons* und der *Merv Griffin Show* (1985/1986).

Nun lassen sich verschiedene Aspekte des so entfalteten Programmteppichs durchaus mit den Kategorien der intermedialen Systematiken erfassen. Das Kapitel verfährt ‚teilreproduzierend' in der Wiedergabe nur der Audiospur der Sendungen, ‚ikonisch' im Versuch, die Umschaltvorgänge auf der Textseite abzubilden, usw. Unzureichend ist es jedoch, die **textuelle Inszenierung von Televisualität** auf ein ‚semiotisches System' zu verkürzen, da Fern-Sehen bei Ellis in all seinen Dimensionen angesprochen wird – als Anordnung (im Sinne der Apparatustheorie, s. Abschn. 2.3.1) von technischem Gerät, Möbelstücken und Zuschauer/in im Wohnzimmer; als Programmierung, die sich unschwer als Vorabendprogramm erkennen lässt; als Nutzungsweise, die auf der Möglichkeit des Kanalwechsels beruht; als institutionelle Plattform, das die großen nationalen Networks (wie CBS, das die beiden genannten Serien ausstrahlte) mit den kleineren Sendeanstalten zusammenschaltet, die Sendungen wie die *Merv Griffin Show* präsentieren, welche im Rahmen der sog. *first-run syndication* von vornherein an mehrere Sender gleichzeitig verkauft werden. Es kann also bei der (literarischen) Intermedialität sehr wohl um die Medialität des Bezugsmediums (als Hard- und Software) gehen.

4. Die Annahme der Intramedialität von intertextuellen Bezügen. Bei Rajewsky (2002, S. 76) wird Intertextualität als Beispiel *intra*medialer Bezüge („Verfahren der Bedeutungskonstitution eines medialen Produkts durch Bezugnahme auf ein Produkt [...] oder auf ein oder mehrere Subsystem(e) des gleichen Mediums bzw. auf das eigene Medium *qua* System") aufgefasst. Und tatsächlich scheinen viele Überlegungen zu Text-Text-Bezügen eine mediale Homogenität aller (sprachlich verfassten) Texte vorauszusetzen: „Weil es sich bei den Intertextualitätstheorien um Theorien literarischer Bedeutung handelt, hat darin die **Realisierung eines Textes** keinen Stellenwert. Die Intertextualitätstheorie interessiert sich nicht für den Text im material-medialen Objektstatus des schriftlichen Dokuments" (Berndt und Tonger-Erk 2013, S. 157). Erst auf dem Umweg über die (literarische) Intermedialität, die die mediale Verfasstheit ihrer Bezugsmedien nicht außer Acht lassen kann, ergibt sich komplementär dazu eine neue

Aufmerksamkeit für **textuelle Medialitäten** im Allgemeinen und die Medialität von Literatur im Besonderen:

> Wenn sich die intertextuellen Beziehungen [...] auf Texte unterschiedlicher Medialitäten ausdehnen, d. h. wenn sie Bilder, Filme und Musik einschließen, dann müssen die Theorien [der Intermedialität] diesen blinden Fleck der Intertextualitätstheorien beleuchten. [...] Denn mit den Beziehungen zwischen literarischen Texten und anderen Medien geht es nicht nur [...] um die ‚reine' Bedeutung, sondern auch um die Medialität der ‚Beziehungspartner', die an der Bedeutungskonstitution teilhat. (Berndt und Tonger-Erk 2013, S. 157)

Mit anderen Worten: Die Ausweitung des intertextuellen Paradigmas auf Medien-Texte führt dazu, dass die Medialität von Texten im engeren Sinne verstärkt in den Blick gerät (s. Abschn. 2.5). Auch verschiedene Textsubstrate und ihre charakteristischen Gattungen (deren Zusammenschluss sich oft hinter Kurzbezeichnungen wie ‚Roman' oder ‚Zeitung' verbirgt) stellen ‚konventionell **als distinkt angesehene Kommunikationsdispositive**' dar (etwa: ‚fiktionale Prosa-Erzählungen in Buchform' oder ‚aktuelle journalistische Berichterstattung auf großformatigen, ungebundenen Papierbögen'). Dann aber gelten intertextuelle Bezüge keineswegs notwendig dem ‚gleichen' oder ‚eigenen' Medium (wie in Roman-Roman-Bezügen usw.), sondern können ebenso gut inter- wie intramedial verlaufen (Roman-Zeitungs-Bezüge usw.), womit die Problematisierung des klassifikatorischen Ansatzes in der Intermedialitätsforschung wieder auf der obersten Hierarchieebene angekommen wäre.

2.3 Intermedialität und die Zwischenräume der Medien

Das im vorangegangenen Kapitel diskutierte Intermedialitätskonzept wurde maßgeblich geprägt von Literaturwissenschaftler/innen, die in den 1990er und frühen 2000er Jahren ihre Disziplin für medienkomparatistische Perspektiven öffnen wollten, die über das Paradigma der Literaturverfilmung hinausgingen. Ungefähr zeitgleich und relativ unabhängig von dieser Entwicklung begann jedoch auch die – als eigenständige Disziplin noch vergleichsweise junge – **deutschsprachige Medienwissenschaft** über Intermedialität zu diskutieren. Insofern handelt es sich um ein Konzept, das selbst im „Zwischenraum" verschiedener kulturwissenschaftlicher Disziplinen zu verorten ist: Einerseits stellt es eine Art **interdisziplinäre Schnittmenge** dar, auf deren Terrain sich Literatur-, Kunst-, Film- und Medienwissenschaft begegnen können. Andererseits lässt sich die „Intermedialitätsdebatte" (Leschke 2014, S. 28) zu einem gewissen Grad auch als Streit um die Deutungshoheit über kulturelle Phänomene verstehen.

Viele Lehrstühle an den deutschsprachigen medienwissenschaftlichen Instituten in den 1990er Jahren waren mit Personen besetzt, die selbst noch literaturwissenschaftlich ausgebildet worden waren, nun aber ein Fach vertraten, das sich von dieser Provenienz emanzipieren musste. So verwundert es nicht, dass auch die Perspektiven auf das Konzept der Intermedialität über die disziplinären Grenzen hinweg alles andere als homogen sind. Selbst innerhalb der Medienwissenschaft bildeten sich schnell unterschiedliche ‚Schulen' mit je eigenen Fokussierungen heraus, auf die hier nicht im Einzelnen eingegangen werden kann.

Von den zahlreichen Ansätzen medienwissenschaftlicher Intermedialitätsbestimmungen wird in diesem Kapitel der Ansatz des Konstanzer Film- und Medienwissenschaftlers **Joachim Paech** vertieft, da er in vielerlei Hinsicht demjenigen von Irina Rajewsky (2002) diametral entgegengesetzt ist. Zwar ist Paech nicht der erste Medienwissenschaftler, der den seit den frühen 1980er Jahren in der Literaturwissenschaft aufkommenden Begriff adaptiert, aber derjenige, der sich am emphatischsten für eine spezifisch medienwissenschaftliche Fassung des Konzepts ausgesprochen hat. Sein Intermedialitätsbegriff wurde in der Folge unter anderem von **Jens Schröter** aufgegriffen und weiterentwickelt bzw. präzisiert, denn Paech legt – so viel wurde bereits im letzten Kapitel deutlich – wenig Wert auf die Beschreibung einzelner klar voneinander abgrenzbarer Kategorien für die Analyse konkreter Fallbeispiele. Stattdessen beschreibt er in einem oft schwer zugänglichen Stil **Intermedialität als** komplexes **medientheoretisches Konzept,** das sich eben nicht auf die einfache Formel einer ‚Intertextualität über Mediengrenzen hinweg' reduzieren lässt. Wiederholt kritisiert er all jene Ansätze, die „die Darstellung der einen Kunstform in einer anderen [...] als Übertragung eines Inhalts aus einem Behälter (Medium) in einen anderen auffassen" (Schröter 1998, S. 15–16).

Anknüpfungspunkte zur Intertextualitätstheorie lassen sich dennoch durchaus ausmachen, allerdings eher indirekt. So schließt Paech in gewisser Hinsicht an Kristeva an, für die Intertextualität ja gerade nicht darin bestand, dass ein Text in einer nachvollziehbaren Form auf einen anderen verweist, sondern dass *alle* Texte in einem dynamischen Netz miteinander verbunden sind. Intertextualität war in dieser ideologiekritischen Perspektive vor allem eine Absage an Konstrukte wie Autorschaft und Originalität (s. Abschn. 1.2.2). **Intermedialität** in dem **im Folgenden beschriebenen emphatischen Sinn** ist ganz ähnlich zunächst auch eine eher abstrakte Größe, deren Einführung ein als problematisch erkanntes Verständnis von isoliert existierenden „Einzelmedien" (s. Abschn. 2.4.2) genauso obsolet machen sollte wie Kristevas Konzept einst die Rede von autonomen, in sich geschlossenen Texten.

Als heuristische Kategorie für die Analyse konkreter ‚Texte' bzw. medialer Artefakte ist Paechs Intermedialitätstheorie deshalb nur bedingt geeignet – zumindest dann, wenn eine solche Analyse das Ziel hat, einzelne Aspekte eines gegebenen Beispieltextes zu isolieren und verschiedenen Subkategorien eines Konzepts zuzuordnen. Dies kann mit dem operationalisierten Intermedialitätsbegriff Rajewskys zweifellos besser gelingen, weshalb dieser sich in den letzten Jahren auch im Bereich der Medienwissenschaft zunehmend durchsetzt: Im einschlägigen *Handbuch Medienwissenschaft* (Schröter 2014) etwa stammt der Artikel zu „Intermedialität, *remediation*, Multimedia" von Rajewsky (2014). Auch die Übersichtsdarstellung zu Intermedialität in einer aktuellen Einführung in die Medienwissenschaft (Grampp 2016) referiert ausführlich Rajewskys Modell und erwähnt Paech gar nicht mehr. Allerdings mangelt es auch der medienwissenschaftlichen Fassung von Intermedialitätstheorie längst nicht mehr an eigenen

Unterteilungen und Subkategorien. Zunächst jedoch sollen die Genese des Konzepts und vor allem seine Prämissen näher beleuchtet werden.

2.3.1 Das Kino-Dispositiv und die Frage der Medienspezifik

Bereits ab den 1980er Jahren hatte Paech sich mit verschiedenen Phänomenen ‚zwischen den Medien' beschäftigt. Die Geschichte des Films, so eine der zentralen Thesen seiner frühen theoretischen Arbeiten, müsse erweitert werden auf eine „**Geschichte des filmischen Sehens**", die „das Sehen von Filmen nur als Spezialfall und Ausgangspunkt einer viel weiter gefaßten Wahrnehmungsgeschichte" zu thematisieren habe (Paech 1991, S. 68). Bereits vor der eigentlichen ‚Erfindung' der Technik für die Aufnahme und Projektion bewegter Bilder am Ende des 19. Jahrhunderts haben Paech zufolge unter anderem Eisenbahn, Panorama und Warenhaus, literarische Zeitreisefiktionen, Bühnenmagie sowie die Malerei der frühen Moderne bestimmte Wahrnehmungsmodi erprobt, an die der Film dann anknüpfen konnte. Und auch nach der Etablierung des Films als eigenständiger Kunstform setzt sich diese Geschichte des „filmischen Sehens" in anderen Medien fort, etwa in der Literatur der Moderne, die spezifisch filmische Montageverfahren literarisch nachahmt (vgl. Paech 1985, 1997a, 2002b).

Bereits in diesen Arbeiten, in denen noch nicht explizit von Intermedialität die Rede ist, stehen demnach „**mediale Transformationsprozesse**" (Paech 1998) im Zentrum des Interesses, also das historische, technisch-apparative und mimetische Verhältnis verschiedener Medien zueinander. Diese Perspektiven fasst er dann ab Mitte der 1990er Jahre unter dem Begriff ‚Intermedialität' zusammen, in dem er nichts weniger als das „Basiskonzept einer künftigen Medienwissenschaft" (ebd., S. 17) sieht, die nicht länger auf das methodische Instrumentarium der Literaturwissenschaft angewiesen ist. Seine wichtigsten Bezugspunkte sind dabei die französische **poststrukturalistische Filmtheorie,** insbesondere die bereits erwähnte sogenannte ‚Apparatustheorie', sowie die Systemtheorie des Soziologen Niklas Luhmann. Im Folgenden werden daher diese zentralen theoretischen Referenzpunkte – sowie in einem kurzen Exkurs das kunsttheoretische Konzept der Medienspezifik – erläutert, bevor Paechs Intermedialitätsbegriff selbst ausführlicher diskutiert wird.

Die **Apparatustheorie,** die (zutreffender) auch als Dispositivtheorie bezeichnet wird, geht zurück auf Jean-Louis Baudry, einen französischen Zahnarzt und Schriftsteller, der genau wie Kristeva Mitglied der Gruppe Tel Quel war und in der Zeit zwischen 1963 und 1975 mehrere Aufsätze verfasste, die mit Ausnahme zweier Texte über **das „Kinodispositiv"** (Baudry 1999, 2003) heute weitgehend in Vergessenheit geraten sind. Diese beiden Aufsätze jedoch wurden überaus breit rezipiert und stehen am Anfang eines grundlegenden Paradigmenwechsels in der Filmtheorie, dem sich schon bald weitere Theoretiker/innen anschlossen und der noch heute eine zentrale Rolle in der Medienwissenschaft spielt (vgl. Kirsten 2007 für eine Übersicht zum filmtheoretischen Dispositiv-Ansatz und Grampp 2016,

2.3 Intermedialität und die Zwischenräume der Medien

S. 35–51, für eine Auseinandersetzung mit ihrem heuristischen Potenzial für die Medienwissenschaft).

Diese Perspektive verlagerte den Fokus weg von der Auseinandersetzung mit filmischen Inhalten oder deren ästhetischer/narrativer Vermittlung hin zu einer Reflexion der technisch-apparativen Bedingungen der Wahrnehmungssituation im Kino, die bei Baudry in einer eigentümlichen, für die 1970er Jahre jedoch durchaus typischen Kombination psychoanalytischer Überlegungen, neomarxistischer Theoreme und semiotischer Modelle gedeutet wird. Stark verknappt ließe sich das Modell so zusammenfassen: Der spezifische ‚Realitätseffekt' des Kinos erklärt sich aus der Anordnung zweier ‚Apparate'. Auf der einen Seite steht die Filmkamera, die das Auge des Betrachters oder der Betrachterin als Zentrum des Bildes festlegt und ihm/ihr somit eine bestimmte Subjektposition aufzwängt, die als objektiv wahrgenommen wird, obwohl sie tatsächlich von ideologischen Prämissen durchdrungen ist. Auf der anderen Seite steht die Anordnung des Publikums im abgedunkelten Kinosaal zur Leinwand, wobei für Baudry ausschlaggebend ist, dass der in dieser Situation entscheidende Apparat, der Filmprojektor, selbst verborgen bleibt. So gesellt sich zur „Pseudo-Objektivität" der Kamera die „Pseudo-Subjektivität" der gleichsam erzwungenen Identifizierung mit dem Geschehen auf der Leinwand (vgl. Baudry 1999, 2003 sowie, für einen Überblick über die Kombination dieses filmtheoretischen Ansatzes mit Foucaults ungefähr zeitgleicher Verwendung des Dispositivbegriffs, Grampp 2016).

Die ideologiekritischen Aspekte dieser in Frankreich größtenteils außerhalb universitärer Kontexte stattfindenden Theoriebildung wurden beim Import in die deutschsprachige akademische Film- und Medienwissenschaft ab den 1980er Jahren deutlich abgeschwächt, ähnlich wie das bereits bei der Rezeption Kristevas der Fall war. Anschlussfähig erwies sich hier vor allem der Fokus auf die spezifische räumlich-technische **Wahrnehmungsanordnung** (vgl. Grampp 2016, S. 35–50) und deren Auswirkungen auf die Formation von Subjektivität. Anstelle der Frage, wie der Wechsel von einem Medium in ein anderes etwa bei der Verfilmung eines literarischen Werks dessen ‚Text' bzw. Inhalte transformiert, ließ sich nun untersuchen, wie das Kino selbst – und zwar weitgehend unabhängig von den gezeigten Inhalten – einen gänzlich anderen Effekt hat als etwa das Fernsehen, weil die **Rezeptionssituationen** sich grundlegend unterscheiden. Die Dispositivtheorie wurde daher als doppelte Chance begriffen: Erstens dafür, sich von einer Analyse medialer Inhalte zu verabschieden, die methodisch noch stark in der Literaturwissenschaft verwurzelt war. Und zweitens dafür, gleichzeitig auch einen problematischen Medienbegriff zu korrigieren, der aus der Kunsttheorie stammte und in einem kleinen Exkurs zum Konzept der Medienspezifik dargestellt werden soll, spielt er doch für mehrere der in diesem Buch angesprochenen Phänomene eine wichtige Rolle.

In expliziter Fortsetzung der in Kap. 3.1 noch zu schildernden Debatten wurde auch im 20. Jahrhundert noch intensiv darüber diskutiert, was das ‚Wesen' einzelner Künste bzw. Medien ausmache. Dabei fielen die Antworten auf Fragen etwa nach der „Ontologie des photographischen Bildes" (Bazin 2004) zwar historisch sehr unterschiedlich aus, waren jedoch stets mit einem gewissen transhistorischen und normativen Anspruch verbunden. Deutlich wird dies etwa in Siegfried Kracauers bekannter Gegenüberstellung von „filmischen" und „nichtfilmischen" Filmen (vgl. Kracauer 1985). Das Denkmodell, das diesem und vergleichbaren Ansätzen zugrunde liegt, findet sich idealtypisch ausformuliert bzw. übersteigert beim amerikanischen Kunstkritiker **Clement Greenberg**, der sich seit den 1940er Jahren in verschiedenen Aufsätzen gegen eine „Vermischung der Künste" (1997b, S. 58) und für eine „Reinheit" (ebd., S. 69) des Mediums aussprach und so das Konzept der **Medienspezifik** *(medium specificity)* prägte. Der „Gegenstandsbereich jeder einzelnen Kunst" ist für Greenberg (1997a, S. 267) genau das, „was ausschließlich in dem Wesen ihres jeweiligen Mediums angelegt ist". Alle anderen äußeren Einflüsse aus anderen Medien sollten ihm zufolge bei der Erschaffung von Kunstwerken vermieden werden. Bedenkt man, dass Greenbergs Thesen den Diskurs über die Kunst bis in die 1960er Jahre hinein dominierten, wird besser nachvollziehbar, was das Radikale an dezidiert als „unrein" konzipierten künstlerischen Bewegungen wie der ***Intermedia*-Kunst** war, die von Greenberg noch 1981 für die seiner Meinung nach unzulässige Grenzüberschreitung zwischen verschiedenen Medien scharf verurteilt wurde (vgl. Schröter 2004).

Doch während die Kunst sich ab den 1960er Jahren immer deutlicher von solchen Reinheitsfantasien abwendete, blieb die Vorstellung eines spezifischen, historisch stabilen und klar definierbaren ‚Wesens' eines Mediums in den kulturwissenschaftlichen Disziplinen erstaunlich lange unhinterfragt. Die Dispositivtheorie bot in diesem Kontext die Gelegenheit, die ontologische Bestimmung von Medien durch eine relational-strukturale zu ersetzen und den Untersuchungsgegenstand der Disziplin so zu **„entsubstanzialisieren"** (Kirchmann 1998, S. 35), was allerdings nicht immer in letzter Konsequenz gelang: Nicht selten führte das neue Paradigma innerhalb der Filmwissenschaft dazu, dass nun das Dispositiv selbst gleichsam ‚substanziell' gedacht wurde und in einer einfachen Tauschoperation den Begriff des Einzelmediums ersetzte. Zahlreiche filmtheoretische Texte ab den 1970er Jahren etwa definieren das medienspezifische ‚Wesen' des Films ausgerechnet über das Kinodispositiv (vgl. Doane 2007).

Dennoch ist dieser Diskurs eine wichtige Voraussetzung für das Intermedialitätskonzept Paechs, das explizit von einer grundsätzlichen medialen ‚Unreinheit' ausgeht und sich gerade dafür interessiert, was im metaphorischen ‚Zwischenraum' verschiedener Medientechnologien passiert. Das Modell für Paechs Überlegungen bildet dabei stets das, was er als **„Cinema"** bezeichnet: die in sich schon hybride Korrelation von **Kino** in einem technisch-apparativen bzw. dispositiven Sinn – also als Ensemble von Projektor, Leinwand, abgedunkeltem Saal etc. – und **Film** in einem inhaltlich-ästhetischen Sinn (vgl. Paech 1997b). Dementsprechend ist Intermedialität für Paech – anders als für Rajewsky – kein statischer „*Zustand,* der zwischen zwei Objekten herrscht, sondern es handelt sich um *Prozesse* oder *Verfahren,* die in der Beziehung zwischen den Künsten und den technischen Medien beobachtbar sind, die beschrieben und angewendet werden können" (Paech 2014, S. 47, unsere Hervorhebungen).

Dabei setzt die Idee des „Zwischenraums" bei aller Betonung relationaler Dynamik natürlich eine gewisse Vorstellung voneinander abgrenzbarer Medien voraus, zwischen denen sich dieser abstrakte Raum befinden muss. Dieser scheinbare Widerspruch medienwissenschaftlicher Intermedialitätstheorie (vgl. Grampp 2016, S. 104) lässt sich jedoch leicht auflösen: Tatsächlich geht es keineswegs darum, die Vorstellung, dass einzelne Medientechnologien jeweils spezifische Eigenschaften besitzen, komplett zu verabschieden. In der Tat setzt Intermedialität Medienspezifik geradezu voraus, aber eben nicht in der ahistorisch reduktiven und normativen Fassung Greenbergs (vgl. Schröter 2008). Zentral ist demnach vielmehr die Feststellung, dass Medien nicht monolithisch, sondern grundsätzlich als Elemente in komplexen **medialen Konfigurationen** zu denken **und historischen Dynamiken** unterworfen sind. Daraus folgt, dass auch das, was für ein bestimmtes Medium als spezifisch wahrgenommen wird, variabel ist und letztlich von der gewählten Beobachtungsperspektive abhängt: Eine analytische Abgrenzung einzelner Medienformen voneinander ist so zwar möglich, kann aber grundsätzlich nur bestimmte Aspekte eines Mediums auf Kosten anderer fokussieren. Beschreibbar sind zudem stets nur ‚Formen' und nicht die ‚Medien' selbst, da diese per se unsichtbar sind und sich so dem unmittelbaren Zugriff entziehen. Diese Denkfigur geht zurück auf die Systemtheorie Niklas Luhmanns und wird dort als Unterscheidung von Medium und Form bezeichnet.

2.3.2 Intermedialität als Wiedereinschreibung des Mediums in die Form

Die Unterscheidung zwischen Medium und Form ist – wie generell alle Unterscheidungen in der Perspektive der Systemtheorie – eine Operation, die grundsätzlich einen Akt der Beobachtung voraussetzt und sich überhaupt erst durch diesen konstituiert. Das bedeutet, dass weder Medium noch Form „an sich" (Luhmann 1997, S. 166) existieren, sondern immer nur innerhalb eines bestimmten Bezugssystems. Das Medium besteht auf der einen Seite aus einem abstrakten Reservoir lose gekoppelter Elemente, das Luhmann auch als „**mediales Substrat**" (ebd., S. 252) bezeichnet, und auf der anderen Seite aus konkreten Formen, zu denen sich diese Elemente (temporär) stabilisieren lassen. Das mediale Substrat bildet demnach lediglich die Möglichkeitsbedingung für verschiedene Formen, die ihm aufgeprägt werden können. Beide Seiten des Mediums sind daher nur in Relation zueinander denkbar und nicht voneinander zu trennen.

Die Form ist dabei zwar ‚enger gekoppelt' als ihr mediales Substrat, was jedoch nicht bedeutet, dass sie stabiler wäre. Im Gegenteil, Formen sind wandelbar und hochgradig kontingent, die Elemente könnten stets auch anders gekoppelt sein: „Beobachtet im Schema von Medium und Form erscheinen mithin alle Formen als akzidentell; oder anders gesagt: keine von ihnen drückt das ‚Wesen' des Mediums aus" (Luhmann 1997, S. 169). Zudem erschöpfen die konkretisierten Kopplungen nicht das Potenzial möglicher Verbindungen, sondern wirken im Gegenteil wiederum auf das Medium zurück: Jede realisierte Verbindung verändert den Möglichkeitsraum, aus dem sie hervorgegangen ist, macht andere Verbindungen wahrscheinlicher oder weniger wahrscheinlich. Wichtig ist dabei die

Skalierbarkeit der Beobachtungsperspektive: Jede Form kann selbst wieder zum Medium einer weiteren Unterscheidung werden, wodurch sie wiederum ‚unsichtbar' wird – vergleichbar mit einer Kippfigur, in der das Erkennen des einen Bildes stets auf Kosten des anderen geht.

Neben dieser **Relativität der Beziehung von Medium und Form** ist ein weiterer entscheidender Aspekt von Luhmanns Konzept dessen fundamental rekursiver Charakter. Nicht nur die Form wirkt auf das Medium zurück, sondern auch die Unterscheidung zwischen Medium und Form selbst schreibt sich in die Formen ein. So betrachtet wiederholt sich die Unterscheidung von Medium und Form auf mehreren ineinander verschachtelten Ebenen. Leichter nachvollziehbar wird dies, wenn man (anders als Paech und teilweise auch Luhmann selbst) begrifflich konsequent zwischen Medium und medialem Substrat unterscheidet: Im Prinzip ist das „mediale Substrat" zwar identisch mit dem Medium, dieses besteht aber streng genommen nicht *aus* seinem Substrat, sondern *in* dessen konkretisierten Formen. Das Medium selbst hat immer schon zwei Seiten (Luhmann 2000, S. 30–31), wobei die Seite der Formbildung selbst wiederum auf der Unterscheidung dieser Seiten beruht (Luhmann 1997, S. 169).

Ein Beispiel, das Luhmann zur Veranschaulichung heranzieht, ist die Sprache, die als Medium völlig abstrakt und somit nicht beobachtbar ist. Erst in der engen Kopplung ihrer Elemente (also ihres medialen Substrats) zu konkreten Formen – etwa Wörtern, Sätzen etc. – wird sie beobachtbar. Dennoch bestehen Sätze nicht einfach aus Sprache. Vielmehr ließe sich mit Luhmann feststellen, dass das Medium eines konkreten Satzes aus analytischer Perspektive das ist, was diesen von der abstrakten Sprache unterscheidet. Genau durch diese systemtheoretische **Figur des ‚re-entry'** wird das Medium dynamisiert, weshalb es eben über kein stabiles ahistorisches ‚Wesen' verfügen kann, das eine Analyse freilegen könnte. Oder anders ausgedrückt: Das unsichtbare Medium lässt sich stets nur indirekt über die Differenz zu seinen Formen beobachten.

Wenn also das Dilemma der Medienwissenschaft darin besteht, dass sie Medien beobachten möchte, aber nur deren Formen „auf ihre Ermöglichungsbedingungen hin" (Kirchmann und Ruchatz 2014, S. 19) befragen kann, besteht der einzig mögliche Ausweg in einem ständigen **Prozess der Selbstbeobachtung:** „Die Beobachtung der Form muß, wenn sie nach dem Medium fragt, sich selbst beobachten, um sich klar zu machen, daß sich die beobachtbare Form notwendig ihrer anderen unsichtbaren Seite des Mediums verdankt" (Paech 1998, S. 23). Paechs akademische Prosa ist geprägt von solchen zunächst kontraintuitiv wirkenden Volten und paradoxen Formulierungen, weshalb sie deutlich weniger zugänglich erscheint als die klaren Systematisierungsversuche Rajewskys.

Sein Konzept von Intermedialität beruht grundsätzlich auf der Figur der **„Wiedereinschreibung** (der Form) **des Mediums auf der Seite der Form** […] als Selbstreferenz des Mediums" (Paech 1997c, S. 337). Dabei operiert Intermedialität „von vornherein auf sehr verschiedenen Ebenen" (Paech 1998, S. 18), die wiederum auf komplexe Art und Weise miteinander verbunden sind: Die erste dieser Ebenen, die Paech anführt, ist die der ‚evolutionären' Beziehungen zwischen technischen Apparaten. So ‚enthält' und transformiert zum Beispiel der

2.3 Intermedialität und die Zwischenräume der Medien

Film die ihm historisch vorausgehende Medientechnologie der Fotografie. Der Film wird somit gewissermaßen zu einer Form des Mediums Fotografie. Eine weitere Ebene ist die der damit verbundenen perzeptiven Prozesse. Hier steht die **Differenz zwischen Abgebildetem und medialer Abbildung** im Vordergrund, im Beispiel der Fotografie etwa die Tatsache, dass der Verschluss des Fotoapparats einen „Zeit-Spalt" (ebd., S. 22) auf ein vorfotografisches Geschehen öffnet, der wiederum im Bild sichtbar ‚figurieren' kann – etwa als Bewegungsunschärfe. Im Kino muss der Filmstreifen dagegen kontinuierlich durch den Projektor transportiert werden, selbst wenn der Film einen unbewegten *freeze frame* zeigt. Solche Formen verweisen für Paech deutlich zurück auf die Möglichkeitsbedingungen des eigentlich unsichtbaren Mediums, das sich auf diese Weise in die Form einschreibt. Aus dieser Perspektive betrachtet ist das Medium des Films nicht mehr die Fotografie, sondern vielmehr „der in der *Form* der Bewegung beobachtbare Unterschied zwischen Fotografie und Film" (ebd., S. 21).

Besonders diese zweite Ebene ist es, die Paech interessiert. Beobachtbar wird sie insbesondere in den Brüchen, Lücken, Intervallen und Zwischenräumen, in denen „**mediales Differenzial** figuriert" (Paech 1998, S. 25). Also immer dann, wenn der „Formprozeß abbricht, z. B. als Filmriß, der den Film als Medium plötzlich an die Stelle der dargestellten Aktion treten läßt" (2002c, S. 298). Überhaupt spielt die Störung eine zentrale Rolle in diesem Zugriff auf Intermedialität: In der (Zer-)Störung als ‚Verschwinden der Form' werden die konstitutiven Möglichkeiten ihres Erscheinens plötzlich für einen Moment greifbar.

Hier zeigt sich auch die für Paechs Ansatz charakteristische **Verbindung von System- und Dispositivtheorie.** Genau wie für Luhmann das Medium ist für Baudry das Dispositiv selbst prinzipiell unsichtbar; der ‚Realitätseindruck' des Kinos beruht für ihn darauf, dass das Publikum – bedingt durch die spezifische technisch-apparative Wahrnehmungsanordnung des Kinosaals – die Vermitteltheit des gezeigten Films vergisst. Der „Effekt der Verwirrung", der durch eine Störung wie den Filmriss auftreten kann, bringt „den Zuschauer jäh zurück zur Diskontinuität [...], zum Körper sozusagen" (Baudry 2003, S. 32). Er (oder sie) dreht sich im Kinosessel um, sieht die Apparatus des Projektors und ist so gezwungen, die Bedingungen der Anordnung zu reflektieren, was die Illusion stört oder sogar zerstört.

Nun lassen sich **Störungen** jedoch auch absichtlich herbeiführen oder zitieren bzw. simulieren (s. Abschn. 6.1), etwa als ästhetisches Stilmittel im Rahmen avantgardistischer Filmpraxis, die auf diese Weise die materielle Basis ihrer Produktionen und deren Bedingungen zum eigentlichen Inhalt erhebt. Solche Versuche, das „Dispositiv zu zeigen" (Metz 1997, S. 69–76), sollen das, was im illusionistischen Spielfilm üblicherweise unsichtbar bleibt, sichtbar machen. Wenn jedoch die Störung intentional zum Erscheinen gebracht wird, handelt es sich streng genommen um keine Störung mehr, sondern um ein Verfahren der Selbstreflexivität: „Wenn ein Film zeigt, wie ein Film reißt, kann er es nur, wenn er nicht reißt und kontinuierlich weiterläuft" (Paech 2002a, S. 113). Dennoch kann auch die simulierte Störung als Form auf die Möglichkeitsbedingungen ihres Mediums zurückverweisen. Dies wäre mit Paech eine dritte Ebene, auf der Intermedialität operiert: die Reflexion spezifischer materialästhetischer Qualitäten in den künstlerischen Prozessen selbst, also die Wiederholung der Wiedereinschreibung des Mediums in die Form als inhaltliches oder ästhetisches Programm (also wiederum als Form). Auf dieser Ebene ließe sich weiterhin graduell unterscheiden zwischen relativ einfachen und stark verfremdenden Verfahren der **künstlerischen Selbstreflexivität** bzw. Medienreflexion: also etwa zwischen dem einfachen Thematisieren des Filmens innerhalb eines Films auf der einen Seite und dem simulierten Filmriss (beispielsweise in Ingmar Bergmans PERSONA, 1966) auf der anderen Seite.

Diese Idee eines indirekten Zugriffs auf die eigentlich verborgene Medialität eines Mediums über Prozesse künstlerischer Selbstreflexion ist ein zentraler Bestandteil einer ganzen Reihe von medientheoretischen Ansätzen wie etwa der **„negativen Medientheorie"** Dieter Merschs (2004, 2006, S. 219–228), des Weimarer Ansatzes einer „medialen Historiographie" (Engell und Vogl 2001) oder der Untersuchung von „Medienreflexionen", wie sie Kay Kirchmann und Jens Ruchatz (2014) systematisch erschlossen haben. Bei durchaus bestehenden Unterschieden, auf die hier nicht im Einzelnen eingegangen werden kann, sind diese insofern mit dem Konzept der Intermedialität ‚verwandt', als sie die Möglichkeiten der Medienreflexion ebenfalls von Luhmanns Unterscheidung von Medium und Form ausgehend denken und sich dabei besonders für mediale Paradoxa interessieren, in denen Medien ‚über sich selbst nachdenken' (vgl. für einen guten Überblick über die letzten beiden Ansätze Grampp 2016).

2.3.3 Die Digitalisierung und das „ur-intermediale Netzwerk"

Erstaunlich wenig reflektiert werden in Paechs frühen Ausführungen zur Intermedialität die **kulturellen Auswirkungen der Digitalisierung,** dabei tritt das Paradigma exakt zu einem Zeitpunkt auf, als diese immer deutlicher zutage treten: Die erste wissenschaftliche Verwendung des Begriffs ‚Intermedialität' im deutschen Sprachraum lässt sich auf das Jahr 1983 datieren (Schröter 2008, S. 591) und fällt damit in denselben Zeitraum wie die Einführung der digitalen Compact Disc und die Durchsetzung des Personal Computers. Gerade für **medienkomparatistische Perspektiven** stellte dieser Prozess eine ganz neue Herausforderung dar: „In der allgemeinen Digitalisierung von Nachrichten und Kanälen verschwinden die Unterschiede zwischen einzelnen Medien", wie es in einer oft zitierten Passage bei Friedrich Kittler (1986, S. 7) heißt: „Nur noch als Oberflächeneffekt, wie er unterm schönen Namen Interface bei Konsumenten ankommt, gibt es Ton und Bild, Stimme und Text".

Dieser Umstand wird bei Paech vergleichsweise nebensächlich behandelt. So stellt er zwar die Frage, ob vor dem Hintergrund der „völlig unspezifischen binären Codierung" (Paech 2003, S. 295–296) das Konzept der Intermedialität überhaupt noch zeitgemäß sei, kommt dann jedoch – anders als etwa Uwe Wirth (2005) – zu dem Schluss, dass „der Schritt zur Intermedialität die adäquate Antwort auf den aktuellen Stand der Künste, ihrer Formen und Medien" (Paech

2.3 Intermedialität und die Zwischenräume der Medien

2003, S. 296) darstelle, ohne dies weiter zu erläutern. Stattdessen nennt er die etwas pauschale **Unterscheidung analog/digital** als eine weitere Ebene, auf der Intermedialität operieren könne (Paech 1998 S. 19). Auch diese wird jedoch erst in späteren Publikationen ausführlicher berücksichtigt (vgl. Paech 2014). Konkreter wird in dieser Hinsicht Schröter, der bereits 1998 einen vielbeachteten (bei Rajewsky 2002 jedoch ignorierten) medienwissenschaftlichen Beitrag zur Intermedialitätstheorie vorgelegt hatte und sich in einer Reihe weiterer Texte speziell mit **Intermedialität unter den Bedingungen eines digitalen Zeitalters** beschäftigt (Schröter 2004, 2008, 2013).

Ihm zufolge lassen sich die verschiedenen Fassungen der Intermedialitätstheorie in vier verschiedene Typen aufteilen, die jeweils „auf unterschiedlichen theoretischen Modellen beruhen. 1) Synthetische Intermedialität, 2) Formale oder trans-mediale Intermedialität, 3) Transformationale Intermedialität und 4) Ontologische Intermedialität. Der dritte und der vierte Typ sind dabei eher als verschiedene Seiten derselben Medaille aufzufassen" (Schröter 1998, S. 129). In späteren Fassungen dieser „wegweisenden Typologie" (Kirchmann und Ruchatz 2014, S. 22) fasst er die letzten beiden Kategorien daher zu einer zusammen (vgl. Schröter 2008). Die **synthetische Intermedialität** steht in der Tradition des Diskurses des Gesamtkunstwerks (s. Abschn. 3.6) und bezeichnet einen „Prozess der [...] *Fusion* mehrerer Medien zu einem neuen Medium, dem ‚*Intermedium*', welches mehr wäre als die Summe seiner Teile" (Schröter 1998, S. 130). Unter **trans-medialer Intermedialität** versteht Schröter dagegen all jene Strukturen, die in verschiedenen medialen Kontexten gleichermaßen zur Verfügung stehen: vor allem Narrativität (s. Abschn. 3.2), aber auch Rhythmizität, Fiktionalität oder Serialität. All diese Strukturen lassen sich nicht einem ‚Ursprungsmedium' zuordnen, können aber als *tertium comparationis* für Vergleiche verschiedener Medienformen dienen und so wiederum deren Spezifika aufdecken.

Die Kategorie der **transformational-ontologischen Intermedialität** (Schröter 2008) umfasst all jene Fälle, in denen ein Medium durch ein anderes repräsentiert wird und greift insofern auf Paechs zweite und vor allem dritte Ebene der Intermedialität genauso zurück wie auf David Jay Bolters und Richard Grusins (2000) eng mit der Intermedialität verwandtes Konzept der ‚Remediation'. Dabei stellt sich auch für Schröter (1998, S. 144) die Frage, „ab welchem Punkt man sich berechtigt fühlen darf, von einer intermedialen Repräsentation zu sprechen". In der Regel sollte der Bezug ihm zufolge über die reine Thematisierung eines anderen Mediums hinausgehen und auf die eine oder andere Weise als Reflexion über dessen Möglichkeiten oder Qualitäten markiert sein (s. Abschn. 2.2.2), was wiederum über die Darstellung der „alltäglichen Verwendungen" (Schröter 2008, S. 589) von technischen Apparaten kaum möglich sei. Verfremdungen und Störungen dagegen verweisen auch für Schröter auf ihre medialen Bedingungen, weshalb transformationale Intermedialität immer auch eine ontologische Dimension hat: „Denn um überhaupt eine Transformation, eine Ausstellung der Medialität, konstatieren zu können, muss ein Wissen, was das repräsentierte Medium (angeblich) normalerweise ist, [...] vorausgesetzt werden. Nur so ist es möglich, zu beschreiben, was dem repräsentierten Medium durch das repräsentierende Medium (hin)zugefügt wurde" (Schröter 2008, S. 590). Gerade auf diese Weise gerät auch die historische **Wandelbarkeit des Mediums** in den Blick, denn wenn das Wissen über die spezifischen Eigenschaften des repräsentierenden oder repräsentierten Mediums „solchen Darstellungen in immer gleicher Weise vorherginge, etwa weil es im ‚Wesen' der Medien ruhte, könnte jede Darstellung immer nur eben dieses Wesen wiederholen" (ebd.). Da jedoch nicht alle Darstellungen etwa der Fotografie im Film gleich ausfallen, kann dies nicht der Fall sein. Vielmehr *erzeugt* der Prozess der Transformation Schröter zufolge überhaupt erst ein Wissen über beide Seiten des Transfers.

Die Digitalisierung beendet nun nach Schröter nicht die Relevanz der Intermedialität, sondern sorgt für eine ‚verschobene Wiederkehr' ihrer beschriebenen Ausprägungen, die wiederum innerhalb der **computerbasierten Kunstformen** reflektiert wird bzw. werden kann. Der Diskurs der synthetischen Intermedialität wird nicht nur in der besonders in der frühen Phase digitalisierter Unterhaltungskultur prominenten Rede von ‚Multimedia' aktualisiert. Darüber hinaus lassen sich ganz unterschiedliche digitale Geräte vergleichsweise umstandslos miteinander verbinden bzw. vernetzen. Dadurch werden letztlich **alle medialen Formen transmedial** im Sinne der vorgestellten Typologie, da sie digital „von einem bestimmten materiellen Substrat abgelöst vorliegen" (Schröter 2008, S. 586). Jedes Medium kann in jedes andere übergehen. Jeder Parameter kann separat verändert werden. Auch das, was vor der Digitalisierung als spezifisch für ein bestimmtes Medium gelten konnte – also etwa die auf eine konkrete materielle Beschaffenheit verweisende **Störung** –, wird nun insofern transmedial, als es in beliebigen Kontexten zitier- oder simulierbar wird. Diese Feststellung führt Schröter zu der zentralen Schlussfolgerung, dass sich die Unterschiede einzelner Medien *eben nicht* wie bei Kittler beschrieben in der Digitalisierung auflösen. Nur dadurch, dass sie auch digital nach wie vor als distinkte Formen wahrnehmbar bleiben, können sie ineinander übergehen (vgl. Schröter 2013). Wenn *alle* Medienformen digital repräsentierbar sind, wirkt sich das direkt auch auf die Kategorie der **transformational-ontologischen Intermedialität** aus, vor deren Hintergrund überhaupt erst ein Wissen darüber denkbar wird, was analoge Medien „sind (oder waren)" (Schröter 2008, S. 590).

Doch seine Schlussfolgerungen sind noch viel grundsätzlicherer Natur. So zeige sich erst im Universalmedium des digitalen Computers, dass das, was zuvor als ‚Einzelmedien' beschrieben wurde (Fotografie, Film, Malerei usw., s. Abschn. 2.4.2), tatsächlich nicht der Digitalisierung vorangehende „Monaden" gewesen seien, sondern nur „temporäre Stabilisierungen" innerhalb eines „**ur-intermedialen Netzwerks**". Der in Greenbergs normativen Ausführungen zur Medienspezifik gipfelnde Diskurs stabil abgrenzbarer Einzelmedien ließe sich so betrachten als Prozess der „Reinigungsarbeit" im Zeichen der Moderne bzw. als verzweifelter Versuch, ein „verwirrend[es] und unüberschaubar[es]" (ebd., S. 600) Netz möglicher medialer Formbildungen radikal in seiner Komplexität zu reduzieren.

2.4 Die Medien der Intermedialität

Auf den ersten Blick stellen sich ‚operationalisierte' und ‚emphatische' Intermedialitätskonzepte (s. Abschn. 2.2 und 2.3) als verschiedene Lesarten des ‚**Inter-**' dar. Im ersten Fall bedeutet dieses ‚Dazwischen' soviel wie: sowohl das eine Medium als auch das andere. Und dieses ‚Sowohl ... als auch ...' begegnet dann in unterschiedlichen Varianten (intermediale Bezüge, Medienwechsel, Medienkombination). Im zweiten Fall bedeutet es eher: weder das eine Medium noch das andere. Und dieses ‚Weder ... noch ...' zeitigt „(ästhetische) Brechungen und Verwerfungen" (Müller 1998, S. 32) oder „Paradoxien der Auflösung" (Paech 1997). Letztlich beruhen beide Konzeptionen aber auch auf unterschiedlichen Vorstellungen von ‚**Medium/Medien**'. Den einen sind sie prosaische ‚Mittel' „im Sinne von Instrumenten" (Mersch 2003, S. 10), wie Wolf wiederholt ausgeführt hat: „intermediality deals with media as conventionally distinct means of communicating cultural contents" (Wolf 2005, S. 253); den anderen sind sie eine mystische ‚Mitte', „die sich zwischen zwei Positionen hält und dabei das eigentlich Hervorbringende, das Konstituierende bezeichnet" (Mersch 2003, S. 10).

Auch ohne eine Klärung des Begriffs des Mediums für möglich zu halten, die in Anbetracht seiner Bedeutungsvielfalt – „von der Bestimmung als ‚Form', als *techné*, als Funktion oder Struktur bis zu ‚Spur' und ‚Materialität'" (Mersch 2003, S. 10) – kaum erreichbar scheint, wird der Medienbegriff für die Intermedialitätsforschung zum Problem (vgl. Elleströms „What is the problem?", 2010, S. 11–13). Um etwa intertextuelle (oder interpiktoriale) Phänomene als intra-medial zu beschreiben, ist ein Medienbegriff angezeigt, der **sowohl von technischen als auch von konventionellen Bestimmungen** von Medien **abstrahiert**. Texte können in Büchern wie in Zeitschriften, sowohl als (schöne) Literatur als auch als Sachgeschichte platziert werden. Dies legt eine Auffassung von Texten (und analog Bildern und Tönen) als das nahe, was Elleström (2010, S. 12) als „**basic media**" von Realisationsformen („technical media") und sozial konstruierten Medienbegriffen („qualified media") unterscheidet (s. Abschn. 2.3.1).

Ein „qualifiziertes" oder „anerkanntes" (Elleström 2010, S. 15) Medium wie der Film wiederum versammelt unter seinem Namen eine solche Vielfalt von technischen und modalen Spielarten (digital vs. analog; stumm vs. vertont; s/w vs. farbig usw.), dass diese Subsumption nach einem kulturhistorisch und ästhetikgeschichtlich informierten Konzept von ‚**Einzelmedien**' verlangt (vgl. Elleström 2010, S. 24–26), das wechselnde basismediale Bestimmungen überspannen kann (s. Abschn. 2.3.2). In einer emphatisch transgressiv verstandenen Intermedialität hingegen geht es „nicht mehr um Differenzen und die unterschiedliche Bedeutsamkeit von Medien, sondern um das Gegenteil, um Indifferenz und Interferenzen, also einen Ort zwischen den Medien" (Leschke 2003, S. 309). Dann stehen nicht mehr die Grenzen von „als distinkt wahrgenommenen Medien" (Rajewsky 2002, S. 157) im Mittelpunkt des Interesses, sondern die Konfiguration von **Medialitäten**, die das „intermediale Terrain" (Leschke 2003, S. 310) abstecken (s. Abschn. 2.3.3).

2.4.1 Basis-Medien: Text, Bild, Ton (und Zahl)

Die Idee des Konzepts der Basis-Medien ist die Rückführung der Vielfalt der gemeinhin als **(Einzel-)Medien** angesprochenen technisch-kulturellen Arrangements auf eine überschaubare Anzahl grundlegender medialer Konfigurationen. Ein solches Vorgehen legen schon die kategorialen Unstimmigkeiten üblicher (chronologischer) Aufzählungen der Medienfolge nahe: zweifellos sind etwa Schriftzeichen, Buchdruck, Presse/Post, Fotografie, Phonographie und Telegrafie, Film, Radio, Fernsehen und Computer/Internet (so bei Hörisch 2004) sehr heterogene mediale Anordnungen; zudem könnte die Reihe durch weitere ‚Medien' fast schon beliebig ergänzt werden (von der Schreibmaschine über das Panorama bis zum Theater).

In einer ersten Variante bedeutet die Abtragung der historischen Kontingenz der Kristallisation von ‚Medien', die von medientechnischen Erfindungen und kulturellen Aushandlungsprozessen („primäre Intermedialität", Leschke 2003, S. 33–71) abhängt, eine Unterscheidung von verschiedenen Niveaus oder Typen von Medialität (so Ellerström 2010, S. 12). Basis-Medien sind dann die „elementaren Kategorien von Eigenschaften, Qualitäten und Aspekten aller Medien" (Ellerström 2010, S. 15, unsere Übersetzung) oder kurz: ihre **Modalitäten**. Ellerström etwa unterscheidet „material modality" („human bodies, other demarcated materiality and not demarcated materiality"), „sensorial modality" („seeing, hearing, feeling"), „spatiotemporal modality" („space/time manifested in the material interface, cognitive space/time and virtual space/time") und „semiotic modality" („symbols, icons and indices") (ebd., S. 15, 36, 44). Basismedial ist dann das spezifische modale Profil eines Mediums, das sich als „complex of interrelated facets – the technical, the modal and the qualifying aspects" (ebd., S. 37) verstehen lässt.

Ein solcher multimodaler Ansatz legt eine **Skalierbarkeit von Intermedialität** dergestalt nahe, dass Medien, die mehrere Modi gemeinsam haben, ‚tiefer' kombiniert und integriert werden können („deeply integrated", Ellerström 2010, S. 29), als solche, denen modale Gemeinsamkeiten fehlen und die daher auf Mediation und Transformation verwiesen sind („weakly integrated", ebd., S. 29). Jedenfalls handelt es sich um ein Spiel von Gemeinsamkeiten und Unterschieden: „intermediality must be understood as a bridge between medial differences that is founded on medial similarities" (ebd., S. 12).

Waren es in (par)agonalen Entwürfen von intermedialen Beziehungen lange Zeit die Unterschiede zwischen den Medien (bzw. Künsten, s. Abschn. 3.1), die außer Frage standen, so hat sich die Situation im Zeichen des Computers umgekehrt (zur Frage des Medien-Status des Computers vgl. jedoch kritisch Winkler 2004). Das **Universalmedium ‚Computer'** stellt als „Medium aller Medien" (Mersch 2003, S. 43) mediale Differenzen in Frage. Damit droht jedoch die Frage der intermedialen Relationen obsolet zu werden (s. Abschn. 2.3.3).

In diesem Zusammenhang lässt sich eine zweite Variante des Rückgangs auf Basis-Medien als Versuch verstehen, eine Ebene unhintergehbarer medialer

2.4 Die Medien der Intermedialität

Differenz zu behaupten. Als „kardinale" oder „basale Darstellungsmedien" (Mersch 2003, S. 11, 15) oder als „basale Medientechniken" (Schanze 2001, S. 212) markieren **„Wort, Bild, Ton und Zahl"** (Mersch 2003, S. 11) oder „Bild, Ton, Zahl und Buchstabe" (Schanze 2001, S. 212) die Tiefe der „strukturellen Imkompatibilitäten" (Mersch 2003, S. 11) zwischen den Medien, in der kein Medium „das andere ohne Einbuße oder Gewaltanwendung zu überschreiben oder zu ersetzen [vermag], sowenig wie es ein vereinheitlichendes Medium gibt" (Mersch 2003, S. 48). Und mögen auch auf/mit dem Computer „Wort, Bild und Ton unter die alleinige Herrschaft von Zahl und Digitalität" (Mersch 2003, S. 43) geraten – als „Elemente der Multimedia-Konfiguration" (Schanze 2002, S. 200) –, so bestehen ihre Differenzen doch fort in unterschiedlichen Dateiformaten und Software-Applikationen: „Die Digitalisierung markiert zugleich die Differenz der Basismedien als Bildverarbeitung, Tonverarbeitung, Textverarbeitung und Numerischer Datenverarbeitung in unterschiedlichen Programmsystemen" (Schanze 2001, S. 214).

Dabei kann keineswegs als ausgemacht gelten, wie sich die **Differenzen zwischen den Basis-Medien** fassen lassen (oder sich deren Eigenarten nicht erst im Vollzug von Interrelationen erschließen lassen, s. Abschn. 2.1.1). Das Spektrum reicht innerhalb dieses zweiten Ansatzes von phänomenal einleuchtenden bis hin zu abstrakt-theoretischen Begründungsfiguren. Coy (2003, S. 149) etwa begnügt sich mit der bloßen Feststellung, dass Zählen „etwas anderes [ist] als Schreiben oder Zeichnen". Mersch dagegen verschaltet eine Reihe von Differenzkriterien, die die Basis-Medien voneinander trennen, angefangen mit der Unterscheidung von aisthetischen, also „auf die Herstellung von Wahrnehmungen bezogen[en]" (2003, S. 16) und diskursiven, „auf der Herstellung und Umsetzung signifikanter oder formaler Ordnungen fußen[den]" (ebd., S. 17) Medien. Dann gilt, dass Bild und Ton (sich) *zeigen,* während Wort und Zahl „durch die Modi des *Sagens* charakterisiert werden können" (ebd., S. 16).

Für die Absteckung der Felder der Intermedialität hat ein derart basaler Medienbegriff zwei Vorzüge: Zum einen plausibilisiert er die Rede von intertextuellen (und analog interpiktorialen und intermusikalischen) Bezügen als intramedial, da diese sich dann tatsächlich unter medialen Artefakten ereignen, die ein und demselben Basis-Medium angehören und also ‚intra-basis-medial' funktionieren. Zum anderen erlaubt er die Einbeziehung von ‚**inter-basismedialen' Beziehungen,** die bisher kaum als Gegenstand intermedialer Forschungen Berücksichtigung gefunden haben. Neben die traditionell binär (zwischen *zwei* Medien) gedachten intermedialen Beziehungen – wie etwa Wort-Bild-Verhältnisse (etwa *in praesentia* im Emblem, *in absentia* in der Ekphrasis) – treten dann komplexere intermediale Praktiken und Probleme wie etwa das der **musikalischen Notation** (dazu etwa Mersch 2003, S. 37–41, demzufolge sich in den „Techniken der Notation" die „drei Möglichkeiten einer Überschreibung des Tones" durch „Graphik (Bild), Schrift und mathematisches Notat" überkreuzen; es handelt sich somit um eine basismediale Abbildung der Gestalt ‚Ton → Bild/Wort/Zahl').

Ein solches Modell eröffnet auch die Möglichkeit, bestimmte mediale Konstellationen als inhärent intermedial zu begreifen (wohingegen alle Medien „mehr oder weniger multimodal" verfasst sind, Elleström 2010, S. 24). In dieser Hinsicht kann die Bestimmung des Theaters als Kombination von **Lexis (Sprache), Melos (Musik/Tanz) und Opsis (visuellem Spektakel)** in der Aristotelischen Poetik als Vorläufer basismedialer Überlegungen gelten (s. Abschn. 2.6).

Anhand dieses Beispiels lässt sich jedoch nachvollziehen, auf welche Weise es möglich ist, das Verhältnis zwischen Basis-Medien und ‚qualifizierten' Medien („[a]rt forms and other cultural media types", Elleström 2010, S. 27) wieder zu verflachen, indem die basalen Differenzen wieder als intermediale Aspekte eines (mono-basis-medialen) Mediums reklamiert werden. So definierte etwa Frye (1957, S. 244) – wohl vor allem mit Blick auf Gedichte, deren ‚musikalische' (rhythmisch-metrische) und ‚bildliche' Qualitäten (bis hin zur konkreten Poesie) auf der Hand zu liegen scheinen – **Literatur als zugleich wortbasiert und ton- und bildförmig:** „Considered as a verbal structure, literature presents a *lexis* which combines two other elements: *melos,* an element analogous to or otherwise connected with music, and *opsis,* which has a similar connection in the plastic arts". Auf diese Weise wird das Konzept der Basis-Medien wieder zurückgefaltet in einen konventionellen Medienbegriff. Letztlich sind diese beiden ‚Typen' von Medien eben nur „complementary, theoretical aspects of what constitutes media and mediality" (Elleström 2010, S. 12).

2.4.2 Einzel-Medien: zwischen begrifflicher Einheit und historischer Vielfalt

Am Beispiel des schon angesprochenen Theaters als Kombination von Lexis, Melos und Opsis lässt sich gut der Übergang von einer auf Basis-Medien und einer auf Einzel-Medien ausgerichteten Betrachtung demonstrieren. Zwar kann man die genannte Verbindung der **Basis-Medien Text, Bild und Ton** (‚synthetische Intermedialität' nach Schröter 1998) in den frühesten historisch greifbaren und auch in den elementarsten beobachtbaren Formen des Theaters nachweisen, doch ist sie gleichwohl nicht für dieses allein charakteristisch, sondern in der griechischen Antike auch für die **Lyrik.** Deren Bezeichnung ist nicht zufällig von dem antiken Musikinstrument Lyra abgeleitet, da Gedichte zu Musikbegleitung gesungen wurden. Die basismediale Dimension der Opsis wurde dabei durch Mimik und Gestik gefüllt. Dies fand wiederum häufig **im Rahmen von Theateraufführungen** oder von religiösen Kulten statt (in denen das Theater seinen Ursprung hat). Geht man also nur etwas ins historische Detail, so findet man Zusammenhänge basismedialer Kombinationen, aus denen sich allmählich bestimmte und dann in der Praxis und auch begrifflich voneinander getrennte Formen herausbilden, in diesem Fall Theater vs. Gesang.

Bezeichnet man nun das Theater nach seiner Etablierung und gesellschaftlichen Konventionalisierung als **Einzel-Medium,** so muss man feststellen, dass

2.4 Die Medien der Intermedialität

es historisch höchst wandelbar ist. Zunächst verschwindet es am Ende der Antike für fast ein Jahrtausend nahezu vollständig von der europäischen Bühne, und dann nimmt es zeitgleich sehr unterschiedliche Formen an. Während Andrea Palladio mit seinem *Teatro olimpico* in Vicenza (1580–1585) das Prinzip der Guckkastenbühne vervollkommnet und mit einem übergreifenden Architekturkonzept verbindet, das aber auch durch die Staffelung von Kulissen eine **perspektivische Bildwirkung** ermöglicht, setzt die Shakespeare-Bühne des *Globe Theatre* in London (1599) in erster Linie auf Text und schauspielerischen Ausdruck bei weitgehender Reduzierung der Bilddimension auf Kostüme und Requisiten.

Diese unterschiedlichen Ausprägungen lassen sich in teilweise noch stärker zugespitzter Form bis in die Gegenwart finden, doch inkorporierte sich das Theater schon im frühen 20. Jahrhundert neue technische Möglichkeiten wie die Drehbühne (welche Film-analoge schnelle Szenenwechsel ermöglicht) und mediale Formen wie den Film selbst als aufführungsbegleitende Projektion. Andererseits wird Theater in unterschiedlicher Weise verfilmt und über audiovisuelle Medien rezipiert – seit der Entwicklung von Live-Fernsehen auch über TV-Übertragungen. Insbesondere wenn heutige Theateraufführungen Live-Aufnahmen des Geschehens auf der Bühne aus Zuschauer/innen nicht zugänglichen Perspektiven in den Bühnenraum projizieren, dann kombinieren sie Theater mit Closed-Circuit Television (CCTV), und zu einer TV-Übertragung besteht nur noch die Differenz, dass es sich um eine geschlossene Anordnung im gleichen Raum handelt.

Frühe Filme erscheinen hingegen häufig wie abgefilmtes Theater, weil die Kamera noch recht starr war und auf einem Beobachterstandpunkt verharrte, während das gefilmte Geschehen sich vor gemalten Kulissen vollzog und sich Zeit- und Ortswechsel auf größere, den Akten eines Theaterstückes analoge Zeiträume beschränkten – auch wenn der Raum bereits durch Schnitte dynamisiert wurde (vgl. Böhn 2003). Die dominante Tendenz des narrativen Spielfilms westlicher Provenienz hat sich davon wegentwickelt, indem durch reale Schauplätze und Verbesserungen der Aufnahmequalität die realistische Anmutung des Filmbildes gestärkt wurde und in Kombination von Kameraperspektive und Montage eine eigene ‚Grammatik' des filmischen Erzählens entwickelt und konventionalisiert wurde. Doch kann der Film jederzeit auf diese Möglichkeiten auch wieder verzichten und sich gewissermaßen freiwillig auf das Theatrale reduzieren, wie es eine ganze Reihe zeitgenössischer Regisseure tun und es etwa in **Lars von Triers Dogville (2003)** der Fall ist. Die Schauplätze werden in diesem Film nur durch Umrisse und Beschriftungen auf dem Boden repräsentiert statt abgebildet, Ortswechsel und Zeitsprünge minimiert. Episierung im Sinne der Brechtschen Theaterkonzeption durch einen Erzähler und Kapiteltitel in Form von kurzen Inhaltsangaben verstärken den Eindruck eines stark anti-illusionistischen Theaterstücks.

Die Vorstellung von Einzel-Medien als klar voneinander unterscheidbaren, stabilisierten und konventionalisierten Komplexen wird umso problematischer, je mehr man sich von jeweils als prototypisch empfundenen Beispielen zu Grauzonen des Übergangs zu anderen Einzelmedien bewegt. Doch auch beim Blick auf Prototypen wird die **Einheit von Einzel-Medien** in Frage gestellt, wenn man die

Betrachtung historisch erweitert und auffächert. Im 19. Jahrhundert ist das Theater *das* Unterhaltungsmedium des städtischen Massenpublikums und damit neben der Erzählliteratur das Zentrum der im Zuge der Modernisierung entstandenen populären Kultur (im Unterschied zur früheren und in ländlichen Regionen weiterbestehenden Volkskultur). Diese Rolle gibt es im 20. Jahrhundert zunächst an den Film und dann an das Fernsehen ab. Damit ist eine Schwerpunktverlagerung hin zum Kunst- und Bildungsbereich verbunden, wie sie sich ähnlich in der Malerei durch die Mitte des 19. Jahrhunderts einsetzende Konkurrenz zur Fotografie ergibt. Die Etablierung neuer Einzel-Medien wirkt regelmäßig durch solche Verschiebungen auf die bereits existierenden Einzel-Medien zurück und geht mit einer Neujustierung des gesamten **medialen Funktionsgefüges** einher.

Technische Weiterentwicklungen führen zu Veränderungen in der Erscheinungsweise und den Nutzungsmöglichkeiten von Einzel-Medien. So ist die **Fotografie** in ihren frühen Formen Heliografie und Daguerreotypie zunächst auf die Herstellung von unikalen Einzelbildern beschränkt und der Prozess von Aufnahme und Entwicklung des Bildes so aufwändig, dass Fotos nur von professionellen Fotografen oder begeisterten Amateuren hergestellt werden. Erst der Rollfilm und dann die Kleinbildkamera machen Fotografieren schrittweise zu einem Massenphänomen, wie in anderer Hinsicht die potenziell unbegrenzte Vervielfältigbarkeit und die durch Rasterverfahren deutlich verbesserte Möglichkeit der Aufnahme von Fotografien in gedruckte Medien. Farbfotografie verändert die Phänomenalität von Fotografie, Digitalfotografie bietet andere und zusätzliche Bearbeitungsmöglichkeiten, was eine Debatte darüber auslöste, ob dadurch ihr Dokumentcharakter in Frage gestellt werde, da Manipulationen, die auch bei analoger Fotografie möglich sind und bereits im 19. Jahrhundert durchaus üblich waren, erleichtert würden. Andererseits ist der Unterschied zwischen analoger und digitaler Fotografie an einem konkreten Foto nicht unbedingt zu erkennen, und in vielen Bereichen von der Werbung bis zu politischen Debatten werden Fotos als Belege für reale Gegebenheiten verwendet (Schneider und Grebe 2004). Außerdem sind die genannten Entwicklungen keine Einbahnstraße im Sinne eines unhintergehbaren Entwicklungsfortschritts. So gibt es im Bereich der Kunstfotografie Strategien zur Begrenzung der Vervielfältigbarkeit (durch sog. *vintage prints* oder aktuell durch Einsatz von digitaler Blockchain-Technologie), und mit der Polaroidfotografie entstand in der zweiten Hälfte des 20. Jahrhunderts ein Verfahren, das wieder Unikate erzeugte und zugleich den Entwicklungsprozess extrem verkürzte und entprofessionalisierte. Digitalfotografie, die unendliche Vervielfältigbarkeit und Instantaneität der Bilderzeugung verbindet, bezieht sich in manchen ihrer aktuellen Erscheinungsweisen auf Polaroidfotografie zurück (vgl. Schrey 2015).

Inwiefern ist es nun dennoch sinnvoll, angesichts dieser **historischen, phänomenalen und funktionalen Wandelbarkeit** und Vielfalt sowie den demonstrierten Abgrenzungsproblemen in Übergangsbereichen und Grauzonen von bestimmten Einzel-Medien zu sprechen? Zum einen entspricht es einer eingespielten Redeweise, auch in wissenschaftlichen Kontexten, etwa durchgehend vom Medium ‚**Film**' zu sprechen, auch wenn sich von 1895 bis heute

2.4 Die Medien der Intermedialität

die Materialität dieses Mediums grundlegend verändert hat (von perforierten Zelluloidstreifen bis zu DVDs oder Festplatten als Datenträgern) und auch die Art der Distribution (von der Vorführung auf Jahrmärkten oder in *music halls* und später in Kinos über die Rezeption am Fernsehbildschirm in Form von TV-Ausstrahlungen, von Videokassetten oder DVDs bis hin zum Internet-Streaming), die technische Grundlage (von analog zu digital), die Phänomenalität (von s/w zu Farbe, vom Stumm- zum Tonfilm, in unterschiedlichen Formaten von 1,33:1 bis 2,76:1) und die typischen Formen der Rezeption vielfältigem Wandel unterlagen, ohne dass jeweils das Neue das Alte vollständig ersetzt hätte oder eine eindeutige Entwicklungsrichtung gegeben wäre. Es ist zwar angesichts der durchgreifenden Veränderungen gerade im Zusammenhang mit der Digitalisierung immer wieder vom ‚Tod des Films' einerseits und vom ‚Tod des Kinos' andererseits die Rede, etwa bei Rodowick (2007), der aber auch vom virtuellen (Nach-)Leben des Films spricht. Doch leben Totgesagte auch hier länger und die Rede vom Medium ‚Film' geht ungeachtet dieser Diskussionen weiter (vgl. Niessen 2012).

Zum anderen schafft der fortgeführte Gebrauch der Bezeichnung für ein Medium, ähnlich wie der Gebrauch von Ausdrücken für literarische Gattungen, einen Bezugsrahmen, der **Traditionsbildung** begünstigt und zum Gegenstand von historischen Verweisen und Reflexionen über die Entwicklung dieses Mediums wird. Die Bezeichnung ‚Film' unterstellt also nicht nur die Einheit eines Mediums, sondern sie stellt sie über solche historischen Ketten von Bezügen und Verweisen gewissermaßen auch her. Filme beziehen sich intertextuell bzw. interfilmisch auf andere Filme (s. Abschn. 2.1.3) und überbrücken damit die angesprochenen Schwellen, an denen sich wesentliche Aspekte des Mediums verändern, etwa wenn ein Tonfilm sich auf einen Stummfilm oder ein Farbfilm auf einen Schwarzweißfilm bezieht. Sie können solche Schwellen aber auch direkt thematisieren wie MODERN TIMES (1936, R.: Charlie Chaplin), der als Tonfilm fast völlig auf Dialog verzichtet und menschliche Rede nur als über andere Medien wie die Schallplatte vermittelt oder in Form eines unverständlichen, in einer Fantasiesprache gesungenen Liedes integriert. THE WIZARD OF OZ (1939, R.: Victor Fleming) präsentiert sich zunächst als Schwarzweißfilm und setzt den Übergang zum Farbfilm auf der Handlungsebene mit dem Eintritt in ein Zauberland gleich. Während der erste Film sich also weitgehend auf eine schon einige Jahre zurückliegende Entwicklungsstufe des Mediums reduziert und damit eine ironische Distanz zu dem erreichten ‚Fortschritt' einnimmt, glorifiziert der zweite Film den medienhistorischen Wandel. Beide markieren eine Position zur jeweiligen Veränderung des Mediums und stiften gerade damit eine Kontinuität über diese Veränderung hinweg. Anders gesagt reflektieren sie einen **Wandel der Medialität eines (Einzel-)Mediums,** also seiner spezifischen Verfasstheit und seiner Erscheinungsweise. Dieser Wandel schließt Veränderungen seines Dispositivs, also eben auch der ihm zugrundeliegenden apparativen Technik, ebenso ein wie solche der Medienspezifik (Doane 2007), denn für den Tonfilm bietet sich eine wesentlich stärker dialogorientierte Erzählweise (wie etwa in Screwball-Komödien) an als für den Stummfilm und für den Farbfilm im Unterschied zum Schwarzweißfilm die Nutzung bestimmter Farben für leitmotivische

Strukturierungen (wie etwa die Farbe Grün in Hitchcocks VERTIGO von 1958), so dass plötzlich ganz andere Ausprägungen als prototypisch für das Medium und als *best practice*-Beispiele der optimalen Nutzung seiner Möglichkeiten erscheinen können.

2.4.3 Filmische Medialitäten: (inter-)mediale Konstellationen

Der Wandel der Phänomenalität des Mediums Film, der an den Schwellen des Übergangs vom Schwarzweißfilm zum Farbfilm und vom Stummfilm zum Tonfilm auftritt, erscheint aus größerem zeitlichem Abstand betrachtet noch deutlicher und markanter, da er sich mit weiteren Veränderungen in der Erscheinungsweise des Mediums verbindet. Ganz offensichtlich ist dies bei Filmen, die wesentlich älteres Filmmaterial integrieren, wie es bei historischen Themen häufig geschieht – sei es in Form von originalem unverändertem Material, sei es in Form von nachgestaltetem oder simuliertem historischem Material, sei es in der Verbindung von beidem wie bei **Woody Allens ZELIG (1983)**. Die titelgebende Hauptfigur trifft in den 1920er und 1930er Jahren mit bekannten Persönlichkeiten zusammen, die in originalen Aufnahmen gezeigt werden, in die Zelig eingefügt wurde. Andere Sequenzen bestehen aus unverändertem Archivmaterial, wieder andere sind vollständig neu gedreht worden und rekonstruieren bzw. simulieren nur die Oberflächeneigenschaften von Filmmaterial aus der späten Stummfilm- und frühen Tonfilmzeit, einschließlich typischer Beschädigungen wie Kratzern und Alterungsspuren. Um diesen Effekt zu erzielen, nutzte Allen Kameras und Linsen aus der entsprechenden Epoche und manuelle Eingriffe ins Filmmaterial, da dies in dieser Zeit die beste zur Verfügung stehende Option zum Erzeugen derartiger Phänomenalitäten war und die vollständige digitale Simulation solcher Medialitätseigenschaften damals noch nicht möglich war.

Man kann also zwischen einer Aggregation von Medialitäten unterscheiden, die aus der Zusammenfügung von auf unterschiedliche Weise und zu unterschiedlichen Zeiten entstandenen Medienprodukten resultiert, und der Kombination von Medialitäten, die genau dafür als differente und unterscheidbare Formen produziert wurden. Dies kann wiederum in einer nachgestaltenden, rekonstruktiven Weise geschehen, etwa indem man die ursprünglich verwendete Produktionstechnik benutzt, oder in einer Simulation, die mit einer ganz anderen Technik ähnliche Effekte erzeugt. Der Film als Einzel-Medium, das verschiedene Basis-Medien integriert, kann solche **Aggregationen und Kombinationen** nicht nur mit medialem Material schaffen, das ursprünglich aus dem Medium Film stammt, sondern auch mit anderem, beispielsweise Liedern. Ein aus einem außerfilmischen Kontext bekanntes Lied kann in einen Film integriert werden, so wie etwa zuerst „Die Wacht am Rhein" und dann kontrapunktisch dagegen gesetzt die „Marseillaise" in CASABLANCA (1942, R.: Michael Curtiz), die beide von Gästen in Ricks Café gesungen werden. Beide Lieder sind also in die Diegese des Films integriert. Sie verweisen zwar deutlich auf die historischen und kulturellen

2.4 Die Medien der Intermedialität

Kontexte, aus denen sie stammen, weisen aber (außer dem basismedialen Unterschied zwischen Dialog und Gesang) keine differente Medialität im Verhältnis zum Rest der Szene oder auch des ganzen Films auf.

Anders verhält es sich hingegen in **Rainer Werner Fassbinders LILI MARLEEN (1981)**. Das 1939 mit der Sängerin Lale Andersen aufgenommene Lied wurde durch die Ausstrahlung im deutschen Soldatensender Belgrad, aber auch international schnell berühmt, so dass schon 1942 ein erstes, allerdings nur privat verbreitetes Proto-‚Musikvideo' entstand (https://digit.wdr.de/entries/19356). Der Amateurfilm kombiniert die Originalaufnahme des Liedes mit Szenen, die seinen Inhalt illustrieren – eine elementare Form intermedialer Kombination, die wesentlich später zur Entwicklung eines eigenen medialen Genres führte. Fassbinders Film erzählt mit weitreichender künstlerischer Freiheit die Geschichte des Liedes, das in einer Szene bei einer Galaveranstaltung im Berliner Sportpalast von Hanna Schygulla, die Lale Andersen spielt, gesungen wird, wobei Soldaten an der Front eingeschnitten werden, die eine Radioausstrahlung des Liedes hören. Dadurch werden zwei Erscheinungsweisen des Liedes nebeneinandergestellt, von denen die eine rekonstruktiv im Sinne einer Nachgestaltung mit aktuellen technischen Mitteln ist und die andere eher simulierend, da die Beeinträchtigung der Tonqualität bei damaligen Radioausstrahlungen imitiert wird. Diese beiden Ebenen korrespondieren einerseits der Außenwirkung des Liedes als mediales Produkt, die bis zum Kultstatus führte, und andererseits seiner Bedeutung für die beteiligten Künstler, die der Film – mit Abweichungen von der historischen Wirklichkeit – erzählt.

ON CONNAIT LA CHANSON (1998) von Alain Resnais greift ebenfalls auf bekannte Lieder zurück, hier solche der französischen Chanson-Tradition. Diese werden den Zuschauer/innen mit den Stimmen von bekannten Sängerinnen und Sängern wie Edith Piaf, Charles Aznavour, Gilbert Bécaud oder France Gall präsentiert, indem die originalen Aufnahmen in die Tonspur des Films integriert werden. Dabei ist zu beachten, dass bereits diese Integration bestimmte technische Transformationen voraussetzen kann, etwa von den ursprünglichen analogen zu digitalen Speicherungstechnologien, und zudem eine Integration von vorgängigem auditivem Material in die Tonspur eines Films in jedem Fall eine technische Transformation mit sich bringt. Die Darsteller des Films ‚singen' offensichtlich nicht mit ihren eigenen, sondern mit fremden Stimmen, die zudem von Chanson zu Chanson variieren. So hören die Zuschauerinnen und Zuschauer Musikstücke, die offensichtlich zu verschiedenen Zeiten und mit unterschiedlichen technischen Standards aufgenommen wurden. Hindert uns dieser Umstand auf der einen Seite an der Identifikation mit den Protagonist/innen und der emotionalen Beteiligung an der Geschichte, so erlaubt er uns auf der anderen Seite die Konzentration auf die Lieder und ihre emotionale Bedeutsamkeit. Dadurch verwandelt sich der Film in eine Art ‚lebendes Museum' (in Analogie zur ‚Verlebendigung' von Bildern in *tableaux vivants*, s. u.) der französischen Chanson-Kultur, indem er die mediale Differenz zwischen den Originalaufnahmen der Chansons und dem Film herausstellt.

Da die Integration von gesungenen Liedern seit der Einführung des Tonfilms zu den grundsätzlich gegebenen Möglichkeiten des Einzelmediums Film (im in Abschn. 2.4.2 erläuterten und problematisierten Sinne) gehört, basismediale Optionen zu bündeln und in Wechselwirkung zu setzen, bedarf es also bestimmter Betonungen und **Verauffälligungen medialer Differenz,** um in solchen Fällen sinnvollerweise von Intermedialität sprechen zu können, zumindest wenn darunter Intermedialität im Sinne des emphatischen Intermedialitätskonzepts verstanden werden soll (s. Abschn. 2.3). Dies ist im Beispiel CASABLANCA nicht, in LILLI MARLEEN ansatzweise und in ON CONNAIT LA CHANSON sehr ausgeprägt der Fall.

Anders verhält es sich bei der Relation des Films zu einem Einzelmedium, das in mehreren Hinsichten in elementarer Opposition zu ihm steht, wie es bei Zeichnung und Malerei der Fall ist. Diese produzieren unbewegte Einzelbilder in einem manuellen Prozess allmählicher Gestaltung (im Unterschied zum automatisch und augenblicklich erzeugten Bewegtbild des Films, jedenfalls des Realfilms, wenn man Spezialeffekte außer Acht lässt). Daher können so erzeugte Bilder und ihre Produktion zwar auf der Ebene der Diegese des Films, also in der von diesem dargestellten Welt, ohne Probleme vorkommen, wie etwa in **Hitchcocks VERTIGO (1958).** Darin betrachtet die Protagonistin ein Gemälde in einem Museum, und eine Hobbymalerin malt sich selbst nach dem Muster dieses Gemäldes. Weitergehende Beziehungen zwischen den beiden Medien überschreiten jedoch schnell die Grenze zu deutlich markierter Intermedialität. Darauf verweist in VERTIGO schon das Auftreten von Elementen des Gemäldes als plastische Gegenstände auf der Realitätsebene des Films und mehr noch die Traumsequenz, die Realfilm und Animation kombiniert und dabei Bildelemente des Gemäldes integriert.

Eine Möglichkeit einer intermedialen Konstellation des Films mit Zeichnung und Malerei ist das Aufgreifen der Praktik des *tableau vivant* aus dem 18. und 19. Jahrhundert, also das Nachstellen von Gemälden (vgl. Böhn 1999), wobei der Übergang zwischen Bewegung und Stillstand (und zurück) die mediale Differenz besonders markiert. In avancierter Form geschieht dies in **SHIRLEY – VISIONS OF REALITY (2013) von Gustav Deutsch,** der dreizehn Gemälde von Edward Hopper nachstellt, mit relativ wenig Bewegung und Ton ‚verlebendigt' und in ihrer Folge die Geschichte einer Frau erzählt. Die Narration kommt dabei jedoch gerade nicht in der Art und Weise zustande, in der der Spielfilm üblicherweise erzählt. Die einzelnen Episoden werden immer zu Beginn durch die Einblendung von Originaltonaufnahmen aus der jeweiligen Zeit historisch verortet. Das Geschehen vollzieht sich eher zwischen den Episoden und wird nicht durch Handlungen und Dialoge der Figuren vermittelt, sondern durch innere Monologe der Hauptfigur Shirley, die den jeweiligen Stand der Dinge reflektieren. Für die Filmaufnahmen wurde das auf den Gemälden Dargestellte mit gemalten Kulissen, Gebäudeteilen und dreidimensionalen Objekten nachgebaut, um dann im Filmbild mit möglichst großer Ähnlichkeit zu den Bildern Hoppers zu erscheinen. Diese gebauten und gemalten Sets wurden wiederum in einer Ausstellung präsentiert, die sowohl auf die Gemälde als auch den Film verweist, so dass die gleiche konstruierte

2.4 Die Medien der Intermedialität

und imaginierte Realität in drei Varianten medial zur Erscheinung kommt: zweidimensional, aber in illusionärer Dreidimensionalität im gemalten Bild und im filmischen Bewegtbild, und zwei- und dreidimensional in der anti-illusionistischen Ausstellung (https://www.gustavdeutsch.net). Film, Malerei und Architektur treten hierbei in eine **intermediale Konstellation,** so dass die Analyse einer dieser medialen Komponenten sinnvollerweise nicht ohne Berücksichtigung der anderen erfolgen kann.

Film und Malerei unterscheiden sich aber nicht nur in der medialen Erscheinungsweise ihrer Produkte, sondern auch in der Art und Weise ihrer Produktion grundlegend voneinander. Das Malen als Hervorbringung von Gemälden wird in vielen Filmen über Künstler dargestellt, etwa in **Elio Petris** UN TRANQUILLO POSTO DI CAMPAGNA **(1968).** Im Vorspann werden berühmte Werke der Kunstgeschichte gezeigt, die dann als *tableaux vivants* im Verlauf der Handlung wieder auftauchen, jedoch als Imaginationen des Malers zu deuten sind. Der Vorspann montiert diese Gemälde im Wechsel mit dem sogenannten Startband oder *film leader* – also jenen Zeichen auf dem Filmband, die ausschließlich als Hinweise für den Vorführer gedacht waren und im Kino manchmal aus Versehen mitprojiziert wurden – und Klebespuren sowie anderen Beeinträchtigungen des Filmstreifens. Durch den regelmäßigen Wechsel dieser visuellen Elemente erhält der Film selbst etwas ‚Malerisches', an abstrakte Kunst Erinnerndes. Zugleich wird die **Materialität des Trägermediums** herausgestellt, die prinzipiell nicht nur in der vorgesehenen maschinellen Weise genutzt, sondern auch manuell und damit analog zu den Trägermedien der Bildenden Kunst wie Leinwand oder Papier bearbeitet werden kann: So ist etwa der Experimentalfilmer Stan Brakhage dafür bekannt, in einer Reihe von Kurzfilmen Farbe (oder auch Insektenflügel) direkt auf den Filmstreifen aufgebracht zu haben, was bei der Projektion dann zu einem psychedelisch flackernden Farberlebnis führt und als radikale Absage an die Konventionen des erzählenden Films zu verstehen ist.

Die im Vorspann von UN TRANQUILLO POSTO DI CAMPAGNA eingesetzten Verfahren sind zwar auf eine weniger aggressive Art und Weise selbstreflexiv, lassen sich aber durchaus auch im Sinne einer ideologisch motivierten Kampfansage an den illusionistischen Film verstehen, der das Publikum **über seine eigene Gemachtheit hinwegzutäuschen** versucht. Die Aufmerksamkeit des (Kino-)Publikums wird hier gezielt auf das Dispositiv (s. Abschn. 2.3.1) und die materiellen Bedingungen der Filmvorführung gelenkt. Doch während etwa die Filme Brakhages oder, im Rahmen des Spielfilms, der berühmte simulierte Filmriss mitten in Ingmar Bergmans PERSONA (1966) das Publikum noch direkt herausforderte, sich im Kinosessel umzudrehen und den Blick auf die Vorführkabine zu richten, um sich zu vergewissern, ob dort alles in Ordnung ist, setzt Petri die Vertrautheit mit solchen illusionszerstörenden Verfremdungseffekten voraus und ästhetisiert sie – und zwar in einer von der eigentlichen Filmhandlung abgegrenzten Introsequenz. Die Kombination der ausgestellten materialästhetischen Qualität des Filmstreifens mit den berühmten Werken der Kunstgeschichte und weiteren Elementen erhebt den Filmvorspann selbst in den

Status eines Kunstwerks, das eine **komplexe Dynamik** sowohl intra- als auch intertextueller sowie intermedialer **Verweise** aufbaut.

Die gezeigten Gemälde und Skulpturen verweisen auf existierende Kunstwerke (und deren Rezeptionsgeschichte), die dadurch vom Publikum unwillkürlich auch in Beziehung zueinander gesetzt werden – durchaus vergleichbar mit einem Bilderrätsel. Gleichzeitig greifen sie wie erwähnt bereits auf Elemente der eigentlichen Filmhandlung voraus, stellen also intratextuelle Bezüge her. Darüber hinaus wird über die schriftlichen Credits ein weiteres ‚Basismedium' in den Vorspann integriert, was per se nicht ungewöhnlich ist und sich in fast allen Spielfilmen in der ein oder anderen Form findet. Hier wird jedoch nicht einfach nur auf ausgewählte an der Produktion beteiligte reale Personen verwiesen, sondern die schriftlichen Elemente werden in einer auffälligen Typographie gestaltet, animiert und mit weiteren grafischen Elementen wie Pfeilen und geometrischen Formen kombiniert, die wiederum den Symbolen des *film leaders* ähneln, der immer wieder zwischengeschnitten wird. Diese typographische **Gestaltung des Vorspanns** erinnert einerseits an die Verhandlungen der Grenzen zwischen Schrift und Bild bzw. Film im nichtnarrativen Experimentalfilm (vgl. Krautkrämer 2013, S. 231–238; Böhn und Schrey 2014), andererseits aber auch an die sich in den 1960er Jahren etablierenden Konventionen der künstlerischen Gestaltung exponierter Titelsequenzen von Spielfilmen (und später vor allem Fernsehserien). Der Vorspann präfiguriert und verdichtet stilistisch oder inhaltlich das, was von der folgenden Filmhandlung zu erwarten ist.

Eine ganz andere Art, Film und zeichnerische bzw. malerische Produktion in einer intermedialen Konstellation zusammenzuführen, findet sich in **Henri-Georges Clouzots Dokumentarfilm** LE MYSTÈRE PICASSO **(1955)**. Darin malt der Künstler von hinten auf ein Spezialpapier, auf das von vorne die Kamera gerichtet ist, so dass das Gemälde schrittweise, im Zuge seines Entstehens im Film zur Erscheinung kommt, ohne dass man den Künstler selbst sieht. Das Filmbild wird gewissermaßen zum Malgrund, allerdings nur auf der phänomenalen Ebene, nicht auf der realen wie bei den angesprochenen Fällen, in denen das Filmmaterial selbst bearbeitet wird. Man kann daher im Film gerade das sehen, was man im fertigen Gemälde nicht sehen, sondern allenfalls erahnen bzw. imaginieren kann, nämlich den Prozess seiner Entstehung. Allerdings sieht man diesen nicht so, wie man ihn sehen würde, wenn man den Maler bei der Produktion des Gemäldes beobachten würde, sondern in einer Art und Weise, die nur durch die spezifische hier gewählte Kombination von malerischer Produktion und filmischer Aufzeichnung ermöglicht wird. Das Bild entsteht vor den Augen der Betrachterinnen und Betrachter gewissermaßen ‚von selbst' oder ‚wie von Geisterhand gemalt'. Dies lässt sich kulturhistorisch auf die Vorstellung von acheiropoietischen, also sich selbst erzeugenden Bildern wie den Abdruck des Gesichts Christi im Schweißtuch der Veronika zurückbeziehen, aber auch auf deren Wiederaufnahme in der Frühzeit der Fotografie. Allerdings sind solche **acheiropoietischen Bilder** Spuren eines Realen, also Bilder, die eher erscheinen als gemalt zu werden, was das Konzept wiederum in eine Spannung zu dem bei Clouzot Gezeigten setzt. Für André Bazin (2004, S. 236) hingegen verweist das Auftauchen der „freien

2.4 Die Medien der Intermedialität

Formen" in LE MYSTÈRE PICASSO vor allem auf die wilden Metamorphosen des frühen Zeichentrickfilms, obwohl Clouzot nicht – wie für den Animationsfilm charakteristisch – mit Einzelbildschaltung arbeitet (also nachträglich eine Illusion von Bewegung erzeugt, wo eigentlich keine stattgefunden hat), sondern tatsächlich einen mehr oder weniger kontinuierlichen Prozess filmt, auch wenn er Picassos Schaffen durch Montage immer wieder beschleunigt.

Dennoch ist der Vergleich mit dem **Zeichentrickfilm** erhellend, eröffnet er doch eine weitere Dimension intermedialer Bezüge zwischen Film und Zeichnung bzw. Malerei. Bereits in den ersten Jahren der Filmgeschichte, in der Zeit des sogenannten „Cinema of Attractions", in der das Erzählen komplexer Filmhandlungen noch dem Spektakel bewegter Bilder an sich untergeordnet war (vgl. Gunning 2006), entstand eine große Zahl von Filmen, die Zeichnungen auf die eine oder andere Weise „in Bewegung gesetzt" (vgl. Bruckner et al. 2017) haben. Frühe Filmtitel wie THE ENCHANTED DRAWING (1900, R.: J. Stuart Blackton) rufen auch in diesem Kontext Konnotationen acheiropoietischer Bilder auf. Viele dieser kurzen Filme sind extrem selbstreflexiv und thematisieren explizit ihre eigene Artifizialität, häufig werden dabei sogar Konflikte zwischen einer gezeichneten und einer ‚echten', das heißt realfilmisch dargestellten Welt inszeniert (vgl. Crafton 1979; Feyersinger 2007). Auch später wurden die **Grenzen zwischen Animationsfilm und Realfilm** immer wieder neu vermessen und beständig auf vielfältige Weise in beide Richtungen überschritten (vgl. Schrey 2010). Vor dem Hintergrund des zunehmenden Einsatzes von CGI *(computer generated imagery)* seit den 1990er Jahren stellte der Medientheoretiker Lev Manovich (2001, S. 295) die kontrovers diskutierte These auf, dass der Film unter digitalen Bedingungen selbst zu einer Subkategorie der Malerei geworden sei, da eine Unterscheidung von realfilmischen und animierten Bildelementen immer problematischer werde (vgl. Feyersinger und Bruckner 2019 für einen Überblick über diese Debatte und ihre Vorgeschichte). Versteht man Medialität mit Knut Hickethier (2003, S. 26) als das „als typisch genommene Set von Eigenschaften, das für einzelne Medien als konstitutiv angesehen wird", lässt sich zumindest für die seit den 1990er Jahren dominante Form des Blockbuster-Kinos tatsächlich die Frage stellen, inwiefern der Bezug auf eine vorfilmische Realität noch maßgeblich ist. Allerdings kann auch dieser Bezug wieder auf unterschiedlichen Ebenen angesiedelt werden. Mit Verfahren wie *performance capture* – eingesetzt etwa in James Camerons AVATAR (2009) – ist es beispielsweise möglich, die Gestik und Mimik ‚echter' Schauspieler und Schauspielerinnen detailgetreu auf am Computer modellierte dreidimensionale Figuren zu übertragen. Der Bezug zwischen dem fertigen Filmbild, das sich als realfilmisch ausgibt, obwohl es auf Verfahren der Computeranimation beruht, und einer ‚vorfilmischen Realität' hat sich demnach auf eine andere Ebene verschoben, nämlich die der Motorik von Filmfiguren. Auch dieses Verfahren verweist dabei gewissermaßen auf ältere Methoden des Zeichentrickfilms zurück, insbesondere auf das sogenannte *rotoscoping,* bei dem gefilmte Personen Bild für Bild an einem Animationstisch überzeichnet werden, um realistischere Bewegungsabläufe innerhalb animierter Bilder zu ermöglichen. So zeigt sich, dass klare Grenzziehungen zwischen einzelnen Ausprägungen oder Aspekten des (vermeintlichen) Einzelmediums Film nicht immer einfach sind und dass explizite und implizite Bezugnahmen sowie ‚Kontaminationen' eher die Regel als die Ausnahme sind – eine Erkenntnis, die sich auch auf andere ‚Einzelmedien' übertragen lässt.

2.5 Rückkopplungen: die Medialität der Literatur

Die Genese des Intermedialitätsbegriffs erscheint in einem „literatur-zentrierten Milieu" (Wolf 2005, S. 252, unsere Übersetzung) als Fortschreibung von Intertextualitätskonzepten (vgl. Rajewsky 2002, S. 52–57) und lässt sich auf die 1980er Jahre datieren (Wolf 2005, S. 252, schreibt die Prägung des Begriffs Hansen-Löwe 1983 zu). Sie fällt damit in die Zeit einer beginnenden Rückbesinnung der Literaturwissenschaft auf die **„mediale Bedingtheit von Literatur selbst"** (Mecke 2010, S. 11), die sich in Arbeiten zum Platz der Literatur in medialen Ensembles von ‚Aufschreibesystemen' (Kittler 1987) oder zur Materialität (auch) literarischer Kommunikation (Gumbrecht und Pfeiffer 1988) niederschlägt. Deren Ausgangspunkt ist die übereinstimmende Beobachtung, „dass Philologie und Literaturwissenschaft die Materialität und Medialität literarischer Kommunikation lange Zeit ausblenden konnten" (Mecke 2010, S. 13) und führt jeweils zu einer „Diagnose der Materialvergessenheit als Wissenschaftsstil" (Kammer 2014, S. 37). Bei Kittler (1987, S. 429) heißt es entsprechend, dass „die hergebrachte Literaturwissenschaft [...] an Büchern alles andere als ihre Datenverarbeitung untersucht" hat, während Pfeiffer (1988, S. 15) das Programm formuliert, „die materialen Träger der zu Stilisierungen geschwächten Sinnbildungsprozesse aufzuspüren".

Im Rahmen solcher Kritik am „Paradigma des immateriellen Textes" (Lukas et al. 2014, S. 1) kommt Phänomenen (literarischer) Intermedialität eine heuristische Funktion zu, insofern die Verarbeitung technischer Medien und ihrer Produkte in Literatur den Blick unweigerlich darauf lenkt, dass auch literarische Texte „technischen und materialen Ermöglichungsbedingungen" (Benthien und Weingart 2014, S. 18) unterliegen. Bezüglich des Medienwechsels etwa stellt Mecke (2010, S. 16) fest, dass „Übertragungen von einem Medium in ein anderes [...] den Nebeneffekt [haben], dass Medien selber wahrnehmbar werden". Im Sinne einer Umwendung des von literarischen Texten in intermedialen Beziehungen artikulierten Interesses an den spezifischen Leistungen anderer Medien auf die Literatur selbst, lässt sich die Aufmerksamkeit für die Medialität der Literatur als eine **Rückkopplung des Intermedialitätsdiskurses** verstehen. Zwei Beispiele solcher Rückkopplung seien im Folgenden im Anschluss an eine Situierung literaturwissenschaftlicher Materialblindheit im Schnittfeld von philosophischer Ästhetik, Buchwissenschaft und literarischer Praxis (s. Abschn. 2.5.1) und den Versuch einer Unterscheidung von materiellen und visuellen Aspekten literarischer Texte (s. Abschn. 2.5.2) kurz dargestellt: zum einen geht es um die Auswirkungen eines interpiktorial informierten Blicks auf die Konzeptualisierung des textuellen Zitats (s. Abschn. 2.5.3); zum anderen um die Befragung sedimentierter Vorstellungen von literarischer Textualität im Lichte intermedialer Bezüge auf digitale Hypertexte (s. Abschn. 2.5.4).

2.5.1 Literarische (Im-)Materialitäten

Die Idee, dass die Lektüre literarischer Texte unter Absehung von deren Verkörperung (in Druckerzeugnissen) erfolgen könne, ist tief verwurzelt in ästhetischen Theoriebildungen, die die „‚**Immaterialität des Sinns**‘ von dessen ‚materiellen Trägern'" (Halász und Lörincz 2019, S. 7) abtrennt, um einer ‚Dichtung' zu huldigen, deren ‚Medium' bloß das Mittel eines Erscheinenlassens ideeller Gehalte sei. Kittler (1987, S. 120) führt als Kronzeugen Hegels *Vorlesungen über die Ästhetik* (1835) an, in der für die ‚Poesie' „das Material, durch welches sie sich kund gibt, nur noch den Werth eines wenn auch künstlerisch behandelten Mittels für die Aeußerung des Geistes an den Geist [behält]" und „nicht als ein sinnliches Daseyn [gilt]". Der „traditionell vernachlässigten material-medialen Ebene" (Glaubitz 2014, S. 432) literarischer Texte wird in dieser Linie wenig Aufmerksamkeit zuteil, weil sie als notwendiges Übel der Vermittlung eine stetige Gefährdung des Sinns mit sich bringt: „The concrete, material nature of the inscribed text was thus regarded as essentially alien and antithetical to the spiritual, ideal, and imaginative nature of literary art" (Shusterman 1982, S. 89).

Solch abschätzige Haltung gegenüber literarischen Materialitäten wirkt noch nach in systemtheoretischen Überlegungen, die die **Medialität von Literatur jenseits des Schrift- und Buchkörpers** in ihren Auswirkungen auf die Formierung von Subjektivität verorten: „Literatur im modernen Sinne [...] etabliert *einen über die konstitutiven Medien ‚Schrift' und ‚Buchdruck' hinausgehenden Rahmen der Medialität,* der für das Verhältnis des (modernen) Bewusstseins zur Welt und zu sich selbst in besonderer Weise prägend ist" (Reinfandt 2009, S. 169, unsere Hervorhebung; vgl. Jahraus 2003). Selbst Gumbrecht (1998) bestimmte das „Medium Literatur" – zwar unter Berücksichtigung der historischen Wandelbarkeit des Literaturbegriffs, jedoch letztlich unter Absehung von deren materialer Basis als „historisch wandelbare[m] Apriori" (Mecke 2010, S. 15) – als „Bündel von Einstellungen und Zusicherungen" wie folgt: „Imaginierte Nähe zwischen Lesern und Autoren, Fiktionalität als Aussetzen von systematischer Skepsis, Mehrwert der Textform und gesellschaftliche Transgressivität" (Gumbrecht 1998, S. 86).

Flankiert werden derartige theoretische Formulierungen einer Medialität von Literatur, die den Begriff des ‚Mediums' „etwas gegen den Strich" (Gumbrecht 1998, S. 83) lesen müssen, so dass er mit der „Materialität der Medien im Sinne von technischen Kommunikationsmitteln" (Halász und Lörincz 2019, S. 13) wenig Gemeinsamkeiten hat, von einer Buchpraxis, die das Ziel einer rein zweckmäßigen, vorzugsweise unbemerkten Notation von Texten verfolgt, wie es sich in Standardwerken der Typographielehre formuliert findet: „typography is the efficient means to an essentially utilitarian and only accidentally aesthetic end"

(Stanley Morrison zit. in Nink 1993, S. 8). Auch das Selbstverständnis der Buchwissenschaft speiste sich lange Zeit aus der Vorstellung einer **Textonomie** („the study of textual media", Aarseth 1997, S. 15), die lediglich das Spielfeld für eine **Textologie** („the study of textual meaning", ebd., S. 15) bereitet: „Bibliography is the study of books as tangible objects. […] It is not concerned with their contents in a literary sense, but it certainly is concerned with the signs and symbols they contain (apart from their significance)" (Walter Wilson Greg zit. in Nink 1993, S. 12).

Dagegen zeigt sich in den „jüngeren Interessen der semiotisch interessierten Literaturwissenschaft an dem Phänomen Buchdruck und insbesondere Typografie" (Lukas et al. 2014, S. 10) eine neuerliche Aufmerksamkeit für den „wechselseitigen Begründungszusammenhang[] zwischen der bibliographischen Autopsie literarhistorischen Quellenmaterials und dessen literaturwissenschaftlicher Interpretation" (Nink 1993, S. 1). Die „Darstellung grundlegender bedeutungsrelevanter Funktionen typografischer Formen" (Wehde 2000, S. 11; vgl. Ernst 2005) ist dabei das vielleicht prominenteste Beispiel (vgl. Kammer 2014, S. 39) einer Teilantwort auf die Frage, „welche Aspekte den Text und seine Bedeutung konstituieren – und welche Relevanz die **Materialität und Textur** von Papier und Einband, das Seitenformat, die Typographie, die Bebilderung usw. haben" (Glaubitz 2014, S. 432), die nicht zuletzt im Zuge der Digitalisierung literarischer Archivbestände an Dringlichkeit gewinnt (Jäger und Switalla 1994; McGann 2013).

Und auch die Literatur selbst arbeitete mit am Mythos ihrer **medialen Transparenz,** wobei dem Roman eine Schlüsselfunktion zukommt. Nachdem dieser spätestens im 19. Jahrhundert nicht nur zur dominanten Gattung, sondern auch auf eine realistische Darstellungsweise zugeschnitten wurde (vgl. Brooks 2005, S. 5), wird seine Poetik bestimmt von einer „ästhetischen Blindheit" (Shusterman 1982) gegenüber den materialen Eigenschaften des Buchkörpers:

> a book was a thing, and its material qualities and physical dimensions inevitably interacted with the word. Far from exploiting this interaction, however, fiction in the realist tradition has sought to suppress or neutralize it […]. It does so by conventionalizing space right out of existence. Nothing must interfere with fiction's representation of reality, so the physical dimensions of the book must be rendered functionally invisible. Thus we get that ‚solid block of print from one margin to another running down the page from top to bottom, except for an occasional paragraph indentation' […]. So familiar is this format that it has come to seem like a ‚second nature'. (McHale 2001, S. 181; das Zitat im Zitat stammt von Ronald Sukenick)

Außerhalb dieses bezüglich Gattung und Modus eng gesteckten Rahmens stehen freilich mit dem Gedicht und der experimentellen Literatur zwei große Felder der Exploration der Medialität von Literatur, die einer auf materielle Eigenschaften literarischer Texte fokussierten Literaturbetrachtung reiches Anschauungsmaterial bieten. Mit Blick auf die Dichtkunst reicht das Spektrum von der grundsätzlichen Bedeutung textueller Anordnung mithilfe von Zeilenumbrüchen („spacing is the

2.5 Rückkopplungen: die Medialität der Literatur

sign of verse", McHale 2001, S. 181) bis hin zur Ikonisierung des Schriftarrangements in Gedichten von den Bildgedichten der Antike (Technopägnien) über die Figurengedichte der Frühen Neuzeit bis hin zur Konkreten Poesie (Gross 1994, S. 73; vgl. Ernst 2002). Wie die erst mit dem Postmodernismus zu vergleichbarer Prominenz gelangende ‚Konkrete Prosa' („concrete fiction", McHale 2001, S. 184; eines der bekannteren früheren Beispiele ist Lewis Carrolls „The Mouse's Tale", dessen Satz den Schwanz – ‚tail' – einer Maus modelliert, vgl. Nink 1993, S. 199) zielen solche Gestalttexte darauf, den ‚**ontologischen Schnitt**' zwischen Text-Welt und Text-Körper zu betonen: „on the one side of the cut, the world projected by the words; on the other side, the physical reality of inkshapes on paper" (McHale 2001, S. 184). In solchen Texten arbeitet die Anordnung der Schrift auf der Druckseite unübersehbar an ihrer Bedeutung mit: „any material page on which we read any poem is a constructed object that will encode certain meanings even while placing others under erasure" (Bornstein 2001, S. 31).

Über die Dichtung hinaus ist die ‚Vorführung' von Materialität und Medialität *ein* mögliches Kriterium zur Bestimmung **experimenteller Literatur** (Zeller 2012, S. 44), deren Entwicklung mit Lawrence Sternes *The Life and Opinions of Tristram Shandy* (1759–1767) einen ihrer Ausgangspunkte auch in der Geschichte des Romans findet (Roque 2005, S. 29; vgl. zu „Form und Funktion typographischer Sinnkonstituenten" bei Sterne ausführlich Nink 1993, S. 76–117). Der Schwerpunkt textueller Experimente, die auf die Auslotung medialer Bedingungen und Möglichkeiten von Literatur abzielen, wird freilich gemeinhin im 20. Jahrhundert verortet: „This tendency in literature towards accepting and aesthetically exploiting the visual medium of the text has received considerable impetus in the twentieth century" (Shusterman 1982, S. 88; vgl. Bray et al. 2015). Dabei wird insbesondere der „Wende zur Abstraktion" (Kleinschmidt 2012, S. 16) besondere Relevanz zugemessen, insofern diese eine materialorientierte Poetik unterfüttert, die auch zur Bezugnahme auf und Einbeziehung von Materialitäten anderer Künste einlädt: „Mit der Absage an Referenz und Abbildfunktion geht eine Konzentration auf die eigenen technischen, materialen Bedingtheiten der Künste einher, die wiederum Voraussetzung ist für das Experimentieren mit den Materialien anderer Kunstformen" (Kleinschmidt 2012, S. 16).

Zur Hervorhebung solcher „konkreter materialer Verbindungen" (Kleinschmidt 2012, S. 15) aus dem weiten Feld intermedialer Phänomene ist der Begriff der ‚**Intermaterialität**' vorgeschlagen worden (vgl. Strässle 2013, S. 13, der in Anlehnung an Rajewskys Typologie der Formen der Intermedialität ‚Materialinteraktion', ‚Materialtransfer' und ‚Materialinterferenz' unterscheidet; s. Abschn. 2.2.2). Entwickelt am Beispiel der „Kunstkonvergenzen im Expressionismus" (Kleinschmidt 2012, S. 19), eignet sich die Kategorie der Intermaterialität vor allem dazu, die vermeintlichen Grenzen zwischen den Künsten/Medien, die von Intermedialitätskonzepten wie dem Rajewskys vorausgesetzt werden („,Intermedial' […] designates those configurations which have to do with a crossing of borders between media", Rajewsky 2005, S. 46), „nicht als scharfe Trennlinien, sondern als Grenzräume" (Kleinschmidt 2012, S. 20) zu begreifen. Intermateriale Erwägungen der „Konvergenz im Material der Künste" (Kleinschmidt 2012,

S. 15) bewegen sich in dieser Richtung auf ein emphatischeres Verständnis von (Inter-)Medialität zu (s. Abschn. 2.3), dem ‚Medien' weniger als Voraussetzung, denn als Folge von Inter-Relationen erscheinen: „Die Frage, die sich hier stellt, ist also: Gehen die klar abgegrenzten, durch irgendwelche ‚medienspezifischen Materialitäten' bestimmten Einheiten, die wir Medien nennen, der inter-medialen Beziehung voraus, oder gibt es eine Art Ur-Intermedialität, die umgekehrt als Bedingung der Möglichkeit solcher Einheiten fungiert?" (Schröter 1998, S. 146).

2.5.2 Materialität und Visualität von Literatur

Verallgemeinert lassen sich zumindest drei etwa zeitgleich beschrittene Wege zur neueren literaturwissenschaftlichen Beschäftigung mit der Medialität von Literatur ausmachen (vgl. die von Krämer 2003 ausgemachten Dimensionen von ‚Schriftbildlichkeit': Schrift als Medium, Schrift als Symbolsystem und Schrift als Kulturtechnik):

> Erstens medientheoretisch und medienhistorisch ausgerichtete Ansätze, die nicht länger von der Neutralität des ‚Kanals' gegenüber den von ihm transportierten ‚Inhalten', von seiner Transparenz auf diese hin ausgehen wollen [...], zweitens sprachtheoretisch und semiotisch begründete Ansätze, die [... sich] auf ein tendenziell materialaffines Zeichenmodell [beziehen ...], und drittens produktionsästhetisch oder entstehungsgeschichtlich orientierte Ansätze, die den Logiken und Eigenlogiken schriftlicher Arbeitsprozesse in der Literatur [...] nachspüren. (Kammer 2014, S. 33)

All diesen Ansätzen gemein ist die Frage nach „den selbst nicht sinnhaften Voraussetzungen, dem Ort, den Trägern und den Modalitäten der Sinngenese" (Gumbrecht 2005, S. 145), also der Materialität von Literatur und deren Mitarbeit am Sinn: „materiality, precisely, ‚matters' for the type of meanings that can be encoded" (Ryan 2004, S. 1–2). Wenn sich **Literatur als Medium** begreifen lässt, dann ist es das Zusammenspiel von Worten und deren materialer Verkörperung, das sie ausmacht: „Wenn sich Textualität und Materialität in ein Bezugsverhältnis setzen lassen, gelangt auch die Medialität in den Blick" (Lukas et al. 2014, S. 12).

Aufgrund der „im Visuellen gründenden Wahrnehmbarkeit" (Krämer et al. 2012, S. 15) von (literarischen) Texten ist es dabei bisweilen schwierig, systematisch zwischen denjenigen Aspekten zu unterscheiden, die eher ihrer Materialität zuzurechnen sind (Buch als materielles Ding), und denjenigen, die eher ihrer Visualität zugehören (Buch als visuelles Objekt); meist werden beide schlicht in eins gesetzt, wie bei McHale (2001, S. 192: „the visuality, and therefore the three-dimensionality and materiality of the book") oder Kammer (2014, S. 44), der schlicht von „**visuelle[r] Materialität**" spricht (vgl. Drucker 1994, S. 3, die ebenfalls von „visual materiality" schreibt). Mit Blick auf die noch zu entfaltende alternative Genealogie der Intermedialitätsforschung aus Sicht der Visual Culture Studies (s. Abschn. 3.3) scheint es jedoch sinnvoll, zumindest versuchsweise zwischen einer (eher) materiellen und einer (eher) visuellen Dimension von Literatur zu unterscheiden.

2.5 Rückkopplungen: die Medialität der Literatur

Dies scheint schon deshalb angezeigt, um die nachfolgende Diskussion eines in beiden Dimensionen äußerst ergiebigen Beispiels besser ordnen zu können: **Mark Z. Danielewskis *House of Leaves* (2000)**. Der Visualität zuzurechnen wären dann etwa die Reproduktionen von Bildern in den Anhängen (beispielsweise in Appendix I, A. Sketches & Polaroids und C. Collages) oder auf dem Buchrücken sowie die Versuche, die Gestalt von Räumen und die Bewegung der Figuren in ihnen mittels des Textsatzes darzustellen (was Wehde 2000, S. 199, ‚**Flächenformen**' nennt), die die im Mittelpunkt des Buches stehende Exploration eines labyrinthischen Raumes im Haus des Fotografen Will Navidson durchgehend dynamisieren und ikonisieren. Die Beengtheit einer Passage wird dann etwa dadurch visualisiert, dass sich die Worte in der Seitenmitte wie folgt aneinander drängen, während der Rest der Seite leer bleibt (Danielewski 2000, S. 443):

> On the other
>
> side, we find
>
> a narrow cor
>
> ridor sliding
>
> into darknes
>
> s. "These w
>
> alls are actua
>
> lly a relief,"
>
> Navidson co

Eher auf materiale Aspekte zielt hingegen beispielsweise die Gestaltung des vorderen Buchdeckels, der den Buchblock nicht ganz überdeckt, so dass dieser über das Cover hinaussteht – gerade so wie besagter Raum innen größer ist als es die äußeren Abmessungen des Hauses eigentlich erlauben würden –, so dass bei jedem Aufschlagen des Romans der Überschuss des Inneren über das Außen (des Raumes über das Haus; der Seiten über das Buch) nicht nur visuell, sondern auch haptisch bemerkbar wird. Und auch das Schriftarrangement greift in die Materialität aus, wenn auf ein und derselben Seite Textpassagen in unterschiedlichen Orientierungen dargeboten werden und der Akt des Lesens einen **physischen Umgang mit dem Buch** erfordert, der über die habitualisierten Tätigkeiten des Haltens des Buches und des Umblätterns von Seiten hinausgeht: „The text could even be printed upside-down or sideways, so that, in order to read it, the reader literally has to manipulate the book" (McHale 2001, S. 183). Kapitel IX des Romans, das uns noch beschäftigen wird, führt dies durchgängig vor (s. Abb. 2.3).

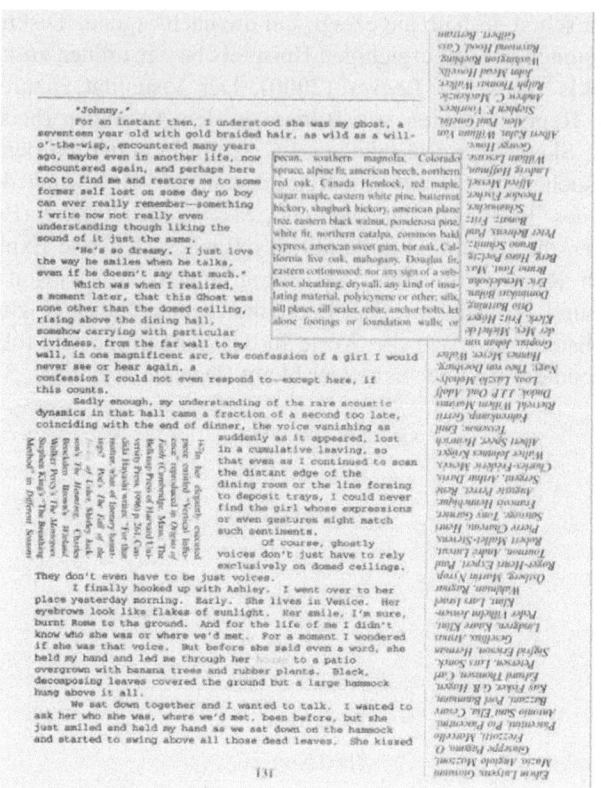

Abb. 2.3 Danielewski (2000, S. 131)

2.5.3 Materialität und Intertextualität: das Zitat

Mit Blick auf das ‚Typenmaterial' (Wehde 2000, S. 119) ließe sich die Unterscheidung zwischen Materialität und Visualität provisorisch anhand der Zitierpraxis dahingehend treffen, dass jene Textmerkmale, die beim Zitieren gemeinhin vernachlässigt werden – wie etwa die Schriftart – der Materialität, alle anderen – wie etwa die Schriftfarbe – der Visualität zugerechnet werden. Mehr noch als hinsichtlich des Wortes ‚House', das in *House of Leaves* durchgehend in Hyperlink-Blau erscheint, was als Hinweis auf dessen intermediale Bezugnahme auf Hypertexte relevant ist, gilt für die Anführungszeichen in Danielewskis *The Fifty Year Sword* (2012), dass deren Farbcodierung nicht weggelassen werden kann, da sie in der durchgehend als Dialog verfassten Novelle als einzige Markierung des jeweiligen Sprechers dienen. Umgekehrt scheint es nicht wichtig, dass das obige Zitat („a narrow corridor") in unserem Text nur kontingenter Weise korrekt in Times New Roman wiedergegeben ist: Nach der gängigen Auffassung des Zitats fungiert eben nur die **„Selbigkeit der Buchstabenfolge"** als **„Notationskriterium"** (Goodman 1984, S. 66).

2.5 Rückkopplungen: die Medialität der Literatur

Diese Konzeption des Zitierens (als intertextuelle Praxis) hatte Goodman bemerkenswerterweise im Rahmen eines intermedialen Vergleichs reaffirmiert. Ausgehend von der Frage, was ein interpiktoriales Zitat sei, gelangte er zu dem Schluss, dass „das sprachliche Zitat kein exaktes Analogon in der Malerei [hat]" (Goodman 1984, S. 66). Selbst die Verwendung eines gemalten Rahmens zur Markierung eines **Bildzitats** ermöglicht aufgrund des autographischen Charakters der bildenden Kunst kein „[d]irektes Zitieren" (ebd., S. 62), da „bei Bildern die Forderung des Enthaltenseins" (ebd., S. 69) nicht erfüllt ist: „Zitieren verlangt, daß zwischen dem Zitierten und dem im Zitat enthaltenen die Relation der syntaktischen Identität oder, wenn wir das Zitierte als Äußerung oder Inskription [...] auffassen, die Relation der syntaktischen Replikation, also Gleichheit der Buchstabenfolgen, besteht" (Goodman 1984, S. 62). Da es jedoch „für Malen und Zeichnen kein Alphabet gibt" (Goodman 1984, S. 66) kann es „in der bildenden Kunst Zitate im Sinne ‚wörtlicher' Wiederholungen überhaupt nicht [geben]" (Zuschlag 2006, S. 97).

Diese kontrastive Gegenüberstellung von Wort- und Bildkunst anhand des Zitats funktioniert jedoch nur insoweit die Auffassung trägt, dass sich literarische Texte eines **allographischen Symbolsystems** bedienen. Gross (1994, S. 58) resümiert diese Sichtweise wie folgt: „Während in autographischen Künsten wie der Malerei jede Nuance der Ausführung relevant ist und das Kunstwerk zum Original macht, bleibt ein Schrifttext auch in den unterschiedlichsten Ausführungen mit sich identisch". Diese Vorstellung einer rein syntaktischen und dabei verlustlosen Replikation ist im Lichte der in diesem Kapitel nachvollzogenen Diskussion, die die Bedeutsamkeit materialer (und vor allem typographischer) Aspekte von Texten herausstellt („The materiality of an embodied text is the interaction of its physical characteristics with its signifying strategies", Hayles 2005, S. 103; vgl. Hayles 2004, S. 72), nicht haltbar. Goodman verweigert gewissermaßen den intermedialen Umkehrschluss, die **Rückkopplung** seiner Problematisierung des interpiktorialen Zitats **auf die Medialität von Literatur,** indem er die Materialität literarischer Texte ausblendet: „Wer Texte der Allographie zuordnet, neutralisiert ihr ikonisches und materielles Potential" (Gross 1994, S. 58). Tatsächlich eignet jedem Zitat, das die typographischen und Flächen-Formen seines Bezugstextes glättet, indem es dessen Worte an die Formatierung des bezugnehmenden Textes anpasst, ein transformatives Moment. Das gilt für literaturwissenschaftliche Konventionen des Zitierens etwa von Gedichten, deren Zeilenumbrüche in Schrägstriche inmitten von Fließtext umgewandelt werden (vgl. die *Waste Land-*‚Zitate' in Abschn. 1.2.4), es gilt für Zitate aus der Rahmenerzählung von *House of Leaves,* die unterschlagen, dass die Schriftart in Danielewskis Buch die Erzählebene anzeigt (Times für Zampano, Courier für Johnny Truant, vgl. Danielewski 2000, S. 4), und es gilt ganz bestimmt für das Zitieren von literarischen Texten, deren Autor/innen der Schrift- und Textgestaltung bis hin zur Drucklegung große Aufmerksamkeit widmeten (wie Edgar Allan Poe, der von den „signifying qualities of letterforms" und anderer Parameter gedruckter Schrift überzeugt war, vgl. Jackson 2001, S. 148). Es kann also nicht darum gehen, die einmalige Materialität der Bilder gegen die reine Wiederholung der Texte auszuspielen, sondern darum, Zitation von vornherein als hinsichtlich des Materials transformativ zu denken: „Das **Zitat im intermedialen Kontext** verlangt nach der Abkehr vom Kriterium der identisch reproduzierbaren Elemente" (Berger 2012, S. 13).

2.5.4 (Inter-)Medialität und (Hyper-)Textualität

Ähnliche Rückwendungen vom vermeintlich anderen Medium auf das eigene ergeben sich bisweilen auch für Phänomene, die sich auf den ersten Blick als intermediale Bezüge ausnehmen. Dies betrifft etwa die **Imitation von digitaler Hypertextualität** in *House of Leaves*. Das schon erwähnte Labyrinth-Kapitel (Danielewski 2000, S. 107–152) unternimmt mit der komplizierten Anordnung seiner Textbausteine (in Fußnoten und Fußnoten zu Fußnoten, deren Text zum Teil gespiegelt oder gedreht erscheint) so etwas wie eine Simulation der Navigationsleistung, die der/die Leser/in von webbasierten, verlinkten Texten erbringen muss – mit dem Unterschied, dass **Navigation** nicht das Anklicken von Hyperlinks, sondern den materialen Umgang mit dem Buch (Vor- und Zurückblättern, Drehen und Spiegeln) meint. Die Struktur des Kapitels lässt sich als Karte visualisieren, die einer verlinkten Sitemap frappierend ähnlich sieht (s. Abb. 2.4).

Es liegt nahe, die Struktur dieses Romankapitels als intermedialen Bezug auf Hypertextualität zu fassen, also letztlich als eine Spielart der ‚Systemkontamination' (Rajewsky 2002, S. 118–149): „the hyperlinked, networked structure of the digital environment has influenced the structure of print fiction" (Chanen 2007, S. 164). Anderseits ist die Verwendung von Verweisen (‚Links'), zumal solchen, die innerhalb eines Textes (‚quer') erfolgen, an sich keine

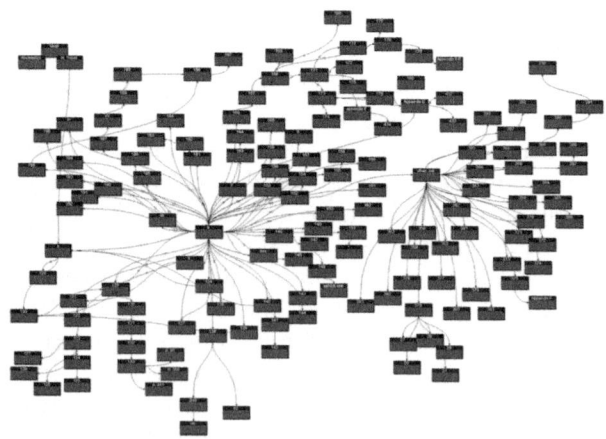

Abb. 2.4 „Map of footnotes in Chapter 9 of *House of Leaves*" (Chanen 2007, S. 170)

Errungenschaft digitaler Textualität, sondern findet sich schon lange in Enzyklopädien und entsprechend in Lexikon-Romanen (vgl. Metz 2017) – inklusive von vor allem bei textexternen Verweisen nicht selten anzutreffenden 404-Fehlern (‚Page Not Found'), wie Danielewski mit seinen zahlreichen Referenzen auf nicht existierende Sekundärtexte vor Augen führt. Es mag zu weit gehen, die **Unterschiede zwischen gedruckten und digitalen Texten** zu nivellieren („the real difference between paper texts and computer texts is not very clear", Aarseth 1997, S. 17), insofern mit der Einbeziehung von Video- und Audio-Materialien und der ständigen Verfügbarkeit der referenzierten Texte im Präsenzbestand der virtuellen Bibliothek des Internets genuine hypertextuelle Möglichkeiten zur Verfügung stehen. Andererseits lässt sich mancher webbasierte Hypertext getreu dem Motto McLuhans (2003, S. 19), dass der Inhalt eines Mediums immer ein anderes Medium sei, als bloße digitale Reinszenierung von Spielräumen betrachten, die schon auf Papier gedruckte Texte hatten: „many of the forms of computer-based textuality have more in common with some of the paper media than with each other" (Aarseth 1997, S. 19).

Mithin zielt Danielewski mit seiner labyrinthischen Textstruktur weniger auf das vermeintlich Neue am Medium des Hypertextes als vielmehr auf die vergessenen Möglichkeiten des alten Druckmediums: „Cybertext [...] is not a ‚new', ‚revolutionary' form of text. [...] Neither is it a radical break with old-fashioned textuality" (Aarseth 1997, S. 18). Er erinnert so daran, dass unsere Vorstellungen von (Roman-)Literatur verschiedenen Beschränkungen unterliegen, die keineswegs medialer Notwendigkeit, sondern normalisierter Konvention entspringen (wie eben zum Beispiel die Anordnung von Prosa-Texten in den Seitenspiegel füllenden Blocksatz). Aarseth (1997, S. 21) spricht in diesem Zusammenhang vom **„codex book business"**, aus dessen selbst auferlegten Begrenzungen sich das gedruckte Buch erst im vergleichenden Blick auf digitale Texte befreien kann (vgl. Hayles 2005, S. 107: „the present moment presents us with a rare opportunity to break out of assumptions that have congealed around the technology of print"). Erst angesichts des (gar nicht so) anderen Mediums wird sich Literatur so ihrer selbst als Medium bewusst: „Wenn literarische Diskurse ihre eigene Medialität ausblenden, so bringen Medienwechsel und Medienwandel gerade das Ausgeblendete durch Kontrastmittel wieder zum Vorschein" (Mecke 2010, S. 17).

Beispielverzeichnis

Abschn. 2.1

Dalí, Salvador: *Paranoisch-kritische Studie zu Vermeers ‚Spitzenklöpplerin'* (1955)
Ferrarelle: Printwerbung (ca. 1982)
Wagner, Richard: *Der Ring des Nibelungen*
Wood, Grant: *Daughters of the Revolution* (1932)
CAPE FEAR (1991, R.: Martin Scorcese)
L'APPARTEMENT (1996, R.: Gilles Mimouni)

O BROTHER, WHERE ART THOU? (2000, R.: Joel und Ethan Coen)
SULLIVAN'S TRAVELS (1941, R.: Preston Sturges)
THE UNTOUCHABLES (1987, R.: Brian De Palma)
VERTIGO (1958, R.: Alfred Hitchcock)

Abschn. 2.2

LE CAMION (1977, R.: Marguerite Duras)
Boyle, T.C.: „Heart of a Champion" (1975)
Ellis, Trey: *Platitudes* (1988)
Tabucchi, Antonio: *Notturno Indiano* (1984)

Abschn. 2.4

CASABLANCA (1942, R.: Michael Curtiz)
DOGVILLE (2003, R.: Lars von Trier)
LE MYSTÈRE PICASSO (1955, R.: Henri-Georges Clouzot)
LILI MARLEEN (1981, R.: Rainer Werner Fassbinder)
MODERN TIMES (1936, R.: Charlie Chaplin)
ON CONNAIT LA CHANSON (1998, R.: Alain Resnais)
SHIRLEY – VISIONS OF REALITY (2013, R.: Gustav Deutsch)
THE ENCHANTED DRAWING (1900, R.: J. Stuart Blackton)
THE WIZARD OF OZ (1939, R.: Victor Fleming)
UN TRANQUILLO POSTO DI CAMPAGNA (1968, R.: Elio Petri)
VERTIGO (1958, R.: Alfred Hitchcock)
ZELIG (1983, R.: Woody Allen)

Abschn. 2.5

Danielewski, Mark Z.: *House of Leaves* (2000)

Literaturverzeichnis

Kap. 2

Rajewsky, Irina O. „Intermediality, Intertextuality, and Remediation: A Literary Perspective on Intermediality". In: *Intermédialités* 6 (2005), 43–64.
Rippl, Gabriele: „Intermedialität: Text/Bild-Verhältnisse". In: Claudia Benthien/Brigitte Weingart (Hg.): *Handbuch Literatur & Visuelle Kultur*. Berlin 2014, 139–158.

Abschn. 2.1

Adams, Henry: „The Case for a New Grant Wood Painting" (2012), https://www.smithsonianmag.com/arts-culture/the-case-for-a-new-grant-wood-painting-114830798/ (07.08.2019)
Adorno, Theodor W.: *Philosophie der Neuen Musik* [1947]. *Gesammelte Schriften in zwanzig Bänden*: Bd. 12. Hg. von Rolf Tiedemann. Frankfurt a. M. 2003.
Anon.: „Labels and Art Forms". In: Philip E. LaMoreaux/Judy T. Tanner (Hg.): *Springs and Bottled Waters of the World: Ancient History, Source, Occurence, Quality and Use.* Berlin 2001, 111–113.
Bal, Mieke/Bryson, Norman: „Semiotics and Art History". In: *Art Bulletin* 73/2 (1991), 174–208.
Beard, David/Gloag, Kenneth: *Musicology. The Key Concepts.* New York 2005.
Behr, Manfred: „Argumentation durch Bilder: Ein Aspekt politischer Ikonographie". In: Klaus Sachs-Hombach (Hg.): *Bildwissenschaft zwischen Reflexion und Anwendung.* Köln 2005, 212–229.
Bicknell, Jeanette: „The Problem of Reference in Musical Quotation. A Phenomenological Approach". In: *The Journal of Aesthetics and Art Criticism* 59/2 (2001), 185–191.
Boehm, Gottfried (Hg.): *Was ist ein Bild?* München 1994.
Boehm, Gottfried: „Die Wiederkehr der Bilder". In: Gottfried Boehm (Hg.): *Was ist ein Bild?* München 1994a, 11–38.
Boehm, Gottfried: „Iconic Turn. Ein Brief". In: Hans Belting (Hg.): *Bilderfragen. Die Bildwissenschaften im Aufbruch.* München 2007, 27–46.
Boehm, Gottfried: „Ikonische Differenz". In: *Rheinsprung11* 1 (2011), 170–176.
Bredekamp, Horst: „Bildwissenschaft". In: Ulrich Pfisterer (Hg.): *Metzler Lexikon Kunstwissenschaft. Ideen – Methoden – Begriffe.* Stuttgart ²2011, 72–75.
Brettell, Richard R./Tucker, Paul Hayes/Lee, Natalie H.: „111. Salvador Dalí, *The Lacemaker (after Vermeer)*, 1955". In: *The Robert Lehman Collection.* Bd. 3: *Nineteenth- and Twentieth-Century Paintings.* New York 2009, 358–362.
Bryson, Norman: „Intertextuality and Visual Poetics". In: *Style* 22/2 (1988), 183–193.
Burkholder, J. Peter: „The Uses of Existing Music. Musical Borrowing as a Field". In: *Notes* 50/3 (1994), 851–870.
Chiara: „La pubblicità e i capelli della Gioconda" (2011a), https://www.pubblicitando.it/2011/07/18/la-pubblicita-e-i-capelli-della-gioconda/ (07.08.2019)
Chiara: „I mille volti della Gioconda in pubblicità" (2011b), https://www.pubblicitando.it/2011/08/03/i-mille-volti-della-gioconda-in-pubblicita/ (07.08.2019)
Davis, Whitney: *A General Theory of Visual Culture.* Princeton 2011.
Debray, Régis: *Einführung in die Mediologie* [franz. 2000]. Bern 2003.
Descharnes, Robert: *The World of Salvador Dalí.* New York 1962.
Didi-Huberman, Georges: „Was zwischen zwei Bildern passiert. Anachronie, Montage, Allegorie, ‚Pathos'". In: Lena Bader/Martin Gaier/Falk Wolf (Hg.): *Vergleichendes Sehen.* München 2010, 537–574.
Diehr, Achim: *Literatur und Musik im Mittelalter. Eine Einführung.* Berlin 2004.
Drees, Stefan: „Variation". In: Laurenz Lütteken (Hg.): *MGG Online. Die Musik in Geschichte und Gegenwart* (2016), https://www.mgg-online.com/article?id=mgg16195&v=1.2&rs=mgg16195 (07.08.2019)
Egenhofer, Sebastian/Hinterwaldner, Inge/Spies, Christian (Hg.): *Was ist ein Bild? Antworten in Bildern. Gottfried Boehm zum 70. Geburtstag.* München 2012.
Falkenhausen, Susanne von: „Verzwickte Verwandtschaftsverhältnisse: Kunstgeschichte, Visual Culture, Bildwissenschaft". In: Philine Helas/Maren Polte/Claudia Rückert/Bettina Uppenkamp (Hg.): *Bild/Geschichte. Festschrift für Horst Bredekamp.* Berlin 2007, 3–13.
Finscher, Ludwig: „Intertextualität in der Musik". In: *Geschichte und Geschichten. Ausgewählte Aufsätze zur Musikhistorie.* Hg. von Hermann Danuser. Mainz 2003, 101–106.

Forrest, Jennifer/Koos, Leonard R. (Hg.): *Dead Ringers. The Remake in Theory and Practice.* Albany 2002.

Frank, Gustav: „Textparadigma kontra visueller Imperativ: 20 Jahre Visual Culture Studies als Herausforderung der Literaturwissenschaft. Ein Forschungsbericht". In: *Internationales Archiv für Sozialgeschichte der deutschen Literatur* 31/2 (2006), 26–89.

Frank, Gustav/Lange, Barbara: *Einführung in die Bildwissenschaft.* Darmstadt 2010.

Gamer, Elisabeth-Christine: *Die Intertextualität der Bilder: Methodendiskussion zwischen Kunstgeschichte und Literaturtheorie.* Berlin 2018.

Gelshorn, Julia: „Interikonizität". In: *Kritische Berichte* 35/3 (2007), 53–58.

Genette, Gérard: *Palimpseste. Die Literatur auf zweiter Stufe* [franz. 1982]. Frankfurt a. M. 1993.

Goodman, Nelson: *Weisen der Welterzeugung* [engl. 1978]. Frankfurt a. M. 1984.

Goodman, Nelson: *Sprachen der Kunst. Entwurf einer Symboltheorie* [engl. ^{2}1976]. Übers. v. Bernd Philippi. Frankfurt a. M. ^{2}1997.

Graw, Isabelle: „Mit den besten Empfehlungen / Ein Roundtablegespräch über ‚Referenzialismus' in der zeitgenössischen Kunst mit Dirk von Lowtzow, Paulina Olowska, Stephen Prina und Adam Szymcyk". In: *Texte zur Kunst* 18/71 (2008), 49–67.

Großmann, Rolf: „Collage, Montage, Sampling. Ein Streifzug durch (medien-)materialbezogene ästhetische Strategien". In: Harro Segeberg/Frank Schätzlein (Hg.): *Sound. Zur Technologie und Ästhetik des Akustischen in den Medien.* Marburg 2005, 308–331.

Gruber, Gernot: „Zitat" [1998]. In: Laurenz Lütteken (Hg.): *MGG Online. Die Musik in Geschichte und Gegenwart* (2016), https://www.mgg-online.com/article?id=mgg16270&v=1.0&rs=mgg16270 (07.08.2019)

Gumbrecht, Hans Ulrich: „Medium Literatur". In: Manfred Faßler/Wulf Halbach (Hg.): *Geschichte der Medien.* München 1998, 83–107.

Harnhardt, John G. (Hg.): *Video Culture. A Critical Investigation.* Rochester 1986.

Harth, Manfred: „Bilder als Gründe?". In: Manfred Harth/Jakob Steinbrenner (Hg.): *Bilder als Gründe.* Köln 2013, 58–72.

Hebel, Udo J.: „‚American' Pictures and (Trans-)National Iconographies: Mapping Interpictorial Clusters in American Studies". In: Winfried Fluck/Erik Redling/Sabine Sielke/Hubert Zapf (Hg.): *American Studies Today: New Research Agendas.* Heidelberg 2013, 401–431.

Heidegger, Martin: „Die Zeit des Weltbildes" [1938]. In: *Holzwege.* Frankfurt a. M. 1950, 69–104.

Hennebelle, Guy (Hg.): *Le remake et l'adaptation.* Themenheft der Zeitschrift *CinémAction* 53 (1989).

Hennig, R.: „Unbewusste Plagiate". In: *Die Musik* 22/3 (1929), 178–181.

Horton, Andrew/McDougal, Stuart Y. (Hg.): *Play It Again, Sam. Retakes on Remakes.* Berkeley 1998.

Howard, Vernon A.: „On Musical Quotation". In: *The Monist* 58/2 (1974), 307–318.

Howat, John K.: „Washington Crossing the Delaware". In: *The Metropolitan Museum Art Bulletin* 26/7 (1968), 289–299.

Iampolski, Mikhail: *The Memory of Tiresias. Intertextuality and Film* [Russ. 1993]. Berkeley 1998.

Isekenmeier, Guido (Hg.): *Interpiktorialität. Theorie und Geschichte der Bild-Bild-Bezüge.* Bielefeld 2013.

Jahraus, Oliver: „Text, Kontext, Kultur. Zu einer zentralen Tendenz in den Entwicklungen der Literaturtheorie von 1980–2000". In: *Journal of Literary Theory* 1/1 (2007), 19–44.

Janz, Tobias: „Musikwissenschaft als Kunstwissenschaft?". In: Michele Calella/Nikolaus Urbanek (Hg.): *Historische Musikwissenschaft. Grundlagen und Perspektiven.* Stuttgart 2013, 56–81.

Karbusicky, Vladimir: „Intertextualität in der Musik". In: Wolf Schmid/Wolf-Dieter Stempel (Hg.): *Dialog der Texte. Hamburger Kolloquium zur Intertextualität.* Wien 1983, 361–398.

Karbusicky, Vladimir: „Zitat und Zitieren in der Musik". In: *Zeitschrift für Semiotik* 14/1–2 (1992), 61–77.

Keppler, Philip Jr.: „Some Comments on Musical Quotation". In: *The Musical Quarterly* 42/4 (1956), 473–485.

Klein, Michael L.: *Intertextuality in Western Art Music*. Bloomington 2005.

Kneif, Tibor: „Zur Semantik des musikalischen Zitats". In: *Neue Zeitschrift für Musik* 134/1 (1973), 3–9.

Korsyn, Kevin: „Towards a New Poetics of Musical Influence". In: *Music Analysis* 10/1–2 (1991), 3–72.

Krüger, Klaus: „Bild – Schleier – Palimpsest. Der Begriff des Mediums zwischen Materialität und Metaphorik". In: Ernst Müller (Hg.): *Begriffsgeschichte im Umbruch?* Hamburg 2005, 81–112.

Langton, Diane: „Grant Wood Took Masterly Revenge for DAR Snub" (2016), https://grantwood.uiowa.edu/news/daughters-revolution-grant-wood-took-masterly-revenge-dar-snub (07.08.2019)

Lissa, Zofia: „Ästhetische Funktionen es musikalischen Zitats". In: *Die Musikforschung* 19/4 (1966), 364–378.

Manderbach, Jochen: *Das Remake: Studien zu seiner Theorie und Praxis*. Siegen 1988.

Mersch, Dieter: „Visuelle Argumente. Zur Rolle der Bilder in den Naturwissenschaften". In: Sabine Maasen/Torsten Mayerhauser/Cornelia Renggli (Hg.): *Bilder als Diskurse – Bilddiskurse*. Göttingen 2006, 95–116.

Mitchell, W.J.T.: *Picture Theory: Essays on Verbal and Visual Representation*. Chicago 1994.

Mitchell, W.J.T.: „There are No Visual Media". In: Oliver Grau (Hg.): *MediaArtHistories*. Cambridge 2007, 395–406.

Mitchell, W.J.T.: „Image X Text". In: Ofra Amihay/Lauren Walsh (Hg.): *The Future of Text and Image: Collected Essays on Literary and Visual Conjunctures*. Newcastle upon Tyne 2012, 1–11.

Monson, Ingrid: *Saying Something. Jazz Improvisation and Interaction*. Chicago 1996.

Mössner, Nicola: „Können Bilder Argumente sein?". In: Manfred Harth/Jakob Steinbrenner (Hg.): *Bilder als Gründe*. Köln 2013, 35–57.

Müller, Wolfgang G.: „Interfigurality. A Study on the Interdependence of Literary Figures". In: Heinrich F. Plett (Hg.): *Intertextuality*. Berlin 1991, 101–121.

Nicola, Ubaldo: *Bildatlas Philosophie. Die abendländische Ideengeschichte in Bildern*. Berlin 2007.

Noé, Günther: „Das musikalische Zitat". In: *Neue Zeitschrift für Musik* 124/4 (1963), 134–137.

Noé, Günther: „Musikalische Anklänge". In: *Österreichische Musikzeitschrift* 20/2 (1965), 102–105.

Planalp, Brian: „American Gothic Comes to the Cincinnati Art Museum". 2014. https://www.leadcincinnati.com/Around-Town/American-Gothic-Comes-to-the-Cincinnati-Art-Museum/ (07.08.2019)

Quante, Julia: *Drawn into the Heart of Europe? Die britische Europapolitik im Spiegel von Karikaturen (1973–2008)*. Berlin 2013.

Rajewsky, Irina O.: *Intermedialität*. Tübingen 2002.

Rimmele, Marius/Stiegler, Bernd: *Visuelle Kulturen/Visual Culture. Eine Einführung*. Hamburg 2012.

Rippl, Gabriele: *Beschreibungs-Kunst: Zur intermedialen Poetik angloamerikanischer Ikontexte (1880–2000)*. München 2005.

Rose, Margaret A.: *Parodie, Intertextualität, Interbildlichkeit*. Bielefeld 2008.

Rose, Margaret A.: *Pictorial Irony, Parody, and Pastiche. Comic Interpictoriality in the Arts of the 19th and 20th Centuries*. Bielefeld 2011.

Rosen, Valeska von: „Interpikturalität". In: Ulrich Pfisterer (Hg.): *Metzler Lexikon Kunstwissenschaft. Ideen – Methoden – Begriffe*. Stuttgart 2003, 161–164.

Rosen, Valeska von: „Interpikturalität". In: Ulrich Pfisterer (Hg.): *Metzler Lexikon Kunstwissenschaft. Ideen – Methoden – Begriffe*, Stuttgart ²2011, 208–211.

Rottmann, André: „Reflexive Bezugssysteme: Annäherungen an den ‚Referenzialismus' in der Gegenwartskunst". In: *Texte zur Kunst* 18/71 (2008), 79–94.

Sachs-Hombach, Klaus: *Das Bild als kommunikatives Medium. Elemente einer allgemeinen Bildwissenschaft.* Köln 2013.

Saxl, Fritz (2000): „Brief an den Verlag B.G. Teubner, Leipzig [um 1930]". In: Aby Warburg: *Der Bilderatlas Mnemosyne.* Hg. von Martin Warnke. Berlin 2000, xviii–xx.

Schade, Sigrid/Wenk, Silke: *Studien zur visuellen Kultur. Einführung in ein transdisziplinäres Forschungsfeld.* Bielefeld 2011.

Scott, Hugh Arthur: „Indebtedness in Music". In: *The Musical Quarterly* 13/4 (1927), 497–509.

Shusterman, Richard: „Aesthetic Blindness to Textual Visuality". In: *Journal of Aesthetics and Art Criticism* 41/1 (1982), 87–96.

Sitt, Martina/Horányi, Attila: „Kunsthistorische Suite über das Thema des Zitats in der Kunst". In: Wilfried Seipel (Hg.): *Diskurse der Bilder. Photokünstlerische Reprisen kunsthistorischer Werke.* Wien 1993, 9–22.

Stam, Robert: *Reflexivity in Film and Literature. From Don Quijote to Jean-Luc Godard* [1985]. New York 1992.

Steiner, Wendy: „Intertextuality in Painting". In: *American Journal of Semiotics* 3/4 (1985), 57–67.

Stierle, Karlheinz: „Werk und Intertextualität". In: Wolf Schmid/Wolf-Dieter Stempel (Hg.): *Dialog der Texte. Hamburger Kolloquium zur Intertextualität.* Wien 1983, 7–26.

Tappert, Wilhelm: *Wandernde Melodien. Eine musikalische Studie* [1868]. Leipzig ²1890.

Tischer, Matthias: „Zitat – ‚Musik über Musik' – Intertextualität. Wege zu Bachtin. Vers une musique intégrale". In: *Musik & Ästhetik* 13/49 (2009), 55–71.

Virilio, Paul: „Eine topographische Amnesie". In: *Die Sehmaschine.* Berlin 1989, 7–49.

Warburg, Aby: *Der Bilderatlas Mnemosyne.* Hg. von Martin Warnke. Berlin 2000.

Waters, Laurie: „Fine Art: Vermeer's *Lacemaker* copied by Salvador Dalí". 2011. https://lacenews.net/2011/10/24/fine-art-vermeers-lacemaker-copied-by-salvador-dali/ (07.08.2019)

Withalm, Gloria: „Von Duschen, Kinderwagen und Lüftungsschächten: Methoden des Verweisens im Film". In: *Zeitschrift für Semiotik* 14/3 (1992), 199–224.

Wolf, Werner: „Intermedialität – ein weites Feld und eine Herausforderung für die Literaturwissenschaft". In: Herbert Foltinek/Christoph Leitgeb (Hg.): *Literaturwissenschaft – intermedial, interdisziplinär.* Wien 2002, 163–192.

Yeazell, Ruth Bernard: *Picture Titles. How and Why Western Paintings Acquired Their Names.* Princeton 2015.

Zuschlag, Christoph: „Auf dem Wege zu einer Theorie der Interikonizität". In: Silke Horstkotte/Karin Leonhard (Hg.): *Lesen ist wie Sehen. Intermediale Zitate in Bild und Text.* Köln 2006, 89–99.

Abschn. 2.2

Berndt, Frauke/Tonger-Erk, Lily: *Intertextualität: Eine Einführung.* Berlin 2013.

Bluestone, George: *Novels into Film.* Baltimore 1957.

Boyle, T. Coraghessan: „Heart of a Champion" [1975]. In: Reingard M. Nischik (Hg.): *American Film Stories.* Stuttgart 1996, 50–68.

Cartmell, Deborah (Hg.): *A Companion to Literature, Film, and Adaptation.* Chichester 2012.

Deleuze, Gilles/Guattari, Félix: *Was ist Philosophie?* [franz. 1991]. Frankfurt 2000.

Elliott, Kamilla: *Rethinking the NOVEL/FILM Debate.* Cambridge 2003.

Ellis, Trey: *Platitudes* [1988] & ‚*The New Black Aesthetic*'. Boston 2003.

Genette, Gérard: *Palimpseste: Die Literatur auf zweiter Stufe* [franz. 1982]. Frankfurt a. M. 1993.

Gotto, Lisa/Simonis, Annette: „Medienkomparatistik. Aktualität und Aufgaben eines interdisziplinären Forschungsfelds". In: *Medienkomparatistik. Beiträge zur Vergleichenden Medienwissenschaft* (1) 2019, 7–20.

Habermann, Ina: „Modifikationen des Modernismus: Medialität, Identität, Populärkultur". In: Vera Nünning (Hg.): *Kulturgeschichte der englischen Literatur: Von der Renaissance bis zur Gegenwart.* Tübingen 2005, 251–263.

Hallet, Wolfgang: „Non-Verbal Semiotic Modes and Media in the Multimodal Novel". In: Rippl 2015, 637–651.

Hutcheon, Linda: *A Theory of Adaptation.* New York 2006.

Isekenmeier, Guido: „Postmodernist Descriptive Visuality". In: Ronja Bodola/Guido Isekenmeier (Hg.): *Literary Visualities: Visual Descriptions – Readerly Visualisations – Textual Visibilities.* Berlin 2017, 79–124.

Krauthausen, Karin: „Do you see? Literature and Other Optical Media". In: Ronja Bodola/Guido Isekenmeier (Hg.): *Literary Visualities: Visual Descriptions – Readerly Visualisations – Textual Visibilities.* Berlin 2017, 261–283.

Leitch, Thomas (Hg.): *The Oxford Handbook of Adaptation Studies.* Oxford 2017.

Leschke, Rainer: *Einführung in die Medientheorie.* München 2003.

Lüdeke, Roger/Greber, Erika (Hg.): *Intermedium Literatur. Beiträge zu einer Medientheorie der Literaturwissenschaft.* Göttingen 2004.

Mendelsund, Peter: *What We See When We Read: A Phenomenology.* New York 2014.

Müller, Jürgen E. „Intermedialität und Medienhistoriographie". In: Joachim Paech/Jens Schröter (Hg.): *Intermedialität analog/digital: Theorien – Methoden – Analysen.* München 2008, 31–46.

Nischik, Reingard M.: „Illusion, Meta-Illusion, Counter-Illusion, Illusionism: The Function of Film in American Film Stories". In: Udo J. Hebel/Karl Ortseifen (Hg.): *Transatlantic Encounters: Studies in European-American Relations.* Trier 1995, 295–311.

Paech, Joachim: *Literatur und Film.* Stuttgart 1988.

Paech, Joachim: „Intermedialität. Mediales Differenzial und transformative Figuration". In: Jörg Helbig (Hg.): *Intermedialität. Theorie und Praxis eines interdisziplinären Forschungsgebiets.* Berlin 1998, 14–30.

Paech, Joachim: „[Rezension von Rajewsky 2002]". In: *MEDIENwissenschaft* 1 (2003), 62–66.

Poppe, Sandra: *Visualität in Literatur und Film: Eine medienkomparatistische Untersuchung moderner Erzähltexte und ihrer Verfilmungen.* Göttingen 2007.

Rajewsky, Irina O.: *Intermedialität.* Tübingen 2002.

Rippl, Gabriele (Hg.): *Handbook of Intermediality: Literature – Image – Sound – Music.* Berlin 2015.

Rippl, Gabriele: „Introduction". In: Rippl 2015a, 1–31.

Robert, Jörg: *Einführung in die Intermedialität.* Darmstadt 2014.

Samoyault, Tiphaine: *L'Intertextualité: Mémoire de la Littérature.* Paris 2001.

Sinyard, Neil: *Filming Literature: The Art of Screen Adaptation.* London 1986.

Spiegel, Alan: *Fiction and the Camera Eye: Visual Consciousness in Film and the Modern Novel.* Charlottesville 1976.

Wagner, Peter: „The Nineteenth-Century Illustrated Novel". In: Rippl 2015, 378–400.

Wirth, Uwe: „Intermedialität". In: Alexander Roesler/Bernd Stiegler (Hg.): *Grundbegriffe der Medientheorie.* Paderborn 2005, 114–121.

Wolf, Werner: *The Musicalization of Fiction: A Study in the Theory and History of Intermediality.* Amsterdam 1999.

Wolf, Werner: „Intermedialität. Ein weites Feld und eine Herausforderung für die Literaturwissenschaft". In: Herbert Foltinek/Christoph Leitgeb (Hg.): *Literaturwissenschaft: intermedial – interdisziplinär.* Wien 2002, 163–162.

Wolf, Werner: „Intermediality". In: David Herman/Manfred Jahn/Marie-Laure Ryan (Hg.): *Routledge Encyclopedia of Narrative Theory.* London 2005, 252–256.

Wolf, Werner: „Intermedialität". In: Ansgar Nünning (Hg.). *Metzler Lexikon Literatur- und Kulturtheorie*. Stuttgart ⁴2008: 327–328.

Abschn. 2.3

Baudry, Jean-Louis: „Das Dispositiv. Metapsychologische Betrachtungen des Realitätseindrucks" [franz. 1975]. In: Claus Pias/Joseph Vogl/Lorenz Engell/Oliver Fahle/Britta Neitzel (Hg.): *Kursbuch Medienkultur. Die maßgeblichen Theorien von Brecht bis Baudrillard*. Stuttgart 1999, 381–404.

Baudry, Jean-Louis: „Ideologische Effekte erzeugt vom Basisapparat" [franz. 1970]. In: Robert F. Riesinger (Hg.): *Der kinematographische Apparat. Geschichte und Gegenwart einer interdisziplinären Debatte*. Münster 2003, 27–39.

Bazin, André: „Ontologie des photographischen Bildes" [engl. 1960]. In: Ders.: *Was ist Film?* Hg. von Robert Fischer. Berlin 2004, 33–42.

Bolter, Jay D./Grusin, Richard: *Remediation. Understanding New Media*. Cambridge 2000.

Doane, Mary A.: „The Indexical and the Concept of Medium Specificity". In: *differences. A Journal of Feminist Cultural Studies* 18/1 (2007), 128–152.

Engell, Lorenz/Vogl, Joseph: „Editorial". In: Joseph Vogl/Lorenz Engell (Hg.): *Mediale Historiographien*. Weimar 2001, 5–8.

Grampp, Sven: *Medienwissenschaft*. Konstanz 2016.

Greenberg, Clement: „Modernistische Malerei" [engl. 1960]. In: *Die Essenz der Moderne. Ausgewählte Essays und Kritiken*. Hg. von Karlheinz Lüdeking. Amsterdam 1997a, 265–278.

Greenberg, Clement: „Zu einem neueren Laokoon" [engl. 1940]. In: *Die Essenz der Moderne. Ausgewählte Essays und Kritiken*. Hg. von Karlheinz Lüdeking. Amsterdam 1997b, 56–81.

Kirchmann, Kay: *Verdichtung, Weltverlust und Zeitdruck. Grundzüge einer Theorie der Interdependenzen von Medien, Zeit und Geschwindigkeit im neuzeitlichen Zivilisationsprozess*. Opladen 1998.

Kirchmann, Kay/Ruchatz, Jens: „Einleitung: Wie Filme Medien beobachten. Zur kinematografischen Konstruktion von Medialität". In: Kay Kirchmann/Jens Ruchatz (Hg.): *Medienreflexion im Film. Ein Handbuch*. Bielefeld 2014, 9–42.

Kirsten, Guido: „Die Geburt der Dispositivtheorie aus dem Geiste der Ideologiekritik". In: Andreas R. Becker/Doreen Hartmann/Don C. Lorey/Andrea Nolte (Hg.): *Medien – Diskurse – Deutungen*. Marburg 2007, 150–157.

Kittler, Friedrich: *Grammophon Film Typewriter*. Berlin 1986.

Kracauer, Siegfried: *Theorie des Films. Die Errettung der äusseren Wirklichkeit* [engl. 1960]. Frankfurt a. M. 1985.

Leschke, Rainer: „Medienwissenschaften und ihre Geschichte". In: Jens Schröter (Hg.): *Handbuch Medienwissenschaft*. Stuttgart 2014, 21–30.

Luhmann, Niklas: *Die Kunst der Gesellschaft*. Frankfurt a. M. 1997.

Luhmann, Niklas: *Die Politik der Gesellschaft*. Frankfurt a. M. 2000.

Mersch, Dieter: „Medialität und Undarstellbarkeit. Einleitung in eine ‚negative' Medientheorie". In: Sybille Krämer (Hg.): *Performativität und Medialität*. München 2004, 75–96.

Mersch, Dieter: *Medientheorien zur Einführung*. Hamburg 2006.

Metz, Christian: *Die unpersönliche Enunziation oder der Ort des Films* [franz. 1991]. Münster 1997.

Paech, Joachim: „Unbewegt bewegt. Das Kino, die Eisenbahn und die Geschichte des filmischen Sehens". In: Ulfilas Meyer (Hg.): *Kino-Express. Die Eisenbahn in der Welt des Films*. München 1985, 40–49.

Paech, Joachim: „Das Sehen von Filmen und filmisches Sehen. Zur Geschichte der filmischen Wahrnehmung im 20. Jahrhundert". In: Knut Hickethier (Hg.): *Filmgeschichte schreiben. Ansätze, Entwürfe und Methoden*. Berlin 1991, 68–77.

Paech, Joachim: *Literatur und Film* [1988]. Stuttgart ²1997a.
Paech, Joachim: „Cinema mista – Kino im Film". In: Irmela Schneider/Christian W. Thomsen (Hg.): *Hybridkultur. Medien, Netze, Künste.* Köln 1997b, 118–140.
Paech, Joachim: „Paradoxien der Auflösung und Intermedialität". In: Hubertus von Amelunxen/Martin Warnke (Hg.): *HyperKult. Geschichte, Theorie und Kontext digitaler Medien.* Basel 1997c, 331–367.
Paech, Joachim: „Intermedialität. Mediales Differenzial und transformative Figurationen". In: Jörg Helbig (Hg.): *Intermedialität. Theorie und Praxis eines interdisziplinären Forschungsgebiets.* Berlin 1998, 14–30.
Paech, Joachim: „Figurationen ikonischer n...Tropie. Vom Erscheinen des Verschwindens im Film". In: *Der Bewegung einer Linie folgen ... Schriften zum Film.* Berlin 2002a, 112–132.
Paech, Joachim: „Der Bewegung einer Linie folgen... Notizen zum Bewegungsbild". In: *Der Bewegung einer Linie folgen ... Schriften zum Film.* Berlin 2002b, 133–162.
Paech, Joachim: „Intermedialität des Films". In: Jürgen Felix (Hg.): *Moderne Film Theorie.* Mainz 2002c, 287–312.
Paech, Joachim: „Warum Intermedialität?". In: Volker C. Dörr/Tobias Kurwinkel (Hg.): *Intertextualität, Intermedialität, Transmedialität. Zur Beziehung zwischen Literatur und anderen Medien.* Würzburg 2014, 46–69.
Rajewsky, Irina O.: *Intermedialität.* Tübingen 2002.
Rajewsky, Irina O.: „Intermedialität, *remediation*, Multimedia". In: Jens Schröter (Hg.): *Handbuch Medienwissenschaft.* Stuttgart 2014, 197–206.
Schröter, Jens: „Intermedialität: Facetten und Probleme eines aktuellen medienwissenschaftlichen Begriffs". In: *montage/AV. Zeitschrift für Theorie und Geschichte audiovisueller Kommunikation* 7/2 (1998), 129–154.
Schröter, Jens: „Intermedialität, Medienspezifik und die universelle Maschine". In: Sybille Krämer (Hg.): *Performativität und Medialität.* München 2004, 385–411.
Schröter, Jens: „Das ur-intermediale Netzwerk und die (Neu-)Erfindung des Mediums im (digitalen) Modernismus". In: Joachim Paech/Jens Schröter (Hg.): *Intermedialität – analog/digital. Theorien, Methoden, Analysen.* München 2008, 579–601.
Schröter, Jens: „Medienästhetik, Simulation und ‚Neue Medien'". In: *Zeitschrift für Medienwissenschaft* 8/1 (2013), 88–100.
Schröter, Jens (Hg.): *Handbuch Medienwissenschaft.* Stuttgart 2014.
Wirth, Uwe: „Intermedialität". In: Alexander Roesler/Bernd Stiegler (Hg.): *Grundbegriffe der Medientheorie.* Paderborn 2005, 114–121.

Abschn. 2.4

Bazin, André: „Ein bergsonianischer Film. *Le Mystère Picasso*" [franz. 1956]. In: Ders.: *Was ist Film?* Hg. von Robert Fischer. Berlin 2004, 231–241.
Böhn, Andreas: „Intermediale Form- und Stilzitate in Photographie und Film bei Godard, Greenaway und Cindy Sherman". In: Andreas Böhn (Hg.): *Formzitate, Gattungsparodien, ironische Formverwendung: Gattungsformen jenseits von Gattungsgrenzen.* St. Ingbert 1999, 175–198.
Böhn, Andreas: „Theatralität im Film". In: Christopher Balme/Erika Fischer-Lichte/Stephan Grätzel (Hg.): *Theater als Paradigma der Moderne? Positionen zwischen historischer Avantgarde und Medienzeitalter.* Tübingen 2003, 375–383.
Böhn, Andreas/Schrey, Dominik: „Intermedialität und Medienreflexion zwischen Konvention und Paradoxie. Schrift und Blindenschrift im Film". In: Kay Kirchmann/Jens Ruchatz (Hg.) *Medienreflexion im Film. Ein Handbuch.* Bielefeld 2014, 199–211.
Bruckner, Franziska/Feyersinger, Erwin/Kuhn, Markus/Reinerth, Maike Sarah (Hg.): *In Bewegung setzen... Beiträge zur deutschsprachigen Animationsforschung.* Wiesbaden 2017.

Coy, Wolfgang: „Die Konstruktion technischer Bilder – eine Einheit von Bild, Schrift und Zahl". In: Horst Bredekamp/Sibylle Krämer (Hg.): *Bild Schrift Zahl*. München 2003, 143–153.

Crafton, Donald: „Animation Iconography. The ‚Hand of the Artist'". In: *Quarterly Review of Film Studies* 4/4 (1979), 409–428.

Doane, Mary Ann: „The Indexical and the Concept of Medium Specificity". In: *differences. A Journal of Feminist Cultural Studies* (18/1) 2007, 128–152.

Elleström, Lars: „The Modalities of Media: A Model for Understanding Intermedial Relations". In: Lars Elleström (Hg.): *Media Borders, Multimodality and Intermediality*. Basingstoke 2010, 11–48.

Feyersinger, Erwin: „Diegetische Kurzschlüsse wandelbarer Welten. Die Metalepse im Animationsfilm". In: *Montage/AV. Zeitschrift für Theorie und Geschichte audiovisueller Kommunikation* 16/2 (2007), 113–130.

Feyersinger, Erwin/Bruckner, Franziska: „Animationstheorien". In: Bernhard Groß/Thomas Morsch (Hg.): *Handbuch Filmtheorie*. Wiesbaden 2019, 243–261.

Frye, Northrop: *Anatomy of Criticism: Four Essays*. Princeton 1957.

Greenberg, Clement: „Zu einem neueren Laokoon" [1940]. In: *Die Essenz der Moderne. Ausgewählte Essays und Kritiken*. Hg. von Karlheinz Lüdeking. Amsterdam 1997, 56–81.

Gunning, Tom: „The Cinema of Attraction[s]. Early Film, Its Spectator and the Avant-Garde". In: Wanda Strauven (Hg.): *The Cinema of Attractions Reloaded*. Amsterdam 2006, 381–388.

Hickethier, Knut: *Einführung in die Medienwissenschaft*. Stuttgart 2003.

Hörisch, Jochen: *Eine Geschichte der Medien. Vom Urknall zum Internet*. Frankfurt a. M. 2004.

Kittler, Friedrich: *Grammophon, Film, Typewriter*, Berlin 1986.

Krautkrämer, Florian: *Schrift im Film*. Münster 2013.

Leschke, Rainer. *Einführung in die Medientheorie*. München 2003.

Manovich, Lev: *The Language of New Media*. Cambridge 2001.

Mersch, Dieter: „Einleitung: Wort, Bild, Ton, Zahl – Modalitäten medialen Darstellens". In: Dieter Mersch (Hg.): *Die Medien der Künste. Beiträge zur Theorie des Darstellens*. München 2003, 11–49.

Müller, Jürgen E.: „Intermedialität als poetologisches und medientheoretisches Konzept. Einige Reflexionen zu dessen Geschichte". In: Jörg Helbig (Hg.): *Intermedialität. Theorie und Praxis eines interdisziplinären Forschungsgebiets*. Berlin 1998, 31–40.

Niessen, Niels: „Lives of Cinema: Against its ‚Death'". In: Ágnes Pethő (Hg.): *Film in the Post-Media Age*. Newcastle 2012, 161–184.

Paech, Joachim: „Paradoxien der Auflösung und Intermedialität". In: Hubertus von Amelunxen/Martin Warnke (Hg.): *HyperKult. Geschichte, Theorie und Kontext digitaler Medien*. Basel 1997, 331–367.

Rajewsky, Irina O.: *Intermedialität*. Tübingen 2002.

Rodowick, David N.: *The Virtual Life of Film*. Cambridge 2007.

Schanze, Helmut: „Integrale Mediengeschichte". In: Helmut Schanze (Hg.): *Handbuch der Mediengeschichte*. Stuttgart 2001, 207–282.

Schanze, Helmut: „Medien". In: Helmut Schanze (Hg.): *Metzler Lexikon Medientheorie Medienwissenschaft: Ansätze – Personen – Grundbegriffe*. Stuttgart 2002, 199–201.

Schneider, Sigrid/Grebe, Stefanie (Hg.): *Wirklich wahr! Realitätsversprechen von Fotografien*. Berlin 2004.

Schrey, Dominik: „Zwischen den Welten. Intermediale Grenzüberschreitungen zwischen Animations- und Realfilm". In: *Filmblatt* 41 (2010), 4–21.

Schrey, Dominik: „Retrofotografie: Die Wiederverzauberung der digitalen Welt". In: *MEDIENwissenschaft* 1 (2015), 9–26.

Schröter, Jens: „Intermedialität. Facetten und Probleme eines aktuellen medienwissenschaftlichen Begriffs". In: *Montage/AV. Zeitschrift für Theorie und Geschichte audiovisueller Kommunikation* 7/2 (1998), 129–154.

Winkler, Hartmut: „Medium Computer: Zehn populäre Thesen zum Thema und warum sie möglicherweise falsch sind". In: Lorenz Engell/Britta Neitzel (Hg.): *Das Gesicht der Welt: Medien in der digitalen Kultur.* München 2004, 203–213.

Wolf, Werner: „Intermediality". In: David Herman/Manfred Jahn/Marie-Laure Ryan (Hg.): *Routledge Encyclopedia of Narrative Theory.* London 2005, 252–256.

Abschn. 2.5

Aarseth, Espen J. *Cybertext: Perspectives on Ergodic Literature.* Baltimore 1997.

Benthien, Claudia/Brigitte Weingart: „Einleitung". In: Claudia Benthien/Brigitte Weingart (Hg.): *Handbuch Literatur & Visuelle Kultur.* Berlin 2014, 1–28.

Berger, Andrea Ch.: *Das intermediale Gemäldezitat. Zur literarischen Rezeption von Vermeer und Caravaggio.* Bielefeld 2012.

Bornstein, George: *Material Modernism. The Politics of the Page.* Cambridge 2001.

Bray, Joe/Gibbons, Alison/McHale, Brian (Hg.): *The Routledge Companion to Experimental Literature.* London 2015.

Brooks, Peter: *Realist Vision.* New Haven 2005.

Chanen, Brian W.: „Surfing the Text: The Digital Environment in Mark Z. Danielewski's *House of Leaves*". In: *European Journal of English Studies* 11/2 (2007), 163–176.

Danielewski, Mark Z.: *House of Leaves.* New York 2000.

Danielewski, Mark Z.: *The Fifty Year Sword* [niederl. 2005]. New York 2012.

Drucker, Johanna: *The Visible Word: Experimental Typography and Modern Art, 1909–1923.* London 1994.

Ernst, Albert: *Wechselwirkung: Textinhalt und typografische Gestaltung.* Würzburg 2005.

Ernst, Ulrich: *Intermedialität im europäischen Kulturzusammenhang: Beiträge zur Theorie und Geschichte der visuellen Lyrik.* Berlin 2002.

Glaubitz, Nicola: „Literaturwissenschaft". In: Jens Schröter (Hg.): *Handbuch Medienwissenschaft.* Stuttgart 2014, 427–434.

Goodman, Nelson: „Probleme des Zitierens" [engl. 1974]. In: *Weisen der Welterzeugung.* Frankfurt a. M. 1984, 59–75.

Gumbrecht, Hans Ulrich/Pfeiffer, K. Ludwig (Hg.): *Materialität der Kommunikation.* Frankfurt a. M. 1988.

Gumbrecht, Hans Ulrich: „Medium Literatur". In: Manfred Faßler/Wulf Halbach (Hg.): *Geschichte der Medien.* München 1998, 83–107.

Gumbrecht, Hans Ulrich: „Materialität der Kommunikation". In: Alexander Roesler/Bernd Stiegler (Hg.): *Grundbegriffe der Medientheorie.* München 2005, 144–149.

Gross, Sabine: *Lese-Zeichen. Kognition, Medium und Materialität im Leseprozeß.* Darmstadt 1994.

Halász, Hajnalka/Lörincz, Csongor: „Vorwort". In: Hajnalka Halász/Csongor Lörincz (Hg.): *Sprachmedialität. Verflechtungen von Sprach- und Medienbegriffen.* Bielefeld 2019, 7–21.

Hansen-Löwe, Aage A.: „Intermedialität und Intertextualität. Probleme der Korrelation von Wort- und Bildkunst – Am Beispiel der russischen Moderne". In: Wolf Schmid/Wolf-Dieter Stempel (Hg.): *Dialog der Texte. Hamburger Kolloquium zur Intertextualität.* Wien 1983, 291–360.

Hayles, N. Katherine: *My Mother Was a Computer: Digital Subjects and Literary Texts.* Chicago 2005.

Jackson, Leon (2001): „,The Italics are Mine': Edgar Allan Poe and the Semiotics of Print". In: Paul Gutjahr/Megan Benton (Hg.): *Illuminating Letters: Essays on Type Faces and Literary Interpretation,* Amherst 2001, 139–161.

Jäger, Ludwig/Switalla, Bernd: „Sprache und Literatur im Wandel ihrer medialen Bedingungen: Perspektiven der Germanistik". In: Ludwig Jäger/Bern Switalla (Hg.): *Germanistik in der Mediengesellschaft.* München 1994, 7–23.

Jahraus, Oliver: *Literatur als Medium: Sinnkonstitution und Subjekterfahrung zwischen Bewusstsein und Kommunikation.* Wellerswist 2003.

Kammer, Stephan: „Visualität und Materialität der Literatur". In: Claudia Benthien/Brigitte Weingart (Hg.): *Handbuch Literatur & Visuelle Kultur.* Berlin 2014, 31–47.

Kittler, Friedrich A.: *Aufschreibesysteme 1800/1900* [1985]. München ²1987.

Kleinschmidt, Christoph: *Intermaterialität: Zum Verhältnis von Schrift, Bild, Film und Bühne im Expressionismus.* Bielefeld 2012.

Krämer, Sybille: „,Schriftbildlichkeit' oder: Über eine (fast) vergessene Dimension der Schrift". In: Sybille Krämer/Horst Bredekamp (Hg.): *Bild, Schrift, Zahl.* München 2003, 157–176.

Krämer, Sybille/Cancik-Kirschbaum, Eva/Totzke, Rainer: „Einleitung". In: Sybille Krämer/Rüdiger Nutt-Kofoth/Rainer Totzke (Hg.): *Schriftbildlichkeit: Wahrnehmbarkeit, Materialität und Operativität von Notationen.* Berlin 2012, 13–35.

Lukas, Wolfgang/Nutt-Kofoth, Rüdiger/Podewski, Madleen. „Zur Bedeutung von Materialität und Medialität für Edition und Interpretation". In: Wolfgang Lukas/Rüdiger Nutt-Kofoth/Madleen Podewski (Hg.): *Text – Material – Medium: Zur Relevanz editorischer Dokumentation für die literaturwissenschaftliche Interpretation.* Berlin 2014, 1–22.

McGann, Jerome: „Philology in a New Key". In: *Critical Inquiry* 39/2 (2013), 327–346.

McHale, Brian: „Worlds on Paper". In: *Postmodernist Fiction* [1987]. London 2001: 179–196.

McLuhan, Marshall: *Understanding Media: The Extensions of Man* [1964]. Critical Edition. Hg. von W. Terrence Gordon. Corte Madera 2003.

Mecke, Jochen: „Medien der Literatur". In: Jochen Mecke (Hg.): *Medien der Literatur: Vom Almanach zur Hyperfiction. Stationen einer Mediengeschichte der Literatur vom 18. Jahrhundert bis zur Gegenwart.* Bielefeld 2010, 9–25.

Metz, Bernhard: „Non-linear Readings: The Dictionary Novel as Visual Genre". In: Ronja Bodola/Guido Isekenmeier (Hg.): *Literary Visualities: Visual Descriptions, Readerly Visualisations, Textual Visibilities.* Berlin 2017, 222–260.

Nink, Rudolf: *Literatur und Typographie: Wort-Bild-Synthesen in der englischen Prosa des 16. bis 20. Jahrhunderts.* Wiesbaden 1993.

Pfeiffer, K. Ludwig: „Materialität der Kommunikation?". In: Hans Ulrich Gumbrecht/K. Ludwig Pfeiffer (Hg.): *Materialität der Kommunikation.* Frankfurt a. M. 1988, 15–28.

Rajewsky, Irina O.: *Intermedialität.* Tübingen 2002.

Rajewsky, Irina O. „Intermediality, Intertextuality, and Remediation: A Literary Perspective on Intermediality". In: *Intermédialités* 6 (2005), 43–64.

Reinfandt, Christoph: „Literatur als Medium". In: Simone Winko/Fotis Jannidis/Gerhard Lauer (Hg.): *Grenzen der Literatur: Zu Begriff und Phänomen des Literarischen.* Berlin 2009, 161–187.

Roque, Georges: „Graphic Presentation as Expressive Device". In: David Herman/Manfred Jahn/Marie-Laure Ryan (Hg.): *Routledge Encyclopedia of Narrative Theory.* London 2005, 209–210.

Ryan, Marie-Laure: „Introduction". In: Marie-Laure Ryan (Hg.): *Narrative Across Media. The Languages of Storytelling.* Lincoln 2004, 1–40.

Schröter, Jens: „Intermedialität: Facetten und Probleme eines aktuellen medienwissenschaftlichen Begriffs". In: *montage/AV. Zeitschrift für Theorie und Geschichte audiovisueller Kommunikation* 7/2 (1998), 129–154.

Shusterman, Richard: „Aesthetic Blindness to Textual Visuality". In: *Journal of Aesthetics and Art Criticism* 41/1 (1982), 87–96.

Strässle, Thomas: „Einleitung: Pluralis materialitatis". In: Thomas Strässle/Christoph Kleinschmidt/Johanne Mohs (Hg.): *Das Zusammenspiel der Materialien in den Künsten: Theorien – Praktiken – Perspektiven.* Bielefeld 2013, 7–23.

Wehde, Susanne: *Typographische Kultur. Eine zeichentheoretischer und kulturgeschichtliche Studie zur Typographie und ihrer Entwicklung.* Tübingen 2000.

Wolf, Werner: „Intermediality". In: David Herman/Manfred Jahn/Marie-Laure Ryan (Hg.): *Routledge Encyclopedia of Narrative Theory.* London 2005, 252–256.

Zeller, Christoph. „Literarische Experimente. Theorie und Geschichte – eine Einleitung". In: Christoph Zeller (Hg.): *Literarische Experimente. Medien – Kunst – Texte seit 1950*. Heidelberg 2012, 11–56.

Zuschlag, Christoph: „Auf dem Wege zu einer Theorie der Interikonizität". In: Silke Horstkotte/ Karin Leonhard (Hg.): *Lesen ist wie Sehen. Intermediale Zitate in Bild und Text*. Köln 2006, 89–99.

Andere Wege zur Intermedialität 3

Inhaltsverzeichnis

3.1 Interartialität: der Wettstreit der Künste 148
3.2 Narrativität: Erzählen als transmediale Praxis 155
3.3 Visual Culture: Medien der Visualität. 159
3.4 Sound Culture: Medien des Klangs 164
3.5 Medien und Erinnerung: Von den Memory Studies zur Mediennostalgie 173
3.6 Multimedia: vom Gesamtkunstwerk zur Medienkonvergenz 178
Beispielverzeichnis 183
Literaturverzeichnis 184

Während unsere Darstellung bislang die begriffslogische und forschungshistorische Plausibilität einer Herleitung der Intermedialität aus der Intertextualität betonte, widmet sich dieses dritte Kapitel alternativen Genealogien der Beschäftigung mit Intermedialität. Diese anderen Wege zur Intermedialität sind so verschieden wie die intermedialen Phänomene, die sie als ihre „Urszene(n)" (Robert 2014, S. 7) verhandeln. Manche stehen in der Kontinuität von Diskussionszusammenhängen, deren Herkunft deutlich weiter zurückreicht als die kurze Geschichte der Begriffs- und Theoriebildungen im Zeichen des Präfix ‚Inter-‘. Überlegungen zum agonalen Verhältnis der Künste (griech. *agōn* – Wettkampf, Streitgespräch) oder zur Transmedialität des Erzählens etwa lassen sich bis in die Antike zurückverfolgen. Andere umreißen Untersuchungsfelder, die Teilbereiche der Intermedialität abdecken, diese jedoch aus gänzlich anderer Perspektive beleuchten. So ist etwa die Medienkombination als „mediale Hybridbildung" (Wirth 2005, S. 118) sowohl für die Idee des Gesamtkunstwerks als auch für die der Medienkonvergenz eine zentrale Operation, ohne dass damit deren ästhetische Ziele oder kulturelle Effekte hinreichend umrissen wären. Umgekehrt ließen sich die Gemeinsamkeiten der im Folgenden dargestellten Ansätze aus Sicht der im zweiten Kapitel vorgestellten Intermedialitätstheorien vielleicht so formulieren, dass sie jeweils nur einen eingeengten Blick auf das Feld der Intermedialität zulassen, indem sie es medial (Künste), formal (Erzählen), modal (Sehen/Hören) oder funktional (Gedächtnis) begrenzen.

- **Abschn.** 3.1 geht von der kulturhistorisch sehr weit zurückreichenden Vorstellung eines Wettstreits der Künste aus, in dem deren unterschiedliche Charakteristika und potenzielle Leistungen deutlich werden, und verfolgt den Vergleich und die Grenzüberschreitungen zwischen Künsten als Formen der Interartialität bis hin zu den heutigen *Interart Studies.*
- **Abschn.** 3.2 erkundet das Feld der Transmedialität am Beispiel des Erzählens. Die Möglichkeit, eine Geschichte in unterschiedlichen Medien zu erzählen, erlaubt Vergleiche zwischen Medien, wie sie im vorangehenden Abschnitt thematisiert werden, kann aber auch zum Schaffen von Medienverbünden genutzt werden.
- **Abschn.** 3.3 widmet sich den Visual Culture Studies. Es betont deren Verständnis von Visualität als Ensemble von Seh- und Redeweisen, das weit über den medial sedimentierten Bereich der ‚Bilder' (im Sinne von visuellen Medienprodukten) hinausreicht. Im so gesetzten Rahmen lassen sich dann auch literarische Texte oder Fortbewegungsmittel als Medien der Visualität begreifen.
- **Abschn.** 3.4 beschäftigt sich analog zum vorangehenden Abschnitt mit der Kulturalität des Klangs und den Formen von Intertextualität und Intermedialität, die sich speziell in diesem Kontext eröffnen. Dabei spielt insbesondere die Phonographie, also die Möglichkeit der Speicherung, Manipulation und Wiedergabe von Klangereignissen, eine zentrale Rolle, denn sie ermöglicht neue Formen des Verweisens wie etwa das *Sampling* und den *Remix,* die in der Folge wiederum in andere mediale Kontexte diffundieren.
- **Abschn.** 3.5 versteht Verweise zwischen Medien(produkten) als Beitrag zur Fortschreibung des kollektiven Gedächtnisses und lotet die nostalgische Dimension zeitlicher Rückbezüge aus, wobei der epochale Index der spezifischen Erscheinungsweise von Medienprodukten und ihrer jeweiligen Medialität eine wichtige Rolle spielt.
- **Abschn.** 3.6 greift die ältere Vorstellung des Gesamtkunstwerks als (möglichst integrativer) Zusammenfügung von (möglichst allen) Künsten auf und prüft an diesem Modell neuere Vorstellungen der Kombination von Medien zwischen bloßer Addition und genereller Medienkonvergenz.

3.1 Interartialität: der Wettstreit der Künste

Die bisherigen Ausführungen zur Intermedialität haben gezeigt, dass die Entwicklung dieses Forschungsfeldes viel mit einer Hinwendung zur Materialität und damit auch zur Historizität der Erscheinungsformen von medialen Produkten zu tun hat, die zuvor stärker als Ausdruck *von* etwas (einer Subjektivität, eines Zeitgeistes, eines Themas etc.) und weniger als Ausdruck und Gestaltung *in*

3.1 Interartialität: der Wettstreit der Künste

einem spezifischen Medium aufgefasst wurden. Die Reflexion der medialen und materialen Bedingungen der Produktion hat jedoch damit nicht begonnen, sondern fand schon wesentlich früher im Rahmen eines Vergleichs von künstlerischen Möglichkeiten statt, der häufig den Charakter eines Wettstreits der Künste annahm. Diese mit dem italienischen Wort für Vergleich auch **Paragone** genannte theoretische Beschäftigung mit den Spezifika der verschiedenen Künste findet ihren Ausdruck gleichermaßen auch in künstlerischen Produkten und hat einen ersten Höhepunkt in der Frühen Neuzeit (vgl. Hessler 2014), erlebt jedoch in unserer Gegenwart vor dem Hintergrund der Intermedialitätsforschung als **Kunstkomparatistik** oder *Interart Studies* eine neue Konjunktur.

Erika Fischer-Lichte (2010, S. 7) sieht den Grund hierfür in zwei Tendenzen: „zum einen die zunehmende Aufhebung der Grenzen zwischen den Künsten, wie sie durch Performativierung, Hybridisierung und Multimedialisierung hervorgebracht wird, und zum anderen die Ästhetisierung der Lebenswelt, d. h. eine tendenzielle Aufhebung der Grenzen zwischen Kunst und Nicht-Kunst wie etwa Politik, Ökonomie, neue Medien, Sport, Religion und Alltagspraktiken". Diese Entwicklungen begründen für sie die erneute Aktualität von bis in die Antike zurückreichenden Überlegungen zum Verhältnis der Künste zueinander, die sich auf **zwei Modelle** reduzieren lassen: „Das erste Modell vergleicht die einzelnen Künste im Hinblick auf ihre je spezifische Leistungskraft miteinander und fragt nach den Möglichkeiten und Grenzen, das mit einer Kunst gegebene Potential auf andere zu übertragen und auf diese Weise die Grenzen zwischen den Künsten zu überschreiten" (ebd., S. 8). Damit ist die Tradition des Paragone angesprochen, die im Folgenden genauer betrachtet werden soll. „Das zweite Modell fokussiert das Zusammen- und Wechselspiel zwischen verschiedenen Künsten" (ebd., S. 8). Dabei handelt es sich um die Vorstellung vom Gesamtkunstwerk, die in moderne Konzeptionen der Medienkonvergenz mündet und in Abschn. 3.6 behandelt wird. Damit rahmen diese beiden Modelle gewissermaßen unsere Erkundung der anderen Wege zur Intermedialität.

Ein Vergleich von Künsten kann immer nur im Hinblick auf (mindestens) einen übergeordneten Aspekt, etwa eine übergreifende Anforderung erfolgen, so dass mit dem Vergleich immer auch die Frage nach *der* Kunst als Inbegriff aller Künste gestellt ist, und mit der Betrachtung der spezifischen medialen Bedingungen einzelner Künste zugleich die transmediale Ebene jenseits der Einzelmedien angesprochen ist, die Gegenstand von Abschn. 3.2 ist. Eine solche generelle Anforderung an die Künste ist in der griechisch-römischen Antike die **Nachahmung (Mimesis)**. Diese wird bereits im vierten Jahrhundert v. u. Z. in Platons *Phaidros* (275d) als Charakteristikum der Künste in abwertender Form gleichermaßen auf Dichter und Maler bezogen, die jeweils mit ihren Mitteln defiziente und trügerische Abbilder der Wirklichkeit schaffen, die selbst schon ein unzureichendes Abbild der Ideen ist. In Aristoteles' *Poetik* (1460b) kehrt die Ineinssetzung von Dichter und Maler im Hinblick auf die Mimesis mit positiven Vorzeichen wieder. Seine klassische Formulierung findet dieser Vergleich zwischen Dichtung und Malerei in dem ***ut pictura poiesis*** aus Horaz' *Ars poetica* (Vers 361), das in der Folge über die Bedeutung an dieser Textstelle hinaus als Wesensverwandtschaft gedeutet wurde: ‚wie ein Bild (ist) die Dichtung'. Der Vergleich führt so zur Feststellung einer transmedialen Übereinstimmung in der Funktion, deren Erfüllung sich in ihren Mitteln gleichwohl unterscheidet. Diese Betonung des Verbindenden findet sich auch an anderen Stellen in der antiken Poetik:

> Man beachte nur den Ursprung der ‚Lyrik' im Lied, das ursprüngliche Zusammenspiel von rhythmisiertem Text und musikalischer Begleitung; und man denke an die Auffassung, Malerei sei „stumme Dichtung" und Dichtung „sprechende Malerei", eine Formulierung, die dem griechischen Dichter Simonides von Keos zugeschrieben wurde und die Rede von den ‚Schwesternkünsten' erklärt. (Zemanek 2012, S. 161)

In der Renaissance gewinnt im Paragone das agonale Moment die Überhand. Malerei und Dichtung oder Malerei und Bildhauerei werden unter dem Aspekt ihrer Leistungsfähigkeit verglichen und der Vorrang einer der Künste behauptet, so etwa von Leonardo da Vinci der der Bildkünste gegenüber den auditiven Künsten Dichtung und Musik, was im Kern bereits ein medientheoretisches Argument enthält (vgl. Zemanek 2012, S. 163). Die Systematisierungsversuche dieser frühen Kunst- und Medienkomparatistik münden im deutschsprachigen Raum in **Lessings** *Laokoon: oder über die Grenzen der Mahlerey und der Poesie* **(1766)**. Darin werden die beiden verglichenen Künste in erster Linie dadurch unterschieden, dass die eine raumbasiert, die andere hingegen zeitbasiert ist. Als Elemente, die für die Darstellung nutzbar sind, hat die Malerei räumlich bestimmte Gegebenheiten, nämlich Formen und Farben, die Dichtkunst (als mündlich vorgetragene Sprachkunst verstanden, was bis um 1800 das dominante Verständnis von Literatur bleibt) zeitlich geordnete Folgen von akustischen Artikulationen. Wenn die Gegenstände dieser Künste nun so gewählt werden sollen, dass die Darstellungsmittel ihnen angemessen sind, so bieten sich für die Malerei (und alle andern raumbasierten Künste) solche an, die vorzugsweise räumlich repräsentiert werden können, also insbesondere der körperliche Ausdruck, und für die Dichtung (und alle anderen zeitbasierten Künste) solche, die besonders gut durch zeitliche Folgen vor Augen geführt werden können, wie menschliche Handlungen.

Es handelt sich dabei um Dominanzverhältnisse, so dass jede Kunst auch das ihr weniger Gemäße darstellen kann, wenn auch mit mehr Mühe und weniger Überzeugungskraft. Hergeleitet wird dies aus den Bedingungen der menschlichen Wahrnehmung, womit die Unterschiede in der mimetischen Leistung der verschiedenen Künste letztlich wirkungsästhetisch begründet werden (vgl. Fischer-Lichte 2010, S. 10–15). Von heute her gesehen ist Lessings Konzeption damit jedoch im Kern bereits eine **Theorie der Medialität der Künste** im Sinne der Bedingungen des Erscheinen-Lassens von medialen Objekten für Rezipient/innen. Er reduziert die jeweilige Kunst gerade nicht auf bestimmte isolierte Aspekte. „Vielmehr untersucht er das jeweilige wechselseitige Bedingungsverhältnis zwischen Materialität, Medialität, Semiotizität und Ästhetizität in den beiden Künsten. Dabei interessiert ihn vor allem, wie Materialität, Medialität und Semiotizität zusammenspielen, um eine bestimmte Wirkung zu erzielen und so ästhetische Erfahrung zu ermöglichen" (ebd., S. 14–15).

Optiert Lessing im Ergebnis seiner Überlegungen für eine Konzentration, wenn nicht Beschränkung der jeweiligen Kunst auf das ihr besonders Gemäße, so weist die künstlerische Praxis in der Folge in vielerlei Varianten in die gegenteilige Richtung. Die Romantik stellt einen Höhepunkt in der wechselseitigen Beeinflussung der Künste dar, wenn auch weder den ersten noch den letzten. Alleine das Werk von **E. T. A. Hoffmann** bietet dafür schon mehr als genug an Material, wobei die Übernahme von Gattungsbezeichnungen aus der Malerei (,Nachtstücke') oder aus der Malerei und der Musik (,Capriccio') nur den deutlichsten Hinweis bildet. Dahinter steht immer auch das Bemühen, sich die (auf ihrer jeweiligen Materialität, Medialität und Semiotizität beruhenden) spezifischen Möglichkeiten der anderen Kunst anzueignen und etwa in der erzählenden Literatur Musikalität im Sinne einer formalen Strukturierung des Textflusses oder Anschaulichkeit zu erreichen. Letzteres im Sinne eines bis zur Verwechselbarkeit gesteigerten Eindrucks von Wirklichkeit und Lebendigkeit gehört ja seit der Antike zu den anzustrebenden charakteristischen Merkmalen der bildenden Kunst, wie die Geschichte vom Maler Zeuxis zeigt, an dessen gemalten Trauben angeblich Vögel zu picken versuchten. So berichtet jedenfalls Plinius in seiner *Naturalis historia* (Buch 35, Abs. 64).

Diese vielfältigen Wechselbeziehungen zwischen den Künsten und Medien, gerade auch in der entstehenden Populärkultur seit dem 19. Jahrhundert, führt im 20. Jahrhundert zur Suche nach kunstübergreifenden Beschreibungsmöglichkeiten, etwa Stilbegriffen. Oskar Walzel griff 1917 in seiner Schrift über die **Wechselseitige Erhellung der Künste** Beschreibungskategorien von Heinrich Wölfflin auf, die dieser 1915 in seinen *Kunstgeschichtlichen Grundbegriffen* entwickelt hatte. Wölfflin versuchte die Bildende Kunst der Renaissance und des Barock mit fünf Gegensatzpaaren zu erfassen, wovon beispielsweise der Gegensatz offen/geschlossen bei Walzel in der Unterscheidung zwischen offener und geschlossener bzw. tektonischer und atektonischer Form des Dramas wiederkehrt. Damit konnte Walzel auf Gustav Freytag zurückgreifen und hat auch Nachfolger/innen gefunden, was jedoch eher die Ausnahme darstellt. Insgesamt blieben die Versuche der Übertragung von in der Wissenschaft einer der Künste entwickelten Terminologien auf andere oder gar alle Kunstwissenschaften weitgehend ohne dauerhafte Wirkung, obwohl die Wechselbeziehungen zwischen den Künsten immer wieder zu mehr oder weniger metaphorischen Übernahmen von Begriffsprägungen aus einer Kunstwissenschaft in eine andere anregen.

Die Beschäftigung mit den Beziehungen zwischen konkreten einzelnen Künsten (bzw. Basis-Medien, s. Abschn. 2.4.1) führt zur Entstehung einer **Kunst- oder Medienkomparatistik,** zunächst vor allem in den Teilbereichen *Word and Image Studies* und *Word and Music Studies* (vgl. Zemanek 2012, S. 165–166). Seit den 1960er Jahren trägt dazu auch die Semiotik bei, die sich mit der Anwendbarkeit linguistischer Terminologie auf andere Medien und Künste beschäftigt und etwa nach den Codes der visuellen Kommunikation, des Kinematographischen oder der Werbung fragt (vgl. Eco 1972, S. 195–292). Mit der Herausbildung der (kulturwissenschaftlich geprägten) Medienwissenschaft als eigenständiger Disziplin, die mit den Kunstwissenschaften das Interesse an Fragen der ästhetischen Gestaltung teilt und sich dadurch von der älteren Publizistik und der neueren Kommunikationswissenschaft abhebt, aber den Kanon ihrer Gegenstände von Anfang an über den Bereich der Elitenkunst hinaus ausweitet auf Populäres und Formen pragmatischer Kommunikation wie die Werbung, bildet sich auch ein verstärktes Interesse an Phänomenen der Grenzüberschreitung zwischen Künsten und Medien heraus, die nun unter dem Begriff der Intermedialität verhandelt werden.

Schaut man von diesem Punkt der Entwicklung auf den Paragone-Diskurs zurück, so drängt sich ein deutlicher Unterschied zwischen dessen theoretisch-wissenschaftlicher und seiner praktisch-künstlerischen Seite auf. Theoretisch können Künste und Medien als unterschiedene jeweils für sich beschrieben und analysiert, dann verglichen und ggf. der Vorzug der oder des einen vor anderen behauptet werden. Dies kann durchaus auch mit Blick auf die künstlerische Praxis geschehen, etwa um die **Anerkennung einer neuen medialen Ausdrucksform als Kunst** oder sogar als vorrangige Kunst zu propagieren. So hatte der Film zunächst mit seinem schlechten Ruf als Jahrmarktsunterhaltung und Unterschichtenvergnügen zu kämpfen. Die Bemühungen um seine Nobilitierung liefen auch über eine Theoriebildung, die ihn mit anderen Medien und Künsten insbesondere unter dem Aspekt der Wirklichkeitsnähe verglich. Ihren Höhepunkt erreichte diese Entwicklung mit Siegfried Kracauers *Theorie des Films* (1964), wobei der Untertitel der englischen Originalausgabe *The Redemption of Physical Reality* die These pointiert umreißt, dass es dem Film als erstem Medium und erster Kunst (nach der Photographie, die aber auf die Bewegung verzichten muss) gelinge, die Wirklichkeit selbst zur Erscheinung kommen zu lassen und damit die bisher gewissermaßen sprachlose physische Welt zu ‚erlösen' (zur religiösen Konnotation, die mit ‚redemption' eindeutig aufgerufen wird, vgl. Koch 1996, S. 138–139).

Sollen solche Vergleiche und Superioritätsbehauptungen jedoch praktisch-künstlerisch umgesetzt werden, so steht man immer vor einem gewissen Paradox. Um Medium/Kunst A und Medium/Kunst B miteinander vergleichen zu können, muss man beide entweder nebeneinander stellen, was sich in einer Installation immerhin denken lässt, oder mit konventionellen Zeichen arbeiten, etwa indem man die Künste als Allegorien repräsentiert, oder das eine (Medium/Kunst A) im anderen (Medium/Kunst B) simulieren. In diesem letzteren Fall ist dann in der Tat Intermedialität gegeben, verstanden als das Erscheinen-Lassen des einen Mediums (A) im anderen (B). Diese kann, wie Nöth (2010) am Beispiel der Werbung darlegt, in drei Varianten auftreten, als **parasitäre, symbiotische oder paragonale Intermedialität.**

- Ein Beispiel für **parasitäre Intermedialität** in der Werbung wurde bereits im Abschn. 2.1 analysiert. Die Printwerbung für Ferrarelle nutzt die Abbildung der Mona Lisa nicht nur, um dem Produkt die positiv bewertete Eigenschaft der Mäßigung zuzuschreiben, sondern auch um an der hohen kulturellen Wertigkeit des Gemäldes zu partizipieren.

- Als **symbiotisch** sind Kombinationen von Kunst und Werbung dann aufzufassen, wenn keine entscheidende Aufwertung des einen durch das andere, sondern eine Wechselseitigkeit zu konstatieren ist. Nöth führt als Beispiel die Plakatkunst von Toulouse-Lautrec in ihrer Entstehungszeit an.
- **Paragonale Intermedialität** im Verhältnis zwischen Werbung und Kunst liegt dann vor, wenn für das beworbene Produkt oder die Werbung selbst mindestens Gleichrangigkeit, wenn nicht Überlegenheit behauptet bzw. insinuiert werden soll. Eine Printwerbung von Scholz & Friends für den Graphic Converter der Firma Lemkesoft aus dem Jahr 2007 zeigt ebenfalls die Mona Lisa, aber im Stil der Popart mit dem Slogan „Convert old images to new standards" (Adeevee o. J.). Damit wird die Fähigkeit der Software, aber auch der Werbung demonstriert, ein Bild wie die Mona Lisa nicht nur wiederzugeben, sondern beliebig zu transformieren, und dadurch eine spezifische Kunstfertigkeit vorgeführt, über die das Original nicht verfügt.

Dass solches Ausbilden und Vorführen medialer Dominanz nicht selbstverständlich ist, darauf weist Werner Wolf (2010, S. 242–243) hin. Die einleitend unter Verweis auf Fischer-Lichte (2010) umrissene Tendenz zur Grenzverwischung zwischen Medien und zwischen Kunst und Nicht-Kunst sollte eigentlich eher zur Gleich-Gültigkeit der für sich genommen gar nicht mehr so wichtigen Medien und Künste führen. Dennoch werden fortwährend neue **Leit-Medien oder -Künste** ausgerufen, die die mediale und künstlerische Evolution jeweils als Avantgarde dominieren sollen (vgl. Müller et al. 2009). Debattierte man vor nicht allzu langer Zeit noch darüber, ob das Internet das Fernsehen als Leit-Medium ablösen werde, so hat sich mittlerweile die audiovisuelle Serie in den Vordergrund geschoben, die zunächst als TV-Serie von neuartiger, ästhetisch am Kinofilm orientierter, diesen aber durch die Möglichkeiten der Komplexitätsentfaltung im seriellen Erzählen überbietender Qualität eine neue Ära des Fernsehens als *Quality TV* einzuläuten schien, mittlerweile aber nicht mehr nur im (Abonnenten-)Fernsehen, sondern auch auf DVD oder über netzbasierte *Streaming*-Dienste rezipiert wird oder ausschließlich über das Internet verbreitet wird. Einer der Abonnenten-Sender, der diese neue Serienkultur in ihrem Entstehen mitgeprägt hat, setzt sich mit seiner Logosequenz seit 1996 von dem Medium, dem er zuzurechnen ist, dezidiert ab: ‚It's not TV. It's HBO.' (vgl. Jahn-Sudmann und Starre 2013, S. 109–110). Diesen Slogan verbindet die Sequenz mit einer digitalen Simulation des Rauschens analoger Fernsehübertragung, aus dem heraus zunächst der Slogan und dann die Sendung erscheinen, um sich am Ende wieder im Rauschen aufzulösen. Das **intermediale Formzitat** des analogen Fernsehens im digitalen verbindet sich also mit der Selbstausrufung des Quality TV als neuem Leitmedium in Absetzung vom ‚normalen' Fernsehen (vgl. Schrey 2017, S. 270–275).

Es wäre jedoch irreführend, davon auszugehen, dass das jeweils neueste Medium auch das dominante ist. Historisch gesehen mussten neue Medien und neue Kunstformen, Gattungen usw. sich ihren Platz in der Hierarchie kultureller Wertigkeit zumeist erst erarbeiten oder erkämpfen. Dies wurde bereits am **Beispiel des Films** dargestellt, zu dessen Bemühungen um Nobilitierung schon in der

Frühzeit eine Orientierung an älteren Medien und Künsten gehörte. Es liegt zwar ohnehin nahe, dass der Film seine Stoffe zunächst aus der Literatur bezieht und viele Filme in den ersten Jahrzehnten Literaturverfilmungen bzw. Adaptionen von Bühnenstücken waren, doch kommt zu dieser Dimension der intermedialen Transposition häufig noch eine intermediale Referenz hinzu. Diese erfolgt dadurch, dass etwa im Film ein Buch präsentiert wird, dessen Handlung zunächst gelesen und dann im Bewegtbild umgesetzt wird, entweder extradiegetisch am Filmanfang (VAMPYR, 1932, R.: Carl Theodor Dreyer) oder intradiegetisch als Buch, das in einer Rahmenhandlung gefunden und dessen Inhalt dann als Binnenhandlung filmisch umgesetzt wird (DAS BLAUE LICHT, 1932, R.: Leni Riefenstahl/ Béla Balácz). Dadurch partizipiert der Film am hohen kulturellen Status des Buchs, der Schrift bzw. der Literatur und es liegt eine parasitäre Intermedialität des Films gegenüber dem Buch vor. Mit der Änderung der kulturellen Hierarchie mehren sich jedoch die Fälle von Intermedialität in umgekehrter Richtung, vom sogenannten ‚filmischen Schreiben' (Paech 1997, S. 122–150) etwa in Dos Passos' *Manhattan Transfer* (1925) oder Döblins *Berlin Alexanderplatz* (1929) bis hin zur Auflösung eines Romans in der Reflexion über ein mögliches Filmdrehbuch (s. Abschn. 5.2). Heute wird die Tatsache, dass ein Film oder eine Fernsehserie auf einem Buch basiert, zumeist nur dann markiert, wenn es sich bei dem Buch um einen aktuellen Bestseller wie *Harry Potter* oder *A Song of Ice and Fire*, der Vorlage zur Fernsehserie *Game of Thrones*, handelt, was einen deutlichen Hinweis im Sinne der Vermarktung geraten sein lässt. Ansonsten ist dies durch die Dominanz des Films gegenüber dem Buch bzw. der Literatur nicht unbedingt angebracht oder doch derart sekundär, dass von einer parasitären Intermedialität des Films gegenüber dem Buch gerade nicht gesprochen werden kann (vgl. Wolf 2010, S. 247–254).

Paragonale Intermedialität findet sich im Film der Gegenwart im **Verhältnis zum Computerspiel,** das dem Film die Möglichkeit zur Interaktion im wörtlichen Sinne voraus hat, den Rückstand an Realismus und Lebensechtheit in der visuellen Darstellung allmählich aufholt und wirtschaftlich ohnehin schon ungleich bedeutender ist. Eine ganze Reihe von Filmen um die Jahrtausendwende experimentieren daher mit Simulationen interaktiven Erzählens auf höchst unterschiedliche Weise und verbinden dies teilweise mit intermedialen Referenzen auf Computerspiele. SMOKING/NO SMOKING (1993, R.: Alain Resnais) präsentiert zwölf alternative Episoden, die sich in einem Baumdiagramm als Varianten einer Handlung darstellen lassen, als mediale Transposition eines Bühnenstücks und mit intermedialen Referenzen zum Comic, aber ohne solche zu Computerspielen. LOLA RENNT (1998, R.: Tom Tykwer) zeigt drei alternative Handlungsverläufe in Folge mit einer Fülle intermedialer Referenzen (nicht nur) zu Computerspielen, die bereits im Vorspann beginnen. EXISTENZ (1999, R.: David Cronenberg) führt seine Protagonist/innen und damit die Rezipient/innen auf immer neue Ebenen der Handlung, was die Unterscheidung zwischen Spiel und Realität zunehmend schwer macht, thematisiert das Computerspiel als Medium explizit, ahmt aber auch immer wieder typische Spielsituationen nach und zeigt dabei auch deren inhaltliche Abhängigkeit vom Genrekino auf.

3.2 Narrativität: Erzählen als transmediale Praxis

Vergleiche zwischen Künsten und Medien können, wie im vorangehenden Kapitel erläutert, nur vor dem Hintergrund der Annahme von Gemeinsamkeiten bzw. übergeordneten Charakteristika vorgenommen werden. Bei der Bestimmung des Dramas geht **Aristoteles** in seiner *Poetik* davon aus, dass es einen ‚Mythos' gestaltet, also eine Geschichte, und dabei Handlungen nachahmt, die in der Zeit aufeinander folgen und selbst aus zeitlich geordneten Momenten bestehen. Nun kann man eine Geschichte aber zunächst auf zwei verschiedene Arten und Weisen nachahmen: indem man die Beteiligten als Handelnde auftreten lässt wie im Drama, oder indem man erzählt, und dieses in unterschiedlichen Perspektivierungen (1448a). Derartig grundlegende Reflexionen auf die medialen Bedingungen der Darstellung einer Geschichte treten verstärkt wieder im 18. Jahrhundert im Zuge philosophischer Debatten über das Schöne und die Herausbildung der Ästhetik als eigenständiger Disziplin auf. **Lessing** verglich die Darstellung ein und desselben ‚Mythos', nämlich der Geschichte Laokoons, im homerischen Epos und in der Plastik der berühmten sogenannten Laokoon-Gruppe. Im Epos erfolgt sie auf temporale Weise, also als in allen wesentlichen Schritten linear erzählte Geschichte, in der Plastik hingegen auf eine atemporale Weise, indem der emotional am stärksten aufgeladene Moment der Geschichte herausgegriffen und dargestellt wird, wie Laokoon und seine Söhne von einer aus dem Meer aufgetauchten Schlange erwürgt werden. In seiner Sicht besteht der entscheidende Unterschied zwischen der Gestaltung einer Handlung als Folge von Ereignissen in der Zeit (sei es erzählend, sei es dramatisch) und ihrer Gestaltung durch **Herauslösen eines repräsentativen Moments,** sei es in einer Skulptur oder einem Gemälde. Doch lässt sich dieser Position kritisch entgegenhalten (wie bereits in Abschn. 2.1.1), dass es sich bei der darin behaupteten „Unmittelbarkeit und Simultaneität" (Rosen 2003, S. 163) von Bildern oder Skulpturen um eine Täuschung darüber handelt, dass auch diese von Zeitlichkeit geprägt sind. Zum einen ist die Rezeption jedes Werks der Bildenden Kunst ein zeitlicher Prozess, zum anderen kann man Werke wie die Laokoon-Gruppe überhaupt nur angemessen verstehen, indem man sie als Darstellung einer bereits bekannten Geschichte auffasst, in die man die Bildelemente als Teile eines zeitlichen Verlaufs einordnet, und zum dritten zeigen Beispiele vom *Teppich von Bayeux* (11. Jh.) bis hin zu heutigen Comics, dass man auch mit Bilderfolgen erzählen kann.

Erzählen ist also eine **transmediale Praxis,** die in unterschiedlichen Künsten bzw. Gestaltungsmöglichkeiten zur Erscheinung kommt. Auf die Differenz zwischen dramatischer und erzählerischer Gestaltung einer Geschichte wurde bereits hingewiesen, doch mit der Ballade finden sich auch Erzählungen, die in formaler Hinsicht Charakteristika von Lyrik aufweisen. Möchte man innerhalb der Sprachkünste das Drama als Form der szenischen Gestaltung vom Narrativen trennen, so muss man doch konstatieren, dass es nicht nur mit Brechts explizit als ‚episch' bezeichnetem Theater (vgl. Kittstein 2012) auch Formen gibt, die mit einer erzählenden Instanz operieren, gerade in der Gegenwart (vgl. Tigges 2012). Der Film übernimmt vor allem als Spielfilm vom Theater zwar das Prinzip der szenischen Gestaltung, verbindet es jedoch notwendigerweise mit einer Vermittlung durch den Blick der Kamera, die als funktionales Äquivalent des Erzählers als formaler Instanz verstanden werden kann, auch wenn es daneben Formen erzählerischer Vermittlung wie die *voice-over*-Erzählstimme geben kann. Daher ist der Film schon früh als dominant narratives Medium aufgefasst worden, wenngleich die volle Ausbildung einer Filmnarratologie erst wesentlich später erfolgte (vgl. Chatman 1978 und zusammenfassend Branigan 1992). Erzählt wird aber etwa auch im Journalismus (vgl. Martínez 2009), und im Computerspiel ist Erzählen immerhin so bedeutend, dass die einschlägige Forschung lange von einer Auseinandersetzung zwischen Ludologen und Narratologen geprägt war (vgl. Thon 2015). Doch kann man an diesem Beispiel deutlich machen, dass eine Betrachtung von transmedialen Phänomenen immer auch **medienspezifische Aspekte** berücksichtigen muss, in diesem Fall das Moment der Interaktivität von Computerspielen (vgl. Beil und Schmidt 2015).

Die literaturwissenschaftliche Erzählforschung musste schon früh feststellen, dass das, was sie bisher als monomediale Darstellungsform betrachtet hatte, tatsächlich transmedial und in die Literatur aus vorgängigen oralen Traditionen übernommen worden war. Parry (1930/1932) analysierte bestimmte Charakteristika der Sprache Homers, wie etwa stereotype Wiederholungen von Substantiv-Adjektiv-Kombinationen *(epitheta ornantia)* oder Formelhaftigkeit, als mnemotechnische Hilfsmittel aus einer rein mündlichen Erzählpraxis, die in der verschriftlichen Form der Epen erhalten geblieben waren und dort ein intermediales Residuum bildeten. Solche medialen Transpositionen **von Mündlichkeit zu Schriftlichkeit** kamen jedoch immer wieder vor, etwa durch die Aufzeichnung und Integration der (mündlich tradierten, wenngleich bereits teilweise literarisch beeinflussten) Volksmärchen in den literarischen Kanon sowie ihre Transformation in die Gattung des Kunstmärchens in der Romantik.

Komplexer gestaltet sich das Verhältnis von mündlichem und schriftlichem Erzählen bei Simulationen von mündlichen Erzählsituationen in literarischen Texten, insbesondere in **Erzählzyklen.** Die Einbettung von Einzelerzählungen in eine Rahmenerzählung, die eine Situation entwirft, in der diese Geschichten erzählt werden, findet sich in orientalischen Zyklen wie *Tausendundeine Nacht* (*Alf Laila wa-Leila;* älteste Fragmente aus dem 9. Jh., älteste Handschrift aus dem 15. Jh.) oder *Das Papageienbuch* (*Tuti-Nameh;* entstanden im 12. Jh.). In Europa sind neben diesen – allerdings spät rezipierten – Vorbildern Boccaccios *Decamerone* (entstanden 1349–1353) oder auch Chaucers *Canterbury Tales* (entstanden ab 1387) gattungsprägend. Bei Boccaccio wie später in Goethes *Unterhaltungen deutscher Ausgewanderten* (1795) ist eine Gefahren- und Ausnahmesituation (Pest bzw. Krieg) dafür verantwortlich, dass in einer schriftbasierten Gesellschaft ausgiebig mündlich erzählt wird, und mit der Bedrohung endet auch das Erzählen, das jedoch potenziell unendlich weitergeführt werden könnte. Diese episodische Struktur, die nicht bereits aus formalen Gründen nach einem Abschluss verlangt wie andere schriftbasierte Formen des Erzählens (Novelle oder Roman), findet sich auch im Film (IN JENEN TAGEN, 1947, R.: Helmut Käutner) oder im frühen Fernsehen, so in dem Mehrteiler AM GRÜNEN STRAND DER

3.2 Narrativität: Erzählen als transmediale Praxis

SPREE (1960, R.: Fritz Umgelter). Dieser ist die Verfilmung des Buchs *Am grünen Strand der Spree – so gut wie ein Roman* (1955) von Hans Scholz, das bereits 1956 vom SWF in einen Hörspiel-Mehrteiler umgesetzt worden war – eine mehrfache Medientransposition simulierten mündlichen Erzählens also (vgl. Heck et al. 2020).

Das letztgenannte Beispiel eines Buch, Hörfunk und Fernsehen umfassenden Medienkomplexes, in dem ein transmedialer Stoff als ‚Wanderphänomen' (Rajewsky 2002, S. 12) auftritt, verweist sowohl auf die Fernsehserie als Fluchtpunkt zyklisch-seriellen Erzählens (Mielke 2006) als auch auf aktuelle Produktionen, in denen Stoffe von Beginn an für eine trans- bzw. plurimediale Vermarktung entwickelt werden. Rajewsky (2002, S. 13) fasst Transmedialität als „[m]edienunspezifische Phänomene, die in verschiedensten Medien mit dem jeweiligen Medium eigenen Mitteln ausgetragen werden können, ohne dass hierbei die Annahme eines kontaktgebenden Ursprungsmediums wichtig oder möglich ist". Darunter fallen jedoch **nicht nur Stoffe, sondern auch spezifische narrative Gestaltungsmuster** wie Motive, Plotstrukturen oder Genremuster. Motive wie die trinkende Männerrunde, die sich Geschichten erzählt und diese kommentiert, lassen sich von Platons *Symposion* über E.T.A. Hoffmanns *Serapionsbrüder* (1819–1821) bis eben zu *Am grünen Strand der Spree* verfolgen. Erzählmuster, die eigene populäre Genres wie die Abenteuer-, Kriminal- oder Science-Fiction-Geschichte konstituieren, bilden sich mit der Ausweitung des Lesepublikums und der Verbilligung von Druckerzeugnissen im 19. Jahrhundert heraus und werden später vom Film adaptiert. Dadurch entwickelt sich eine fortwährende Wechselwirkung innerhalb des jeweiligen Genres zwischen literarischer und filmischer Produktion, die aber auch auf andere Medien übergreifen kann.

So stellen die Kriminalromane der ***hard-boiled***-Schule von Raymond Chandler, Dashiell Hammett und anderen Autoren seit den späten 1920er Jahren eine Neuerung in diesem populären literarischen Genre dar, die bald darauf vom Film aufgegriffen wird – durch Verfilmungen, aber auch in Form der Übernahme von typischen Figuren, Settings und Handlungsmustern. Diese audiovisuelle Ausprägung des Genres strahlt wiederum auf Comics aus, zunächst in den USA, dann aber auch in Europa, insbesondere in Italien mit Beispielen wie der Reihe ***Diabolik*** von Angela und Luciana Giussani (seit 1962), die 1968 unter gleichem Titel von Mario Bava verfilmt wird. 1969 bis 1971 erscheinen Romanfassungen der Geschichten unter dem Titel *Il romanzo di Diabolik* und wiederum ab 2002 mehrere Diabolik-Romane des Autors Andrea Carlo Cappi. 2000 sendet der italienische Hörfunksender RAI unter der Regie von Arturo Villone ein auf dem Comic basierendes Hörspiel und Saban International produziert einen Animationsfilm DIABOLIK: TRACK OF THE PANTHER. 2003 bewirbt Renault seine limitierte Modellserie *Twingo Diabolika* mit einer Reihe von dem Comic inspirierter Werbespots (Mutani und Cirsone 2004, S. 220–225), und 2007 erscheint das Computerspiel *Diabolik: The Original Sin* von Artematica. Eine Fernsehserie soll schließlich von dem TV-Sender Sky produziert werden, nachdem ein Trailer dazu schon 2012 erschienen war.

Ein und dieselbe Geschichte kann also in verschiedenen Medien erzählt werden, wodurch Letztere überhaupt erst auf einer abstrakten Stufe miteinander vergleichbar werden (Schröter 1998), was wiederum einen Blick auf die jeweiligen medialen Eigenheiten ermöglicht. Erst in komparatistischer Perspektive erlangt Spezifisches eine beobachtbare Kontur.

In der angloamerikanischen Diskussion wird von Transmedialität jedoch noch in einem über diese basale Feststellung hinausgehenden Sinn gesprochen. So bezeichnet der seit Mitte der 2000er Jahre nicht nur in der Forschung, sondern auch im professionellen Medienbereich immer populärer werdende Begriff des ‚**transmedia storytelling**' einen jüngeren Trend des Erzählens von Geschichten in symbiotisch organisierten Medienverbünden. Wir behalten den englischen Terminus bei, um ihn vom oben beschriebenen allgemeineren Phänomen transmedialen Erzählens abzugrenzen, auch wenn die Diskussion mittlerweile zusammengewachsen ist (vgl. etwa Thon 2016).

Henry Jenkins, der die Debatte über ‚transmedia storytelling' mit seinem Buch *Convergence Culture* (2006) maßgeblich geprägt und auch danach immer wieder aufgegriffen hat (etwa in Jenkins et al. 2013), beschreibt das Phänomen einerseits im Kontext einer ‚Partizipationskultur', in der die Grenzen zwischen Produktion und Rezeption verschwimmen und neue Modelle von Autorschaft erprobt werden (vgl. auch Bruns 2008), sowie andererseits vor dem Hintergrund einer zunehmenden ‚**Konvergenz**' einst voneinander abgrenzbarer Einzelmedien im Zeitalter der Digitalisierung (s. Abschn. 3.6). Die Logik des neuen Erzählparadigmas erklärt er anhand des Beispiels der MATRIX-Trilogie (Lana und Lilly Wachowski 1999–2003) bzw., wie man treffender sagen müsste: des *Matrix*-Universums (Jenkins 2006, S. 95–134). Denn anders als bei der *Diabolik*-Reihe geht es hier weniger um das ‚Wandern' einer Geschichte oder eines Stoffes von einem Medium in ein anderes, sondern um eine Form expansiven Erzählens, die eine tendenziell offene und ständig erweiterbare Geschichte von vornherein auf eine ganze Reihe verschiedener Formate verteilt: „a narrative so large that it cannot be contained within a single medium" (ebd., S. 97). Die in den MATRIX-Filmen präsentierte Geschichte beispielsweise wird in zahlreichen anderen Formaten nicht nur substanziell erweitert und ergänzt. Für das Verständnis der Handlung (speziell des zweiten und dritten Films der Reihe) zum Teil nicht unerhebliche inhaltliche Details erschließen sich sogar erst über Informationen, die man jeweils exklusiv in einem Computerspiel, einer Reihe von animierten Kurzfilmen, Webcomics und anderen Formaten erhält. In dieser Hinsicht ist ***Matrix*** auch ein Beispiel dafür, welche Risiken ein solcher Erzählansatz birgt: Die auf verschiedene Medien verteilte Narration wurde von der Kritik als inhaltliche Inkohärenz wahrgenommen. Den heute erfolgreichsten transmedialen Erzählkomplexen wie etwa *Star Wars* (vgl. Rauscher 2012; Guynes und Hassler-Forest 2018) gelingt es besser, weitgehend eigenständige Beiträge zu produzieren, die sich dennoch zu einem Gesamtbild zusammenfügen lassen, das mehr ist als die Summe seiner Einzelteile.

Wie sich an diesen Beispielen bereits abzeichnet, kann die Logik des ‚transmedia storytelling' kaum losgelöst von **ökonomischen Aspekten** betrachtet werden, geht es doch nicht zuletzt darum, mit verschiedenen medialen Angeboten verschiedene Marktsegmente zu bedienen bzw. verschiedene Zielgruppen gleichermaßen für das übergeordnete Narrativ zu begeistern. Ziel des Erzählens ist nach Jenkins (2006, S. 116) immer mehr, komplexe und offene Welten zu entwerfen. Aus den so entstandenen „storyworlds" werden kommerzielle Lizenzprodukte („Franchises"), mit dem Ziel, „das Publikum dazu zu bringen, möglichst viele unterschiedliche Medien zu konsumieren" (Ryan 2012, S. 89). Um eine solche fiktionale Welt optimal auszureizen, muss man Jenkins zufolge aktiv an der Kommunikation teilnehmen, in Austausch mit anderen treten (etwa über Online-Diskussionsforen) und in kognitiv fordernder Art und Weise die auf verschiedene Medientexte verteilten Informationen zusammentragen. Lasse man sich auf dieses partizipative Spiel ein, werde man mit einer reichhaltigeren Unterhaltungserfahrung belohnt. Auch die kreative Aneignung kultureller Produkte – etwa in Form von sogenannter *Fanfiction* (vgl. Einwächter 2014) – werde von den Rechteinhaber/innen zunehmend gefördert oder sogar gefordert, anstatt restriktiv auf einer exklusiven Autorschaft zu beharren. Dieser idealistischen Perspektive halten andere Autor/innen jedoch kritisch entgegen, dass diese zeitaufwändige ‚Partizipation' der Fans durchaus auch als Form (unbezahlter) ‚immaterieller Arbeit' verstanden werden könne (Hassler-Forest 2016; Fuchs 2017, S. 65–84).

Andere Kritikerinnen und Kritiker dagegen beanstanden eher theoretisch-methodische Aspekte: Der Filmwissenschaftler David Bordwell (2009; vgl. Schmidt 2014) etwa verortet einige der bei Jenkins beschriebenen Phänomene im Rahmen der **Paratextualitätstheorie** von Genette (1993) und fordert eine pragmatische Präzisierung der Terminologie ein, während Ryan (2012, S. 88–89) darauf hinweist, dass schon antike Mythen und verschiedene religiöse Texte in ähnlicher Art und Weise aufbereitet und rezipiert worden seien. Ihr zufolge ist ‚transmedia storytelling' deshalb charakteristisch für alle Narrative, die eine identitätsstiftende Bedeutung für soziale Gruppen besitzen. „Im Zeitalter der Globalisierung" hätten eben „Geschichten wie STAR WARS, THE LORD OF THE RINGS, THE MATRIX diese **gemeinschaftsbildende Funktion**" des *Mythos* übernommen.

3.3 Visual Culture: Medien der Visualität

Visual Culture Studies sind ein interdisziplinärer Forschungszusammenhang – oder, wie eine seiner zentralen Figuren, W. J. T. Mitchell, sagen würde: ein ‚indisziplinäres' Feld (vgl. Mitchell 1995) –, der sich mit Fragen der Visualität beschäftigt. Visuelle Verhältnisse gelten dabei schon seit jeher („To live in any culture whatsoever is to live in a visual culture", Mitchell 2002, S. 174), wenigstens aber seit der Frühen Neuzeit (vgl. Kleinspehn 1989) und besonders in der Gegenwart (vgl. Wise und Koskela 2013) als kulturkonstitutiv. Mit der Intermedialitätsforschung berühren sich die Interessen der ‚**Studien zur visuellen Kultur**' (Schade und Wenk 2011) in dem Maße, in dem kulturelle Ordnungen der Visualität von (visuellen) Medien mitbestimmt werden. Zumindest teilen sich beide Ansätze einen zentralen Gegenstand: Bilder als medialisierte Visualitäten bzw. als visuelle Medienprodukte.

Jedoch zielen die Visual Culture Studies nicht in erster Linie oder gar ausschließlich auf Medien oder Medialitäten ab, sondern auf die ‚**Kulturalität des Sehens**' (Davis 2011, S. 10). Ihr Projekt ist das einer Wahrnehmungsgeschichte, die sich eher als historische Anthropologie denn als Mediensemiotik verstehen lässt. Als theoretische Bezugspunkte fungieren etwa die „von Marx in den ökonomisch-philosophischen Manuskripten nur postulierte[] ‚Geschichte der Sinne'" (Kleinspehn 1989, S. 16) oder Benjamins Ausführungen zur geschichtlichen Bedingtheit der Sinneswahrnehmung (vgl. Stiegler 2014, S. 161), welche als wesentlicher Bestandteil „der gesamten Daseinsweise der menschlichen Kollektiva" (Benjamin 2007, S. 14) zu gelten habe. Als Kristallisationsformen von Visualität nehmen Bilder zwar „eine herausgehobene Position innerhalb der visuell wahrnehmbaren Phänomene [ein]" (Rimmele und Stiegler 2012, S. 9), sind jedoch nur „ein – wenn auch besonderer – Teil im Beziehungsfeld von Kultur und Visualität" (ebd., S. 10).

Insofern der Begriff der visuellen Kultur immer auch **Visualitäten** „jenseits der Bilder" (Debray 2013) umfasst, lässt sich das von ihm abgesteckte Grabungsfeld als dem der Intermedialität benachbart oder sich mit ihm überschneidend, jedoch als umfänglicher und anders gelagert vorstellen. Ausgehend vom gemeinsamen Boden geteilter Grundannahmen, die vor allem in der Ablehnung der der Kunstgeschichte zugeschriebenen „Isolierung von einzelnen Bildern in der Analyse" (Schade und Wenk 2011, S. 8) und der bildwissenschaftlichen Perpetuierung der Vorstellung einer reinen Bildlichkeit (vgl. Elkins 1999, S. 55) bestehen, überschreiten die Visual Culture Studies den von Beziehungen zwischen Medien(produkten) gesetzten Rahmen in Richtung einer Konzeption von Visualität, die nicht nur über Piktorialität (die Visualität von Bildern), sondern auch über Visibilität (die Sichtbarkeit des Visuellen) hinausgeht. Dies sei im Folgenden anhand der abweichenden Folgerungen aus den genannten Ausgangsthesen dargestellt.

Was zunächst die „Konzentration auf *ein* Bild, das zählt" (Frank 2006, S. 39) anbelangt, so treffen sich Intermedialitätsforschung und Visual Culture Studies in der Zurückweisung einer Fokussierung auf das vereinzelte, zum Kunst-Werk stilisierte Bild. Im Sprachspiel der Visuellen Kultur (analoge Formulierungen finden sich im Jargon der Intermedialität) ist **das Kunst-Bild** bestenfalls „a kind of image among many others" (Elkins 1999, S. ix), eher noch das Ergebnis einer grundsätzlich problematischen kategorialen Trennung von künstlerischen und Verbrauchs-Bildern (Elkins 1999, S. 54). Und überhaupt habe ein Bild keinen Wert an und für sich, sondern allenfalls einen Verkehrswert („value is not located in the individual picture or work, but in the circulation of the image", Mitchell zit. in Dikovitskaya 2005, S. 71) und seine isolierte Betrachtung sei mithin „verantwortlich für eine Unfähigkeit der Gesellschaft, mit denjenigen Bildern umzugehen, die man kaum mehr zu zählen vermag" (Frank 2006, S. 39).

Während nun aber die Intermedialitätsforschung aus derlei Beobachtungen die Konsequenz zieht, Bilder vor allem aus ihrem Zusammenspiel mit anderen Bildern (im Sinne einer Intertextualität der Bilder, s. Abschn. 2.1.1) und in ihrem jeweiligen medialen Kontext (im Sinne verschiedener Materialitäten der

3.3 Visual Culture: Medien der Visualität

Piktorialität, s. Abschn. 2.4.2 und 2.4.3) zu betrachten, begreifen die Visual Culture Studies Bilder als medial sedimentierte Darstellungen von ‚**Sehweisen**' („ways of seeing", Berger 1972), also als visuelle Beispiele dafür, „wie unsere Sinnestätigkeiten in artifiziellen Repräsentationen vergegenwärtigt werden" (Karpenstein-Eßbach 2004, S. 13). Solche piktorialen Materialisierungen von Visualität sind jedoch weder notwendiges Ergebnis, noch erschöpfendes Zeugnis von Akten des Sehens, die sich einerseits ereignen können, ohne zu Bildern zu kristallisieren, wie Jonathan Crary (1988, S. 43; vgl. Crary 1990) anhand der von ihm ausgemachten Rekonfiguration des Sehens um 1840 ausführt: „We've been trained to assume that an observer will always leave visible tracks, that is, will be identifiable in terms of images. But here it's a question of an observer who takes shape in other, grayer practices and discourses". Andererseits erschöpft sich Visualität nicht in Bildern, insofern sie auch „die von konkreten Artefakten und Objekten ablösbaren Praktiken und Techniken des Sehens" (Rimmele und Stiegler 2012, S. 72) umfasst.

Dies betrifft zum einen „Technisierungen der Sinne" (Karpenstein-Eßbach 2004, S. 13), die nicht umstandslos als (visuelle) Medien aufgefasst werden können (sondern als den Sehsinn affizierende „extensions of man", McLuhan 2003), zum anderen die „kulturelle Bewertung, Symbolisierung und Rahmung des Sehens" (Rimmele und Stiegler 2012, S. 72) in Ritualen oder reflexiven Diskursen. Gegenstand der Visual Culture Studies ist deshalb „nicht ‚das Bild', sondern ein umfangreiches Konglomerat von Artefakten (z. B. Kunstwerken, Gebäuden, Tele- und Mikroskopen, Land-, See- und Sternenkarten), sozialen Praktiken (z. B. neurowissenschaftlichen Versuchsanordnungen, Denkmälern, Museen, Rundfunk- und Fernsehsendungen) und kulturellen Redeformen (z. B. philosophischen, kunsthistorischen, kunstkritischen, medienwissenschaftlichen)" (Frank und Lange 2010, S. 10–11), oder kurz: „visual practices across all boundaries" (Elkins 2003, S. 7). Wenn also in den Visual Culture Studies von Bildern *(images)* die Rede ist, sind damit nicht nur Medien-Bilder *(pictures)* gemeint, sondern alle Arten von bildhaften oder bildlichen Phänomenen. Nach Mitchell (2008, S. 20) umfasst die **„Familie der Bilder"** zumindest folgende Varianten: „graphisch (Gemälde, Zeichnungen etc., Statuen, Pläne); optisch (Spiegel, Projektionen); perzeptuell (Sinnesdaten, ‚Formen', Erscheinungen); geistig (Träume, Erinnerungen, Ideen, Vorstellungsbilder [Phantasmata]); sprachlich (Metaphern, Beschreibungen)". Daneben und darüber hinaus geht es zudem ganz allgemein um das, was Marx W. Wartofsky (1984, S. 876) „visual postures" genannt hat: „the wide range of architectural, dramatic, and technical practices which orient our ways of looking at things".

Eine vergleichbare Entgrenzung des visuellen Feldes über den Bereich der (Inter-)Medialität hinaus lässt sich auch hinsichtlich der Idee des reinen Bildes beobachten, also der Vorstellung, Bilder würden zugleich ausschließlich visuell, nicht sprachförmig verfasst sein (mit „genuin bildnerischen Mitteln", die „nichtprädikativ" funktionieren, Boehm 2007, S. 34) und doch propositional lesbar bleiben, der „konsistente[n] Erzeugung von Sinn" gemäß einer „eigene[n], nur ihnen zugehörige[n] Logik" (Boehm 2007, S. 34) verpflichtet. Visual

Culture Studies und Intermedialitätsforschung sehen eine solche Fassung der „ikonischen Differenz" (Boehm 2011) gleichermaßen kritisch, indem sie auf die unhintergehbare **Verflechtung von Wort und Bild, Visualität und Sprache** verweisen. Bilder existieren nicht „jenseits der Sprache" (Boehm 2007), „independent of writing or other symbolic means of communication" (Elkins 1999, S. 55), sondern bedürfen der ‚Beschriftung', ohne die sie „keine spezifische zeitlich-räumliche Verortung und keine spezifische Botschaft haben" (Rippl 2014, S. 154).

Beide Ansätze arbeiten sich deshalb ab an der „kulturellen Leitdifferenz" (Rippl 2005, S. 31) bzw. dem „kulturfundierenden Wechselbezug" (Frank 2009, S. 363) von Wort und Bild (oder Literatur und Kunst). In der Untersuchung von „iconotexts" („the use of [...] an image in a text", Wagner 1996b, S. 15) oder „textual pictures" („the evocation of the visual image as a site of difference within language", Mitchell 1994, S. 107) artikuliert sich dabei auch die übereinstimmende Überzeugung, dass literarischen Texten eine prominente Stellung im jeweils betrachteten kulturellen Ensemble zukommt. Bis zu einem gewissen Grad kann ein intermedialer Ansatz sogar mit Mitchells (1994, S. 5) „polemischer Behauptung" leben, dass die **Interaktion von Bildern und Texten** für Repräsentation an sich konstitutiv sei und es deshalb überhaupt keine visuellen, sondern nur ‚unreine' Medien gebe („all media are mixed media", vgl. Mitchell 2005). Denn auch im intermedialen Rahmen wird nicht mehr an unverrückbaren Mediengrenzen festgehalten, sondern es werden „heute [...] zunehmend mediale Überlappungen" untersucht (Rippl 2014, S. 140). So treffen sich Intermedialität und visuelle Kultur in der Feststellung, „dass die Grenzen zwischen verbaler und visueller Repräsentation ebenso unbeständig sind wie die jeweils veranschlagten Konzepte von Literatur, Text, Sprache oder Schrift bzw. Visualität oder Bildlichkeit" (Benthien und Weingart 2014a, S. 9).

Als intermedial verkürzt erscheint das Feld der Visualität jedoch dort, wo es auf das Zusammenspiel von Texten und Bildern beschränkt wird, wie etwa Rippl (2010, S. 39, unsere Hervorhebung) insinuiert: „questions about visuality, *and thus* the intermedial relationships among texts and pictures, have recently become highly important within literary and cultural studies". Wenn etwa literarische Visualität auf Text-Bild-Kombinationen, Textbildlichkeit und die textuelle Evokation von Bildern („the inclusion of images", „typographical experiments", „ekphrasis", Rippl 2015, S. 3) eingegrenzt wird, also auf die von Mitchell (2008, S. 136–171) als ‚Bildtexte' („‚imagetext' designates composite, synthetic works [...] that combine image and text", Mitchell 1994, S. 89) und als ‚Bild/Texte' („exemplified in the materiality of writing and typography [and] in the poetic genre of ekphrasis", Mitchell 1994, S. 107) bezeichneten Varianten der Begegnung von Textualität und Bildlichkeit, so fällt dessen dritte Kategorie der ‚**Bild-Texte**' unter den Tisch.

Diese von Mitchell (1994, S. 89) vage als „relations of the visual and the verbal" beschriebene Variante, die als „unspezifisch" (Benthien und Weingart 2014b, S. 563) beklagt oder gleich als medial sedimentierte Form der Bildtexte missverstanden wird (vgl. Stiegler 2014, S. 168, der etwa den Comic hier einordnet), zielt genau auf jene von Bernd Stiegler (2014, S. 169–170) ausgemachte Aufgabe literarischer Visualitätsforschung, zu zeigen, „in welcher Weise die Literatur mit visuellen Kulturen verflochten ist, Regime der Sichtbarkeit ausbildet oder ihren Vorgaben gefolgt ist, Wahrnehmungsweisen eingeübt und praktiziert hat". **Literatur „als Visuelle Kultur"** (Frank 2006, S. 83) erschöpft sich eben nicht in ihren Beziehungen zu an- oder abwesenden Bildern, sondern greift aus auf visuelle Praktiken jenseits der Piktorialität. Deshalb kann es nicht nur darum gehen, „literarische Texte mit Blick auf ihre Rolle in intermedialen Netzwerken in historischer und systematischer Perspektive zu analysieren" (Rippl 2014, S. 140), sondern darum, Literatur „als Einflußgröße innerhalb der visuellen Kultur" (Frank 2009, S. 384) zu begreifen: „Die Geschichte der Literatur wäre als ein Teil einer Geschichte der Wahrnehmung und der Kulturalität des Visuellen in den Blick zu nehmen" (Stiegler 2014, S. 170).

Die immer auch textuelle Verhandlung von Visualitäten ebenso wie das alleinige Ungenügen medialer Bilder lassen sich etwa am Beispiel der Veränderung der Landschaftswahrnehmung durch das Aufkommen der Eisenbahn illustrieren (vgl. Isekenmeier 2011). An der Schnittstelle von **Dromologie** (Kulturgeschichte der Geschwindigkeit, vgl. Virilio 1977) und Visueller Kultur angesiedelt, markiert die Erfahrung der Eisenbahnfahrt eine Etappe in der „Verflüchtigung" der Landschaft (Schivelbusch 1977, S. 54), die ihre Fortsetzung in modernen „Reisetechniken" (Schivelbusch 1977, S. 57) wie dem Automobil oder dem Flugzeug findet. In Ermangelung technischer Medien, die in der Lage gewesen wären, Bewegung aufzuzeichnen (etwa durch Belichtungszeiten im Minutenbereich wie bei der Daguerreotypie), kommen um die Mitte des 19. Jahrhunderts als bildliche ‚Zeugnisse' der visuellen Erfahrung von Landschaft aus dem Zug nur gemalte Bilder in Frage, die jedoch nur unter erheblichem diskursiven Aufwand als solche lesbar sind. J. M. W. Turners *Rain, Steam and Speed – the Great Western Railway* von 1844 etwa wird in diesem Zusammenhang erst relevant, wenn es nicht nur als Ansicht eines Zuges (als Bildgegenstand), sondern zugleich als Blick aus einem Zug (als Bildperspektive) ausgewiesen wird (vgl. Wagner 1996a).

Was solche Bilder nicht aus sich selbst heraus zu leisten im Stande sind, liefern in jener Zeit textuelle Berichte: ein ‚Bild' der Eindrücke des Zugreisenden. Es handelt sich um einen jener Momente der Kulturgeschichte, in denen Visualität vornehmlich in literarischen Texten verhandelt wird: „They are the only substitute we have for the empirical observer who has become invisible since that period, or indeed who never could have been seen perceiving in the first place, and who therefore has always already been a textual observer" (Frank 2006, S. 84). Zum Dreh- und Angelpunkt der Diskussion um die **Visualität der Eisenbahnreise** wird so eine Passage aus einem zeitgenössischen Reisebericht Victor Hugos (Hugo 1974), in dem dieser deren Effekt auf den Beobachter der Landschaft beschreibt: „La rapidité est inouïe. Les fleurs du chemin ne sont plus des fleurs, ce sont des taches, ou plutôt des raies rouges et blanches; plus de points, tout devient raie; les blés sont de grandes chavelures jaunes, les luzernes sont de longues tresses vertes; les villes, les clochers et les arbres dansent et se mêlent follement à l'horizon"

(Hugo zit. u. a. in Pichois 1973, S. 26; Weibel 1987, S. 31; Paech 1988, S. 74, dort in dessen deutscher Übersetzung). Die „graue Praktik" (Crary 1988, S. 43) der bildlichen Beschreibung nimmt so den Platz ein, den die spärlichen Versuche piktorialer Darstellung offenlassen.

Und mehr noch: Die Behauptung einer „ungeheuerlichen Geschwindigkeit" *(rapidité inouïe)* der Eisenbahn lenkt die Aufmerksamkeit zugleich darauf, dass eine Isolation des Sehsinns allenfalls den heuristischen Wert besitzt, den visuellen Anteil einer Erfahrung provisorisch aus dem Zusammenspiel der Sinne zu lösen: „The reason for isolating it [vision] is that one can then determine much more precisely the boundaries and interactions between the way we construct the world through sight and the way we construct the world through sound and touch, in fact through all of the senses other than sight" (Mitchell zit. in Dikovitskaya 2005, S. 246). Dass die um 1840 noch keinesfalls atemberaubende Geschwindigkeit der Züge, die 30 bis 40 Meilen pro Stunde betrug, zu einer tiefgreifenden Transformation des **(visuellen) Reiseerlebnisses** führte, hat auch damit zu tun, dass die Eisenbahn als „maschinelles Ensemble" (Schivelbusch 1977, S. 21) die gesamte Fortbewegungsweise veränderte. Denn im Vergleich zur Kutsche zeichnet sich die Eisenbahn durch eine relative Laufruhe (gleichförmige Geschwindigkeit auf ebenem Untergrund) aus, die einen „panoramatischen Blick aus dem Abteilfenster" (Schivelbusch 1977, S. 59) ermöglicht, für den es die Landschaft selber ist, die am Betrachter vorbeizieht: haptische Deprivation wird zur Ermöglichungsbedingung eines Seherlebnisses (vgl. zur Ähnlichkeit des Eisenbahn-Dispositivs mit dem Kino Paech 1985; s. Abschn. 2.3.1).

Aufgrund der unvermeidlichen ‚Nachbarschaft' des Sehens zu anderen Sinneswahrnehmungen (vgl. Horstkotte und Leonhard 2007, S. 5) beziehen Untersuchungen visueller Kulturen deshalb stets auch andere Modalitäten der Welterfahrung mit ein: „use of the problematic term ‚perception' is primarily a way of indicating a subject definable in terms of more than the single-sense modality of sight, in terms of hearing and touch, and, most importantly, of irreducibly *mixed modalities*" (Crary 1999, S. 3). Kulturgeschichten der Visualität (und ‚der' Wahrnehmung) greifen dabei zwar auf mediale Darstellungen zurück (vgl. Rippl 2015, S. 19–20), ihr Erkenntnisinteresse ist jedoch nicht intermedial (auf die wechselseitige Erhellung der Medien) ausgerichtet, sondern intermodal (auf das **Wechselverhältnis der Sinne**). In diesem Sinne sind dann auch (literaturzentrierte) Studien zur auditiven Kultur des Viktorianischen England (Picker 2003) oder zur Rolle der Haptik im Modernismus (Garrington 2013) einer Agenda verpflichtet, die den Visual Culture Studies entlehnt ist.

3.4 Sound Culture: Medien des Klangs

Wie bereits im vorangehenden Kapitel anklang, haben sich wichtige Vertreter/innen der Visual Culture Studies immer wieder dahingehend geäußert, dass es **keine „rein" visuellen Medien** gebe, prominent etwa W. J. T. Mitchell (2005). Ihm zufolge lassen sich grundsätzlich alle Medien durch jeweils spezifische

3.4 Sound Culture: Medien des Klangs

Vermischungsgrade von Modalitäten beschreiben. Auf diese Weise lässt sich das Konzept der Medienspezifik (s. Abschn. 2.3.1) gleichzeitig relativieren und doch als Heuristik retten, schließlich kann es, wie Mitchell feststellt, durchaus zur Dominanz einzelner Modalitäten kommen: etwa der des Visuellen in der Fotografie oder des Auditiven im Radio.

Doch während sich der Begriff ‚Visual Culture' und das damit verbundene Forschungsprogramm längst auch im deutschsprachigen Raum durchgesetzt hat, ist von ‚Sound Culture' oder ‚Sonic Culture' nach wie vor vergleichsweise selten die Rede, so wie überhaupt das Hörbare in den meisten kulturwissenschaftlichen Disziplinen traditionell eine eher marginale Rolle spielt (Hilmes 2005). Speziell in literaturwissenschaftlichen Analysen und Modellen haben entsprechende Perspektiven lange ein Nischendasein gefristet, obwohl Literatur zahlreiche historische wie zeitgenössische Rezeptionsmodi kennt, die dezidiert über den Hörsinn erfolgen. Tatsächlich setzte sich die stille Lektüre als dominante Form der Auseinandersetzung mit Literatur in Europa erst im Laufe des 18. Jahrhunderts durch (Hillebrandt 2018, S. 121). Selbst Medien, die ohne die **Dimension des Klangs** kaum denkbar wären, wie etwa der Film, wurden lange Zeit fast ausschließlich über das Visuelle definiert (Chion 1994, S. VIII), dabei war selbst der Stummfilm bekanntlich alles andere als stumm (Abel und Altman 2001).

Erst ab den 1990er Jahren beginnt sich diese Situation zu ändern, bis hin zu jenem – kleinen – „Boom" (Sterne 2012, S. 1) der Interdisziplin der **„Sound Studies"**, deren erklärtes Ziel es ist, die nach wie vor oft unhinterfragte Hegemonie des Visuellen zu korrigieren. Dabei ist das Forschungsinteresse in vielerlei Hinsicht komplementär zu jenem der Visual Culture Studies angelegt (ebd., S. 7) und zielt entsprechend auf eine Historisierung des Hörens und Erzeugens von Klängen sowie der damit verbundenen Wissensbestände ab. Der Fokus wird dabei auf den **Sound** gelegt. Dieser englische Begriff mit seiner Vielfalt an Bedeutungen – ‚Klang', ‚Geräusch', ‚Ton', ‚Laut' oder ‚Schall' (vgl. Morat und Ziemer 2018a, S. VIII) – reicht über die Dimension der Musik im engeren Sinn hinaus und schließt nicht nur deren Klang mit ein, sondern sensibilisiert auch dafür, dass auch gänzlich ‚unmusikalische' Klänge auf spezifische (Kon-)Texte verweisen können und somit aus der Perspektive der Intertextualitäts- oder Intermedialitätstheorie betrachtet werden können und sollten.

Rechnung tragen dem etwa einige jüngere Studien zu sogenannten **‚Soundscapes'**. Mit diesem Begriff des Komponisten und Klangforschers R. Murray Schafer (1994 [1977]), der sich etwa als ‚Geräuschkulisse' oder ‚Klanglandschaft' übersetzen lässt, werden akustische Umwelten bezeichnet, die regional höchst unterschiedlich ausfallen und historisch einem ständigen Wandel unterworfen sind. Insofern ist es möglich, über das Aufrufen oder Nachahmen einer bestimmten ‚Soundscape' auf konkrete Kontexte zu verweisen, etwa die von der frühen Industrialisierung geprägte auditive Kultur des viktorianischen Englands (Picker 2003), die bereits im letzten Kapitel erwähnt wurde. Ein weiteres Beispiel wäre die Klangkulisse der Schweizer Alpen, mit deren Schilderung in der Literatur der deutschsprachigen Romantik nicht nur auf einen bestimmten Ort verwiesen wird, sondern auch auf einen spezifischen

Diskurs über das Heimweh der Schweizer, das diese dem medizinischen Wissen der Zeit zufolge befällt, wenn sie ihre Bergheimat verlassen. Im Ausland mit vertrauten Melodien oder eben auch Geräuschen (etwa dem Läuten von Kuhglocken) konfrontiert zu werden, galt demnach als Auslöser für die Heimweherkrankung, die damals als Nostalgie bezeichnet wurde (vgl. Schrey 2017, s. Abschn. 3.5).

Über diese allgemeinere Dimension der Kulturalität des Klangs bzw. des Hörens hinaus sind hier vor allem solche Formen des Verweisens interessant, die erst durch Aufzeichnungsmedien möglich werden. Die Gesamtheit dieser technischen Verfahren zur Aufzeichnung und Wiedergabe von Klanginformationen in ihrer Zeitlichkeit wird unter dem Schirmbegriff der ‚**Phonographie**' zusammengefasst, wozu auf apparativer Seite „Zylindergrammophone ebenso gehören wie akustische oder elektrische Grammophone, Tonbandgeräte, CD-Spieler und iPods – Gegenstände mithin, deren offensichtliche Unterschiede in technischer Hinsicht von einem grundsätzlichen gemeinsamen Prinzip ausgeglichen werden" (Feaster 2018, S. 348). Mit dem Phonographen wurden im späten 19. Jahrhundert erstmals „Klänge selbst und nicht nur Anweisungen zu ihrer Erzeugung speicherbar" (Großmann 2005, S. 308). Musik kann seither in dreifacher Form vorliegen: in Notenschrift (ggf. kombiniert mit Text), in Form einer Aufführung und als Tonträger einer solchen. Dasselbe gilt natürlich auch für sprachliche Äußerungen und z. B. orale Texte, die nun ebenfalls aufgezeichnet werden, etwa im Rahmen ethnologischer Forschung. Die vielfältigen Konsequenzen dieser Entwicklung können hier nur umrissen werden. So führten die Möglichkeiten der Aufzeichnung von Musik unter anderem zu einer rapiden Ausdifferenzierung einer kommerziellen und professionalisierten **Musikindustrie,** die auf dem neuen Warenwert von Musik basierte. Denn die Schallplatte war „die erste Darstellungsweise von Musik, die als Ding sich besitzen läßt" (Adorno 2003 [1934], S. 531).

Um ein bestimmtes Musikstück hören zu können, war vor dem Zeitalter der Phonographie grundsätzlich ein performativer Akt notwendig, eine Aufführung des Stückes im weitesten Sinn. Selbst in Form von Notenschrift fixierte Musikstücke mussten immer wieder aufs Neue interpretiert werden, um hörbar zu werden, was eine aktive Auseinandersetzung mit dem Stück erforderte, die zu durchaus unterschiedlichen Resultaten führen konnte (und kann). Tonträger erlaubten es nun erstmals, eine bestimmte Version eines Stücks zu fixieren und beliebig oft zu reproduzieren, was bereits in den ersten Jahren des 20. Jahrhunderts Anlass zu ausgiebigen Copyright-Debatten bot. Darüber hinaus führte das schnell wachsende Archiv von aufgezeichneter Musik zu Beginn des 20. Jahrhunderts auch zu einer **gesteigerten Vergleichbarkeit musikalischer Artefakte** und damit auch zu einer neuen Sensibilität für intertextuelle Verfahren in der Musik. Adornos bereits angesprochene Beobachtung des Aufkommens einer „Musik über Musik" (s. Abschn. 2.1.2) lässt sich insofern auch als Reaktion auf die neuen Aufzeichnungsmöglichkeiten begreifen.

Doch die Phonographie ermöglichte auch gänzlich **neue Verfahren des intertextuellen Bezugs.** Friedrich Kittler (1986, S. 54) weist darauf hin, dass Edisons ursprüngliche Erfindung des Phonographen, die, im Gegensatz zum späteren Grammophon, noch über eine Aufnahmefunktion verfügte, bereits jene zwei Akte kombiniert, „über die eine Universale Maschine, ob nun diskret oder nicht, verfügen muß: Schreiben und Lesen, Speichern und Abtasten, Aufnehmen und Wiedergeben". Ganz ähnlich stellt auch der DJ und Musiktheoretiker Paul D. Miller (2009, S. 349) fest: „[The] phonograph was a new way of data-handling that allowed the mechanical implementation of a non-sequential form of text, one including associative trails, dynamic annotations, and cross references – a host of characteristics one finds as common features of computers in our modern hypertext-formatted world". Solch emphatische Versuche, den Phonographen zu einer Art Proto-Computer zu stilisieren, mögen mangels Belegen für entsprechende Nutzungskulturen medienhistorisch problematisch erscheinen: Das grundsätzliche Potenzial des Phonographen zur **„Zeitachsenmanipulation"** (Kittler 1993) wurde im späten 19. Jahrhundert nur bedingt genutzt; die Weiterentwicklung des Phonographen zum Grammophon, die die Ära der Schallplatte einläutete, zeichnete sich zudem gerade dadurch aus, dass die Aufnahmefunktion für die Endverbraucher wieder entfernt worden war. Dennoch lässt sich das Grundprinzip der Phonographie mit Eduardo Navas (2012, S. 14) als *Sampling* beschreiben.

Dabei gilt es zu beachten, dass sich im Begriff des Samples (engl. für ‚Muster', ‚Stichprobe') „zwei Bedeutungsdimensionen" verschränken (vgl. Pelleter 2012, S. 393): In der Signalverarbeitung bezeichnet das Verfahren des Sampling das **Grundprinzip der Digitalisierung,** nämlich das Erheben und Quantifizieren von diskreten Messwerten eines kontinuierlichen Schwingungsverlaufs zu Zwecken der späteren Resynthese (dabei kann grundsätzlich jeder einzelne Wert nachträglich verändert, bearbeitet, manipuliert werden). Das Signal auf einer konventionellen Audio-CD etwa enthält 44.100 einzelne Amplitudenwerte (Samples) pro Sekunde und Kanal. In der Musik wird der Begriff ‚Sample' dagegen in der Regel nicht auf den einzelnen Messwert bezogen, sondern auf eine **„klanglich oder musikstrukturell sinnhafte Makrostruktur"** (Großmann 2002, S. 320), die wiederum aus einer Folge solcher Messwerte besteht: ein „Datencluster zur Rekonstruktion einer kohärenten Figur der auditiven Wahrnehmung" (Großmann 2005, S. 322). Ein Sample im musikalischen Sinn besteht demnach aus einer bestimmten Anzahl von Samples im informationstheoretischen Sinn, folgt aber grundsätzlich demselben Muster. Auch das musikalische Sampling beruht darauf, eine (Klang-)Probe aus der Wirklichkeit zu entnehmen bzw. aufzuzeichnen, um sie dann später wieder abspielen zu können (nachdem sie ggf. bearbeitet wurde). Wichtig ist dieser kleine Exkurs deshalb, weil er deutlich macht, inwiefern es sich beim Sampling nicht einfach um eine spezielle Form des Zitierens handelt, auch wenn der Begriff häufig in diesem Sinn verwendet wird. Denn anders als beim Zitat geht es beim Sample, vereinfacht gesagt, nicht (oder zumindest nicht zwingend) um Bedeutung, sondern um Information, also um einen zentralen Begriff der *mathematischen* Kommunikationstheorie (im Gegensatz zu dezidiert geisteswissenschaftlichen Konzeptualisierungen).

Lange bevor das Zerlegen von Signalen „in für Rechner handhabbare Samples" zur Grundbedingung digitaler Computer wurde, war „die Fragmentierung und

Zerschnipselung" (Schröter und Schwering 2005, S. 21) von vorgefundenem Material eine zentrale Technik avantgardistischer Kunstpraxis. Auch die neuen Möglichkeiten der Phonographie wurden zunächst im Kontext verschiedener Avantgardebewegungen des 20. Jahrhunderts erprobt. So nutzte etwa der Komponist John Cage bereits in den 1930er Jahren Plattenspieler und **voraufgenommene Klangereignisse** als ‚Instrumente' für seine nur noch bedingt in klassische Partituren überführbaren Kompositionen. Wichtiger noch war in dieser Hinsicht aber das Magnettonband, das nicht nur die im Grammophon verloren gegangene Aufnahmefunktion wiedereinführte, sondern auch das nachträgliche Bearbeiten und Neuarrangieren von Klangmaterial ermöglichte. So entstand bereits in den späten 1940er Jahren das Genre der *Musique concrète*, für deren Kompositionen aufgezeichnete Klänge und Alltagsgeräusche eine zentrale Rolle spielen. Die Tonbandgeräte werden dafür quasi als Instrumente behandelt. Der Musikwissenschaftler Karbusicky (1983) untersucht die *Musique Concrète* deshalb explizit als ‚intermedialen Transfer'.

Auf eines seiner Beispiele sei hier ausführlicher eingegangen: **Requiem (1973) von Michel Chion,** einem Komponisten elektronischer und ‚konkreter' Musik, der sich auch selbst als einflussreicher Medientheoretiker hervorgetan hat, insbesondere was die Rolle der Stimme und des Klangs im Film angeht (vgl. Chion 1994). Spezifisch für die *Musique Concrète* ist die verfremdende Verwendung und Kombination voraufgenommener Klangereignisse verschiedener Natur, wodurch komplexe **Klangcollagen** entstehen. Karbusicky (1983) analysiert nun die verschiedenen „Textebenen" von Chions Werk und unterscheidet dabei

1. die im engeren Sinne durch den hörbaren gesprochenen Text aufgerufenen Verweise auf andere Texte,
2. die Gattungskonventionen und Traditionen der Totenmesse und deren weltlicher Nachbildungen, mit denen Chion geschickt spiele und dabei die Erwartungshaltungen des Publikums unterlaufe, und schließlich,
3. die Textebene der elektronisch erzeugten Klänge, die gezielt düstere Assoziationen und Emotionen evoziere.

Das Zusammenspiel dieser Ebenen führe zu einer apokalyptischen Gesamtvision, die wiederum auf den spezifischen soziokulturellen Kontext ihrer Entstehungszeit (die Angst vor einem alles vernichtenden Atomkrieg) verweise. Darüber hinaus seien in diese Hauptschichten zahlreiche Sprechakte „eingeklebt", die wiederum eigene, weitere Bedeutungsdimensionen eröffneten.

Einen anderen, weniger an der musikalischen Technik als an der Produktion experimenteller Literatur orientierten Weg gehen Künstler/innen wie der Beat-Poet William S. Burroughs, der das **Cut-up-Verfahren** (s. Abschn. 1.3.3), mittels dessen gedruckte Textseiten mit einer Schere zerlegt und dann zufällig neu zusammengefügt wurden, auf das Tonband übertrug, dessen materielle Basis ähnlich gelagerte manuelle Eingriffe möglich macht (anders als etwa der Phonograph). Auch bei diesem Verfahren ist das Ziel die Erzeugung neuer Bedeutungsdimensionen durch die Konfrontation von Material unterschiedlicher Provenienz.

3.4 Sound Culture: Medien des Klangs

Insofern bleibt das Cut-up genau wie die *Musique concrète* dem modernistischen Modell der Collage verpflichtet, in der das Ganze mehr ist als die Summe der einzelnen Teile, wobei stets erkennbar bleibt, dass es sich um zusammengefügte Einzelteile handelt und nicht um ein kohärentes und in sich geschlossenes Werk.

Denkbar sind freilich auch ganz andere – etwa pragmatische – Formen der Rekombination von voraufgezeichneten Klangereignissen, beispielsweise im Rahmen des Auflegens von Schallplatten, das im Laufe des 20. Jahrhunderts immer mehr zu einer eigenen Kunstform erhoben wird. Weitgehend unbekannt ist, dass bereits Ende der 1920er Jahre erste Apparate zum Einsatz kamen, die optisch stark an moderne **DJ-Sets** mit zwei Plattenspielern und einem Mischpult erinnern (s. Abb. 3.1): In der Übergangszeit zum Tonfilm wurden in kleineren amerikanischen Kinos Stummfilme aus Kostengründen oft nicht mehr mit Live-Musik begleitet. Stattdessen kombinierte der Projektionist auf einem speziell für diesen Zweck hergestellten „nicht-synchronen" Abspielgerät mit zwei Plattentellern verschiedene Musikaufnahmen, die jeweils bestimmten Stimmungen zugeordnet waren (vgl. Thompson 2009). Mit einem Drehpotentiometer in der Mitte konnten die zwei parallel ablaufenden Schallplatten live abgemischt werden.

Mit der fast vollständigen Verdrängung des Stummfilms in den 1930er Jahren verschwanden jedoch auch diese Abspielgeräte, deren Prinzip erst im Rahmen der **Disko-Kultur** der 1970er Jahre wiederentdeckt bzw. neu erfunden wurde, um es den Discjockeys zu erlauben, besonders gut zum Tanzen geeignete rhythmusbetonte Passagen von Musikstücken künstlich in die Länge zu ziehen, indem zwei Exemplare derselben Schallplatte entsprechend miteinander kombiniert wurden. Dies kann als ein wichtiger genealogischer Strang jener spezifischen Form von populärer Intermusikalität gelten, die heute als **Remix Culture** bezeichnet wird (vgl. Navas 2012; Navas et al. 2015).

Ein weiterer, in seiner Bedeutung nicht zu unterschätzender und gewissermaßen parallel verlaufender Strang ist die Entwicklung von **Dub-Musik** in Jamaika ab den späten 1960er Jahren, als man begann, auf den B-Seiten der Schallplattenveröffentlichungen von Rocksteady- und frühen

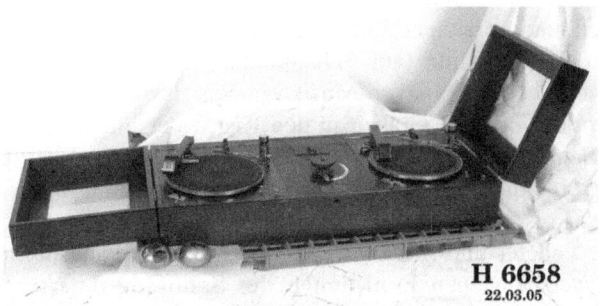

Abb. 3.1 Western Electric D-86850 Reproducer Set (1928), Sammlung des Museum of Applied Arts & Sciences, Sydney

Reggae-Musikstücken Instrumentalversionen der Stücke auf der A-Seite zu pressen, die sich jedoch grundlegend von letzteren unterschieden: Neben dem fehlenden Gesangspart zeichneten sie sich vor allem dadurch aus, dass die einzelnen Spuren der Studioaufnahmen von den Tontechnikern völlig neu abgemischt und mit zahlreichen Effekten (insbesondere Echo) kreativ verfremdet worden waren. Aus diesen Versionen entstand ein eigenes Musikgenre, in dem die Toningenieure schließlich wichtiger waren als die Musiker/innen, die die einzelnen Tonspuren ursprünglich eingespielt hatten (vgl. Pfleiderer 2001). Von Jamaika aus wurden diese Platten (und die damit verbundene sogenannte Soundsystem-Kultur) nach Großbritannien und in die USA exportiert, wo sich daraus wiederum in Kombination mit anderen musikalischen Einflüssen neue Genres wie der Hip Hop oder auch diverse Spielarten elektronischer Musik entwickelten.

Während dies nicht der Ort ist, um diesen musikhistorischen Entwicklungslinien detailliert zu folgen, lohnt sich speziell ein Blick auf den **Hip Hop,** denn hier spielt Intertextualität auf gleich mehreren Ebenen eine zentrale Rolle und viele musikästhetische Verfahren wurden in diesem Kontext geprägt oder zumindest nachhaltig popularisiert. Schon die Künstlernamen der ersten Hip-Hop-DJs (z. B. „Grandmaster Flash") führen „Comics und Kung Fu-Filme, Superhelden und Shaolin ‚in einem mythischen Schlachtengemälde' zusammen" (Eshun 1999, S. 16), verweisen auf einen dicht gewebten postmodern populärkulturellen Verweisungskosmos. Ab den 1970er Jahren wurden von den frühen Protagonisten der Subkultur die beiden allgemein verfügbaren Techniken des Plattenspielers und des Kassettenrecorders als „Ermächtigungstechnologie sozial benachteiligter Minderheiten zum Zwecke der Vergemeinschaftung und musikalischen Selbstartikulation" (Pelleter und Lepa 2007, S. 199) genutzt. Wie radikal der Bruch mit den musikalischen Traditionen – insbesondere in produktionsästhetischer Hinsicht – war, wird oft unterschätzt: Ähnlich wie im Dub stehen auch hier nicht Musiker/innen, Komponist/innen und Dirigent/innen als Künstler/innen im Vordergrund, sondern die DJs, die *vorgefundene* Musik lediglich neu arrangieren und verfremden, indem sie Platten „scratchen", also rhythmisch vor- und zurückdrehen, wodurch die „Turntables in Tongeneratoren" (Eshun 1999, S. 17) verwandelt werden. Wenig später kamen die MCs dazu, die das Resultat lyrisch untermalen und sich dabei dem Rhythmus der Musik anpassen. Die Grenzen zwischen Musikproduzent/innen und -rezipient/innen begannen auf diese Weise nachhaltig zu verschwimmen. Die gesamte (auf Schallplatten verfügbare) Musik wurde zum Fundus für einen neuen Typus von Musiker/innen, das sogenannte *digging in the crates* – das sprichwörtliche Graben in den Kisten der Plattenläden nach bislang unentdeckten Samples – zur Archäologie der Populärmusik. Nach Kodwo Eshun (1999, S. 23) wurde die Plattensammlung so zum „Gedächtnisarchiv, in dem jeder historische Klang als potentieller Bruch des Präsens existiert".

Nach Malte Pelleter und Steffen Lepa (2007, S. 203) kann in diesem Kontext zwischen drei verschiedenen **Funktionen des Sampling** unterschieden werden, die jedoch auch simultan gegeben sein können:

3.4 Sound Culture: Medien des Klangs

1. Simulation/Komposition: Sampling als Werkzeug der Aneignung und Kontrolle beliebiger Geräusche,
2. Zitat/Referenz: Sampling als dezidiert intertextuelle Verweisungspraxis, die zur „Aneignung von Bedeutungen und Kontexten" dient und
3. Historizität/Materialität: Sampling als „transparente Technik der Werkproduktion, welche die eigene Materialbezogenheit und Geschichtlichkeit offenlegt und selbstreflexiv zum Thema macht".

Für diese neuen materialästhetischen Verfahren der Musikproduktion wurden schon bald auch dezidierte technische Werkzeuge auf den Markt gebracht. Insbesondere sogenannte *Sampler* (s. Abb. 3.2) erleichterten die Verarbeitung von aufgenommenem Klangmaterial immens und ermöglichten es ab den 1980er Jahren, einzelne Klangaufnahmen den Tasten eines digitalen Abspielgeräts zuzuweisen, das dann wie ein Instrument gespielt werden kann. Die so verwendeten Samples wurden immer kürzer und präziser und damit auch flexibler einsetzbar. Sogenannte *Chops* und *One-Shots* bestanden schon bald nur noch aus einer einzigen Zählzeit eines Takts (oder noch weniger) und wurden zur Konstruktion ganz neuer Melodien oder Rhythmusstrukturen eingesetzt (vgl. Pelleter und Lepa 2007, S. 205). Dies weist auf den bereits angesprochenen Umstand hin, dass das Sampling als kulturelle Praxis der modernen Populärkultur weit über den klassischen Zitatbegriff hinausgeht (vgl. Bonz 2006), denn auf diese Weise bleibt häufig kein erkennbarer Verweis auf ein anderes Musikstück mehr bestehen. Offensichtlich handelt es sich um eine Form von Intertextualität, doch die im Rahmen der Literatur, Kunst- oder Musikwissenschaft oder auch der Visual Culture Studies geprägten Terminologien erweisen sich als nicht adäquat für deren Beschreibung. Lev Manovich nennt drei wichtige Gründe, warum etablierte

Abb. 3.2 Akai MPC 2000 Sampler (1997) https://en.wikipedia.org/wiki/File:Akai_MPC2000.jpg (09.07.2020)

Begriffe wie Zitat, Collage, Montage oder auch Plagiat nicht oder nur sehr bedingt für moderne Praktiken des Samplings passen:

> [M]usikalische Samples werden oft als Schleifen (*loops*) arrangiert; die Natur des Klangs ermöglicht es Musikern, bereits vorhandene Sounds auf vielfältige Weise zu mischen, von klar differenzierenden und kontrastierenden individuellen Samples […] bis zu ihrer Vermischung zu einem organischen und kohärenten Ganzen; und schließlich begreifen die elektronischen Musiker ihre Arbeiten oft von vornherein als etwas, das remixed, gesampelt, beiseite genommen und modifiziert wird. (Manovich 2005, S. 17–18)

Einer der meistbenutzten Rhythmen sowohl der Hip-Hop- als auch der elektronischen Breakbeatmusik, der sogenannte **‚Amen Break'**, stammt z. B. ursprünglich aus einem nur knapp sieben Sekunden langen Schlagzeugsolo eines 1969 auf einer B-Seite veröffentlichten Songs der Soulband *The Winstons* (vgl. ausführlicher zur Geschichte dieses Breaks Harrison 2015). Mittlerweile ist der Amen Break fest im **Gedächtnis der Populärkultur** verankert, er wurde nicht nur für stilbildende Hip-Hop-Produktionen wie etwa *Straight outta Compton* von N.W.A. (1988) verwendet, sondern auch für ebenso einflussreiche Werke diverser Genres elektronischer Musik wie etwa *Original Nuttah* von Shy FX und UK Apachi (1995) oder Squarepushers *Vic Acid* (1997). Auch in zahlreichen Werbespots wird der Beat eingesetzt, meist um Dynamik und Jugendlichkeit zu suggerieren. Aus verschiedenen Gründen erscheint es dabei falsch oder zumindest unzureichend, von einem Zitat des ursprünglichen Lieds der Winstons oder von einer Anspielung auf dieses Lied zu sprechen: Während Zitate in der Musik im Wesentlichen auf dem Wiedererkennen bekannter Klänge oder Strukturen basieren (s. Abschn. 2.1.2), klingt das Sample des Amen Break durch Neuarrangieren der einzelnen Bestandteile, Veränderungen in Tonhöhe und/oder Tempo sowie weitere akustische Verfremdungseffekte häufig signifikant anders als das „historische[] Antefactum" (Karbusicky 1992, S. 62), so dass dieses oft gar nicht mehr erkennbar ist. Auch der aus urheberrechtlicher Sicht vielleicht zutreffender erscheinende Begriff des Plagiats greift in diesem exemplarischen Fall zu kurz, da die Tatsache, dass es sich bei einem populären Sample wie dem Amen Break um einen vorgefundenen Rhythmus – und damit um fremdes geistiges Eigentum – handelt, in der Regel keineswegs verschleiert, sondern geradezu vorausgesetzt wird. Auch der Begriff der Appropriation, der vor allem im Kontext der bildenden Kunst eine wichtige Rolle spielt (vgl. Zuschlag 2012), scheint nur bedingt auf das Beispiel übertragbar zu sein. Als **Appropriation Art** wurde etwa Sherry Levines berühmte Fotoserie *After Walker Evans* (1981) bezeichnet, für die sie ikonische Fotografien Walker Evans' aus einem Ausstellungskatalog einfach abfotografierte. Doch während Levine mit ihrer Arbeit eine Debatte über Werte wie künstlerisches Schöpfertum und Originalität im Zeitalter künstlerischer Reproduzierbarkeit anstoßen wollte (vgl. Sturken und Cartwright 2018, S. 202–203), sind solche konzeptuellen Positionen im Fall der Verwendungen des Amen Break wohl eher die Ausnahme. Insofern erscheint es sinnvoll, das **Sampling als eigene Form der Intertextualität** zu verstehen, die – ähnlich wie das übergeordnete Verfahren des Remixing (s. Kap. 6) – inzwischen wiederum selbst für andere mediale Kontexte inklusive der Literatur appropriiert wurde. So zeichnen sich etwa die Werke einiger zeitgenössischer Autor/innen wie Thomas Meinecke (der zugleich auch Musiker und DJ ist) dadurch aus, dass sie sich in ihrer intertextuellen Schreibweise explizit an phonographischen Verfahren des Samplings und des Remixings orientieren (vgl. etwa Feiereisen 2011). Als Marcel Beyer, der in den 1990er Jahren mehrere musikjournalistische Texte unter anderem über Dub und Hip Hop geschrieben hatte (vgl. Beyer 1993), 2016 den Georg-Büchner-Preis gewann, berichtete die *Zeit,* der Autor „scratch[e] sich" in seinem Werk „durch die deutsche Vergangenheit" (Böttiger 2016).

3.5 Medien und Erinnerung: von den Memory Studies zur Mediennostalgie

Für intertextuelle und intermediale Verhältnisse interessieren sich auch die interdisziplinär ausgerichteten Memory Studies und insbesondere die kulturwissenschaftliche Gedächtnisforschung, die sich nach Astrid Erll (2017, S. 11) vor allem aus zwei Traditionssträngen speist: der soziologischen Theorie des kollektiven Gedächtnisses nach Maurice Halbwachs und Aby Warburgs kunst- und kulturhistorischen Untersuchungen eines europäischen Bildergedächtnisses (s. Abschn. 2.1.1). In diesem Kapitel wird auf diese Forschung aufgebaut, der Fokus allerdings stärker auf den Aspekt des Medialen gelegt. Generell sind intermediale Bezüge nämlich nicht nur Bezüge auf etwas Gegebenes in einem anderen Medium, sondern notwendigerweise auch Bezüge auf eine andere (frühere) Zeit. Der **zeitliche Abstand** ist hierbei variabel, und viele Verweise in der aktuellen medialen Produktion richten sich auf ebenfalls Aktuelles, erst vor kurzem Entstandenes. Teilweise werden jedoch auch relativ weite Zeiträume überbrückt.

Die *Mona Lisa* (ca. 1503–1506) wurde bereits zweimal als beliebter Bezugspunkt der Werbung, aber auch der Kunst erwähnt (s. Abschn. 2.1.1 und 3.1). Dass solche kanonisierten Kunstwerke gerne aufgegriffen werden liegt sicher daran, dass sie sehr bekannt sind, aber auch das Umgekehrte gilt: Klassische Werke werden zu solchen und bleiben es, weil (bzw. wenn) sie häufig erwähnt, zitiert, parodiert oder medial transformiert werden. Mit Erll (2017, S. 62) ließe sich in diesem Kontext unterscheiden zwischen einer Perspektive auf Kunst als **„Symbolsystem"** respektive als **„Sozialsystem"**: Das „Gedächtnis" der Kunst bzw. Künste ließe sich in ersterer Betrachtung fassen als eines, das sich an sich selbst erinnert und dabei in einzelnen Texten/Werken stetig aktualisiert. Als Sozialsystem dagegen wird an Kunst in institutionalisierter Weise erinnert, etwa durch Kanonisierung oder auch Historiografie. So betrachtet, sind intertextuelle und intermediale Akte immer auch Beiträge zum **sozialen Gedächtnis.** Genauer gesagt, überführen sie Inhalte des kulturellen Gedächtnisses, also alles, was in einer Kultur für aus der Vergangenheit überkommen und bedeutsam gehalten wird, ins kommunikative Gedächtnis, also das durch kommunikative Akte in individuellen Gedächtnissen Aktualisierte (vgl. Assmann 2007, S. 48–65).

Dabei können auch historische Entwicklungsstufen von Medialität eine Rolle spielen, die in einer einseitigen linearen Fortschrittsgeschichte der Medienentwicklung als vergangene, ja als überholte zu bezeichnen wären, die aber nach wie vor präsent sein können oder jedenfalls in neueren Erscheinungsformen von Medialität simulierbar sind. Medien waren schon immer Hilfsmittel der Erinnerung, doch sie können auch Objekte der Erinnerung oder sogar Gegenstände von Nostalgie sein (Böhn 2007). Eine komplexe Dynamik von technischen Innovationen, soziokulturellen Veränderungen und ökonomischen Faktoren (vgl. Natale und Balbi 2014) sorgt dafür, dass immer wieder alte, etablierte Medien durch neue Medien verdrängt werden bzw. dass sie in ihrer Bedeutung so stark zurücktreten, dass ihr früherer Zustand erinnert werden kann. Dieser Veränderungsprozess und die daraus folgende Erinnerung an Medien bzw. an bestimmte Entwicklungsstufen von Medialität können selbst wiederum in Medien – auch denjenigen, die sie verdrängt haben – dargestellt und reflektiert werden. Medien können sich also auf sich selbst als etwas in der Zeit Existierendes beziehen, das eine eigene, von Wechselbeziehungen zwischen technischer, sozialer und kultureller Entwicklung bedingte Geschichte hat. Dies tun sie häufig in nostalgischer Weise, oder aber sie reflektieren den nostalgischen Blick auf Medien, der in unserer Gesellschaft beobachtet werden kann (vgl. Schrey 2017).

Nostalgie als kulturelles Phänomen wurde seit den späten 1970er Jahren zu einem Gegenstand wissenschaftlicher Forschung (Davis 1979; Fischer 1980), der in den letzten zwei Jahrzehnten zunehmend Aufmerksamkeit auf sich zog (vgl. exemplarisch Böhn und Möser 2010; Niemeyer 2014; Sielke 2017). Oft wurde sie mit der **Postmoderne** in Zusammenhang gebracht und insbesondere mit deren problematischem Verhältnis zur Vergangenheit. Fredric Jameson (1986) prägte in diesem Kontext den Begriff des **Nostalgie-Film**s („nostalgia film"), den er als charakteristisches Beispiel für eine „kulturelle Logik des Spätkapitalismus" betrachtet. Ihm zufolge hat die Postmoderne die kritische Auseinandersetzung mit der Vergangenheit jenseits der Zitierbarkeit kultureller Artefakte verlernt und beschränkt sich daher auf die „willkürliche Plünderung" (ebd., S. 63) historischer Oberflächenphänomene: „Wirkliche Geschichte" werde so ersetzt durch die „Geschichte verschiedener Stile" (ebd., S. 65). Kennzeichnend für die postmoderne Ästhetik sei deshalb das **Pastiche**, „eine Kunst der Imitate, denen ihr Original entschwunden ist" (ebd., S. 61) und die sich von der Parodie dadurch unterscheidet, dass ihr die tieferliegenden Beweggründe als Motivation fehlen (s. Abschn. 1.1.2 und 1.1.3). Nostalgie kann sich hier demnach sowohl auf der inhaltlichen Ebene als Rückbezug auf die dargestellte Vergangenheit als auch auf der formalen und medialen Ebene als Verweis auf einen älteren Stil, ein anachronistisches Genre oder eine frühere Erscheinungsform des Mediums zeigen.

Die Bandbreite der von Jameson genannten Beispiele ist dabei groß: AMERICAN GRAFFITI (1973, R.: George Lucas) entwirft eine gewissermaßen perfekte Version der 1950er (bzw. frühen 1960er) Jahre und fetischisiert so die ‚naiv-unschuldige' Zeit vor den Verwerfungen der jüngeren amerikanischen Geschichte, die die Entstehungszeit des Films prägten. BODY HEAT von Lawrence Kasdan (1981) dagegen spielt nicht in der Vergangenheit, zitiert aber aus dem Film Noir der

3.5 Medien und Erinnerung: Von den Memory Studies zur Mediennostalgie

1940er Jahre bekannte Erzählmuster. Insbesondere Motive aus dem bereits damals mehrfach verfilmten Roman *The Postman Always Rings Twice* (James M. Cain, 1934) werden frei verarbeitet. Zum postmodernen Nostalgiefilm wird BODY HEAT für Jameson dadurch, dass „unser Wissen um all die früheren Versionen […] nun zum konstitutiven und wesentlichen Bestandteil der Struktur dieses neuen Films gemacht wird. Anders gesagt: Wir selbst finden uns wieder in der ‚Intertextualität' des Films, und zwar **als bewußt eingeplanter Bestandteil des ästhetischen Effekts**" (ebd., S. 65). Genau das ist für Jameson der Unterschied zu den intertextuellen (und intermedialen) Verweisungsformen der Moderne: Diese hätten bei aller Verspieltheit und Komplexität stets eine Dimension jenseits der Texte gekannt, auf etwas ‚Wirkliches' verwiesen, während der Film und die Kunst der Postmoderne sich in hermetischen und oberflächlichen Verweisstrukturen erschöpfe. Dabei muss der Bezug gar nicht immer so offensichtlich sein: Auch der Science-Fiction-Klassiker STAR WARS (1977, R.: George Lucas) ist Jameson zufolge ein typischer Nostalgiefilm, da es sich letztlich um ein Pastiche der *Space Operas* der 1930er Jahre handle, das es dem Publikum erlaube, die Erfahrung eines eigentlich längst obsoleten Genres in einer nun nur noch simulierten Form erneut zu erleben (Jameson 1998, S. 8).

Jamesons negative Perspektive auf solche Formen der direkten oder indirekten Zitation von vergangenen Inhalten, Stilen und Medialitäten wurde in der Folge als selbst einer nostalgischen Argumentation folgend kritisiert (Hutcheon 2000), bleibt aber als Modus der Kritik an populärkulturellen Formaten und deren „Ausbeutung" von Vergangenheit beliebt (etwa in Lizardi 2015). Andere Autor/innen dagegen betonen das kreative und auch widerständige Potenzial der von Jameson kritisierten Formen nostalgischer Intertextualität und Intermedialität (Dika 2003; Sprengler 2009) und weisen darauf hin, dass auf diese Weise etwa auch subtil die mit der rekonstruierten Zeit verbundenen Denkmuster entlarvt werden könnten (Schrey 2010).

Über diese Diskussionen der ideologischen Implikationen des intertextuellen Vergangenheitsbezugs hinaus wäre in diesem Kontext zu unterscheiden zwischen einer Nostalgie *in* einem bestimmten Medium wie etwa dem Film auf der einen Seite und einer Mediennostalgie auf der anderen Seite, die sich auf bestimmte Aspekte des Mediums Film und seine Geschichte oder aber auch auf andere Medien bezieht. Terminologisch soll daher im Folgenden zwischen **Nostalgie in den Medien** im weiten Sinne und **Mediennostalgie** im engeren Sinne als Nostalgie der Medien, d. h. als auf eine spezifische, historisch und technisch indexierte Medialität von Erinnerungsgehalten gerichtete Nostalgie unterschieden werden (vgl. Böhn 2007).

Diese Mediennostalgie im engeren Sinne beruht darauf, dass über Medien vermittelte Erinnerungen durch die jeweilige **Medialität der Vermittlungsinstanz** geprägt werden, die wiederum von historischen und technischen Faktoren bestimmt ist: Medien stellen, so ein Grundtheorem der Medienwissenschaft, das über sie Vermittelte stets unter Bedingungen, „die sie selbst schaffen und sind" (Engell und Vogl 1999, S. 10). Die Materialität eines Mediums schreibt sich grundsätzlich auch in dessen Botschaften ein. Man könnte demnach sagen, dass das Medium bzw. das Mediale sich immer unwillkürlich mitkommuniziert (zur entgegengesetzten Überzeugung der negativen Medientheorie s. Abschn. 2.3.2). Die spezifische Erscheinungsweise von Medialität verweist als indexikalisches Zeichen auf die mit ihr ursächlich verbundenen Gegebenheiten der historischen und technischen Entwicklung und bezieht so die materielle Seite des Mediums mit ein (vgl. Reynolds 2011, S. 301). Dieser Umstand ist für eine Perspektive auf Zusammenhänge von Erinnerung und Intermedialität von grundlegender Bedeutung, denn die unwillkürlich mitkommunizierten subtilen Eigenschaften der Aufzeichnungsmedien lassen sich auch absichtlich provozieren, zitieren und simulieren (Schröter 2013). In dieser Hinsicht kann das **„Medium als Spur"** (Krämer 1998) auch eine absichtlich – oder ggf. sogar in täuschender Absicht – gelegte Fährte sein, wodurch die Spur ihren Status als Spur verliert und zum bewusst inszenierten Zeichen wird (ebd., S. 79), dessen Funktion wiederum das Hervorrufen von Nostalgie sein kann: etwa im Fall des einer digitalen Aufnahme am Computer beigemischten Knisterns einer Schallplatte oder dem Einsatz von sogenannten Retrofiltern in der digitalen Fotografie (vgl. Schrey 2015).

Bereits in der ersten ausführlichen wissenschaftlichen Studie zu populärer Nostalgie verweist Fred Davis (1979) darauf, dass die stilistische Imitation älterer Medientechnologien bzw. der mit diesen verbundenen ästhetischen Oberflächen einen nostalgischen Effekt haben kann. Das Medium Film eignet sich besonders gut, um diese Zusammenhänge aufzuzeigen, weil es in seiner Geschichte mehrere tiefgreifende technische Veränderungen durchlaufen hat, die seine Phänomenalität grundlegend verändert haben (s. Abschn. 2.1.3). Jede dieser Entwicklungsstufen der Medialität des Films mit ihren zugehörigen ästhetischen Formen kann zum Objekt von Erinnerung und Nostalgie werden. Zahlreiche Filme nutzen diesen Effekt, um verschiedene Zeitebenen zu markieren. Verweist eine Rückblende auf eine Erinnerung, die in einer bestimmten historischen Epoche verortet werden soll, wird im Film häufig auf eine für jene Zeit als charakteristisch empfundene Ästhetik zurückgegriffen, wobei oft mit starker Übertreibung gearbeitet wird, da es weniger um die historische Authentizität als um die eindeutige Erkennbarkeit einer **visuellen Epochensignatur** geht. Vergleichbare Phänomene finden sich aber im Zusammenhang mit allen Aufzeichnungsmedien. Es bietet sich an, für solche Praktiken den Begriff des **intermedialen Formzitats** (Böhn 2003) zu verwenden, da hier ganze Konventionssets zitiert werden, die zwar nicht auf ein konkretes Werk, wohl aber auf einen konkreten historischen und materiellen Kontext verweisen.

Medien prägen die Erinnerungskultur, jenseits der gelebten Erinnerung ermöglichen sie überhaupt erst den erinnernden Zugriff auf Vergangenheit, wobei der Aspekt der Nostalgie gewissermaßen ein komplementäres Gegenstück zum Modernisierungsprozess bildet (vgl. Boym 2001). In diesem Modernisierungsprozess sind Medien (neben anderen Faktoren) einflussreiche Mittel des sozialen Wandels, nicht zuletzt, weil sich mit ihnen die Möglichkeiten und Prozeduren des kulturellen Gedächtnisses verändert haben. Bilder und noch mehr die Schrift stellten die ersten Wege dar, das Gedächtnis auf nachhaltige Art und Weise auszulagern. Moderne technische Medien wie Fotografie, Tonaufzeichnung und Film haben das **kulturelle Gedächtnis** um visuelle und akustische Sinneseindrücke erweitert. Zuvor konnten diese Eindrücke von Individuen weder in dieser Form im Gedächtnis gespeichert, noch an die nächste Generation weitergegeben werden. Der Klang einer menschlichen Stimme in Verbindung mit ihrer typischen Gestik, Mimik und Gesamterscheinung kann nur schwer erinnert werden, wenn man der Person nur ein- oder zweimal begegnet ist. Darüber hinaus gestaltet sich eine Weitergabe der Erinnerung über eine Beschreibung der Begegnung insofern als schwierig, als eine dritte Person sich die gesamte Erfahrung schwerlich wird vorstellen können. Schauen wir uns eine Darstellung von Geschichte wie Oliver Hirschbiegels Film DER UNTERGANG (2004) über die letzten Tage Hitlers an, können wir nicht nur Bruno Ganz' Verkörperung von Hitler mit persönlichen Erinnerungen vergleichen (die nicht mehr viele Personen von Hitler besitzen), sondern auch und vor allem mit audiovisuellen Dokumenten und, was die meisten Menschen tun würden, persönlichen Erinnerungen an Rezeptionen dieses ausgelagerten sozialen Gedächtnisses, also Erinnerungen an Fotografien sowie Film- und Tonaufnahmen von Hitler, die man gesehen bzw. gehört hat. Insofern stellt die Rezeption eines solchen Films ein intermediales Wechselspiel zwischen verschiedenen Repräsentationen eines Geschehens dar, welche durch unterschiedliche Formen von Medialität gekennzeichnet sind.

Medien stehen auch im Hinblick auf ihren Beitrag zum sozialen Gedächtnis in Konkurrenz, wofür der Begriff ‚**Gedächtnisparagone**' geprägt wurde (Oesterle 2005, S. 430; Heiser und Holm 2010). Doch reicht der Beginn dieser Betrachtungsweise wesentlich weiter zurück:

> In der Tat haben Fragen der Medienkonkurrenz in den medientheoretischen Überlegungen zur Erinnerung von Anfang an eine zentrale Rolle gespielt. […] So wird […] schon bei Platon darüber gestritten, ob die Erfindung der Schrift zur Stabilisierung und Erweiterung oder aber, im Gegenteil – wegen der Verlagerung der Erinnerung vom individuellen Gedächtnis in externe Speichermedien –, zur Unterminierung und Zerstörung von Gedächtnis und Erinnerung geführt habe. (Oesterle 2005, S. 429–430)

Die mediale Externalisierung der Gedächtnisfunktion steigert einerseits das Potential des Erinnerns und ist ein wesentlicher Faktor zivilisatorischer Entwicklung; andererseits konstituiert es einen strukturell angelegten Zweifel an der Verlässlichkeit dieser ausgelagerten Erinnerung.

Dieser Zweifel kann gemildert werden, indem Gedächtnismedien genutzt werden, die im Verhältnis zum *state of the art* der jeweiligen Medienentwicklung als weniger manipulationsanfällig, näher an verlässlichen Instanzen wie dem individuellen Gedächtnis oder dem eigenen Körper, kurz als ‚authentischer' aufgefasst werden können. So kompensiert der Protagonist des Films MEMENTO (2000, R.: Christopher Nolan) seine Gedächtnisstörung durch permanentes Transformieren des zuvor filmisch Gezeigten in (technisch überholte, aber weniger einfach manipulierbare) Polaroid-Fotografien sowie Notizen auf und in wichtigen Fällen Tätowierungen in seine eigene Haut. Doch auch das ganz unspektakuläre

Erinnern an die eigene Kindheit und Jugend wird in Filmen oft geradezu stereotyp durch die intermediale Integration von Fotos mit erkennbaren Alterungsspuren oder privaten Filmen in antiquierten Formaten (Super-8, Videoaufnahmen mit Verfärbungen und Verzerrungen) umgesetzt.

3.6 Multimedia: vom Gesamtkunstwerk zur Medienkonvergenz

Bereits in Abschn. 3.1 wurden im Feld der Beziehungen zwischen Künsten und Medien zwei Modelle unterschieden, wobei es sich beim ersten um die dort beschriebene Interartialität als Wettstreit der Künste handelt. Das zweite hingegen „fokussiert das **Zusammen- und Wechselspiel zwischen verschiedenen Künsten**" (Fischer-Lichte 2010, S. 8), betrifft also weniger die Dimension des Vergleichs als die der Kombination und Integration. Wie das erste Modell erreicht auch das zweite einen ersten kulturhistorischen Höhepunkt in der Frühen Neuzeit, insbesondere mit der **Entwicklung der Oper.** Diese wurde daher auch in neueren Debatten über Multi-Medialität und Medienkonvergenz häufig als historischer Vorläufer genannt, insbesondere mit Verweis auf das von Richard Wagner geprägte **Konzept des ‚Gesamtkunstwerks'.** In dieser Perspektive scheint die Oper in ihrer Entwicklung von den Anfängen bis zum 19. Jahrhundert eine Medienintegration vorwegzunehmen, die auf veränderter technischer Grundlage im Zeichen der Digitalisierung erneut Thema ist. Demgegenüber muss jedoch betont werden, dass es sich sowohl im Feld der Interartialität als auch in dem der Vorstellungen vom Gesamtkunstwerk um an Künsten orientierte Betrachtungsweisen handelt, die also von etablierten, oft schon mehrere Medien im Sinne von Basismedien zusammenführenden Produktions- und Rezeptionskomplexen ausgehen und Möglichkeiten ausloten, diese im Sinne von Konkurrenz einerseits oder Zusammenwirken andererseits aufeinander zu beziehen.

Die Oper wurde in ihrer Entstehungszeit Ende des 16. Jahrhunderts von den Zeitgenossen als Wiederbelebung der antiken **Einheit von Musik und Drama** verstanden, deren Existenz man voraussetzte, von deren konkreter ästhetischer Umsetzung man aber keine Zeugnisse hatte. Eine solche Einheit stellte ein Problem dar, da die Musik eine Eigenständigkeit, insbesondere eine eigene Zeitstruktur entwickelt hatte, die ihre Verbindung mit dem Drama zunächst einmal als heterogenes und schwer einzuordnendes Gebilde erscheinen ließ. So betont auch Scheit (1995, S. 93–94) die „*Heterogenität* der verschiedenen zur Oper vereinigten Kunstformen – Gesang/Instrumentalmusik, Literatur/Drama, bildende Künste/Bühnenbild, darstellende Kunst/Inszenierung, Ballett/Choreographie. Sie ließ selbst eine einheitliche, allgemeinverbindliche Gattungsbezeichnung [...] kaum zu". Das spiegelt sich nicht nur in der Vielzahl von Gattungsbezeichnungen, die für die Oper lange im Umlauf waren, sondern auch im Unspezifischen des Begriffs *opera,* was ja im Italienischen einfach ‚Werk' bedeutet.

Solange die Musik die Figurenreden des Dramas nur untermalte und sich auch rhythmisch diesen völlig anpasste, gab es zwar eine einheitliche Wirkung, aber um den Preis der völligen Dominanz des Sprachlich-Szenischen; sobald die Musik sich zu eigenständigen Formen entwickelt hatte, traten deren strukturelle Anforderungen in Gegensatz zum Dramatischen. Im 17. und 18. Jahrhundert löste man dieses Problem dadurch, „daß sich eine praktikable Arbeitsteilung zwischen Rezitativ und musikalischer Nummer befestigt: Das Rezitativ übernimmt die wesentlichen Funktionen der Handlung, die musikalischen Nummern [...] dienen dazu, den Gefühlen der jeweiligen Figur Ausdruck zu geben" (Scheit 1995, S. 100). Dies bedeutet jedoch, dass die Dominanz nur regelmäßig wechselt und nie Gleichrangigkeit und damit ein ausgeglichenes Zusammen- und Wechselspiel zwischen den medialen Dimensionen bzw. Künsten gegeben ist. Selbst bei Wagner, der unter dem **Konzept des ‚Gesamtkunstwerks'** etwa durch die Leitmotivtechnik eine gesteigerte Semantisierung des Musikalischen und dadurch eine enge Integration von Musik und Drama zu erreichen suchte, bleiben alle anderen medial-künstlerischen Dimensionen wie Kostüme, Requisiten, Bühnenbild, Beleuchtung oder Choreografie dem Musikalisch-Dramatischen klar untergeordnet, ganz abgesehen davon, dass die körperlichen Anforderungen der Gesangspartien die Möglichkeiten der Sängerinnen und Sänger zu schauspielerischem Ausdruck stark einschränken:

> Sein politisch und ästhetisch motiviertes Konzept des Gesamtkunstwerkes konzipiert die intermediale Dramaturgie v. a. vom Rhythmus her, welcher zum bestimmenden Prinzip für die ihm verwandten Ausdrucksmittel des Tanzes und des Dramas wird. [...] Malerei, Skulptur und Architektur sollten sich dem Organisationsprinzip des Rhythmus unterordnen, so dass eine harmonische Synthese der einzelnen Künste gelingt. (Ernst 2012, S. 97–98)

Aus der Entwicklung der Oper lassen sich im Anschluss an Scheit (1995) also **zwei grundlegende Probleme** ableiten: Zum einen ist eine engere Integration von Medien bzw. Künsten nur möglich, wenn diese eine gewisse ‚Verwandtschaft' aufweisen, also strukturelle Gegebenheiten teilen wie etwa Zeitbasiertheit, und auch dann braucht es zusätzlich ein eigenes ‚Scharnier' wie etwa den Rhythmus, das aus einer der beteiligten Künste stammt und die anderen bestimmt. Zum anderen ist die bloße Ansammlung von mehreren Künsten bzw. von deren Produkten nur um den Preis einer Unterordnung und damit Hierarchisierung in eine ‚harmonische Synthese' überführbar. Die Scharnierfunktion des Rhythmus als abstraktes Moment der zeitlichen Strukturierung und damit auch als Mittel der Synchronisierung verschiedener Medien und Künste bietet sich bei der Oper in ihrer frühen Entwicklung an, da nicht nur die Musik regelmäßige Rhythmen kannte, sondern auch Dramen in dieser Zeit üblicherweise in gebundener Sprache abgefasst waren und den natürlichen Rhythmus der Sprache durch regelmäßige Versmaße strukturierten.

In den 1920er Jahren wurde der Begriff des Gesamtkunstwerks in die „filmtheoretischen und filmpolitischen Debatten" übernommen, dabei allerdings vor allem von Filmpraktiker/innen verwendet (Giesenfeld 1990, S. 6). Tatsächlich gibt es in der **Filmproduktion** der ausgehenden Stummfilmzeit einige erkennbare Parallelen zu Wagners Verständnis der Oper, etwa die deutliche Rhythmisierung im experimentellen Dokumentarfilm BERLIN – DIE SINFONIE DER GROSSSTADT (1927, R.: Walther Ruttmann), der den Anspruch des Multimedialen schon im Titel markiert. Die spezifische Ästhetik der Rhythmisierung des Schnitts, die Ruttmann hier insbesondere durch die innovative Arbeit mit sehr schnellen Schnittfolgen und Variationen der Schnitthäufigkeit entwickelt, soll jedoch in erster Linie eine angemessene filmische Form für die dargestellten alltäglichen Vorgänge in der Metropole schaffen. Diese wird dann durch die Filmmusik gestützt und verstärkt, die zur Bildebene jedoch in einer klar dienenden Funktion steht. Deutlich wird dies auch in der innovativen technischen Lösung, die bei der Uraufführung des Films die – live aufgeführte – Musikbegleitung dem Rhythmus des Schnitts unterwerfen sollte: Ein sogenanntes ‚Musik-Chronometer' sorgte für stets exakte Synchronizität von Bild und Ton, indem es die Laufgeschwindigkeit des Filmprojektors mechanisch an ein „kontinuierliches Notenband" koppelte, das dem Dirigenten und somit dem gesamten Orchester als Tempovorgabe diente (Rügner 1990, S. 87–88).

Das im gleichen Jahr entstandene Filmexperiment NAPOLÉON von Abel Gance, das in einer Galavorstellung in der Pariser Oper aufgeführt wurde, sollte möglichst viele technische Möglichkeiten und damit auch phänomenale Erscheinungsweisen oder Medialitäten des Films versammeln, darunter Farbaufnahmen, 3D-Szenen und panoramatische Breitbildaufnahmen, die mit drei Projektoren auf einer gekrümmten Leinwand vorgeführt wurden. Dass Gance vor Fertigstellung des Films einige dieser Elemente aus Rücksicht auf sein Publikum wieder entfernte (vgl. Ede 2013, Abs. 17–18) zeigt deutlich seine Befürchtung, dass selbst innerhalb eines etablierten Einzelmediums die Kombination auch nur von mehreren Erscheinungsformen dieses Mediums bereits als Ablenkung bzw. Störung des Rhythmus des Films (vgl. Meusy 2000, Abs. 40) und gerade nicht als harmonische Synthese empfunden werden könnte.

Grundsätzlich scheint schon der analoge Film in seiner Ausprägung als Tonund Farbfilm eine rundum multimediale Angelegenheit zu sein, da er als Realfilm auf der Fotografie und als Animationsfilm auf Zeichnung/Malerei aufbaut und diese gewissermaßen in sich enthält, auf der Ebene des Dargestellten alle Gestaltungsmöglichkeiten von Theater, Musikdrama und Tanz integrieren und zusätzlich mit spezifisch filmischen Modi der Darstellung verbinden kann, sowie außerdem noch die Möglichkeit der Einbindung von Schrift und grafischen Elementen aller Art hat. Doch bei genauerem Hinsehen transformiert der Film eben zugleich alle diese vorgängigen medialen Formen in etwas **eigenständig Filmisches,** was wiederum die Möglichkeit für intermediale Konstellationen zwischen Film und den genannten Medien/Künsten eröffnet (s. Abschn. 2.4.3).

Doch nicht nur in den Diskussionen über die Fähigkeit des Films, verschiedene Künste oder Basismedien zu kombinieren, diente der Begriff des Gesamtkunstwerks als Vergleichsfolie. Auch in den frühen Debatten um das neue Medium **Fernsehen** wird er immer wieder herangezogen, etwa bei Adorno und Horkheimer (1995 [1944], S. 150–151), die die televisuelle „Synthese von Radio und Film" als „hohnlachende Erfüllung des Wagnerschen Traums vom Gesamtkunstwerk" beschreiben.

3.6 Multimedia: vom Gesamtkunstwerk zur Medienkonvergenz

Auch mit dem Siegeszug des **Heimcomputers** ab den 1980er Jahren erlebt das Konzept des Gesamtkunstwerks eine erneute Renaissance. Explizit machen den Rückbezug auf Wagner etwa die emphatischen Beschreibungen des Computers als „Gesamtdatenwerk" (Ascott 1989) oder des sogenannten „Cyberspace" als „mediales Gesamtkunstwerk" (Rötzer und Weibel 1993), wie Schröter (1998) ausführt. Insbesondere das inzwischen schon leicht antiquiert wirkende Schlagwort ‚**Multimedia**' lässt sich als Aktualisierung solcher Vorstellungen einer **integrativen Medienkombination im Digitalen** verstehen. Der Begriff ‚Multimedia' selbst ist allerdings älter und wurde bereits im Kontext der Debatten um die künstlerischen Praktiken des sogenannten „**Expanded Cinema**" in den 1960er und 1970er Jahren verwendet, etwa in der für diese Bewegung maßgeblichen Monografie gleichen Titels von Gene Youngblood (1970), in der für eine konzeptuelle Ausweitung des ‚Filmischen' plädiert wird.

Ähnlich wie Wagners *Das Kunstwerk der Zukunft* von 1850 zeichnet sich auch Youngbloods Buch in großen Teilen durch teils euphorische Spekulationen über eine Kunst der Zukunft aus (vgl. Krewani 2016, S. 40), die gleichsam *zurück* zu einer angeblich ursprünglichen Synästhesie führt. Diese Fantasien einer „synthetischen Intermedialität" und eines „ur-intermedialen Netzwerks" (Schröter 2008) wurden bereits in Abschn. 2.3.3 vorgestellt. Maßgeblich für Youngbloods psychedelisch-philosophische Überlegungen ist das zu diesem Zeitpunkt noch junge Medium **Video,** das ganz neue künstlerische Praktiken ermöglichte. Zwar werden auch bei diesem nicht fotochemisch, sondern elektromagnetisch operierenden Aufnahmeverfahren bewegte Bilder (und ggf. Töne) mit einer Kamera aufgezeichnet, aber damit hören die Ähnlichkeiten zum Film bereits auf: Die resultierenden Aufnahmen verfügen aufgrund ihrer gänzlich anders organisierten Materialität über eine deutlich vom Film abweichende Phänomenalität (vgl. Spielmann 2005). Wichtig für die entstehende Szene der **Video- und Medienkunst** war jedoch nicht zuletzt, dass es wesentlich günstiger und einfacher war, mit Video zu arbeiten als mit Film. So entfiel beispielsweise die für die Entwicklung des Materials notwendige Zeit, was eine erheblich spontanere Praxis erlaubte. Damit wurden ganz neue Formen der Weiterverarbeitung, der Distribution und eben auch der Integration des dabei entstehenden Materials in andere mediale Kontexte möglich. Experimentelle Praktiken wie jene, die für Gance noch mit enormem Aufwand und Risiko verbunden waren, konnten nun vergleichsweise einfach realisiert werden. Neue avantgardistische Kunstbewegungen wie die sogenannte ‚Intermedia Art', die sich, wie der Name schon andeutet, dezidiert der Vermischung von ansonsten als getrennt gedachten Kunstformen verschrieben hatte, adaptierten diese Möglichkeiten schnell. In diesem Kontext der Kombination etwa von performativen Aufführungen mit interaktivem Charakter mit bewegten Bildern und aufgezeichneten Klängen ist immer wieder auch von ‚Multimedia' die Rede. So spricht etwa Youngblood (1970, S. 311) von „multimedia and mixed-media live events, and [...] experimental television", wobei die genannten Begriffe weitgehend synonym verwendet werden.

Ausgehend von diesen und vergleichbaren Begriffsverwendungen, mit denen die gleichzeitige und (zumindest theoretisch) hierarchielose Anwesenheit mehrerer

„konventionell als distinkt wahrgenommene[r] Medien" (Rajewsky 2002, S. 13) beschrieben wurde, avancierte der Begriff ‚Multimedia' in den 1990er Jahren schließlich zur zentralen Formel einer zunehmend digital organisierten Medienkultur, in der die Unterschiede zwischen einzelnen Medien (angeblich) verschwunden sind (vgl. Kittler 1986, S. 7). Anders jedoch als Youngbloods holistische Fantasien einer medialen „Synästhesie" blieb der Multimedia-Begriff in den 1990er Jahren ein recht pragmatisches und medientheoretisch eher unterkomplexes Konzept, das meist als reine Addition von Materialien unterschiedlicher medialer Provenienz beschrieben wurde. Die Medienkombination ‚Multimedia' fand zudem nicht im Kontext avantgardistischer Performances, sondern im eher schnöden Rahmen computerisierter Arbeitsplätze und Wohnzimmer statt.

Multimedia, so schreiben Ludes und Werner (1997, S. 7), erlaube „die Verbindung von immer mehr traditionellen Einzelmedien, vor allem von Hörfunk, Fernsehen, Video, CD-Player, Telefon und Fax mit Computernetzen". Ähnlich wie für den oft synonym verwendeten Begriff der ‚**Neuen Medien**' gibt es keine verbindliche Definition dafür, wann genau Multimedialität vorliegt. Frank Hartmann publizierte 2008 eine Monografie mit dem Titel *Multimedia*, in der er für eine Reaktivierung des bereits damals „etwas angestaubte[n] Begriffs" (Hartmann 2008, S. 8) plädiert. Ihm zufolge lässt sich von Multimedialität immer dann sprechen, „wenn unterschiedliche Sinne des Menschen gleichzeitig durch integrierte Medienanwendung angesprochen werden. Das Medium der Integration von unterschiedlichen Medien ist der Computer" (ebd., S. 19). Während der letzte Teil seines Definitionsansatzes wohl unstrittig sein dürfte, scheint es hier sinnvoll, Multimedialität nicht mit Multimodalität (also der Adressierung mehrerer Sinne gleichzeitig) zu verwechseln oder kurzzuschließen – schon deshalb, weil, wie sich vorangehend bereits im Kontext von Oper, Film, Fernsehen und ‚Expanded Cinema' gezeigt hat, auch dort teils gezielt unterschiedliche Sinne gleichzeitig durch eine integrierte Medienanwendung angesprochen werden. An anderer Stelle (ebd., S. 8) weist Hartmann als weiteres Kriterium für Multimedialität auf die „technische **Medienkonvergenz**" des Computers hin. Freilich ist dies eines der zentralen Kennzeichen digitaler Medien: Sie können potenziell alle anderen technischen Medien integrieren oder simulieren. Das Konzept der Konvergenz hat, ausgehend vor allem von Jenkins' *Convergence Culture* (2006, s. Abschn. 3.2), inzwischen zumindest in der medienwissenschaftlichen Diskussion auch weitgehend den Multimedia-Begriff ersetzt. Doch auch das Fernsehen ließe sich, wie mit Adorno und Horkheimer gezeigt, bereits als Konvergenz der Medientechniken des Radios und des Films beschreiben (was allerdings der Komplexität der Technik der Bild- und Tonübertragung des Fernsehens nicht ganz gerecht werden würde).

Auch die digitale Vernetzung über das Internet, die oft genannt wird, kann kein maßgebliches Kriterium für Multimedia sein, denn in den 1990er Jahren war der Begriff nicht zuletzt auch für CD-ROM-Anwendungen gebräuchlich, die ganz ohne Anbindung an das Internet funktionsfähig waren. Ähnlich wie auf den frühen Homepages des World Wide Web (WWW) waren dabei meist Inhalte unterschiedlicher Herkunft jeweils einzeln abrufbar. In einen schriftlichen Artikel beispielsweise eines Nachschlagewerks wurden nicht nur (wie auch vorher in gedruckter Form schon üblich) Abbildungen integriert (bzw. hypermedial ‚verlinkt'), sondern auch Soundfiles, kurze Videoclips oder ggf. sogar interaktive Elemente, die dabei jedoch stets noch als **eigenständige Komponenten** erkennbar blieben, welche gleichsam im selben Container steckten.

Im Rahmen der Intermedialitätstheorie der 1990er und 2000er Jahre dient Multimedia aus diesem Grund vor allem als Begriff, von dem es **das komplexere Konzept der Intermedialität** abzugrenzen gilt. Paradigmatisch heißt es etwa bei Jürgen Müller (1994, S. 128): „Ein mediales Produkt wird dann intermedial, wenn es das multimediale Nebeneinander medialer Zitate und Elemente in ein konzeptionelles Miteinander überführt". Intermedialität, so ließe sich der Kanon der Debatten der Zeit zusammenfassen, fängt demnach dort an, wo Multimedia aufhört. In den theoretischen Ansätzen, die verschiedene Formen der Intermedialität voneinander abgrenzen – wie etwa bei Paech (1998), Schröter (1998, 2008) oder, in anderer Hinsicht, Rajewsky (2002) – stehen Multimedia und vergleichbare Konzepte eines additiven ‚Medien-Verbunds' auf der niedrigsten Stufe der Modelle zunehmender Komplexität. Tatsächlich, so könnte man vor dem Hintergrund der in diesem Kapitel besprochenen Beispiele festhalten, ist Multimedialität medienhistorisch betrachtet der Normalfall und nicht die Ausnahme. Es hat sich gezeigt, dass nicht nur ‚die Neuen Medien' des Computerzeitalters, sondern neue Medien überhaupt meist als Kombination, Synthese oder Addition anderer, ihnen vorgängiger Medien beschrieben werden (können). So gehört die Feststellung, dass „der ‚Inhalt' jedes Mediums immer ein anderes Medium ist" (McLuhan 1992 [1964], S. 18) zu jenen Grundtheoremen der Medienwissenschaft, auf die auch die Intermedialitätstheorie immer wieder Bezug nimmt.

Beispielverzeichnis

Abschn. 3.1

Lemkesoft: Printwerbung (2007)
EXISTENZ (1999, R.: David Cronenberg)
LOLA RENNT (1998, R.: Tom Tykwer)
SMOKING/NO SMOKING (1993, R.: Alain Resnais)

Abschn. 3.2

Giussani, Angela/Guissani, Luciana: *Diabolik* (seit 1962)
MATRIX-Trilogie (1999–2003, R.: Lana Wachowski/Lilly Wachowski)

Abschn. 3.3

Turner, J. M. W.: *Rain, Steam and Speed – the Great Western Railway* (1844)
Hugo, Victor: *Voyages: France et Belgique* (1834–1837)

Abschn. 3.4

Chion, Michel: *Requiem* (1973)
Levine, Sherry: *After Walker Evans* (1981)
The Winstons: *Amen, Brother* (1969)

Abschn. 3.5

AMERICAN GRAFFITI (1973, R.: George Lucas)
BODY HEAT (1981, R.: Lawrence Kasdan)
DER UNTERGANG (2004, R.: Oliver Hirschbiegel)
MEMENTO (2000, R.: Christopher Nolan)
STAR WARS (1977, R.: George Lucas)

Abschn. 3.6

BERLIN – DIE SINFONIE DER GROSSSTADT (1927, R.: Walther Ruttmann)
NAPOLÉON (1927, R.: Abel Gance)

Literaturverzeichnis

Kap. 3

Robert, Jörg: *Einführung in die Intermedialität*. Darmstadt 2014.
Wirth, Uwe; „Intermedialität". In: Alexander Roesler/Bernd Stiegler (Hg.): *Grundbegriffe der Medientheorie*. Paderborn 2005, 114–121.

Abschn. 3.1

Adeevee: „Lemke Software Graphicconverter: Mona Lisa" (o. J.), https://www.adeevee.com/2007/12/lemke-software-graphicconverter-mona-lisa-print/ (23.08.2020).
Eco, Umberto: *Einführung in die Semiotik* [ital. 1968]. München 1972.
Fischer-Lichte, Erika: „Einleitung". In: Erika Fischer-Lichte/Kristiane Hasselmann/Markus Rautzenberg (Hg.): *Ausweitung der Kunstzone: Interart Studies – Neue Perspektiven der Kunstwissenschaften*. Bielefeld 2010, 7–29.

Hessler, Christiane V.: *Zum Paragone: Malerei, Skulptur und Dichtung in der Rangstreitkultur des Quattrocento*. Berlin 2014.
Jahn-Sudmann, Andreas/Starre, Alexander: „Die Experimente des Quality TV. Innovation und Metamedialität in neueren amerikanischen Serien". In: Susanne Eichner (Hg.): *Transnationale Serienkultur. Theorie, Ästhetik, Narration und Rezeption neuer Fernsehserien*. Wiesbaden 2013, 103–119.
Koch, Gertrud: *Kracauer zur Einführung*. Hamburg 1996.
Kracauer, Siegfried: *Theorie des Films: Die Errettung der äußeren Wirklichkeit* [engl. 1960]. Frankfurt a. M. 1964.
Müller, Daniel/Ligensa, Annemone/Gendolla, Peter: *Leitmedien. Konzepte – Relevanz – Geschichte*. Bielefeld 2009.
Nöth, Winfried: „Werbung und die Künste. Parasitäre, symbiotische und paragonale Intermedialität". In: Uta Degner/Norbert Christian Wolf (Hg.): *Der neue Wettstreit der Künste. Legitimation und Dominanz im Zeichen der Intermedialität*. Bielefeld 2010, 145–165.
Paech, Joachim: *Literatur und Film* [1988]. Stuttgart ²1997
Schrey, Dominik: *Analoge Nostalgie in der digitalen Medienkultur*. Berlin 2017.
Walzel, Oskar: *Wechselseitige Erhellung der Künste*. Berlin 1917.
Wolf, Werner (2010): „Intermedialität und mediale Dominanz". In: Uta Degner/Norbert Christian Wolf (Hg.): *Der neue Wettstreit der Künste. Legitimation und Dominanz im Zeichen der Intermedialität*. Bielefeld 2010, 241–259.
Zemanek, Evi: „Intermedialität – Interart Studies". In: Evi Zemanek/Alexander Nebrig (Hg.): *Komparatistik*. Berlin 2012, 159–174.

Abschn. 3.2

Beil, Benjamin/Schmidt, Hanns Christian: „The World of *The Walking Dead*. Transmediality and Transmedial Intermediality". In: *Acta Universitatis Sapientiae, Film and Media Studies* 10 (2015), 73–88.
Bordwell, David: „Now Leaving from Platform 1" (2009), https://www.davidbordwell.net/blog/2009/08/19/now-leaving-from-platform-1/ (13.07.2020).
Branigan, Edward: *Narrative Comprehension and Film*. London 1992.
Bruns, Axel: *Blogs, Wikipedia, Second Life, and Beyond. From Production to Produsage*. New York 2008.
Chatman, Seymour: *Story and Discourse. Narrative Structure in Fiction and Film*. Ithaca 1978.
Einwächter, Sophie G.: *Transformationen von Fankultur: Organisatorische und ökonomische Konsequenzen globaler Vernetzung*. Phil. Diss., Goethe-Universität Frankfurt a. M., 2014, https://mediarep.org/handle/doc/4920 (06.03.2021).
Fuchs, Christian: *Social Media. A Critical Introduction* [2013]. Los Angeles ²2017.
Genette, Gérard: *Palimpseste. Die Literatur auf zweiter Stufe* [franz. 1982]. Frankfurt a. M. 1993.
Guynes, Sean/Hassler-Forest, Dan (Hg.): *Star Wars and the History of Transmedia Storytelling*. Amsterdam 2018.
Hassler-Forest, Dan: *Science Fiction, Fantasy, and Politics. Transmedia World-Building Beyond Capitalism*. London 2016.
Heck, Stephanie/Simon Lang/Stefan Scherer (Hg.): *‚Am grünen Strand der Spree'. Ein populärkultureller Medienkomplex der bundesdeutschen Nachkriegszeit*. Bielefeld 2020.
Jenkins, Henry: *Convergence Culture. Where Old and New Media Collide*. New York 2006.
Jenkins, Henry/Ford, Sam/Green, Joshua: *Spreadable Media. Creating Value and Meaning in a Networked Culture*. New York 2013.
Kittstein, Ulrich: „Episches Theater". In: Peter W. Marx (Hg.): *Handbuch Drama. Theorie, Analyse, Geschichte*. Stuttgart 2012, 296–304.

Martínez, Matías: „Erzählen im Journalismus". In: Christian Klein/Matías Martínez (Hg.): *Wirklichkeitserzählungen. Felder, Formen und Funktionen nicht-literarischen Erzählens.* Stuttgart 2009, 179–191.
Mielke, Christine: *Zyklisch-serielle Narration. Erzähltes Erzählen von 1001 Nacht bis zur TV-Serie.* Berlin 2006.
Mutani, Filippo/Cirsone, Pietro Pio: „Renault Twingo, e la communicazione olistica. Una case history ‚Diabolika'". In: Marzio Bonferroni (Hg.): *La pubblicità diventa communicazione? Il nuovo trend multidisciplinare nel rapport tra impresa e mercato.* Mailand 2004, 214–225.
Parry, Milman: „Studies in the Epic Technique of Oral Verse-Making". In: *Harvard Studies in Classical Philology* 41 (1930), 73–147; 43 (1932), 1–50.
Rauscher, Andreas: „A Long Time Ago in a Transmedia Galaxy Far, Far Away. Die Star-Wars-Saga als Worldbuilding". In: Karl Nikolaus Renner/Dagmar Hoff/Matthias Krings (Hg.): *Medien – Erzählen – Gesellschaft. Transmediales Erzählen im Zeitalter der Medienkonvergenz.* Berlin 2012, 67–87.
Rosen, Valeska von: „Interpikturalität". In: Ulrich Pfisterer (Hg.): *Metzler Lexikon der Kunstwissenschaft. Ideen – Methoden – Begriffe.* Stuttgart 2003, 161–164.
Ryan, Marie-Laure: „Transmediales Storytelling und Transfiktionalität". In: Karl Nikolaus Renner/Dagmar Hoff/Matthias Krings (Hg.): *Medien – Erzählen – Gesellschaft. Transmediales Erzählen im Zeitalter der Medienkonvergenz.* Berlin 2012, 88–116.
Schmidt, Hanns Christian: „Origami Unicorn Revisited. ‚Transmediales Erzählen' und ‚transmediales Worldbuilding' im *The Walking Dead*-Franchise". In: *Image. Zeitschrift für interdisziplinäre Bildwissenschaft* 20 (2014), 5–24.
Schröter, Jens: „Intermedialität. Facetten und Probleme eines aktuellen medienwissenschaftlichen Begriffs". In: *Montage AV* 7/2 (1998), 129–154.
Thon, Jan-Noël: „Game Studies und Narratologie". In: Jan-Noël Thon/Klaus Sachs-Hombach (Hg.): *Game Studies. Aktuelle Ansätze der Computerspielforschung.* Köln 2015, 104–164.
Thon, Jan-Noël: *Transmedial Narratology and Contemporary Media Culture.* Lincoln 2016.
Tigges, Stefan: „Rückkehr des dramatischen Erzählens?" In: Peter W. Marx (Hg.): *Handbuch Drama. Theorie, Analyse, Geschichte.* Stuttgart 2012, 323–327.

Abschn. 3.3

Benjamin, Walter: *Das Kunstwerk im Zeitalter seiner technischen Reproduzierbarkeit* [1935–1936]. Frankfurt a. M. 2007.
Benthien, Claudia/Weingart, Brigitte (Hg.): *Handbuch Literatur & Visuelle Kultur.* Berlin 2014.
Benthien, Claudia/Weingart, Brigitte: „Einleitung". In: Benthien/Weingart 2014a, 1–28.
Benthien, Claudia/Weingart, Brigitte: „Glossar". In: Benthien/Weingart 2014b, 561–592.
Berger, John: *Ways of Seeing.* London/Harmondsworth 1972.
Boehm, Gottfried: „Jenseits der Sprache? Anmerkungen zur Logik der Bilder". In: *Wie Bilder Sinn erzeugen: Die Macht des Zeigens.* Berlin 2007, 34–53.
Boehm, Gottfried: „Ikonische Differenz". In: *Rheinsprung 11. Zeitschrift für Bildkritik* 1 (2011), 170–176.
Crary, Jonathan: „Modernizing Vision". In: Hal Foster (Hg.): *Vision and Visuality.* Seattle 1988, 29–49.
Crary, Jonathan: *Techniques of the Observer: On Vision and Modernity in the Nineteenth Century.* Cambridge 1990.
Crary, Jonathan: *Suspensions of Perception: Attention, Spectacle, and Modern Culture.* Cambridge 1999.
Davis, Whitney: *A General Theory of Visual Culture.* Princeton 2011.
Debray, Régis: *Jenseits der Bilder: Eine Geschichte der Bildbetrachtung im Abendland* [franz. 1992]. Rodenbach ³2013 [1999].

Literaturverzeichnis

Dikovitskaya, Margaret: *The Study of the Visual after the Cultural Turn.* Cambridge 2005.
Elkins, James: *The Domain of Images.* Ithaka 1999.
Elkins, James: *Visual Studies. A Sceptical Introduction.* New York 2003.
Frank, Gustav: „Textparadigma kontra visueller Imperativ. 20 Jahre Visual Culture Studies als Herausforderung der Literaturwissenschaft. Ein Forschungsbericht". *Internationales Archiv für Sozialgeschichte der deutschen Literatur* 31/2 (2006), 26–89.
Frank, Gustav: „Literaturtheorie und Visuelle Kultur". In: Klaus Sachs-Hombach (Hg.): *Bildtheorien: Anthropologische und kulturelle Grundlagen des Visualistic Turn.* Frankfurt a. M. 2009, 354–392.
Frank, Gustav/Lange, Barbara: *Einführung in die Bildwissenschaft: Bilder in der visuellen Kultur.* Darmstadt 2010.
Garrington, Abbie: *Haptic Modernism: Touch and the Tactile in Modernist Writing.* Edinburgh 2013.
Horstkotte, Silke/Leonhard, Karin: „Introduction: Seeing Perception". In: Silke Horstkotte/Karin Leonhard (Hg.): *Seeing Perception.* Newcastle 2007, 1–22.
Hugo, Victor: *Voyages: France et Belgique, 1834–1837.* Hg. von Claude Gély. Grenoble 1974.
Isekenmeier, Guido: „Motion Pictures: Literary Images of Horizontal Movement". In: Renate Brosch (Hg.): *Moving Images – Mobile Viewers: 20th-Century Visuality.* Berlin 2011, 195–207.
Karpenstein-Eßbach, Christa: *Einführung in die Kulturwissenschaft der Medien.* Paderborn 2004.
Kleinspehn, Thomas: *Der flüchtige Blick. Sehen und Identität in der Kultur der Neuzeit.* Reinbek 1989.
McLuhan, Marshall: *Understanding Media: The Extensions of Man* [1964]. Hg. von W. Terrence Gordon. Corte Madera 2003.
Mitchell, W. J. T.: *Picture Theory. Essays on Verbal and Visual Representation.* Chicago 1994.
Mitchell, W. J. T.: „Interdisciplinarity and Visual Culture". In: *Art Bulletin* 77/4 (1995), 540–544.
Mitchell, W. J. T.: „Showing Seeing: A Critique of Visual Culture". In: *Journal of Visual Culture* 1/2 (2002), 165–181.
Mitchell, W. J. T.: „There are No Visual Media". In: *Journal of Visual Culture* 4/2 (2005), 257–266.
Mitchell, W. J. T.: *Bildtheorie* [engl. 1994]. Hg. von Gustav Frank. Frankfurt a. M. 2008.
Paech, Joachim: „Unbewegt bewegt. Das Kino, die Eisenbahn und die Geschichte des filmischen Sehens". In: Ufilas Meyer (Hg.): *Kino-Express. Die Eisenbahn in der Welt der Filme.* München 1985, 40–49.
Paech, Joachim: *Literatur und Film.* Stuttgart 1988.
Pichois, Claude: *Littérature et Progrès: Vitesse et Vision du Monde.* Neuchâtel 1973.
Picker, John M.: *Victorian Soundscapes.* Oxford 2003.
Rimmele, Marius/Stiegler, Bernd: *Visuelle Kulturen/Visual Culture zur Einführung.* Hamburg 2012.
Rippl, Gabriele: *Beschreibungs-Kunst. Zur intermedialen Poetik angloamerikanischer Ikontexte (1880–2000).* München 2005.
Rippl, Gabriele. „English Literature and Its Other: Toward a Poetics of Intermediality". In: Christian J. Emden/Gabriele Rippl (Hg.): *ImageScapes: Studies in Intermediality.* Bern 2010, 39–65.
Rippl, Gabriele. „Intermedialität: Text/Bild-Verhältnisse". In: Benthien/Weingart 2014, 139–158.
Rippl, Gabriele: „Introduction". In: Gabriele Rippl (Hg.). *Handbook of Intermediality: Literature – Image – Sound – Music.* Berlin 2015, 1–31.
Schade, Sigrid/Wenk, Silke: *Studien zur visuellen Kultur. Einführung in ein transdisziplinäres Forschungsfeld.* Bielefeld 2011.
Schivelbusch, Wolfgang: *Geschichte der Eisenbahnreise: Zur Industrialisierung von Raum und Zeit im 19. Jahrhundert* [1977]. Frankfurt a. M. 1989.
Stiegler, Bernd: „Visuelle Kultur". In: Benthien/Weingart 2014, 159–172.
Virilio, Paul: *Geschwindigkeit und Politik. Ein Essay zur Dromologie.* Berlin 1977.

Wagner, Monika: „Bewegte Bilder und mobile Blicke: Darstellungsstrategien in der Malerei des neunzehnten Jahrhunderts". In: Harro Segeberg (Hg.): *Die Mobilisierung des Sehens: Zur Vor- und Frühgeschichte des Films in Literatur und Kunst*. München 1996a, 171–189.
Wagner, Peter: „Introduction: Ekphrasis, Iconotexts, and Intermediality – the State(s) of the Art(s)". In: Peter Wagner (Hg.): *Icons – Texts – Iconotexts. Essays on Ekphrasis and Intermediality*. Berlin 1996b, 1–40.
Wartofsky, Marx W.: „The Paradox of Painting: Pictorial Representation and the Dimensionality of Visual Space". *Social Research* 51/4 (1984), 863–883.
Weibel, Peter: *Die Beschleunigung der Bilder: In der Chronokratie*. Bern 1987.
Wise, John Macgregor/Koskela, Hille (Hg.): *New Visualities, New Technologies: The New Ecstasy of Communication*. London 2013.

Abschn. 3.4

Abel, Richard/Altman, Rick (Hg.): *The Sounds of Early Cinema*. Bloomington 2010.
Adorno, Theodor W.: „Die Form der Schallplatte" [1934]. In: *Gesammelte Schriften in zwanzig Bänden*. Bd. 19: *Musikalische Schriften VI*. Hg. von Rolf Tiedemann. Frankfurt a. M. 2003, 530–534.
Beyer, Marcel: „Die Mutter aller Remixe. Dub-Special Teil 1". In: *Spex* 155 (1993), 40–49.
Bonz, Jochen: „Sampling. Eine postmoderne Kulturtechnik". In: Christoph Jacke/Eva Kimminich/Siegfried J. Schmidt (Hg.): *Kulturschutt. Über das Recycling von Theorien und Kulturen*. Bielefeld 2006, 333–353.
Böttiger, Helmut: „Er trägt den Nicki der Geschichte". In: *Zeit Online*, 28.06.2016, https://www.zeit.de/kultur/literatur/2016-06/marcel-beyer-buechner-preis-wuerdigung (22.07.2020)
Chion, Michel: *Audio-Vision. Sound on Screen*. New York 1994.
Eshun, Kodwo: *Heller als die Sonne. Abenteuer in der Sonic Fiction*. Berlin 1999.
Feaster, Patrick: „Phonograph". In: Morat/Ziemer 2018, 348–352.
Feiereisen, Florence: *Der Text als Soundtrack – der Autor als DJ. Postmoderne und postkoloniale Samples bei Thomas Meinecke*. Würzburg 2011.
Großmann, Rolf: „Sampling". In: Helmut Schanze (Hg.): *Metzler Lexikon Medientheorie, Medienwissenschaft. Ansätze, Personen, Grundbegriffe*. Stuttgart 2002, 320–321.
Großmann, Rolf: „Collage, Montage, Sampling. Ein Streifzug durch (medien-)materialbezogene ästhetische Strategien". In: Harro Segeberg/Frank Schätzlein (Hg.): *Sound. Zur Technologie und Ästhetik des Akustischen in den Medien*. Marburg 2005, 308–331.
Harrison, Nate: „Reflections on the Amen Break. A Continued History, an Unsettled Ethics". In: Navas/Gallagher/Burrough 2015, 444–452.
Hillebrandt, Claudia: „Literaturwissenschaft". In: Morat/Ziemer 2018, 120–125.
Hilmes, Michele: „Review: Is There a Field Called Sound Culture Studies? And Does It Matter?" In: *American Quarterly* 57/1 (2005), 249–259.
Karbusicky, Vladimir: „Intertextualität in der Musik". In: Wolf Schmid/Wolf-Dieter Stempel (Hg.): *Dialog der Texte. Hamburger Kolloquium zur Intertextualität*. Wien 1983, 361–398.
Karbusicky, Vladimir: „Zitat und Zitieren in der Musik". In: *Zeitschrift für Semiotik* 14/1/2 (1992), 61–77.
Kittler, Friedrich: *Grammophon Film Typewriter*. Berlin 1986.
Kittler, Friedrich: „Real Time Analysis, Time Axis Manipulation". In: Friedrich Kittler (Hg.): *Draculas Vermächtnis. Technische Schriften*. Leipzig 1993, 182–207.
Manovich, Lev: *Black Box – White Cube*. Berlin 2005.
Miller, Paul D.: „Algorithms. Erasures and the Art of Memory". In: Christoph Cox/Daniel Warner (Hg.): *Audio Culture. Readings in Modern Music*. New York 2009, 348–354.
Mitchell, W. J.T.: „There Are No Visual Media". In: *Journal of Visual Culture* 4/2 (2005), 257–266.

Morat, Daniel/Ziemer, Hansjakob (Hg.): *Handbuch Sound. Geschichte – Begriffe – Ansätze.* Stuttgart 2018.
Morat, Daniel/Ziemer, Hansjakob: „Einleitung". In: Morat/Ziemer 2018a, VII–XI.
Navas, Eduardo: *Remix Theory. The Aesthetics of Sampling.* Wien 2012.
Navas, Eduardo/Gallagher, Owen/Burrough, xtine (Hg.): *The Routledge Companion to Remix Studies.* New York 2015.
Pelleter, Malte: „,Chop that record up!' Zum Sampling als performative Medienpraxis". In: Marcus S. Kleiner/Thomas Wilke (Hg.): *Performativität und Medialität populärer Kulturen. Theorien, Ästhetiken, Praktiken.* Wiesbaden 2012, 392–412.
Pelleter, Malte/Lepa, Steffen: „Sampling als kulturelle Praxis des HipHop". In: Gunter Süss (Hg.): *HipHop meets Academia. Globale Spuren eines lokalen Kulturphänomens.* Bielefeld 2007, 199–213.
Pfleiderer, Martin: „Riddim & Sound. Dub Reggae und Entwicklungen der neueren Popularmusik". In: Thomas Phleps (Hg.): *Populäre Musik im kulturwissenschaftlichen Diskurs II.* Karben 2001, 99–114.
Picker, John M.: *Victorian Soundscapes.* Oxford 2003.
Schafer, R. Murray: *The Soundscape. Our Sonic Environment and the Tuning of the World* [1977]. Rochester 1994.
Schrey, Dominik: *Analoge Nostalgie in der digitalen Medienkultur.* Berlin 2017.
Schröter, Jens/Schwering, Gregor: „Fragment und Schnipsel. Eine Einleitung". In: *Navigationen. Zeitschrift für Medien- und Kulturwissenschaften* 5/1–2 (2005), 21–22.
Sterne, Jonathan: „Sonic Imaginations". In: Jonathan Sterne (Hg.): *The Sound Studies Reader.* New York 2012, 1–17.
Sturken, Marita/Cartwright, Lisa: *Practices of Looking. An Introduction to Visual Culture.* New York 2018.
Thompson, Emily: „Remix Redux. In the Silent Film Era, the Roots of the DJ". In: *Cabinet* 35 (2009), 23–28.
Zuschlag, Christoph: „,Die Kopie ist das Original' – Über Appropriation Art". In: Ariane Mensger (Hg.): *Déjà-vu? Die Kunst der Wiederholung von Dürer bis YouTube.* Bielefeld 2012, 126–135.

Abschn. 3.5

Assmann, Jan: *Das kulturelle Gedächtnis: Schrift, Erinnerung und politische Identität in frühen Hochkulturen* [1992]. München ^{6}2007.
Böhn, Andreas (Hg.): *Formzitat und Intermedialität.* St. Ingbert 2003.
Böhn, Andreas: „Nostalgia of the Media/in the Media". In: Winfried Nöth/Nina Bishara (Hg.): *Self-Reference of the Media.* Berlin 2007, 143–153.
Böhn, Andreas/Möser, Kurt (Hg.): *Techniknostalgie und Retrotechnologie.* Karlsruhe 2010.
Boym, Svetlana: *The Future of Nostalgia.* New York 2001.
Davis, Fred: *Yearning for Yesterday. A Sociology of Nostalgia.* New York 1979.
Dika, Vera: *Recycled Culture in Contemporary Art and Film. The Uses of Nostalgia.* Cambridge 2003.
Engell, Lorenz/Vogl, Joseph: „Vorwort". In: Claus Pias/Joseph Vogl/Lorenz Engell/Oliver Fahle/Britta Neitzel (Hg.): *Kursbuch Medienkultur. Die maßgeblichen Theorien von Brecht bis Baudrillard.* Stuttgart 1999, 8–11.
Erll, Astrid: *Kollektives Gedächtnis und Erinnerungskulturen. Eine Einführung* [2005]. Stuttgart ^{3}2017.
Fischer, Volker: *Nostalgie. Geschichte und Kultur als Trödelmarkt.* Luzern 1980.
Heiser, Sabine/Christiane Holm: „Einleitung". In: Sabine Heiser (Hg.): *Gedächtnisparagone – Intermediale Konstellationen.* Göttingen 2010, 7–22.

Hutcheon, Linda: „Irony, Nostalgia, and the Postmodern". In: Raymond Vervliet/Annemarie Estor (Hg.): *Methods for the Study of Literature as Cultural Memory.* Amsterdam 2000, 189–207.
Jameson, Fredric: „Postmoderne – zur Logik der Kultur im Spätkapitalismus". In: Andreas Huyssen/Klaus R. Scherpe (Hg.): *Postmoderne. Zeichen eines kulturellen Wandels.* Reinbek 1986, 45–102.
Jameson, Fredric: „Postmodernism and Consumer Society". In: Fredric Jameson (Hg.): *Cultural Turn. Selected Writings on the Postmodern.* 1983–1998. London/New York 1998, 1–20.
Krämer, Sybille: „Das Medium als Spur und als Apparat". In: Sybille Krämer (Hg.): *Medien, Computer, Realität. Wirklichkeitsvorstellungen und Neue Medien.* Frankfurt a. M. 1998, 73–94.
Lizardi, Ryan: *Mediated Nostalgia. Individual Memory and Contemporary Mass Media.* Lanham 2015.
Natale, Simone/Balbi, Gabriele: „Media and the Imaginary in History". In: *Media History* 20/2 (2014), 203–218.
Niemeyer, Katharina (Hg.): *Media and Nostalgia. Yearning for the Past, Present, and Future.* Basingstoke 2014.
Oesterle, Günther: „Einleitung: Intermedialität". In: Günther Oesterle (Hg.): *Erinnerung, Gedächtnis, Wissen: Studien zur kulturwissenschaftlichen Gedächtnisforschung.* Göttingen 2005, 429–431.
Reynolds, Simon: *Retromania. Pop Culture's Addiction to Its Own Past.* New York 2011.
Schrey, Dominik: „Mediennostalgie und Cinephilie im Grindhouse-Doublefeature". In: Andreas Böhn/Kurt Möser (Hg.): *Techniknostalgie und Retrotechnologie.* Karlsruhe 2010, 183–195.
Schrey, Dominik: „Retrofotografie. Die Wiederverzauberung der digitalen Welt". In: *MEDIENwissenschaft* 1 (2015), 9–26.
Schrey, Dominik: *Analoge Nostalgie in der digitalen Medienkultur.* Berlin 2017.
Schröter, Jens: „Medienästhetik, Simulation und ‚Neue Medien'". In: *Zeitschrift für Medienwissenschaft* 8/1 (2013), 88–100.
Sielke, Sabine (Hg.): *Nostalgie/Nostalgia. Imaginierte Zeit-Räume in globalen Medienkulturen/ Nostalgia. Imagined Time-Spaces in Global Media Cultures.* Frankfurt a. M. 2017.
Sprengler, Christine: *Screening Nostalgia. Populuxe Props and Technicolor Aesthetics in Contemporary American Film.* New York 2009.

Abschn. 3.6

Adorno, Theodor W./Horkheimer, Max: *Dialektik der Aufklärung. Philosophische Fragmente.* [1944]. Frankfurt a. M. 1995.
Ascott, Roy: „Gesamtdatenwerk. Konnektivität, Transformation und Transzendenz". In: *Kunstforum* 103 (1989), 100–106.
Ede, François: „Un épisode de l'histoire de la couleur au cinéma: le procédé Keller-Dorian et les films lenticulaires". In: *1895. Revue de l'association française de recherche sur l'histoire du cinema* 71 (2013), 187–202.
Ernst, Wolf-Dieter: „Intermediale Dramaturgie". In: Peter W. Marx (Hg.): *Handbuch Drama. Theorie, Analyse, Geschichte.* Stuttgart 2012, 94–104.
Fischer-Lichte, Erika: „Einleitung". In: Erika Fischer-Lichte/Kristiane Hasselmann/Markus Rautzenberg (Hg.): *Ausweitung der Kunstzone. Interart Studies – Neue Perspektiven der Kunstwissenschaften.* Bielefeld 2010, 7–29.
Giesenfeld, Günter: „Ästhetisches Programm und soziale Utopie. Karl Freunds Gesamtkunstwerkkonzept". In: *AugenBlick. Marburger Hefte zur Medienwissenschaft* 8 (1990), 6–19.
Hartmann, Frank: *Multimedia.* Wien 2008.
Jenkins, Henry: *Convergence Culture. Where Old and New Media Collide.* New York 2006.

Kittler, Friedrich: *Grammophon Film Typewriter*. Berlin 1986.
Krewani, Angela: *Medienkunst. Theorie – Praxis – Ästhetik*. Trier 2016.
Ludes, Peter/Werner, Andreas: „Vorwort". In: Peter Ludes/Andreas Werner (Hg.): *Multimedia-Kommunikation. Theorien, Trends und Praxis*. Opladen 1997, 7–9.
McLuhan, Marshall: *Die magischen Kanäle/Understanding Media* [engl. 1964]. Düsseldorf 1992.
Meusy, Jean-Jacques: „La Polyvision, espoir oublié d'un cinéma nouveau". In: *1895. Revue de l'association française de recherche sur l'histoire du cinema* 31 (2000), 153–211.
Müller, Jürgen E.: „Intermedialität und Medienwissenschaft. Thesen zum State of the Art". In: *Montage/AV. Zeitschrift für Theorie und Geschichte audiovisueller Kommunikation* 3/2 (1994), 119–138.
Paech, Joachim: „Intermedialität. Mediales Differenzial und transformative Figuration". In: Jörg Helbig (Hg.): *Intermedialität. Theorie und Praxis eines interdisziplinären Forschungsgebiets*. Berlin 1998, 14–30.
Rajewsky, Irina O.: *Intermedialität*. Tübingen 2002.
Rötzer, Florian/Weibel, Peter (Hg.): *Cyberspace. Zum medialen Gesamtkunstwerk*. München 1993.
Rügner, Ulrich: „Musikalische Illustration und Erzählform. Musik im Stummfilmkino". In: *AugenBlick. Marburger Hefte zur Medienwissenschaft* 8 (1990), 76–92.
Scheit, Gerhard: „Die Oper als Gesamtkunstwerk". In: Peter V. Zima (Hg.): *Literatur intermedial. Musik, Malerei, Photographie, Film*. Darmstadt 1995, 93–125.
Schröter, Jens: „Intermedialität: Facetten und Probleme eines aktuellen medienwissenschaftlichen Begriffs". In: *Montage/AV. Zeitschrift für Theorie und Geschichte audiovisueller Kommunikation* 7/2 (1998), 129–154.
Schröter, Jens: „Das ur-intermediale Netzwerk und die (Neu-)Erfindung des Mediums im (digitalen) Modernismus". In: Joachim Paech/Jens Schröter (Hg.): *Intermedialität – analog/digital. Theorien, Methoden, Analysen*. München 2008, 579–601.
Spielmann, Yvonne: *Video. Das reflexive Medium*. Frankfurt a. M. 2005.
Wagner, Richard: *Das Kunstwerk der Zukunft*. Leipzig 1850.
Youngblood, Gene: *Expanded Cinema*. New York 1970.

Intertextualität (und Intermedialität) in Robert Coovers *The Public Burning* (1977)

4

Inhaltsverzeichnis

4.1 Coovers Roman als Enzyklopädie des Jahres 1953 194
4.2 Die Dialogizität des Cut-up: Coovers Vision von Eisenhower 197
4.3 Coovers satirisches Pastiche: Nixon und der Mob 204
4.4 E Pluribus Unum: Uncle Sam als nationales Cento 209
4.5 Intertextualität als Intermedialität: Die Schlagzeilen der *New York Times* und die Titelmusik von *High Noon* 213
Literaturverzeichnis 218

Robert Coover ist einer der Hauptvertreter der **Literatur der amerikanischen Postmoderne**. Wie Thomas Pynchon und Don DeLillo in den 1930er Jahren geboren (vgl. zu den Generationen postmodernistischer Autoren Cowart 2015), verfasste er wie diese für die Intermedialitätsdiskussion offenkundig einschlägige Texte (etwa *A Night at the Movies* von 1987, das sich des Kinos in der Art annimmt, wie es DeLillos *White Noise* von 1985 oder Pynchons *Vineland* von 1990 für das Fernsehen tun). Wie im Falle von Pynchon und DeLillo gilt das Hauptaugenmerk des literaturwissenschaftlichen Interesses jedoch seinem Magnum Opus – dem (wie die Theorie der Intertextualität, vgl. Orr 2003, S. 21–24) in den späten 1960er Jahren konzipierten, jedoch erst 1977 veröffentlichten *The Public Burning* –, das, ähnlich Pynchons *Gravity's Rainbow* (1973) und DeLillos *Underworld* (1997), an der Schnittstelle von postmodernistischem Kunstwollen (s. Abschn. 1.4) und enzyklopädischer Erzählkunst (s. Abschn. 4.1; vgl. Mendelson 1976) anzusiedeln ist.

Virtuoser noch als seine Standesgenossen bespielt Coovers Roman die **Klaviatur der Intertextualität**. Das Spektrum reicht dabei von Cut-ups, die kaum nachbearbeitet sind, da sie aus einem relativ homogenen Korpus von Ausgangstexten angefertigt wurden (s. Abschn. 4.2), bis hin zur nur lose an Zitatfetzen orientierten hypertextuellen Nachahmung eines Stils (s. Abschn. 4.3). Dazwischen steht eine Variante der intertextuellen Textkonstitution, die sowohl eine Vielzahl von ausgeschnittenen (Impli-)Zitaten verwendet, als auch versucht, diese mithilfe von Einschüben stilistisch zu glätten, gleichsam eine Art pastichisierendes Cut-up (s. Abschn. 4.4). Darüber hinaus widmet sich *The Public Burning* auch der Übergangszone von der Intertextualität zur Intermedialität, indem es vorführt, auf welche Weise textbasierte Praktiken der Bezugnahme an Fragen der Medialität rühren (s. Abschn. 4.5). So führt Coover nicht nur die gesamte Bandbreite von Möglichkeiten der Referenz vor Augen, sondern auch die Art und Weise, in der sich intermediale Fragestellungen aus intertextuellen Verfahrensweisen heraus ergeben.

4.1 Coovers Roman als Enzyklopädie des Jahres 1953

The Public Burning (im Folgenden PB) ist die Geschichte der Ereignisse dreier Tage im Juni 1953, die in der Hinrichtung von Julius und Ethel Rosenberg als russischen Atomspionen am Abend des 19. Juni gipfelten. Es handelt sich um eine **parahistorische Erzählung**, die sich eng an den realweltlichen Geschehnissen orientiert, diese jedoch an entscheidenden Stellen verändert oder über sie hinausgeht. Gleich zu Beginn des Prologs wird dieses Vorgehen an der für den Roman titelgebenden Verlegung des Ortes der Hinrichtung (die tatsächlich in der Sing Sing Correctional Facility stattfand) deutlich gemacht:

> On June 24, 1950, less than five years after the end of World War II, the Korean War begins, American boys are again sent off in uniforms to die for Liberty, and a few weeks later, two New York City Jews, Julius and Ethel Rosenberg, are arrested by the FBI and charged with having conspired to steal atomic secrets and pass them to the Russians. They are tried, found guilty, and on April 5, 1951, sentenced by the Judge to die – thieves of light to be burned by light – in the electric chair, for it is written that „any man who is dominated by demonic spirits to the extent that he gives voice to apostasy is to be subject to the judgement upon sorcerers and wizards." Then, after the usual series of permissible sophistries, the various delaying moves and light-restoring countermoves, their fate – as the U.S. Supreme Court refuses for the sixth and last time to hear the case, locks its doors, and goes off on holiday – is at last sealed, and it is determined to burn them in New York City's Times Square on the night of their fourteenth wedding anniversary, Thursday, June 18, 1953. (PB 3)

Die angegebenen Daten sind allesamt korrekt: Nach amerikanischer Ortszeit begann der Korea-Krieg bereits am 24. Juni 1950 und die Hinrichtung der Rosenbergs war zunächst auf den 18. Juni 1953 festgesetzt. Auch die gerichtliche Auseinandersetzung wird – abgesehen von einer religiös grundierten Emphase, auf die zurückzukommen sein wird – den Tatsachen entsprechend dargelegt (Supreme Court-Richter William Douglas, dem Coovers Roman auch gewidmet ist, hatte den Vorgang im Alleingang ausgesetzt, bevor ihn die anderen Richter, aus dem Urlaub zurückgerufen, überstimmten). Eine „öffentliche Verbrennung" auf dem Times Square indes ist die Exekution des Ehepaares nur in Coovers kontrafaktischer Version.

4.1 Coovers Roman als Enzyklopädie des Jahres 1953

Die komplexe **Gemengelage von Fakt und Fiktion** in der Welt des Romans lässt sich am Beispiel des mit der Planung und Durchführung des Spektakels beauftragten „Entertainment Committee" (PB 5) ablesen, das es in Wirklichkeit zwar nicht gab; wäre es freilich ernannt worden, dann hätte es durchaus mit Kulturschaffenden wie dem Regisseur Cecil B. De Mille („whose latest success was last year's Oscar-winning *Greatest Show on Earth*", PB 5) oder dem Impresario Sol Hurok (der Ende der 1950er Jahre das Bolschoi-Ballett in die Vereinigten Staaten bringen sollte) bestückt werden können. Die Logik der realen Personen im imaginären Unterhaltungs-Beirat wird dann jedoch konterkariert durch die Berufung von **Betty Crocker** zur Moderatorin der Veranstaltung. Betty Crocker aber ist keine Person, sondern eine Werbefigur (und ein Markenname) des Lebensmittelkonzerns General Mills, der im Laufe der Zeit verschiedene Schauspielerinnen ihre Stimme und/oder ihr Aussehen liehen (etwa für *The Betty Crocker Cooking School of the Air*, die 1924 bis 1953 im Radio lief, oder, von 1949 bis 1964 im Fernsehen, *The Betty Crocker Show*). Ihr prekärer ontologischer Status hinderte sie freilich nicht daran, von *Fortune* 1945 zur zweitbekanntesten Amerikanerin (nach Eleanor Roosevelt) erkoren zu werden (vgl. Avey 2013). Die Kunstfigur war in gewisser Weise wirklich geworden (um dann in Coovers Roman eine fiktionale Rolle zu übernehmen).

Nicht nur mit Bezug auf historische Ereignisse und Personen der frühen 1950er Jahre verfährt *The Public Burning* enzyklopädisch; auch mit Bezug auf kulturelle Artefakte der Zeit. Wie sich der Text nicht damit begnügt zu erwähnen, dass alle (damals noch 96) Senatoren der Hinrichtung der Rosenbergs beiwohnen, sondern jeden einzelnen namentlich aufzählt (PB 460–461), so belässt er es auch nicht bei der Erwähnung des einen oder anderen Western-Films der Zeit, sondern betet (im Kap. 14, „High Noon") eine ganze Litanei von Titeln, Schauspielern und Filmszenen herunter. Vor den Augen der Leser/innen entsteht so in einem dichten **Gewebe aus Referenzen** auf Bücher, Songs, Theaterstücke etc. ein Bild der amerikanischen Nationalkultur (oder Zivilreligion) des frühen Kalten Krieges.

All dies geschieht in den mit geraden Zahlen nummerierten Kapiteln des Romans, die von einer unverkennbar im zeitgenössischen anti-kommunistischen Diskurs verankerten Erzählstimme moderiert werden („American boys are again sent off in uniforms to die for liberty"), die jedoch zu keinem Zeitpunkt zur Stimme eines verkörperten Erzählers wird; ihre Funktion erschöpft sich vielmehr in der Ausstreuung dieser Referenzen sowie in der unkontaminierten **Wiedergabe von Figurenrede**. In dieser ‚Hälfte' des Romans gilt uneingeschränkt das Prinzip, dass die historischen Persönlichkeiten buchstäblich mit ihrer eigenen Stimme sprechen:

> [O]ne of my operating principles from the start was that everyone in the book had to speak with their own actual language, their own words as much as possible. So when Eisenhower or McCarthy or the judge or the Rosenbergs or any of the other principals open their mouths, it's their own words coming out, even if they're broken up a bit and resorted. That meant, of course, that I had to get all the appropriate texts and copy them out and then break them all down into the component bits and pieces that could then be collaged fittingly into my book. (Coover in McCaffery 2000, S. 119)

Wenn also einer dieser Charaktere in Coovers Buch den Mund öffnet, was stets getreulich durch Anführungszeichen markiert und meist auch noch mit einem expliziten Nachweis versehen wird, dann handelt es sich regelmäßig um ein wörtliches, allenfalls in Nuancen der Wortwahl und Zeichensetzung von der entsprechenden Äußerung abweichendes **Zitat**: „And in Wheeling, West Virginia, Senator Joe McCarthy, the Fighting Marine, waves a piece of paper – ‚I have here in my hand a list ... !‘ – and launches an Era ..." (PB 16) zitiert tatsächlich den Beginn von Joseph McCarthys Lincoln Day Address, die er am 9. Februar 1950 in besagtem Städtchen gehalten hat und in der er behauptete, nicht nur die Anzahl, sondern gar die Namen der Kommunisten im amerikanischen Außenministerium zu kennen („I have here in my hand a list of 205 – a list of names that were made known to the Secretary of State as being members of the Communist Party and who nevertheless are still working and shaping policy in the State Department", zit. nach Griffith 1970, S. 49). Und wenn Bezirksrichter Irving R. Kaufmann, der den Rosenberg-Fall verhandelte, zur Urteilsverkündung schreitet, so verkündet er wörtlich Sätze aus seiner Stellungnahme vom 5. April 1951: „Plain, deliberate, contemplated murder is dwarfed in magnitude by comparison with the crime you have committed!" (PB 24; für die Mitschrift der Verhandlung vgl. Linder o. J.). Über das bloße Zitieren, das dem enzyklopädischen Impuls der Einbeziehung möglichst vieler authentischer Materialien entspricht, geht der Roman jedoch mit Bezug auf den damaligen US-Präsidenten Dwight D. Eisenhower hinaus, indem er aus Versatzstücken einer ganzen Reihe von dessen tatsächlichen öffentlichen Äußerungen eine Rede konstruiert, die bemerkenswerte Effekte der Dialogisierung zeitigt (s. Abschn. 4.2).

Im Unterschied zu solchem Sprechen in wörtlichen Zitaten folgen die ungeraden Kapitel, die vom damaligen Vize-Präsidenten Richard Nixon in der ersten Person bestritten werden, der Logik des **Pastiche.** In der Modulation von Nixons Stimme nähert sich *The Public Burning* der „künstlerischen Abbildung eines fremden Sprachstils" (Bachtin 1985, S. 247): „in his case, as my principal narrator who went on at more length than anyone else, it was more a matter of learning his rhythms and mannerisms, while incorporating a number of his key, self-identifying phrases. Getting his voice right" (Coover in McCaffery 2000, S. 119). Während sich Coover bei anderen Figuren darauf verlässt, dass sich deren ureigene Worte gleichsam von selbst karikieren, nähert er sich bei Nixon dem von Bachtin als ‚parodistische Stilisierung‘ beschriebenen Verfahren. Die Absurdität von Nixons Weltsicht wird dabei (im Vergleich etwa zu Eisenhower) nicht aus seinen Worten selbst entwickelt, sondern aus der Diskrepanz zwischen ihnen und der Situation, auf die sie angewandt werden (s. Abschn. 4.3).

Sodann muss von einer Figur die Rede sein, die die Bachtinsche Maxime (1979, S. 182), der zufolge der Roman den gesellschaftlichen Stimmen **„personifizierte Repräsentanzen"** verleiht, auf die Spitze und Coovers Text vom Historischen ins Satirische treibt: Uncle Sam, der in *The Public Burning* eine real existierende, wenngleich überlebensgroße Figur ist. Die Nationalallegorie verkörpert die Vereinigten Staaten hier im Wortsinne: So alt wie die englischen Kolonien, hat Sam die amerikanische Geschichte seit der Unabhängigkeit durchlebt und dabei unter anderem die amerikanischen Präsidenten einen nach dem anderen ‚beseelt' (dem Geheimnis dieser ‚Inkarnation' ist Nixon, der eines Tages selbst Präsident werden möchte, bis in den Epilog des Romans auf der Spur, in dem er endlich Klarheit darüber erlangt, dass sie auf dem Wege des Analverkehrs erfolgt). Für die Sprache Uncle Sams, der Stimme Amerikas, bedeutet dies, dass sie ein Potpourri von Zitaten amerikanischer ‚Helden' von den kolonialen Anfängen bis zur sport- und filmbegeisterten Gegenwart darstellt:

> As an iconic superhero, whose incarnations included all the former presidents, [...] he would naturally, I assumed, have picked up phrases from all the previous embodiments, as well as those of all the early American settlers, revolutionaries, pioneers, war and sports heroes, movie stars, and so on. He is the repository of quotations, famous and not so famous. My idea was essentially that whenever Uncle Sam spoke, he would be speaking, literally, in the collective voice of the people. It's as though he has not so much passed through all those characters, as they have passed through him, depositing their rhetoric and memories. (Coover in McCaffery 2000, S. 119)

Uncle Sams Reden sind **Zitatenteppiche** aus Fetzen unterschiedlichster Herkunft, die so arrangiert sind, dass die bisweilen unschuldig scheinenden Stimmen der Vergangenheit Aufschluss geben über die dunklen Seiten der Kultur einer Gegenwart, die von einem paranoiden Anti-Kommunismus beherrscht wird (s. Abschn. 4.4).

Schließlich zeigt Coover anhand verschiedener medialer Konstellationen, wie intertextuelle Zitationspraxen in den Bereich intermedialer Fragestellungen hinüberführen (s. Abschn. 4.5). Bezugnahmen auf journalistische Printmedien (die Zeitschrift *Time* und die Zeitung *New York Times*) führen so etwa zu einer intermedialen Reflexion der Unterschiede zwischen Presse und Roman; Verweise auf (Western-)Filme führen unter anderem zu intermodalen Effekten einer audiovisuellen Versinnlichung der Lektüre, die es erlauben, den Romantext zumindest stellenweise zu (visualisieren und) ‚auditivieren'. Diesen sehr unterschiedlichen Strategien der **Intermedialisierung von Intertextualität,** die sich als Versuche verstehen lassen, Medialität jenseits von einzelmedialen Formaten zu denken (s. Abschn. 2.4) und mediale Formatierungen von Sinneswahrnehmungen zu hinterfragen (s. Abschn. 3.3), sei abschließend (s. Abschn. 4.5) nachgegangen.

4.2 Die Dialogizität des Cut-up: Coovers Vision von Eisenhower

Die Rolle Eisenhowers, der seit dem 20. Januar 1953 als 34. Präsident amtierte, beschränkt sich im Roman, wie sich wohl passend sagen ließe, darauf, über die Ereignisse zu ‚präsidieren'. Obgleich durchgehend präsent, vor allem in den Überlegungen Nixons, der ihm sein Amt (und vor allem seine Popularität) neidet („So everybody liked Ike, [...] me they called Tricky Dick", PB 33), tritt er nicht als Aktant der Romanhandlung in Erscheinung. Seine Platzierung am Rande des Geschehens schlägt sich auch textstrukturell darin nieder, dass seine zwei ausgedehnteren Auftritte in Coovers Buch in den zwischen den Hauptteilen und deren nummerierten Kapiteln platzierten **Zwischenspielen** stattfinden. Das zweite Intermezzo dieser Art („The Clemency Appeals", PB 247–254) inszeniert die einzige mit Bezug auf die Rosenbergs relevante Amtshandlung Eisenhowers, die Ablehnung von deren Gnadengesuch, als „Dramatic Dialogue" (PB 247) zwischen ihm und Ethel Rosenberg. Die Dramatisierung seiner Verweigerung des präsidialen Gnadenerweises kann als ironischer Kommentar auf die weitgehende Bedeutungslosigkeit des Präsidenten für die Haupthandlung(en) des Romans gelesen werden (Uncle Sams Umtriebe rund um die Hinrichtung als öffentlichem Spektakel in den geraden Kapiteln; Nixons Versuche, deren tieferer Bedeutung, vor allem für ihn selbst, gewahr zu werden, in den ungeraden).

Während das dritte Intermezzo (PB 381–394) die letzten Tage der Rosenbergs als (Sing) Sing-Spiel auf der Grundlage ihrer Gefängnisbriefe (vgl. Meeropol 2013) darbietet („Human Dignity is Not for Sale: A Last-Act Sing Sing Opera by Julius and Ethel Rosenberg"), widmet sich nun das erste (PB 149–156) ganz Eisenhower und seiner ‚Stimme'. Bis auf gelegentlich eingeschobene oder veränderte Satzzeichen und Konjunktionen ist der Wortlaut von „The War Between the Sons of Light and the Sons of Darkness: **The Vision of Dwight David Eisenhower**" vollständig aus Versatzstücken aus Reden Eisenhowers zusammengesetzt, wie Coover gewissenhaft in Klammern vermerkt. Sein Hinweis „(from *Public Papers of the Presidents,* January 20–June 19, 1953)" gilt der vom Office of the Federal Register kompilierten und publizierten Sammlung der im Amt getätigten öffentlichen Äußerungen der Präsidenten (PPPUS). Coovers Material-Auswahl reicht von der ersten verzeichneten derartigen Einlassung Eisenhowers, seiner Inaugural Address vom 20. Januar 1953, bis zu einem unter der Ordnungszahl 112 verzeichneten „Statement by the President on the Prevention of Forest Fires" vom 18. Juni 1953 (die Texte sind auf der PPPUS-Site der University of Michigan Digital Library unter https://quod.lib.umich.edu/p/ppotpus/ einzusehen).

Die Machart von Eisenhowers Vision erschließt sich vom ersten Absatz an als eine Zusammenfügung von Zitaten aus dem genannten Korpus, die in Strophenform arrangiert (und mit gelegentlichen Kursivierungen versehen) werden:

Tonight,
as you sit in your homes all across this broad land,
I want to talk to you about an issue
affecting all our lives – the question
that stirs the heart of all sane men:

    How far have we come in man's long pilgrimage
from darkness toward the light?
Are we nearing the light –
a day of freedom and peace for all mankind?
*Or are the shadows of another night
closing in upon us?* (PB 149)

4.2 Die Dialogizität des Cut-up: Coovers Vision von Eisenhower

Die ersten dreieinhalb Zeilen entsprechen dem Auftakt der „Radio Address to the American People on the National Security and Its Costs" (#82) vom 19. Mai (wobei das für eine Radioansprache in der Tat merkwürdige ‚talk with' durch das passendere ‚talk to' ersetzt wurde); es folgen eineinhalb Zeilen aus der „Address ‚The Chance for Peace' Delivered Before the American Society of Newspaper Editors" (#50) vom 16. April sowie eine Strophe, die einem Absatz aus der bereits erwähnten Ansprache zur Amtseinführung (#1) entspricht.

Mit seinem Eisenhower-Cut-up wendet Coover das Verfahren (s. Abschn. 1.3.3) auf einen Korpus an, den bereits Burroughs (1978, S. 31) als Ausgangsmaterial empfohlen hatte („cutting up political speeches is an interesting exercise"), setzt dies jedoch insofern konsequenter um, als er auf dessen Zusammenschnitt mit Texten anderer Gattungen (allen voran poetischen wie in Gregory Corsos „CUT UP of Eisenhower Speech & Mine Own Poem", Beiles et al. 1968, S. 33) verzichtet. Zudem geht Coovers Vorgehen das Moment des Zufälligen weitgehend ab, das mit der ausschließlich materialen Bearbeitung von Texten unter Absehung von Wort- und Satzgrenzen im strengen Cut-up einhergeht, weshalb Coover (in McCaffery 2000, S. 124) sein Verfahren in Abgrenzung zu Burroughs als ‚**Collage**' bezeichnet hat: „the only elements of chance in *The Public Burning* are those thrown up by history itself; my arrangements of them are not random. [… O]ccasionally even producing happy accidents like those of Burroughs' cut-up method, I was basically using collage as a very rational constructive process".

Dabei geht Coover in der Glättung der Schnittkanten sogar über Burroughs' *Nova Trilogy* Cut-ups hinaus. Während der Gedankenstrich in der ersten ‚Strophe' noch getreu die Grenze zwischen den Zitaten markiert und damit an Burroughs' Gebrauch im *Waste Land*-Cut-up erinnert, ist der Gedankenstrich in der zweiten Strophe lediglich zitiert. Im weiteren Verlauf geht das Eisenhower-Intermezzo dann zur nahtlosen Zusammenfügung von Fragmenten über, wie im folgenden Satz, dessen Mittelteil („directly … sons") der Inaugural Address entnommen und in einen Satz der „Address Before the Council of the Organization of American States" (#48) vom 12. April 1953 montiert ist:

The forces threatening this continent strike directly
at the faith of our fathers and the lives of our sons,
at the very ideals by which our peoples live! (PB 150)

Coovers Cut-up verwendet nur Worte, die der historische Eisenhower tatsächlich gesagt hat, und deren Neu-Zusammensetzung verfolgt auch nicht das Ziel, deren Sinn zu verfälschen oder eine gänzlich andere Botschaft mit ihnen zu formulieren (in der Art eines Erpresserbriefes, der aus Zeitungsausschnitten komponiert wurde). Der Ton bleibt derjenige, den der Präsident angeschlagen hat: irgendwo zwischen auf der einen Seite **fingierter Vertrautheit,** die seit Roosevelts Radio-Ansprachen *(fireside chats)* zu den Gepflogenheiten medial vermittelter präsidialer Anrede gehört und mit der Coovers Eisenhower beginnt (das „I want to talk to you" aus der „Radio Address", # 82) und endet („My friends, thank you for being with us", PB 156, aus dem „Television Report to the American People by the

President and Members of Cabinet", #95, vom 7. Juni 1953); und auf der anderen **pathetischem Appell** an ein anti-kommunistisch grundiertes Gemeinschaftsgefühl, wie er sich vor allem in der Inaugural Address und deren Gebrauch der Metaphorik von Licht und Dunkelheit artikulierte und aus der die mit Abstand meisten von Coover verwendeten Fragmente stammen.

Coovers textuellem Mosaik gelingt es jedoch, durch **Auslassung und Nebeneinanderstellung** bestimmte Aspekte der amerikanischen Ideologie des Kalten Krieges, deren Sprachrohr Eisenhower ist, zu betonen und derart zu überspitzen, dass seine Fassung, obgleich sie sich ausschließlich der Worte bedient, die dieser tatsächlich geäußert hat, die Dinge deutlicher zu benennen scheint als die Original-Reden des Präsidenten. Dies gelingt auf mindestens drei verschiedene Arten:

- indem entfernte Teile einer einzigen Rede unmittelbar gegenübergestellt werden, so dass ein ausschweifender Gedankengang sinnfällig verkürzt wird;
- indem Fragmente zweier Reden dialogisierend nebeneinandergestellt werden, so dass die Bedeutung der Worte des einen durch eine Formulierung des anderen erhellt wird;
- indem der Kontext einer Rede durch Hinzuziehung einer anderen derart aktiviert wird, dass er die kombinierte Aussage beider Passagen auf unerwartete Weise untermauert.

Die „Ideale, nach denen unsere Völker leben" im schon zitierten Teil der „Americas"-Rede (#48) etwa, bezieht Eisenhower an dieser Stelle seiner Ansprache auf moralische und rechtliche Prinzipien, die die Staaten der beiden Amerikas seiner Ansicht nach teilen („our common acceptance of basic moral and juridical principles"). Erst im weiteren Verlauf der Rede schimmert durch, dass es sich dabei zumindest *auch* um ökonomische (sowie religiöse) Grundsätze handelt. Indem Coover diese erst etliche Absätze später formulierte zusätzliche Dimension (Zeilen 1–2 im folgenden Zitat) mit dem zuvor als Werte-Gemeinschaft definierten panamerikanischen Raum (Zeilen 3–4) zusammenschiebt, wird deutlich(er), dass Eisenhowers „meaningful unity" der „nations of America" im Kern eine wirtschaftsliberale Utopie ist:

> Private investment has been the major stimulus
> for economic development throughout this hemisphere;
> this is the true way of the Americas – the free way –
> by which people are bound together for the common good. (PB 153)

In einer noch späteren Passage gegen Ende der Rede wird schließlich die moralisch-ökonomische panamerikanische Einheit („the free way") mit einem religiösen Fundament verbunden (PB 150 zitiert den Auftakt dieser Argumentationslinie: „We are Christian nations, deeply conscious that the foundation of all liberty is religious faith") und somit von der säkularen Überzeugung in einen christlichen Glaubensgrundsatz überführt (in einer ebenfalls

4.2 Die Dialogizität des Cut-up: Coovers Vision von Eisenhower

zitierten Passage von Eisenhowers „Remarks at the House of Burgesses, Williamsburg, Virginia" vom 15. Mai 1953, #78, wird diese Verquickung von Staatsform und christlichem Glauben explizit: „our civilization and our form of government is deeply imbedded in a religious faith", PB 151). Ganz analog zum eben zitierten Beispiel hängt Coover einen (hier wieder mit Geviertstrich abgetrennten) Teil eines Satzes aus einer Pressekonferenz Eisenhowers vom 14. Mai (#77) an („Our plans, our programs, therefore, must conform to the practices of a free people, which means essentially a free economy"), der das religiöse Pathos der „Americas"-Rede umgehend wieder ökonomisch erdet:

> upon all our peoples and nations
> there rests a responsibility to serve worthily
> the faith we hold and the freedom we cherish
> – which means essentially a free economy. (PB 153)

Die dritte Variante der Bedeutungserhellung (durch **Aktivierung ‚tiefer' Kontexte**) betrifft schließlich einen Satz aus der schon erwähnten Stellungnahme zur Waldbrandvorbeugung (#112), der mit einem Bruchstück aus den „Remarks Recorded for the American Legion ‚Back to God' Program" vom 1. Februar (#5) und zwei Zeilen aus der schon erwähnten ‚The Chance for Peace'-Rede (#50) zusammengeschnitten wird, was in folgendem Sechszeiler resultiert:

> It is up to every American to realize
> that he has a definite personal responsibility
> in the protection of these resources – they belong
> to the people who have been created in His image:
> they must, at any cost, remain armed, strong,
> and ready for the risk of war! (PB 154)

Dass es in den ersten drei Zeilen um die Vermeidung von Waldbränden geht, wird in diesem Zusammenhang zunächst nicht deutlich. Obgleich zweifelsfrei intentional im textuellen Gewebe des Intermezzos verbaut, lässt sich wohl trotz des zu Anfang von Coover erteilten Suchauftrags in den PPPUS nicht von einem „im Text selbst auch in irgendeiner Weise konkret greifbaren Bezug[ ]" (Pfister 1988, S. 15) auf Eisenhowers Erklärung zur Prävention von Wildfeuern sprechen. Einzig der abschließende Hinweis auf ‚diese Ressourcen' wirkt als Irritationspunkt, nachdem zuvor von (anti-kommunistischer) „dedication and devotion" (PB 154) die Rede war, die allenfalls im übertragenen Sinne als Ressourcen gelten können (der im Englischen vor allem im Singular zu Tage tritt, in Ausdrücken wie ‚a person of resource').

Gleichwohl lohnt ein genauerer Blick auf den zitierten Bezugstext (#112), da er nicht nur das Verständnis dieser Textstelle bereichert, sondern auch Aufschluss gibt über Eisenhowers Sicht der geopolitischen Lage (die ihrerseits stellvertretend für das gesamtgesellschaftliche Klima des frühen Kalten Krieges steht). Mit Ressourcen sind dort ausschließlich die erneuerbaren natürlichen Ressourcen des Waldes gemeint („I am greatly concerned over the continuing heavy loss of our natural resources by forest fires"). Fast jedem Amerikaner/jeder Amerikanerin ist in diesem Zusammenhang die am längsten laufende Werbekampagne des Ad Council („America's leading producer of public service communications", AdCouncil o. J.) bekannt, die dieser seit 1944 für den United States Forest Service betreibt und dabei seit den Anfängen auf die Werbefigur **Smokey (the) Bear** setzt (s. Abb. 4.1a).

Nur im ersten Satz von Eisenhowers kurzem Statement in dieser Sache wird das Anliegen der Forest Fire Prevention Campaign dabei vage mit Fragen der nationalen Sicherheit in Verbindung gebracht („Our natural resources are an integral part of this Nation's strength and security."). Genau diesen Aspekt scheint Coovers Zusammenstellung nun über die Maßen zu betonen, wenn er die Brandprävention – neben der kurz anklingenden Verantwortung der nach Gottes Ebenbild geschaffenen Amerikaner für die Natur als Schöpfung – mit deren Kriegsbereitschaft in Verbindung bringt („ready for the risk of war", PB 154). Tatsächlich reaktiviert diese Gegenüberstellung aber nur die Vorgeschichte der Kampagne, die schon 1943 vom zu dieser Zeit noch als War Advertising Council fungierenden Werbeservice initiiert wurde und Werbemittel hervorbrachte, die noch offensichtlich der **Kriegspropaganda** zuzurechnen sind (s. Abb. 4.1b).

Vor diesem Hintergrund lässt sich Eisenhowers unverfänglich (wie Smokey, der Bär) daherkommendes „Statement on the Prevention of Forest Fires" als diskursive Beackerung eines zunächst unvermuteten (Neben-)Schauplatzes des

Abb. 4.1 a Smokey Bears erster Auftritt (Poster, 1944), https://smokeybear.com/en/smokeys-history?decade=1940 (01.03.2020); **b** Anfänge der Forest Fire Prevention Campaign (Poster, 1943), https://digital.library.unt.edu/ark:/67531/metadc494/ (01.03.2020)

4.2 Die Dialogizität des Cut-up: Coovers Vision von Eisenhower

Kalten Krieges lesen. Gleichsam in Verlängerung des Zweiten Weltkrieges erscheint der Schutz der Wälder als Anstrengung im Konflikt mit den totalitären Regimen der Welt, der gerade wieder aufgeflammt war („less than five years after the end of World War II, the Korean War begins", PB 3). Der fortwährende Kriegszustand, in dem sich die Vereinigten Staaten befinden, macht die Waldbrandprävention zur nationalen Aufgaben und zum folgerichtigen Gegenstand einer öffentlichen Äußerung des Präsidenten. Verantwortlicher Umgang mit Feuer in freier Natur ist dann tatsächlich Ausdruck des Handelns eingedenk des Krieges.

Von Smokey ist es nur ein kleiner Schritt zu einer Wiederauflage des Plakates von 1943, in der Hitler und der japanische Premier- und Kriegsminister Tōjō Hideki durch Stalin (oder den nach dessen Tod im März 1953 nachgerückten Chruschtschow) ersetzt wurden. Der unschuldige Bär ist letztlich (wie der sich um die Wälder sorgende Präsident) im Einsatz gegen die Mächte des Bösen, deren dämonischen Charakter die Porträts des älteren Plakats visuell einzufangen versuchten. Das rhetorische Pendant dieser nur implizit mitgeführten visuellen Eskalation ist die **Metaphorik von Licht und Dunkelheit,** wie sie sich in der Inaugural Address (#1) Bahn gebrochen hatte und der Coover vor allem eingangs seines Cut-up ausführlich huldigt („How far have we come in man's pilgrimage/ from darkness towards the light?", PB 149; *„Freedom is pitted against slavery;/ lightness against the dark!",* PB 150). Wie die Führer der Achsenmächte sind auch die sowjetischen Parteikader Söhne jener Dunkelheit, die vom Brennen amerikanischer Wälder noch befeuert wird.

Die sich in dieser Metaphorik artikulierende Weltsicht wird gemeinhin als manichäisch bezeichnet (vgl. Hite 1993, S. 86; Cornis-Pope 2001, S. 54), womit eher allgemein die **dualistische Aufteilung der Welt in Gut und Böse,** aber durchaus auch im Besonderen die von Mani (Manichaeus) begründete Auffassung der Heilsgeschichte als Kampf zwischen Licht und Finsternis gemeint ist. Tatsächlich reicht Coover in seiner Überschrift – „The War of the Sons of Light and the Sons of Darkness" – religionsgeschichtlich noch weiter zurück, indem er den Titel einer der Schriftrollen vom Toten Meer bemüht (der ‚Kriegsrolle' 1QM, vgl. The Israel Museum o. J.), wie ihn Gaster (1976, S. 366) übersetzt hatte. Es handelt sich um einen Leitfaden zur Kriegsführung in einer endzeitlichen Konfrontation zwischen den Mitgliedern der Qumran-Sekte (den Söhnen des Lichts) und ihren Feinden (den Mächten der Finsternis). Gaster (1976, S. 386) kommentiert: „To men who believed that the Final Age was indeed at hand, preparations for this war were a matter of imminent and urgent concern". Es ist diese Dringlichkeit, die auch aus Eisenhowers Worten spricht („at any cost, remain armed, strong, / and ready for the risk of war!", PB 154).

Coover stellt so eine Parallele zwischen dem dualistischen Weltbild und dem sektiererischen Ton der **Qumran-Schriften** und dem anti-kommunistischen Diskurs der frühen 1950er Jahre in den Vereinigten Staaten her, die er schon im ersten Absatz seines Romans vorbereitet hatte, als er das Todesurteil für die Rosenbergs mit dem dort zwar als Zitat ausgewiesenen, aber ohne Quellennachweis angeführten religiösen Gesetz (Halacha) der Qumran-Gemeinschaft in Verbindung brachte, demzufolge „"any man who is dominated by demonic spritis to the extent that he gives voice to apostasy is to be subject to the judgement upon sorcerers and wizards'" (PB 3, s. Abschn. 4.2). So übersetzt Gaster (1976, S. 35) unter der Überschrift „Rules and Admonitions for the Elect" eine Regel für den Umgang mit von Dämonen Besessenen aus der Damaskusschrift (4QD, vgl. Jewish Virtual Library o. J.), die somit eine proto- oder deuterokanonische Fassung dessen formuliert, was kanonisch etwa in Levitikus (3 Mose 20,27) formuliert ist (nach der katholischen Einheitsübersetzung von 2016): „Männer oder Frauen, in denen ein Toten- oder ein Wahrsagegeist ist, haben den Tod verdient. Man soll sie steinigen, ihr Blut kommt auf sie selbst".

Die Hinrichtung der Rosenbergs als Dieben des (atomaren) Lichts erfüllt im Rahmen von Eisenhowers ,Vision' einer strikt in Licht und Dunkelheit geteilten Welt die Funktion einer **spirituellen Reinigung,** die das Gemeinschaftsgefühl der guten Amerikaner wiederherzustellen und ihre Seele vor kommunistischer Ansteckung zu bewahren verspricht: „the Rosenbergs [...] might thereby bring others as well – to the altar, as it were – to cleanse their souls of the Phantom's taint" (PB 3; das Phantom ist im Roman das im Verborgenen agierende kommunistische Pendant zu Uncle Sam – das Gespenst des Kommunismus, wenn man so will). Dann ist es nur konsequent, dass das Ritual ihrer Verbrennung („thieves of light to be burnt by light", PB 3) auf dem Times Square stattfindet, „an American holy place long associated with festivals of rebirth" (PB 4). Im Licht des religiösen Subtexts des Eisenhower-Cut-up ist die **öffentliche Verbrennung** der Rosenbergs nicht weniger als Gottes Gebot: „In that way only, can we permanently aspire / to remain a free, independent, and powerful people, / living humbly under our God" (PB 154, aus Eisenhowers „Address at the Inauguration of the 22nd President of the College of William and Mary at Williamsburg" vom 15. Mai 1953, #79).

4.3 Coovers satirisches Pastiche: Nixon und der Mob

Die Rolle des damaligen Vize-Präsidenten in Coovers Roman ist auf ganz verschiedene Weise interpretiert worden – irgendwo zwischen Clown („the fool of my Cold War narrative", Coover 2000, S. 82; vgl. Pearce 1985) und psychologisch komplexer auktorialer Persona (Guzlowski 1987; Frick 1996). Unstrittig ist hingegen, dass der sprachliche Gestus der ungerade nummerierten Nixon-Kapitel, d. h. deren autodiegetische Stimme, sich an der des historischen Nixon orientiert. Coover selbst hat von seinem Bestreben, Nixons Tonfall zu treffen, berichtet („Getting his voice right", Coover in McCaffery 2000, S. 119) und verschiedentlich ist dessen autobiographisches *Six Crises* als Bezugstext ins Spiel gebracht worden („He speaks in the voice of *Six Crises*", Pearce 1985, S. 134). **Nixons Six Crises (1962)** beleuchtet den politischen Werdegang des späteren Präsidenten anhand von sechs politischen Ereignissen (von seiner Rolle als Mitglied des House Un-American Activities Committee im Fall Alger Hiss 1948 bis zu seiner Niederlage gegen Kennedy in der Präsidentschaftswahl 1960). Das Buch ist in mehrfacher Hinsicht für ein Verständnis von Coovers Text relevant: Zunächst liefert es

4.3 Coovers satirisches Pastiche: Nixon und der Mob

ihm ein grundlegendes Erzählmuster und eine Charakterskizze seiner Hauptfigur. Seine Erzählung konstruiert folglich eine siebte Krise, die Nixon angesichts der bevorstehenden Hinrichtung durchlebt und die er, gänzlich selbstbezogen wie sein realweltliches Vorbild, als ganz persönliche Herausforderung ansieht und zu bewältigen versucht:

> Richard Nixon, of course, discerned the shape of his life to have involved – it is the title of his presidential autobiography – *Six Crises*. Coover consistently employs the psychology and frequently the words of this extraordinary book; I bring to attention two brief instances that reveal Nixon's awareness of the situation Coover's arrangement has placed him in as being that of a seventh prepresidential crisis: ‚Life for everyone is a series of crises, I cautioned myself, it's not just you' (PB, 87). Knowing so much, it is the psychology of ‚crisis' itself which he tries to master: ‚Is it possible to be rational at all in crisis situations? Do crises seem to have many elements in common? Does the participant seem to learn from one crisis to another?' (PB, 470). (Cope 1986, S. 82)

Mit Bezug auf das erste Zitat, das Nixons Gedanken während einer Golfpartie mit Uncle Sam wiedergibt, vergisst Cope zu erwähnen, dass sie sich am Abschlag zu Bahn 7 ereignen („it's not just you, and with that I finally got the ball on the tee. I stood, gazed off toward the seventh green, trying to see the flag there", PB 87). „Coover's own imagining of **a ‚seventh crisis'**" (Savvas 2010, S. 183) beginnt auf dem siebten Grün. Im zweiten Zitat begegnen wir sodann Nixons Überlegungen auf dem Höhepunkt dieser siebten Krise. Nachdem er in der Todeszelle von Sing Sing einen sexuellen Übergriff auf Ethel Rosenberg begonnen hat, findet er sich unvermittelt mit heruntergelassenen Hosen vor den Augen des Publikums auf der für deren Hinrichtung vorbereiteten Bühne wieder (der nächste Satz lautet: „All interesting questions I might well have asked myself, but at the moment, finding myself unexpectedly onstage in the middle of Times Square, […] all I could think of to say was: ‚*Oh my God! LET US PRAY!*'", PB 470). Copes (1986, S. 82) Fußnote zu diesem Zitat vereinfacht die intertextuellen Verhältnisse über Gebühr: „The latter a direct quotation from p. xiii of the introduction to *Six Crises*". Das ist zwar formal korrekt, unterschlägt jedoch, dass Nixon an dieser Stelle der Einleitung selbst zitiert:

> I do not presume to suggest that this is a scholarly treatise on conduct in crisis. […] My own limitations in this respect were brought home to me in a letter I received from James A. Robinson and Thomas W. Milburn of Northwestern University, two political scientists now engaged in a study of crisis behavior. Among the questions they suggested I try to answer were these:
> Is it possible to be rational at all in crisis situations? Can you separate what were really factual and empirical matters as opposed to emotional reactions?
> Do crises seem to have many elements in common?
> Does the participant seem to learn from one crisis to another? (Nixon 1962, S. xiii)

Dass Nixon sich diese Fragen nicht selber stellt, sondern sie ihm gestellt wurden, macht einen wichtigen Unterschied, da er im Weiteren sein Agieren in krisenhaft wahrgenommenen Momenten für nicht verallgemeinerbar erklärt: „there is one lesson, from my own experience, that seems especially clear: reaction and response to crisis is uniquely personal in the sense that it depends on what the individual brings to bear on the situation" (Nixon 1962, S. xiii). Cope verpasst damit die Pointe, die für ein Verständnis von **Nixons Denkweise,** die auch die des fiktionalen Nixon ist, grundlegend scheint: alles dreht sich immer nur um ihn selbst.

Die Krise ist für Nixon keine moralische Bewährungsprobe, sondern ein Hindernis auf dem Weg zur Macht. Im Roman ist er von der Notwendigkeit getrieben, den Platz der Rosenbergs in Uncle Sams heilsgeschichtlichem Plan im anti-kommunistischen Kampf zu erkennen – nicht, weil die einzige in Friedenszeiten erfolgte Hinrichtung amerikanischer Bürger wegen Spionage ein unerhörtes Unterfangen wäre, sondern weil er sie zu seiner eigenen Profilierung auf dem Weg zur Präsidentschaft nutzen will: „Nixon's thought process returns to that of *Six Crises,* where the emphasis is not on the political possibilities inherent in the moral act, but one quite the opposite, where each political crisis provides an opportunity for personal gain" (Savvas 2010, S. 183).

Über solche thematisch einschlägigen Anspielungen („Life for everyone is a series of crises", PB 87) und für eine Charakterisierung Nixons bedeutsamen Zitate („Is it possible to be rational at all in crisis situations?", PB 470) hinaus nimmt sich Coover auch **Nixons Schreibweise** an. Während die Worte Eisenhowers im Buch als intertextuelles Mosaik zusammengesetzt werden, als zitierende Wiederholung der authentischen Äußerungen des Präsidenten, ist die Stimme Nixons als hypertextuelle Nachahmung zu verstehen, als Pastiche: „it was more a matter of learning his rhythms and mannerisms, while incorporating a number of his key, self-identifying phrases" (Coover in McCaffery 2000, S. 119). Dies lässt sich anhand des 11. Kapitels („How to Handle a Bloodthirsty Mob") zeigen, das Cope (1986, S. 82) ohne weiteren Kommentar als „adaptation in parody of the ‚Caracas' adventure in *Six Crises*" bezeichnet hat.

Das vierte Kapitel von *Six Crises,* **„Caracas"** (Nixon 1962, S. 183–234), berichtet von den Geschehnissen auf der Südamerika-Reise, die Nixon 1958 unternahm, und die in einem Angriff linksgerichteter Demonstranten auf die Fahrzeugkolonne gipfelten, die Nixon durch die Hauptstadt Venezuelas transportierte. Nixon schildert ausführlich die dramatischen Minuten des Angriffs: „For twelve minutes, which seemed like twelve hours, we sat there, the crowd milling about, shouting, screaming, and attacking. […] This crowd was out for blood" (ebd., S. 218). Nicht nur in dieser Szene hebt er seine gelassene Reaktion auf solch gewalttätiges Verhalten hervor, seine Tapferkeit im Angesicht der wütenden Menge: „I sat there as stoically as possible, knowing that the last thing I should do would be to show fear to a mob like this" (ebd., S. 218).

„How to Handle a Bloodthirsty Mob" (PB 198–210) bringt Nixon in eine scheinbar vergleichbare Situation. Auf dem Weg in sein Büro in Washington gerät sein Wagen in einen Verkehrsstau. Sein Fahrer klärt ihn auf, dass ihr Weg von Demonstrant/innen blockiert sei: „I realized we'd been slowed to a crawl, and there was a terrific traffic jam up ahead of us around Dupont Circle. I clutched my newspaper. ‚Twelve thousand what?' / ‚Demonstrators. You know, the atom spies …'" (PB 206). Da die Lage freilich nicht halb so dramatisch ist wie in Caracas,

4.3 Coovers satirisches Pastiche: Nixon und der Mob

entschließt sich Nixon kurzerhand, zu Fuß zum nahe gelegenen Weißen Haus zu gehen. Unterwegs gerät er dann jedoch unter die Protestierenden, die er als fanatisierten „killer mob" (PB 208) wahrnimmt, während er über das richtige Verhalten in seiner Situation sinniert:

> A mob is blood-thirsty. A taste of blood will whet its appetite for more violence and for more blood. Nothing must be done which will tend to accentuate these characteristics. A mob has lost its temper collectively. An individual dealing with a mob must never lose his or he will be reduced to its level, and become easy prey for it. He must be as cold in his emotions as a mob is hot, as controlled as the mob is uncontrolled, concentrating entirely on the problem which faces him and forgetting about himself, keyed up for battle but not jittery. Since those who make up a mob are basically cowards, one must never show fear in the face of a mob, blocking out any thought of it by a conscious act of will. Since a mob is stupid, it's important to confront it with unexpected maneuvers: take the offensive, don't panic, do the unexpected, but do nothing rash. (PB 207)

Dies erinnert in Ton und Inhalt erkennbar an das Motto, das dem „Caracas"-Kapitel vorangestellt ist: „The classic crisis is one involving physical danger. What is essential in such situations is [...] to blank-out [sic!] any thought of personal fear by concentrating completely on how to meet the danger" (Nixon 1962, S. 183). Tatsächlich sind die vier Maximen, mit der die Passage endet, sogar ein Zitat aus Nixons Schilderung einer weiteren Begebenheit auf seiner Südamerikareise: seiner Begegnung mit dem Mob, der ihn bei seiner Ankunft an der Universidad Nacional Mayor de San Marcos in Lima, Peru, erwartete. Deren Pendant bei Coover ist die Howard University in Washington, an der vorbei sein Fahrer zuvor eine Abkürzung nehmen wollte („‚I can try to cut north up toward Howard University, then down Capitol ...' / Howard was a Negro university and there were a lot of those people in the Pro-Rosenberg movement", PB 206). Jedenfalls grübelte Nixon auch auf dem Weg nach San Marcos über das richtige Verhalten gegenüber dem dortigen Mob nach: „This was not my first experience in facing a Communist-led gang. Among the tactics I had found effective in dealing with similar, although less hazardous, situations were these: take the offensive; show no fear; do the unexpected; but do nothing rash" (Nixon 1962, S. 201).

Zwischen den beiden Episoden gibt es eine Vielzahl von **verbalen Echos,** die von wörtlichen Übernahmen von „key, self-identifying phrases" (Coover in McCaffery 2000, S. 119) bis hin zu vage paraphrasierenden Sätzen reichen. Was bei Nixon als konkreter Gegensatz zwischen den Studierenden der Pontificia Universidad Católica del Perú und denen von San Marcos formuliert war („I compared the attitude of the students at Catholic University, who practiced as well as preached freedom of expression, with those of San Marcos, who had just denied it", Nixon 1962, S. 203), wird bei Coover ins Zeitlos-Allgemeine gewendet („In a larger sense, I recognised, this was another round in a contest which has been waged from the beginning of time between those who believe in the right of free expression and those who advocate mob rule to deny that right", PB 208). Die Rädelsführer werden hingegen in fast gleichlautender Diktion beschrieben: „There were only a few leaders – the usual case-hardened, cold-eyed Communist operatives" (Nixon 1962, S. 202) in Lima; „one of the ringleaders, a typical casehardened Communist operative [...] a look of cold hatred in his eyes" (PB 208) in Washington.

Was nun die **Funktion von Coovers Pastiche** betrifft, so besteht der wesentliche Unterschied zwischen Nixons eigener Darstellung seines Verhaltens in Lima und dem Handeln des fiktionalen Nixon in Washington darin, dass zur Schau getragene Beherztheit in kaum zu verbergende Angst umschlägt. Hatte Nixon dem Mob von San Marcos dessen Feigheit ins Gesicht gesagt („As we got into the car, the rocks were flying around us but I could not resist the temptation to get in one other good lick. I stood up on the rear seat as the car moved slowly away and [...] shouted, [...] ‚You are cowards, you are afraid of the truth! You are the worst kind of cowards.' I felt the excitement of battle as I spoke but I had full control of my temper as I lashed out at the mob", Nixon 1962, S. 202), ermahnt sich Coovers Nixon zwar zur Furchtlosigkeit gegenüber dem feigen Mob („Since those who make up a mob are basically cowards, one must never show fear in the face of a mob", PB 207), doch selbst seine Rezitation der vier Leitsätze kann ihn nicht beruhigen („I knew all this. Nevertheless, I was scared shitless and could hardly think", PB 207).

Coovers finale Pointe besteht darin, dass sein Nixon sich in Todesangst im letzten Moment zur Konfrontation entschließt, nur um festzustellen, dass die Demonstranten gar nicht *gegen,* sondern *für* die Hinrichtung der Rosenbergs protestieren:

> For an instant, the realization passed through my mind: I might be killed! – and then it was gone, mind and all. They were nearly on me. I stopped abruptly. Then I lurched forward. [...] one of the ringleaders, a typical case-hardened Communist operative, stepped into my path, blocking me off, a look of cold hatred in his eyes. [...] He opened his mouth – [...] Oh my God – !
> „Excuse me, Mr. Nixon," he said, the rest closing up behind, forcing me to pull up short. „Could I have your autograph?" (PB 208)

Indem Coover die Situation derart manipuliert, dass Nixon (im Unterschied zu den Geschehnissen in Lima) nur glaubt, dass er einer feindlichen Menge gegenübersteht, und indem er seine Leser/innen mittels interner Fokalisierung bis zuletzt an dieser fehlerhaften Einschätzung der Lage teilhaben lässt, wendet er Nixons Konfrontation mit dem Mob ins komisch-heroische. Während sich der echte Nixon zum heldenhaften Kämpfer gegen die Tyrannei stilisiert (er vergleicht sich dabei mit General José de San Martín, dem „George Washington of Peru", Nixon 1962, S. 200), ist Coovers Nixon panischer Akteur in einem clownesken Akt, der ihn im Stile eines Don Quijote die ihm wohlgesonnenen Demonstranten für kommunistische Agitatoren halten lässt. Mit anderen Worten, es handelt sich mit Genette (1993, S. 40) gesprochen, um ein ‚**satirisches Pastiche**', „von dem das komisch-heroische Pastiche eine Variante ist", und also um eine **Persiflage**.

4.4 E Pluribus Unum: Uncle Sam als nationales Cento

Bei Coover personifiziert Uncle Sam die Vereinigten Staaten auf ganz verschiedene Weisen: im klassisch allegorischen Sinne steht er für die Nation – wie John Bull für Großbritannien („so whar's that Johnny Bull to stomp his hoof or quiver his hindquarters at *my* Proklymation?", PB 7); als nationales Prinzip verkörpert er sich in den Repräsentanten des Staates, allen voran den Präsidenten seit George Washington („the Primordial Incarnation", PB 8); und als real existierende Person in der Welt des Romans nimmt er im Stile eines Superman an Kampfhandlungen teil (so im vierten Kapitel, „Uncle Sam Strikes Back") oder spielt mit Nixon im Burning Tree Club Golf (so im fünften Kapitel, „With Uncle Sam at Burning Tree").

Vor allem aber spricht er mit der **Stimme Amerikas**. Uncle Sams Rede ist die diskursive Verkörperung des enzyklopädischen Impulses bei Coover, wie Mendelson (1976, S. 1268) ihn beschrieben hat: „an encyclopedic author [is] one whose work attends to the whole social and linguistic range of his nation, who makes use of all the literary styles and conventions known to his countrymen". Während Coovers Eisenhower und sein Nixon, wenn auch auf unterschiedliche Arten, mit ihren eigenen Stimmen sprechen, so spricht Uncle Sam in einer Vielzahl von amerikanischen Varietäten (Dialekten, Soziolekten und Chronolekten), seine Rede ist wie ein Cento aus der Vielfalt gesellschaftlicher Stimmen zusammengesetzt, die als Inbegriff des Amerikanischen gelten. Nach Olsen (2000, S. 85) handelt es sich um ein „hypertextoid pastiche of conflicting discourses, including those of preacher, stand-up comic, frontier man, supernatural demigod, con artist, politico, carny baker, cheerleader for the U.S.A., southern tall-tale teller, snake-oil doctor, patriarch, and thespian cousin of the King and Duke in *Huck Finn*".

Was jedoch auf den ersten Blick als Widerstreit mannigfaltiger Redeweisen („conflicting discourses") erscheint, entpuppt sich bei genauerer Betrachtung als Versuch der Formulierung einer Kontinuität zwischen den amerikanischen **Traditionen politischer Rhetorik und volkstümlichen Humors**, die den hysterischen Anti-Kommunismus der 1950er Jahre auf Praktiken der Herabwürdigung zurückführt, die ihre Ursprünge im 19. Jahrhundert im amerikanischen Westen haben:

> Like *The Adventures of Huckleberry Finn*, this novel [PB] examines the dark underside of the nation uncritically hallowed in its folk and popular culture. Coover focuses on those items and motifs prevalent in American folk laughter that illustrate its power to degrade and to dominate. Furthermore, he draws upon previous uses of folk humor in the popular literature written by the humorists of the Old Southwest – those amateur antebellum authors who preceded Mark Twain in the skillful reliance on such oral material – in order to develop his character Uncle Sam as a representation of the frightening maliciousness of frontier individualism and self-reliance which American culture has prized. (Estes 1987, S. 240)

Die Ansprachen Uncle Sams im Roman sind somit Ausdruck von Coovers Unterfangen, die Logik der Ereignisse des Jahres 1953 aus längerfristigen kulturgeschichtlichen Entwicklungen heraus zu motivieren, weshalb sie nicht nur spielerische Rekombinationen von Implizitaten sind, sondern „malapropistic collages of foundational American myths" (Hite 1993, S. 92). Dies sei im Folgenden anhand einer längeren Passage vorgeführt, die Sams erstem Auftritt im Prolog („Groun'-Hog Hunt") entnommen ist:

> *Fear* is the fundament of most guvvamints, so let's get the boot in, boys, and listen to'em scream, let us anny-mate and encourage each other – *whoo-PEE!* – and show the whole world that a Freeman, contendin' for Liberty on his own ground, can out-run, out-dance, out-jump, chaw more tobacky and spit less, out-drink, out-holler, out-finagle and out-lick any yaller, brown, red, black, or white thing in the shape of human that's ever set his onfortunate kickers on Yankee soil! It is our manifest dust-in-yer-eye to overspread the continent allotted by Providence for the free development of our yearly multiplyin' millions, so damn the torpedoes and full steam ahead, fellow ripstavers, we cannot escape history! Boliterate' em we must, for our cause it is just what the doctor ordered, logic is logic, that's all I say, and remember, if you will not hear Reason, she will surely rap yore knuckles! I tell you, we want *elbow-room* – the continent – the *whole* continent – and nothin' *but* the continent! and – by gum! – we will *have* it! (PB 8)

Für diese Zeilen lassen sich zumindest folgende Bezugstexte ausmachen:

- George Washingtons **Tagesbefehle** vom 2. Juli 1776: „Let us therefore animate and encourage each other, and shew the whole world, that a Freeman contending for Liberty on his own ground is superior to any slavish mercenary on earth" (National Archives o. J.).
- eine **Prahlerei** des semi-legendären King of the Keelboatmen, Mike Fink, die etwa in Botkin (1997, S. 50, „Fink's Brag") aufgezeichnet ist: „I'm a Salt River roarer! [...] I'm a reg'lar screamer from the ol' Massassip'! WHOOP! [...] I can hit fourth-proof lightnin' an' every lick I make in the woods lets in an acre o' sunshine. I can out-run, out-jump, out-shoot, out-brag, out-drink, an' out-fight, rough-an'-tumble, no holts barred, ary man on both sides the river from Pittsburgh to New Orleans an' back ag'in to St. Louiee."
- John O'Sullivans (1845, S. 5) Formulierung der Doktrin des **Manifest Destiny:** „Why, were other reasoning wanting, in favor of now elevating this question of the reception of Texas into the Union, [...] it surely is to be found, found abundantly, in the manner in which other nations have undertaken to intrude themselves into it, [...] hampering our power, limiting our greatness and checking the fulfillment of our manifest destiny to overspread the continent allotted by Providence for the free development of our yearly multiplying millions."
- ein Admiral David Glasgow Farragut zugeschriebener **Befehl** aus der Schlacht von Mobile Bay 1864 (Murray 2007): „Damn the torpedoes, full speed ahead!"
- eine Benjamin Franklin zugeschriebene **sprichwörtliche Redensart** (vgl. etwa *Boston Observer* 1835, S. 128): „If you do not hear reason, she will surely rap your knuckles".

4.4 E Pluribus Unum: Uncle Sam als nationales Cento 211

- eine angeblich von einem General Buncombe im Repräsentantenhaus gehaltene **Rede,** die 1855 in amerikanischen Zeitungen erschien (Botkin 1997, S. 119): „I cannot resist the idea, Sir, that the day will come when this great nation, like a young schoolboy, will burst its straps, and become entirely too big for its boots! Sir, we want *elbow-room* – the continent – the *whole* continent – and nothin' *but* the continent! and we will *have* it!"

Wiederum erweist sich Coovers Text als **dichtes Gewebe aus Zitaten,** das jedoch, im Unterschied zum reinen Cut-up der Vision Eisenhowers, stärker bearbeitet worden ist. In den Auftritten Uncle Sams vertraut Coover nicht ausschließlich darauf, dass die Zusammenstellung von sich aus die gewünschte Botschaft hervorbringt, sondern er ergänzt, variiert oder verändert die übernommenen Textfragmente. „Boliterate" (eine Verballhornung von ‚obliterate') etwa, das in der Überleitung von Farragut zu Franklin verwendet wird, entstammt der von Botkin (1946, S. 117) kompilierten Liste von **Tall Talk**-Ausdrücken (zu Deutsch etwa ‚angeberische oder aufschneiderische Rede'), aus der sich zahlreiche Beispiele im weiteren Verlauf des Romans finden – so zum Beispiel ‚bodaciously' (PB 75) aus ‚bold' + ‚audacious', ‚slantindicular' (PB 86, 496) im Sinne von ‚in a slanting direction' oder ‚teetotaciously' (PB 86), das so viel wie ‚totally' bedeutet (vgl. die in der ersten Hälfte des 19. Jahrhunderts aufkommende Bezeichnung für den Alkohol-Abstinenzler, ‚teetotaler'). Hingegen lässt Coover im Buncombe-Zitat den unmittelbar folgenden Satz aus („Then shall Uncle Sam, placing his hat upon the Canadas, rest his right arm on the Oregon and California Coast, his left on the eastern sea-board, and whittle away the British power, while reposing his leg, like a freeman, upon Cape Horn!"), nutzt jedoch das darin formulierte Bild an anderer Stelle für ein analoges Porträt von Sam als Rabelais'schem Giganten („it's been said that when he steps across the continent and sits down on Pike's Peak, and snorts in his handkerchief of red, white, and blue, the earth quakes and monarchs tremble on their thrones ...", PB 7). Sinnfällig verändert ist etwa O'Sullivans ‚manifest destiny', das bei Coover zu ‚manifest dust-in-yer-eye' wird, was die Rolle bombastischer Rhetorik im Diskurs der Expansion der Vereinigten Staaten nach Westen auf den Punkt bringt. Auf die Spitze getrieben wird das von Fink verwendete Wortbildungsmuster (‚out' + Verb), wenn noch sein großtuerisches „every lick I make in the woods lets in an acre o' sunshine" zu ‚out-lick' verkürzt wird. Und schließlich wird dessen unverfängliches „ary man" durch das rassistisch gefärbte „any yaller, brown, red, black, or white thing in the shape of human" ersetzt.

Insgesamt entsteht so das Bild eines **Kontinuums nationaler Stimmen,** das nahtlos vom Pathos eines Washington über den Common Sense eines Franklin und die Großspurigkeit eines Farragut bis hin zu den hochtrabenden oder fantastischen politischen Erklärungen eines O'Sullivan oder Buncombe und schließlich zu Fink als *Braggadoc(ch)io* des Mississippi (so der Name der Figur, die in Edmund Spensers *The Faerie Queene* von 1590 die Angeberei personifiziert; aus ‚braggart' und dem italienischen Augmentativsuffix ‚-occio') reicht. Auf diese Weise zeigt Coover auf, wie tief verwurzelt volkstümliche Traditionen der Großtuerei und des Maulheldentums im politischen Diskurs der Vereinigten Staaten sind. Die manichäische Rhetorik des Kalten Krieges ist dann keine vorübergehende rhetorische Entgleisung, sondern die Konsequenz der historischen Entstehung des öffentlichen Raumes aus dem Geiste einer Kultur, die angeberisches Geschwafel und Sprücheklopferei hochschätzt: „Coover's Uncle Sam [...] neatly combines the notion of self-interest veiled in the rhetoric of mission with the notion of calculated, albeit homespun, obscurantism" (Hite 1993, S. 92).

Kaum eine Figur verkörpert diese Verschmelzung des Humors des amerikanischen Westens mit den Ambitionen nationaler Politik besser als **David Crockett**, der ‚King of the Wild Frontier' und zugleich Mitglied des Repräsentantenhauses für Tennessee, den Uncle Sam kurz zuvor bemüht hatte – in einem Satz, der das gesamte Spektrum von der harmlosen Betrügerei bis zur rassistischen Herabwürdigung in sich aufnimmt: „I am Sam Slick the Yankee Peddler – I can ride on a flash of lightnin', catch a thunderbolt in my fist, swaller niggers whole, raw or cooked, slip without a scratch down a honey locust, whup my weight in wildcats and redcoats, squeeze blood out of a turnip and cold cash out of a parson, and out-inscrutabullize the heathen Chinee" (PB 7). Der Satz ist um eine Stelle aus „Crockett's Brag" (Botkin 1946, S. 49–50) herum gebaut: „I'm that same David Crockett [...] can wade the Mississippi, leap the Ohio, ride upon a streak of lightning, and slip without a scratch down a honey locust, can whip my weight in wild cats". Davor nimmt Uncle Sam auf seine ‚Geburt' als hausierender Uhrenverkäufer und gerissener Yankee in Thomas Chandler Haliburtons *The Clockmaker. The Sayings and Doings of Sam Slick of Slickville* von 1836 Bezug, um schließlich den Beinamen des chinesisch-amerikanischen Falschspielers aus Bret Hartes (1870) „Plain Language from Truthful James" zu übernehmen (ein „yaller [...] thing in the shape of human"), der am Ende Opfer eines weißen Mobs wird. Die erste Strophe von Hartes Gedicht lautet: „Which I wish to remark, / And my language is plain, / That for ways that are dark / And for tricks that are vain, / The heathen Chinee is peculiar, / Which the same I would rise to explain". Nur zur Sicherheit verdeutlicht Coover die Nachbarschaft von herablassender Prahlerei und rassistischem *Othering,* indem er in das Crockett-Zitat einen entsprechenden Halbsatz einmontiert („swaller niggers whole, raw or cooked").

Ein wesentlicher Unterschied zwischen dem aufgeblasenen Getue Uncle Sams und dem hinterwäldlerischen Geprahle der Mississippi-Schiffer besteht darin, dass Letzteres nach einer symmetrischen Erwiderung verlangt, eine Antwort im gleichen Duktus vorsieht, während die Äußerungen Sams monologische Schmähungen bleiben, da sein kommunistischer Gegenspieler (das ‚Phantom') im Verborgenen agiert, ohne je die weltpolitische Bühne für eine dialogische Replik zu betreten. Dies lässt sich im Vergleich zu einer Szene bei **Mark Twain** zeigen, der wohl der wichtigste literarische Bezugspunkt für Coover ist (Twain figuriert in PB 500 als ‚Saint Mark' und 2017 veröffentlichte Coover mit *Huck Out West* eine Fortsetzung von Twains bekanntestem Roman; im Übrigen taucht General Buncombe wieder auf in Twains *Roughing It* von 1872 als U.S. Attorney for the Nevada Territory). Im 16. Kapitel der *Adventures of Huckleberry Finn* schwimmt Huck zu einem Floß, das er und Jim schon eine Weile verfolgt haben, klettert an

Bord und hört einen verbalen Abtausch zwischen zwei Holzflößern, Bob und ‚the Child', mit, der sich auszugsweise wie folgt ausnimmt. Zunächst beginnt Bob:

> Whoo-oop! I'm the old original iron-jawed, brass-mounted, copper-bellied corpse-maker from the wilds of Arkansaw! – Look at me! I'm the man they call Sudden Death and General Desolation! Sired by a hurricane, dam'd by an earthquake, half-brother to the cholera, nearly related to the small-pox on the mother's side! (Twain 1998 [1884], S. 98)

Dem antwortet schließlich der Andere:

> Whoo-oop! bow your neck and spread, for the kingdom of sorrow's a-coming! [...] The massacre of isolated communities is the pastime of my idle moments, the destruction of nationalities the serious business of my life! The boundless vastness of the great American desert is my enclosed property, and I bury my dead on my own premises! [...] Whoo-oop! bow your neck and spread, for the pet child of calamity's a-coming! (Twain 1998 [1884], S. 99)

Nachdem die Beleidigungen ausgetauscht sind, geht die Auseinandersetzung mit Worten schließlich in ein Handgemenge über. Bezeichnend für die Situation in Coovers Roman (und analog den politischen Diskurs des Kalten Krieges in den Vereinigten Staaten) ist nun, dass sich in Uncle Sams Ansprachen verbale Echos und verballhornte Zitate von Äußerungen beider Kombattanten finden („the kingdom of sorrow's a-comin' and the Child of Calamity with her", PB 7; „They call him Sudden Death and General Desolation, half cousin to the cholera and godfather of the Apocalypse!", PB 335; „The massacree of isolated communities is the pastime of his idyll moments, the destruction of nationalities the serious business of his life!", PB 336). In Ermangelung einer Replik ist die politische Rede jedoch zum verleumderischen Monolog verkommen. Einzig Coovers Roman selbst lässt sich in seiner Übertreibung des hysterischen Duktus des Anti-Kommunismus als eine verspätete Antwort auf die politische Lage in den 1950er Jahren verstehen. Coovers **Gegendiskurs** wiederholt und überbietet die rassistischen Beleidigungen, die dem McCarthyismus eingeschrieben sind, und führt so dessen „frightening maliciousness" (Estes 1987, S. 240) vor Augen.

4.5 Intertextualität als Intermedialität: Die Schlagzeilen der *New York Times* und die Titelmusik von *High Noon*

Die Liste der in Zitaten und Anspielungen sprechenden ‚Personen' in *The Public Burning* ließe sich verlängern. TIME, das Nachrichtenmagazin, tritt als Hofdichter Amerikas auf, inklusive einer Biografie, in der die Gründer des Blattes, Henry Luce und Briton Hadden, als Eltern und FORTUNE und LIFE als Geschwister auftreten (PB 323–328). Seine Rolle als National Poet Laureate beschränkt sich darauf, Berichte des Magazins vor allem aus der ersten Jahreshälfte des Jahres 1953 zu (re-)zitieren, die wie die Vision Eisenhowers als Cut-ups gestaltet und in Gedichtform angeordnet sind (so etwa „The Rebellion in the Rain", PB 12–13, ein Zusammenschnitt des Artikels „COLD WAR: Rebellion in the Rain" vom 29. Juni 1953 über den Aufstand vom 17. Juni 1953). Wann immer es also heißt „TIME say" (PB 18 et pass.), dann spricht in der fiktionalen Welt des Romans der Dichter dieses Namens und zu lesen sind Zeilen aus der gleichnamigen Zeitschrift. Ähnlich wie bei Eisenhower geht es Coover darum, einen bestimmten Sprachstil und das dazugehörige Weltbild pointiert herauszustellen, wobei er anders als bezüglich des Präsidenten (und seinen Redenschreibern) eine ausführliche Explikation der Poesie des *Timespeak* unternimmt (im 18. Kapitel, „The National Poet Laureate Meditates on the Art of Revelation"), die schon Gibbs (1936) parodiert hatte („Backward ran sentences until reeled the mind"):

> TIME [...] has kept his father's counsel, pursuing the stylistic infatuations that bedizened his earliest work and have been ever since the only passion he's ever known: the puns and quips, inverted sentences, occupational titles, Homeric epithets and rhythms, [...] and TIME's own personal idioglossary of word-coinages, inventions like ‚kudos' and ‚pundits' and ‚tycoons' and hundreds more which have passed into the national lexicon. (PB 326)

Wie hinsichtlich der Worte Uncle Sams, die auf den zunächst mündlich überlieferten Humor des amerikanischen Westens verweisen, wird auch mit Blick auf die der Zeitschrift entnommene ‚Dichtung' die Frage möglicherweise bedeutsamer medialer Differenzen unter dem Deckmantel der Figurensprache gehalten. Die Verschiedenartigkeit der Texte, auf die Uncle Sams Reden rekurrieren, wird als dessen ureigene Stimme homogenisiert, und das Format der Zeitschrift scheint für die *Time* entnommenen Texte weniger relevant als deren Reorganisation in Zeilen und Strophen (also eine einfache Form der Versifikation, die Genette 1993, S. 287, als Variante der ‚Transposition' bezeichnet).

An verschiedenen Stellen nähert sich Coover jedoch dem Punkt, an dem textbasierte Praktiken der Bezugnahme an Fragen der Medialität rühren und **Intertextualität in Intermedialität umschlägt**. Seine Näherungsweise nimmt dabei stets ihren Ausgang von jeweils vorfindlichem sprachlichem Material, das jedoch auf unterschiedliche Weise seinen medialen Kontext mitführt. Dies soll abschließend an zwei Beispielen angerissen werden, die sich zum einen des publizistischen, zum anderen des multimodalen Formats eines anderen Mediums annehmen.

Das 10. Kapitel („Pilgrimage to *The New York Times*") beschreibt den revelatorischen Effekt, den die Schlagzeilen der Zeitung auf die Pilger/Pendler haben, die ihnen allmorgendlich begegnen: „The Friday-morning commuters into the center gather, as is their ancient custom, before the great civic monument, **The New York Times,** there to commune with the latest transactions of the Spirit of History as made manifest in all the words and deeds of living and dying men fit to print" (PB 188). Wie in der räumlichen Metaphorik („center", „monument", „there") schon anklingt, hält Coover dabei offen, ob es sich um die Printausgabe der Zeitung handelt, auf deren Motto („All the News That's Fit to Print", vgl. Campbell 2012) angespielt wird, oder um die elektronische Laufschrift des Times Square Ticker, der seit 1928 als „news zipper" (Tifft und Jones 1999, S. 227)

4.5 Intertextualität als Intermedialität 215

den damals noch als Heimstatt der Zeitung dienenden Times Tower ziert. Beide Möglichkeiten werden im Verlauf des Romans wiederholt aktualisiert, angefangen mit einer offenkundig in der gedruckten Fassung erscheinenden Anzeige („An ad appears in *The New York Times*", PB 20) und einer Erwähnung des „moving electric sign on the Times Tower" (PB 42).

Diese Uneindeutigkeit und die partielle Medienvergessenheit, die sie anzeigt, ist insofern gerechtfertigt, als sich Coover auf Aspekte der Medialität der Tagespresse konzentriert, die sich an beiden Darstellungsweisen ablesen lassen:

> What compels the attention and taps the wellsprings of prophecy on these pilgrimages is not this announcement that little Arlene Riddett, 15, of Yonkers, won the girls' championship in the 28th annual marbles tournament in Ashbury Park, New Jersey, nor that picture of two East Berlin demonstrators throwing stones at Russian tanks on Leipzigerplatz, but the fact that these things touch each other. There are sequences but no causes, contiguities but no connections. The government of Argentina orders the price of theater tickets cut by 25 % and the President of the United States is given a large toy model of Smokey Bear. The execution of an unemployed housepainter in Berlin takes shape beside the report that a new collection of wall coverings and shower curtains offers a variety of choices to homemakers who wish to decorate their bathroom. (PB 190)

Ob nun in sequentieller Abfolge (wie auf dem Ticker) oder räumlicher Nachbarschaft (wie in der Printausgabe), einerseits ist es das **Nebeneinander von bedeutenden und unbedeutenden Nachrichten,** von weltbewegenden Neuigkeiten (den Ereignissen in Ost-Berlin) und trivialen Miszellen (Smokey Bear), die die Besonderheit des Mediums der Tageszeitung ausmacht (und die sich bis in die Einteilung von Zeitungskörper und Personal in verschiedene Ressorts institutionell niederschlägt). Andererseits ist es der **Erscheinungsrhythmus,** der den Tagesjournalismus zu einer eigenen Art der Weltauffassung erhebt, „bringing a kind of fragile episodic continuity to the daily debris of human enterprise" (PB 188): „And perhaps that was why – the tenacious faith in the residual magic of language – this monument was erected in the first place: that effort to reconstruct with words and iconography each fleeting day in the hope of discovering some pattern, some coherence, some meaningful dialogue with time" (PB 191).

Und so nimmt Coovers Kapitel seinen Ausgang zwar vom Versuch, die „monumental sign language" (PB 188) der *New York Times* als Abfolge der Schlagzeilen im Rahmen des Romantextes abzubilden (wobei sich die Schrägstriche als Zeilenumbrüche lesen lassen): „TURKS URGE GREEKS / TO RUSH BALKAN TIE. PANAMA AND FRANK / SEE KAYE ON FILM. FAVORITISM REFUTED / IN WESTERN SEA PALE" (PB 188). Die Dimension einer tentativen Sinnsuche im „terrible flux" (PB 188) des Tagesgeschehens geht ihm jedoch ab, da Coover den Gegenentwurf einer retrospektiven Sinnbildung durch Nebeneinanderstellung von Fakten und Fiktionen in einer durchgängigen Erzählung verfolgt. Auf diese Weise wird das Zitieren von Zeitungsschlagzeilen zum impliziten Akt intermedialer Reflexion auf die medialen Möglichkeiten des Romans.

Eines der narrativen Muster, das sowohl von den Akteuren im Roman als auch von der Autorfunktion des Romans dazu genutzt werden, den Geschehnissen rund um die Hinrichtung der Rosenbergs Sinn zu verleihen, ist das des Western-Films im Allgemeinen und von HIGH NOON (1952, R.: Fred Zinnemann) im Besonderen. Die Grundidee, dass sich die Konfrontation zwischen der ‚freien Welt' und dem kommunistischen Block als eine auf Weltmaßstab ausgedehnte Wiederkehr des Duells zwischen dem guten Sheriff und dem bösen Gangster verstehen lässt, klingt dabei schon an, wenn (kurz nach der Erwähnung von DeMille's heute vergessenem Zirkusfilm, der den Oskar als bester Film des Jahres vor HIGH NOON gewann) erwähnt wird, dass Eisenhower Dimitri Tiomkins (ihrerseits oskarprämierte) Filmmusik hochschätzt: „the theme from *High Noon,* said to be a particular favorite these days of President Eisenhower" (PB 5).

Ausführlich thematisiert wird die Frage der Lesbarkeit der Ereignisse des Jahres 1953 vor der **Folie des Westerns** dann in einem mit Referenzen auf Western-Schauspieler (und deren Reittiere) und Western-Filme (und deren Handlungen) gespickten Kapitel, das die Entscheidung des Supreme Court darüber, ob die öffentliche Verbrennung stattfinden kann, als Höhe- und Wendepunkt der Romanhandlung inszeniert (Kap. 14, „High Noon"): „In the House of Representatives, Democrat Frank Chelf of Kentucky rears up like Tom Mix on Tony to interrupt the debate with the excited announcement that ‚the Supreme Court has just voted to set aside the stay of execution on the Rosenberg case'" (PB 237). Das ganze Kapitel ist eine ausgedehnte Meditation über die Anwendbarkeit des generischen Erzählmusters, dessen sich Coover (1987) in „Shootout at Gentry's Junction" wieder annehmen wird, auf die Situation am Morgen des 19. Juni. Jedenfalls fühlt sich die Menschenmenge, die sich vor dem Weißen Haus versammelt, vom Geist des Westerns beseelt:

> The people glance at each other, nervously, excitedly [...] – yes, it's as though the frontier is doubling back on the center, bringing wildness and danger [...]. As they shuffle under the White House balcony, they feel like they're back in *Arizona* with Wesley Rugles, joining up with Roy Roger's posse in *Bells of Rosarito,* marching down western streets with Barbara Pepper and Patsy Montana to vote for Sheriff Autry, riding *The Big Trail* with John Wayne. Something great is happening. Yes, they all feel it. It's like being with Sam Houston at the Jacinto or with old Rough-and-Ready at Resaca de la Palma. [...] A great day for America, something out of the past to revive the future. (PB 239)

Problematisch erweist sich an dieser Lektüre der Gegenwart lediglich, dass deren Held, Eisenhower, ausgerechnet eine Frau (und Mutter) hinrichten lassen muss, was zuletzt 1865 im Zusammenhang mit der Ermordung Lincolns geschehen war:

> Of course, a lot of women died in the West, not all in their beds, but more often than not it was an accident, a stray bullet, or a whore's impulsive sacrifice. Not even villains like Walter Miller or Arthur Kennedy ever dragged them out to the tree and slapped the horse's rump. There's only one woman who's ever been put to death by federal authorities in American history before, and that was Mary Suratt for helping to murder a President. (PB 243)

Derlei Bedenken werden jedoch alsbald im Jubel der Menge erstickt („WE LIKE IKE! WE LIKE IKE!", PB 244), denn im Unterschied zum Marshal

4.5 Intertextualität als Intermedialität

in HIGH NOON, der sich der Miller-Gang alleine stellen musste, ist die antikommunistische Paranoia der Zeit ein kollektiver Wahn: „The President, unlike Gary Cooper, is not alone" (PB 241).

Über weite Strecken erschöpfen sich die Western-Referenzen des Kapitels in der Katalogisierung von Schauspielern, Handlungselementen und Filmtiteln, verbleiben also im Bereich der **intermedialen Thematisierung**. Dass es sich bei diesen Filmen um audiovisuelle Medientexte handelt, spielt kaum eine Rolle. Allenfalls kursorisch werden dem Western-Aficionado Visualisierungsangebote gemacht, wie etwa ein Verweis auf das Grinsen von Jack Palance (vgl. Isekenmeier 2017, S. 105–107, zum visuellen Effekt des Grinsens von Richard Widmark in DeLillos *White Noise*).

Die weitgehende Vernachlässigung der Medialität des (Western-)Films betrifft auch die Bezüge auf HIGH NOON. Noch die eingangs des Kapitels von TIME rezitierte Rezension des Films vom 14. Juli 1952 scheint sich auf die Handlung zu konzentrieren: „left high and dry in a town para / lyzed by fear and morally / bankrupt the sweating marshal has to / face miller and three / three of his fellow / fellow desperadoes alone" (PB 237). In den Wiederholungen, den gelegentlichen silbischen Verlängerungen einzelner Wörter („fra-hank miller", PB 236) sowie schließlich in einer klangbezogenen Beobachtung („the picture builds to its high noon climax / in a crescendo of ticking clo-hocks", PB 237) artikuliert sich jedoch schon ein Interesse an Sound und Rhythmus, das sich allerdings noch mit den Erfordernissen der Gedichtform erklären lässt, in der alle Äußerungen des Dichters TIME gesetzt sind.

Spätestens mit der teilreproduzierenden Systemerwähnung (s. Abschn. 2.2.1) des Textes der „Ballad of High Noon" (1952), dem Titelsong des Films, wird dann klar, dass es Coover tatsächlich um das geht, was Claus-Ulrich Viol (2006, S. 161) als „**transmedial soundtracking** of fiction" bezeichnet hat: ein Appell an den Leser, die Worte seines Romans imaginativ durch den Soundtrack des Films zu ergänzen:

> Now, over loudspeakers, as the clock ticks inexorably toward twelve noon, comes the friendly rumbling but worried quaver of Tex Ritter, the Texas Cowboy:
> > I do not know what fate awaits me,
> > I only know I must be brave,
> > And I must face a man who hates me
> > > Or lie a coward,
> > > A craven coward,
> > > Or lie a coward in my grave … !
>
> There's a strange unsettling drumbeat in the song, maybe that's what they've been hearing all along. (PB 241)

Die Passage erfüllt genau die von Viol (2006, S. 161) genannten Kriterien: „transmedial musicalisation arises from extensive lyrical quotation from specific songs and is frequently supplemented by longer passages of verbal music, i.e. descriptive thematisations of the sound in which the quotations are embedded". Mit den Hinweisen auf Tex Ritters Stimme und Tiomkins instrumentale Orchestrierung, sowie durch die Doppelung der Situation im Film und in der Welt des Romans (die auf 12 Uhr zutickenden Uhren) gelingt Coover die verbale Evokation der Filmmusik und damit eine modale Anreicherung der Worte im (inneren) Ohr des Lesers.

Von hier aus lässt sich dann auch der Satzspiegel der TIME-Rezension des Films erkennen als nicht bloß in der Art eines Gedichts gehalten, sondern als genaue Entsprechung der Gesangs-Strophe gestaltet. Das Cut-up des Zeitschriftentexts lässt sich nach der Melodie des Titelliedes singen (vgl. Dunne 2001, S. 64–65):

> high noon united artists creeping
> on hadleyville pop four oh oh
> one hot sunday morning is the
> moment of crisis
> of crisis for the
> the little western cow-ow town (PB 236)

Nicht umsonst wird Time eingangs nicht länger als National Poet Laureate, sondern als „America's laureate balladeer" (PB 236) bezeichnet.

Literaturverzeichnis

AdCouncil: „The Story of the AdCouncil". (o. J.), https://www.adcouncil.org/About-Us/The-Story-of-the-Ad-Council (01.03.2020).

Avey, Tori: „Who Was Betty Crocker?" *The History Kitchen*, 15. Februar 2013, https://www.pbs.org/food/the-history-kitchen/who-was-betty-crocker/ (01.03.2020).

Bachtin, Michail M.: „Das Wort im Roman". In: *Die Ästhetik des Wortes*. Frankfurt a. M. 1979, 154–300.

Bachtin, Michail M.: *Probleme der Poetik Dostoevskijs*. Frankfurt/Berlin/Wien 1985.

„Ballad ,High Noon'". Musik: Dimitri Tiomkin, Text: Ned Washington, Gesang: Tex Ritter. 1952, https://www.youtube.com/watch?v=5an9OuXKxBw (01.03.2020).

Beiles, Sinclair/Burroughs, William/Corso, Gregory/Gysin, Brion: *Minutes to Go*. San Francisco 1968.

Boston Observer, and Religious Intelligencer 1/16 (1835), https://books.google.de/books?id=mZceAQAAMAAJ&dq=boston+observer+1835&source=gbs_navlinks_s (01.03.2020).

Botkin, B. A.: *The American People: Stories, Legends, Tales, Traditions, and Songs* [1946]. New Brunswick 1997.

Burroughs, William S.: „The Cut-up Method of Brion Gysin." In: William S. Burroughs und Brion Gysin: *The Third Mind*. New York 1978, 29–33.

Campbell, W. Joseph: „Story of the Most Famous Seven Words in US Journalism". *BBC News* 10. Februar 2012, https://www.bbc.com/news/world-us-canada-16918787 (01.03.2020).

Cope, Jackson I.: „*The Public Burning*: Beyond the Dialogic Novel". In: *Robert Coover›s Fictions*. Baltimore 1986, 59–113.

Coover, Robert: *The Public Burning*. New York 1977/1998.

Coover, Robert: „Shootout at Gentry's Junction". In: *A Night at the Movies, Or, You Must Remember This*. New York 1987. 53–73.

Coover, Robert: „Tears of a Clown". In: *Critique* 42/1 (2000), 81–83.

Cornis-Pope, Marcel: *Narrative Innovation and Cultural Rewriting in the Cold War and After*. New York 2001.

Cowart, David: *The Tribe of Pym: Literary Generations in the Postmodern Period*. Ann Arbor 2015.

Literaturverzeichnis

Dunne, Michael: *Intertextual Encounters in American Fiction, Film, and Popular Culture*. Bowling Green 2001.

Estes, David C.: „American Folk Laughter in Robert Coover's *The Public Burning*". In: *Contemporary Literature* 28/2 (1987), 239–256.

Frick, Daniel E.: „Coover's Secret Sharer? Richard Nixon in *The Public Burning*". *Critique* 37/2 (1996), 82–91.

Gaster, Theodor H. (Hg.): *The Dead Sea Scriptures* [^{1}1956]. New York ^{3}1976.

Gibbs, Wolcott: „Time... Fortune... Life... Luce". In: *The New Yorker* 28. November 1936, 20–25.

Genette, Gérard: *Palimpseste. Die Literatur auf zweiter Stufe* [Franz. 1982]. Frankfurt a. M. 1993.

Griffith, Robert: *The Politics of Fear. Joseph R. McCarthy and the Senate*. Amherst 1970.

Guzlowski, John Z.: „Coover's *The Public Burning*: Richard Nixon and the Politics of Experience". *Critique* 29/1 (1987), 57–71.

Harte, Bret: „Plain Language from Truthful James" (1870), https://twain.lib.virginia.edu/roughingit/map/chiharte.html (01.03.2020).

Hite, Molly: „,A Parody of Martyrdom': The Rosenbergs, Cold War Theology, and Robert Coover's *The Public Burning*". In: *Novel* 27/1 (1993), 85–101.

Isekenmeier, Guido: „Descriptive Visuality and Postmodernist Fiction". In: Ronja Bodola/Guido Isekenmeier (Hg.): *Literary Visualities: Visual Descriptions – Readerly Visualisations – Textual Visibilities*. Berlin 2017, 79–124.

Jewish Virtual Library: „The Dead Sea Scrolls: The Book of Covenant of Damascus". *Archaeology in Israel: The Dead Sea Scrolls* (o. J.), https://www.jewishvirtuallibrary.org/the-book-of-covenant-of-damascus (01.03.2020).

Linder, Douglas: „Roseberg Trial (1951)". *Famous Trials* (o. J.), https://famous-trials.com/rosenberg (01.03.2020).

McCaffery, Larry: „As Guilty as the Rest of Them: An Interview with Robert Coover ". In: *Critique* 42/1 (2000), 115–125.

Meeropol, Michael [geb. Rosenberg] (Hg.): *The Rosenberg Letters. A Complete Edition of the Prison Correspondence of Julius and Ethel Rosenberg*. New York 2013.

Mendelson, Edward: „Encyclopedic Narrative: From Dante to Pynchon". In: *Modern Language Notes* 91 (1976), 1267–1275.

Murray, Jennifer M. „Battle of Mobile Bay". *Encyclopedia of Alabama* (2007), https://www.encyclopediaofalabama.org/article/h-1257 (01.03.2020).

National Archives: „George Washington's General Orders, 2 July 1776". *Founders Online* (o. J.) https://founders.archives.gov/documents/Washington/03-05-02-0117 (01.03.2020)

Nixon, Richard: *Six Crises*. New York 1962.

Olsen, Lance: „Stand By to Crash! Avant-Pop, Hypertextuality, and Postmodern Comic Vision in Coover's *The Public Burning*". In: *Critique* 42/1 (2000), 51–68.

Orr, Mary: *Intertextuality: Debates and Contexts*. Cambridge 2003.

O'Sullivan, John: „Annexation". In: *The United States Magazine, and Democratic Review* 17/85 (1845), 5–10. https://babel.hathitrust.org/cgi/pt?id=mdp.39015018403736&view=1up&seq=15 (01.03.2020).

Pearce, Richard: „The Circus, the Clown, and Coover's *The Public Burning*". In: Robert A. Collins/Howard D. Pearce (Hg.): *The Scope of the Fantastic – Culture, Biography, Themes, Children's Literature*. Westport 1985, 129–136.

Pfister, Manfred: „Konzepte der Intertextualität". In: Ulrich Broich/Manfred Pfister (Hg.): *Intertextualität: Formen, Funktionen, anglistische Fallstudien*. Tübingen 1988, 1–30.

Savvas, Theophilus: „,Nothing but Words'? Chronicling and Storytelling in Robert Coover's *The Public Burning*". In: *Journal of American Studies* 44/1 (2010), 171–186.

The Israel Museum: „The War Scroll". *The Digital Dead Sea Scrolls* (o. J.), https://dss.collections.imj.org.il/war (01.03.2020).

Tifft, Susan E./Jones, Alex S.: *The Trust: The Private and Powerful Family Behind The New York Times*. Boston 1999.
Twain, Mark: *Adventures of Huckleberry Finn* [1884]. Hg. von Thomas Cooley. New York 1998.
Viol, Claus-Ulrich: *Jukebooks: Contemporary British Fiction, Popular Music, and Cultural Value*. Heidelbesrg 2006.

Intertextualität und Intermedialität in der deutschsprachigen Gegenwartsliteratur

Inhaltsverzeichnis

5.1 Ebenen der Intertextualität bei Felicitas Hoppe 222
5.2 Metareferenz und Intermedialität bei Thomas Lehr 229
5.3 Inter- und Paratextualität bei Wolf Haas 232
Literaturverzeichnis 236

Im vorangehenden vierten Kapitel wurde ein geradezu prototypisches Beispiel verhandelt, das eine Fülle von zentralen und häufig vorkommenden Aspekten der Intertextualität und darüber hinaus auch noch Bezüge zu anderen Medien wie dem Film aufweist. Es kann damit für eine postmoderne Literatur stehen, die sich nicht nur wie bereits die klassische Moderne durch Verweise auf den literarischen Kanon positioniert, sondern dabei auch die zeitgenössische Populärkultur in ihrer ganzen medialen Breite und unter Einschluss von Werbung, politischen Slogans und Zeitungsschlagzeilen einbezieht. Vergleichbares ließe sich grundsätzlich auch in der Gegenwartsliteratur finden, wie Wehdeking (2007), wenngleich mit starkem Schwerpunkt auf Literaturverfilmung und Literatur als Filmvorlage, demonstriert. Charakteristischer sind jedoch vielleicht Texte, die sich zu diesem *state of the art* in Sachen Intertextualität und Intermedialität der Literatur so verhalten, dass sie sich von ihm zu unterscheiden und ihn sogar zu überbieten suchen, indem sie mit **besonders ausgefallenen Formen des Bezugnehmens und Verweisens** operieren oder mit den bekannten in ausgesprochen spielerischer Weise umgehen.

Felicitas Hoppes Werke erscheinen oft wie durchwoben von intertextuellen Bezügen, die auf unterschiedlichen Ebenen funktionalisiert werden, doch manche Spuren führen nicht nur ins Weite, sondern zuweilen auch ins Leere, so etwa wenn die Autorin sich eine alternative Biographie inklusive fingierter Selbstzeugnisse, literarischer Werke und dazu gehöriger nicht existierender Sekundärliteratur erfindet. **Thomas Leer** schreibt einen Metaroman, der die Frage, ob ein erlebtes Geschehen in einen Roman oder nicht doch eher einen Film transformiert werden soll, zum eigentlichen Thema erhebt. Er erzählt von den immer erneuten und lange vergeblichen Bemühungen, persönliche Erinnerungen medial zu fassen und ihnen damit gerecht zu werden, indem er sich intermedial auf die Alternativen des Films oder auch des Computerspiels bezieht und damit die literarische Umsetzung als Roman, die gleichsam unter der Hand dabei entsteht, als eine Möglichkeit neben anderen erscheinen lässt. **Wolf Haas** schließlich geht davon aus, dass uns viele literarische Texte nicht nur zunächst, sondern auch ausschließlich über ihre Para- und Metatexte begegnen, indem wir Verlagsankündigungen oder Rezensionen lesen, im Fernsehen verfolgen, wie Literaturkritiker/innen über den Text diskutieren, oder ein Interview mit dem Autor oder der Autorin zu seinem bzw. ihrem Text hören oder lesen – häufig oder sogar meistens ohne anschließend den Text selbst zur Kenntnis zu nehmen. Das Interview mit Haas über seinen Roman, der außerhalb dieses Interviews gar nicht existiert, führt eine besonders vertrackte intertextuelle Konstitution eben dieses Romans, als der der Text im Untertitel firmiert, über den Verweis auf ihn vor.

5.1 Ebenen der Intertextualität bei Felicitas Hoppe

Intertextualität spielt eine wichtige Rolle im Werk der Autorin Felicitas Hoppe, wobei ihr Umgang mit anderen Texten auf einer **sehr selektiven Lektüre** basiert, die auf Verwertbarkeit zielt und mit den Prätexten ohne allzu große Ehrfurcht umgeht. Die daraus resultierende kalkulierte Ungenauigkeit bzw. das Aufgehen der einzelnen Textspur in der Fülle der Bezüge erklärt, warum beim Hoppe-Lesen oft der Eindruck entsteht, fast alles schon zu kennen, aber eben nicht so. Daher ist es im Falle dieser Autorin meist weniger erhellend, im Detail die Herkunft der Übernahmen nachzuvollziehen, sondern viel aufschlussreicher, danach zu fragen, mit welchen Textstrategien sie sich andere Texte einverleibt und welche Effekte sie damit erzielt. Dabei kann eine **Stufenfolge von Einzeltextbezügen** wie Anspielungen und Zitaten zu umfassenden Intertextualitätsformen wie Parodien und Formzitaten beobachtet werden. Daneben spielt Hoppe mit Auto-Intertextualität, die zugleich die Operationalität intertextueller Verfahren im Sinne einer Schreibszene (s. Abschn. 1.3) thematisiert, indem sie eine alternative Lebensgeschichte erfindet und in eine fiktionale Autobiografie überführt, inklusive nicht existierender Primär- und Sekundärtexte, und deren ebenfalls fingierte Verweisungszusammenhänge vorführt (vgl. ausführlicher Böhn 2015).

Ein Beispiel, an dem sich viele Facetten von Intertextualität bei Hoppe nachvollziehen lassen, ist der Roman *Pigafetta* **(1999).** In diesem Text ist Intertextualität besonders breit gestreut und auffällig. Folglich kann man über diesen auf einem Containerschiff spielenden Roman zusammenfassend sagen:

> So beginnt für die Erzählerin mit dem Aufenthalt an Bord eine Reise auf den Spuren überlieferter Bordbücher und Reiseberichte in die Welt der Entdeckungsfahrten. Auf diese intertextuellen Bezüge [sie umfassen unter anderem die Sage vom fliegenden Holländer und Verweise auf Poes *Arthur Gordon Pym* (1838), Melvilles *Moby-Dick* (1851) und

5.1 Ebenen der Intertextualität bei Felicitas Hoppe

> Conrads *Heart of Darkness* (1899)] wurde in den nur spärlich vorhandenen Rezensionen, Interviews und Aufsätzen zum Roman besonders verwiesen, wobei festgestellt wurde, dass Hoppe einen mit Elementen des Märchens und der Satire durchsetzten, auf Zitationstechniken basierenden, schwer entzifferbaren postmodernen Roman verfasst habe. (Gutjahr 2009, S. 240)

Damit wird deutlich, dass Hoppes Text sich nicht nur intertextuell auf einzelne andere Texte bezieht, sondern auch auf die Gattungsmuster von Bordbüchern und Reiseberichten, die er aber mit anderen Mustern verbindet, welche er etwa in Form einzelner Motivkomplexe aus der Gattung des Märchens oder in Form von Darstellungsweisen aus der Gattung der Satire bezieht. Die Orientierung an diesen vielfältigen Bezugspunkten prägt das Erzählen so stark, dass sich die Metaphorik eines **„Navigieren[s] nach Texten"** (Gutjahr 2009, S. 240) aufdrängt. Zentral hierfür ist das „intertextuelle Gespräch" (ebd.), das die namenlose Erzählerin fortwährend mit Pigafetta führt, dem Verfasser des Reiseberichts über Magellans Weltumsegelung. Diese Erzählerin, hinter der man als autobiografische Folie die Autorin erkennen kann, welche eine ähnliche Fahrt mit einem Containerschiff unternommen und darüber auch geschrieben hat (vgl. ebd., S. 242), setzt sich also zu einem Autor aus der Geschichte des europäischen Reiseberichts in Beziehung und lässt diesen auch zu Wort kommen:

> Die Erzählung über die Reise auf dem Frachtschiff wird also nicht allein von der Reisenden als homodiegetischer Erzählerin organisiert, wie es dem gattungstypologischen Standard des Reiseberichts entspricht, sondern auch durch eine extradiegetische erzählte Figur, die als homodiegetische Erzählerfigur nicht nur die eigene Geschichte einbringt, sondern auch die der Erzählerin unterminiert, überlagert und damit auf einen unvorhergesehenen Kurs lenkt. (Gutjahr 2009, S. 241)

Hoppe übernimmt aus Pigafettas Reisebericht einzelne Elemente ganz direkt, teilweise in wörtlichen Zitaten, teilweise als Motivübernahmen (vgl. ebd., S. 246, 248–249), greift aber auch auf Strukturen und Motivkomplexe zurück, die auf andere Reiseberichte und Entdeckungsgeschichten, beispielsweise von Georg Forster (vgl. ebd., S. 257), und darüber hinaus auf diese Gattungen schlechthin verweisen (vgl. Holdenried 2005, S. 10–11). Es findet sich überdies eine ganze Reihe von Anspielungen auf Werktitel (vgl. ebd., S. 11–12). Die Gliederung des Textes in Noctarien erinnert an die Gattung des Nachtstücks in der Malerei und deren Übernahme in die Literatur etwa bei E.T.A. Hoffmann, und vor diesem Hintergrund wurde Pigafetta als unheimlicher Doppelgänger der Erzählerin gesehen (vgl. Gutjahr 2009, S. 250–251). „Vor allem aber beginnt mit diesem intertextuellen Spiel [...] eine Zeitreise in die Geschichte des Reisens und der Reiseliteratur", so Gutjahr (ebd., S. 252). Was dadurch als **Meta-Reiseliteratur** erscheint, gewinnt durch diese intertextuelle Dimension eine auf andere Art wohl nicht ohne Weiteres zu erlangende Form von Weltbezug, „insofern die Autorin ihrem leichtgewichtigen Roman durch textuelle Einschübe und diskursive Reminiszenzen die überbordende Fülle der Welthaltigkeit früherer Reiseberichte einschreibt" (ebd., S. 262).

Das Verhältnis von postmoderner Zitationspraxis und Autorschaft im Werk Hoppes hat Holdenried (2005) als erste genauer untersucht. Auch sie betont in ihrer Analyse von *Pigafetta* den **metareferentiellen Aspekt:** „Die Geschichte der Reise ist zugleich die Geschichte der Verfertigung einer Geschichte von der Reise" (ebd., S. 12). Zudem arbeitet sie heraus, dass hier und in *Paradiese, Übersee* (2003) mehr noch als die Bezugnahme auf einzelne Prätexte das Form- und Gattungszitat eine herausragende Rolle spielt (vgl. ebd., S. 4–8, 10–11, 17–18, sowie Gutjahr 2009, S. 248, 252). Dabei geht der Bezugsbereich gerade in dem letztgenannten Roman weit über die Reiseliteratur hinaus: „Das gesamte Motivarsenal der Ritterromane, des barocken Abenteuerromans wie der Artusepik verbindet die Autorin zu einem kunstvollen Amalgam" (Holdenried 2005, S. 13).

Auch wenn sich in einem Text viele Verweise auf verschiedene Prätexte finden, entsteht dadurch dennoch kein **Gattungsbezug,** wenn diese Prätexte nicht eine Menge mit übereinstimmenden Merkmalen bilden, die sie als Textklasse erscheinen lassen. Umgekehrt kann es sich auch bei einem einzelnen Bezug um einen Verweis auf eine Textklasse handeln, wenn nicht Charakteristika eines singulären Prätexts, sondern Konstituenten einer Textklasse sein Gegenstand sind. So verbindet *Pigafetta* Einzeltextreferenzen auf Werke der Reiseliteratur mit Formzitaten dieser Gattung, und auch wenn ein Primärtext, eben der Reisebericht des historischen Pigafetta, im Vordergrund steht, wird der Verweis auf diesen so gestaltet, dass erkennbar die gesamte Textklasse gemeint ist. Dies ergibt sich allein schon aus der Konstellation der in der Gegenwart reisenden Erzählerin und dem imaginären Pigafetta, welche ihre eigene Reisebeschreibung als Amalgam von Pigafettas Reisebeschreibung mit typischen Versatzstücken aus anderen Werken der Reiseliteratur und damit als Kondensat der Gattung erscheinen lässt.

In *Pigafetta* gibt es auch einen Sonderfall des Verweises auf einen anderen Text, nämlich den **auto-intertextuellen Verweis** auf einen Text von Hoppe selbst: „Fast am Ende des Romans wird auf das eigene Erstlingswerk hingewiesen, das *Picknick der Friseure* heißt – eine Art Hitchcock-Effekt, sich flüchtig selbst ins Bild zu bringen und damit auch eine Signatur der eigenen unverwechselbaren Autorschaft" (Holdenried 2005, S. 12). Indem dieser Selbstverweis mit Hitchcocks berühmten Cameo-Auftritten in seinen eigenen Filmen in Verbindung gebracht wird, verknüpft Holdenried die damit einhergehende Illusionsdurchbrechung mit der Betonung von Autorschaft und zeigt damit auf, was sie für Hoppes Werk insgesamt postuliert:

> Als Formzitate stellen ihre Texte Bezüge zu Gattungen wie dem Reisebericht oder dem Abenteuerroman her [...]. Markant an Hoppes Vorgehen ist [...], dass sie das Problem der Autorschaft – anders als üblich – nicht in einer bloßen Deklaration abhandelt, sondern textuell integriert und zwar in einer Art ‚Meta-Autorschaft' oder Autorschaft zweiter Potenz. (Holdenried 2005, S. 17)

Enorm gesteigert zeigt sich dieses Phänomen in Hoppes Roman *Hoppe* (2012). Es handelt sich um eine Pseudo-Autobiografie (vgl. Pailer 2015), die auch wieder ein Formzitat einer Autobiographie ist. Als solches zitiert sie Vertextungsmuster der Gattung Autobiografie, zu denen im Fall einer Autorin der Rückgriff auf eigene

5.1 Ebenen der Intertextualität bei Felicitas Hoppe

Texte gehört, und zwar sowohl auf veröffentlichte als auch unveröffentlichte. Auf diese Texte wird verwiesen, um in der Rückschau die Sicht auf die Vergangenheit zu dokumentieren, zu reflektieren und geradezurücken.

Bei den Verweisen und Zitaten ist vieles korrekt aus eigenen literarischen Werken entnommen – manches aber auch aus eigenen und fremden Werken, die nicht auffindbar sind, also wohl als fiktiv gelten müssen, und wieder anderes aus unveröffentlichten Texten wie Tagebüchern und Jugendwerken. Hoppes Vorgehen in *Hoppe* entspricht grundsätzlich dem, was Genette (1993, S. 348) für Prousts *Recherche* als ‚**Autofiktion**' beschrieben hat. Als solche lässt sich wohl jede romanhafte Autobiografie bezeichnen, *Hoppe* ist jedoch in einem eminenten Sinne eine solche. Dabei schwindet das Vertrauen der Leser/innen in diese Autobiografie sehr schnell, sowohl durch die offensichtlich fingierten Bezugsstellen als auch durch die Absurdität des entworfenen alternativen Lebenslaufs, der Hoppe in Kanada aufwachsen und sich ihre Hamelner Kindheit wiederum imaginieren lässt: „Die Hamelner Kindheit ist reine Erfindung. Das Tagebuch des einzigen Vaters seines einzigen Kindes […] gibt Aufschluss über Arbeitsaufenthalte auf höchst unterschiedlichen Kontinenten" (Hoppe 2012, S. 14). Und dieses Tagebuch wird sogleich zitiert, um die alternative Biografie zu belegen und zu beweisen, dass die wirkliche Kindheitsgeschichte erfunden ist. Die Verkehrung von realer und erfundener Biografie erfolgt über eine **Pseudo-Intertextualität,** die klassische Belegformen und Beglaubigungsstrategien von Biografie und Autobiografie zitiert. Das Tagebuch als nicht-fiktionale Gattung wird gegen den fiktionalen Roman ausgespielt, denn die angeblich erfundene Weltumrundung auf einem Containerschiff wird mit einem Zitat aus *Pigafetta* belegt (ebd.), in dem diese Reise literarisch verarbeitet wurde (vgl. Gutjahr 2009, S. 242).

Bald darauf wird explizit darauf hingewiesen, dass solche vorgeblichen biografischen Spuren in Hoppes Werk nicht zuverlässig, sondern vielmehr selbst Intertextualitätseffekte sind, was durch ostentative Reflexion dieser Zusammenhänge nicht besser werde:

> Man tappt hier vor allem deshalb im Dunkeln, weil der Charakter des Angelesenen ein insgesamt prägendes Element in Hoppes Werk ist, das auch in jenen Arbeiten deutlich hervortritt, in denen sie über Orte, Länder und Gegenden schreibt, die sie nicht nur nachweislich selbst besucht, sondern in denen sie sogar Jahre ihres Lebens verbracht hat. Und weil sie die Frage nach Authentizität ständig selbst thematisiert und dabei in Leben wie Werk permanent versucht, aus der Not ihrer Ignoranz eine literarische Tugend zu machen. (Hoppe 2012, S. 25)

Wie eine kritische Historikerin ihrer selbst ‚zitiert' die im Text als „fh" firmierende Erzählerin in *Hoppe* etwa auch unveröffentlichte Briefe und Jugendwerke und weist auf Unstimmigkeiten und Fehler hin, auch wenn es um nebensächliche Details geht:

> [Schluss eines Briefs Hoppes:] „Aber wohin mit der Post, da Lucy jetzt schon längst überall ist, in der Küche, im Labor und im Schlafzimmer und, wenn der Frühling kommt, auch in meinem Schaukelstuhl auf der Terrasse." (Der in Hoppes Werk immer wieder

auftauchende Schaukelstuhl ist reine Erfindung, in Hoppes kanadischem Haus gab es keine Gartenmöbel./fh). (Hoppe 2012, S. 75)

An anderen Stellen verfällt „fh" noch mehr in die Rolle der Kommentatorin, die Informationen nachliefern und Dinge richtigstellen muss („Hier die Fakten", ebd., S. 108). Sind dies nun, wie Hoppe fünf Jahre früher und vor dem Hintergrund eigener Texte wie *Verbrecher und Versager* (2004) und *Johanna* (2006) bemerkte,

> ganz sachliche Probleme und Schwierigkeiten im Umgang mit Geschichte, auf die jeder stößt, der versucht, seine eigene Lebensgeschichte oder die Lebensgeschichten anderer nachzuerzählen [?] Womöglich verstellt die Form den Zugang zur Sache? Dann müsste man sich also von der Nacherzählung trennen! (Hoppe 2007a, S. 60–61)

In *Verbrecher und Versager* äußert sich diese Selbstreflexion als „historiographische[] Metafiktion" (Catani 2009, S. 144) darin, dass als letzte porträtierte Figur nach den zuvor behandelten historischen nun eine literarische, aus einem Roman von Wilhelm Raabe übernommene gewählt und damit nicht nur die „Trennung zwischen Fiktion und Fakten" (ebd., S. 154) aufgelöst, sondern auch die **Form der Bearbeitung von Geschichte** in eine intertextuelle Konstellation überführt wird. Dieses beständige Gleiten zwischen Geschichte und Fiktion begegnet nun in *Hoppe* wieder, doch auf zunächst paradox erscheinende Weise ist Hoppe hier viel mehr Historikerin als in ihren ‚historischen' Büchern. Das Geschäft des Historikers oder der Historikerin ist insofern ein durch und durch intertextuelles, als uns Geschichte nie direkt begegnet, sondern immer in Texten und anderen Zeugnissen, auf die verwiesen werden kann, die aber auch kritisch beleuchtet, kommentiert und gedeutet werden müssen. Hoppe scheint in puncto Quellenkritik jeden professionellen Biographen überbieten zu wollen, daher die vielen Korrekturen, Hinweise auf Implausibilitäten, Relativierungen und Erwägungen. Dabei löst Hoppe ihre imaginierte Biografie beinahe im Stile eines historischen Forschungsbeitrags auf und bemüht sich bei der Gestaltung der Erzählerrede um ostentative Trockenheit. Fantasie und Ausschmückung bleibt den zitierten Dokumenten, echten wie falschen, überlassen:

> Das dürfte, in Abgleichung mit dem Tagebuch ihres Vaters, kaum der Wahrheit entsprechen. Die Mittel des reisenden Patentagenten waren begrenzt und ließen eine Haushaltsführung oben beschriebener Art nicht zu. Hoppes Unterschlagung überprüfbarer Fakten dient einzig der literarischen Ausformung ausufernder Phantasien, wie sie ihr gesamtes Werk prägen. (Hoppe 2012, S. 16)

Dieses Werk wird teilweise, nämlich dann, wenn es sich um unpublizierte (und höchstwahrscheinlich inexistente) Werke handelt, so zusammengefasst und charakterisiert, dass daraus zugleich eine Parodie auf literaturwissenschaftliche Texte entsteht:

> Ihr Erstlingswerk […], *Häsi, das Hasenkind*, eindeutig ein Plagiat angelesener Kinderbücher, erzählt vor der märchenhaften Kulisse deutscher Waldeinsamkeit (oder sind es die Wälder Kanadas?), ist alles andere als ein Idyll. Hinweisend bereits der erste Satz:

5.1 Ebenen der Intertextualität bei Felicitas Hoppe

„Ich bin Häsi, das Hasenkind. Ich habe keine Geschwister mehr." Die durch die entschiedene Liquidation der Geschwister auf die Vater-Mutter-Kind-Konstellation reduzierte Familie wird in der nun folgenden Geschichte von dramatischen Schicksalen heimgesucht. Eine Nacherzählung erübrigt sich, bereits die Kapitelüberschriften fassen die Geschehnisse bündig zusammen: *Der Wald, Der böse Fuchs, Ein schlimmes Ereignis, Das neue Heim, Endlich erlöst, Neue Freunde,* und *Endlich in Frieden* betiteln zutreffend die kurze Strecke, die die Autorin so sprachlich schwungvoll wie erzählerisch ungeduldig hinter sich bringt. Am Ende heißt es lakonisch: „Nun lebten wir wie früher, nur dass es ein anderer Wald war, in dem wir neue Freunde gefunden hatten." (Hoppe 2012, S. 35)

Die Aussage, dass es sich um ein Plagiat von Kinderbüchern im Plural handle, macht bereits deutlich, wie ein solches Pseudo-Resümee funktioniert: Es geht im Grunde um ein auf der vorausgesetzten Leseerfahrung der Rezipient/innen basierendes **Gedankenexperiment.** Angenommen, man kennt entsprechende Kinderbücher, dann kann man sich aus den Kapitelüberschriften tatsächlich eine prototypische Geschichte bzw. Struktur erschließen, und diese lässt sich dann wieder auf die Lebenswelt eines Hasenkinds applizieren. Man schreibt also gewissermaßen im Geiste die Geschichte nach, die die kleine ‚Hoppe' als erstes Werk zu Papier gebracht haben könnte, und dabei werden einem all die Muster bewusst, die auch die eigene Vorstellung prägen. (Dadurch, dass die reale Person Felicitas Hoppe als Autorin einen Text mit dem Titel *Hoppe* publiziert hat, in dem von der Erzählerin „fh" behauptet wird, dass das, was bisher über sie in der Öffentlichkeit bekannt war und von ihr verschiedentlich geäußert wurde, größtenteils Erfindung sei, und die Geschichte der wirklichen ‚Hoppe' erzählt wird, entsteht erhebliche Verwirrung. Um sie nicht allzu sehr auf diesen Text übergreifen zu lassen, wird die Romanfigur als ‚Hoppe' bezeichnet.) Es handelt sich hier zwar um **Pseudo-Intertextualität,** denn das resümierte Werk gibt es vermutlich nicht, jedenfalls ist es nicht zugänglich. Doch über das fingierte Jugend- bzw. Kindheitswerk ‚Hoppes' hinaus verweist das Pseudo-Resümee auf eine Textklasse, nämlich Kinderbücher eines bestimmten Typs, deren strukturelle Eigenschaften durch die Kapitelfolge evoziert werden.

Aber nicht nur der literaturwissenschaftliche Umgang mit Literatur wird parodiert, sondern auch die schulische Literaturinterpretation, wenn es über eine Geschichte aus Hoppes *Picknick der Friseure* (1996) heißt:

Tatsache ist, dass die Geschichte von Kopf und Kragen bereits in den späten neunziger Jahren zu einem häufig nachgedruckten und von Schülern wenig geliebten Text in deutschen Schulbüchern für die erweiterte Oberstufe avancierte. Die Fragen zum Text sind über die Jahre, ganz im Sinne einer textimmanenten Interpretation, bis heute dieselben geblieben:
‚1. Skizzieren Sie das Verhältnis zwischen Vater und Kind. 2. Deuten Sie das Motiv des Rucksacks. 3. Kommentieren Sie den hier verhandelten Welt- und Abenteuerbegriff. 4. Setzen Sie den Text mit der Ihnen bekannten Redewendung „Es geht um Kopf und Kragen" in einen sinnstiftenden Zusammenhang. 5. Kommentieren Sie die Symbolik und interpretieren Sie unter 6. folgenden Satz auf S. 47: „Nachts liege ich neben ihm unter der Decke und möchte warten, bis sein Atem so kurz wird, dass er ganz verschwindet, aber mein Schlaf ist noch kürzer." (Aus: *Wort und Sinn*, 1999). (Hoppe 2012, S. 40–41)

Auch an dieser Stelle handelt es sich um Pseudo-Intertextualität, genauer: um ein **Parazitat** im Sinne von Oraić Tolić (1995, S. 34–35), also ein Zitat aus einem nicht existierenden Text, denn die Zeitschrift *Wort und Sinn* (wohl eine Verquickung von *Sinn und Form* und *Wirkendes Wort*) gibt es nicht. Doch auch hier bezieht sich das Parazitat auf etwas sehr wohl Existierendes und Bekanntes, nämlich auf die Struktur der Aufgabenstellungen zu interpretativen Deutschaufsätzen.

Der ausführlich zitierte (fiktive) Aufsatz einer gewissen (fiktiven) Yasmine Brückner über Tiere in Hoppes Texten (Hoppe 2012, S. 62–63) hingegen wirkt weniger parodistisch als vielmehr Hoppes eigenen Stil imitierend. So verwundert es auch nicht, dass sich seine Metaphorik in den Textfluss einfügt und zwischen dem zuvor verhandelten Thema (Tiere im Leben ‚Hoppes') und dem anschließenden (Eishockey) vermittelt. Während Hoppe also mit „fh" eine dezidiert andere Erzählstimme in ihren Text einfügt als diejenige, die ihre literarischen Texte bisher prägte, und diese neuartige Erzählstimme nun die klassische Hoppesche Erzählstimme nur noch als Zitat aus echten und erfundenen Texten von ‚Hoppe' erklingen lässt, schmuggelt sie mit der fiktiven Interpretin Yasmine Brückner gewissermaßen eine stilistische Wiedergängerin von ‚Hoppe' in den Text ein.

Neben den offensichtlich fingierten Zitaten und Verweisen gibt es noch **andere ostentative Signale** im Text, die darauf verweisen, dass man sich als Leser/in hier auf nichts verlassen darf. So heißt es am Anfang des Textes:

> Und, last but not least, zwei Jahrzehnte später, Hoppes legendärer Auftritt auf einem Podium in Tokio, als sie aus dem Stegreif einen knapp zweistündigen Vortrag zum Thema *Rucksack, Buckel, Fetisch* hält. Die Presse spekuliert über den Inhalt des mittlerweile angewachsenen Gepäckstücks [eines Rucksacks]: „Reine Leere. Verbergungsstrategien. Warum macht sie nicht einfach den Reißverschluss auf und lässt uns einen Blick ins Innere werfen?" (Hoppe 2012, S. 15)

Und sechzig Seiten weiter endet ein langes Zitat aus einem Aufsatz einer gewissen Tracy Norman mit dem Titel „Missing the Summer" über ‚Hoppes' angeblichen „Sommerkomplex" (ebd., S. 76), in dem von „gequälte[n] Rucksackträger[n]" und „ihrer Neigung zu Pelztieren" die Rede ist:

> „Hoppes Protagonisten vergnügen sich grundsätzlich nicht. Selbst wenn sie gelegentlich picknicken dürfen, geht es nicht um Entspannung, sondern auf höchst beklemmende Weise immer ums Ganze, um eine eiskalte deutsche Winterphilosophie. Warum macht sie nicht einfach den Reißverschluss auf und lässt uns einen Blick ins Innere werfen?" (Hoppe 2012, S. 77)

Die Wiederholung des identischen Satzes, der in beiden Fällen als Teil eines Zitats, allerdings angeblich von unterschiedlichen Urheberinnen, erscheint, deutet zunächst innerhalb von *Hoppe* von der zweiten auf die erste Stelle zurück. Beide Zitate verweisen zudem auf ihren jeweiligen Herkunftstext, der im ersten Fall nur äußerst vage mit „Die Presse" angegeben wird und im zweiten Fall nicht auffindbar ist, so dass ohnehin von Pseudo-Intertextualität, genauer: von **Parazitaten,** auszugehen ist. Durch den innertextuellen Verweis in Form der Wiederholung bekommen wir aber einen Hinweis auf die Fiktivität der beiden Zitate, der allerdings versteckt ist. Zu diesem Spiel mit dem angeblichen Zitat von Tracy Norman, das „fh" als unzuverlässige, falsch zitierende Erzählerin präsentiert, gehört auch, dass an anderer Stelle gerade der fiktiven Tracy Norman Unzuverlässigkeit vorgeworfen wird. Dort weist „fh" nämlich nach, dass diese sich wiederholt irrt: „Hier allerdings irrt Tracy Norman (nicht zum ersten Mal)" (ebd., S. 163). Sie merkt an, dass ‚Hoppes' Protagonist/innen überwiegend „alles andere als erfunden" (ebd., S. 163) seien, und führt dies an einem Beispiel aus.

Das Spiel, das Hoppe (auch) durch den Einsatz von Intertextualität betreibt, lässt sich in eine **in der Gegenwartsliteratur deutlich bemerkbare Tendenz** einordnen, mit gebildeten und im Umgang mit derartigen Textstrategien geschulten Rezipient/innen zu rechnen und deren einschlägige Fähigkeiten auch zu fordern. Die Konjunkturen literaturwissenschaftlicher Forschungsfelder wie etwa der Intertextualitätsforschung schlagen sich vermittelt über das akademische Studium nicht nur bei Autor/innen, sondern durch den Widerhall in den Feuilletons auch in breiteren Leserkreisen nieder. Daher verwundert es nicht, dass ähnlich wie bei der Selbst- oder Metareferenz **Überbietungsphänomene** oder Versuche der Potenzierung, aber auch das Erschließen bisher vernachlässigter Nischen zu beobachten sind. Bei Hoppe finden sich neben klassischen Formen der Intertextualität als Verweis auf Einzeltexte insbesondere das Formzitat, und zwar in der Regel als miteinander verschränkte Bezüge auf mehrere Textklassen, sowie der auto-intertextuelle Verweis auf eigene Texte und Pseudo-Intertextualität. In *Hoppe* verbindet sie diese drei Ausprägungen von Intertextualität, indem sie Verweise auf eigene existierende Texte mit Verweisen auf eigene und fremde fiktive Texte und teilweise darüber erst konstituierten Verweisen auf Textklassen zu einem komplexen Ganzen zusammenfügt. Das Spiel mit Wirklichem und Erfundenem, Eigenem und Fremdem, Leben und Werk ist zweifellos für die Literatur selbst konstitutiv, aber es wird hier durch eine systematische Anwendung weniger verbreiteter intertextueller Strategien auf eine Ebene des ‚höheren Juxes' (um Thomas Mann zu paraphrasieren) gehoben.

5.2 Metareferenz und Intermedialität bei Thomas Lehr

Gerade ein Erzählen, das sich auf die Authentizität des tatsächlich Geschehenen beruft oder auch nur damit spielt – sei es, dass historische Fakten in die Darstellung integriert werden, sei es, dass eine persönliche Lebensgeschichte zumindest mit dem Anspruch der Stimmigkeit des emotionalen Erlebens gestaltet wird – kommt um den **Aspekt der Erinnerung** nicht herum. Geschehen muss zunächst erinnert werden, bevor es erzählt werden kann, und zwischen die Erinnerung, die ihren eigenen Gesetzmäßigkeiten folgt, und das konkrete Erzählen schiebt sich zwangsläufig die metanarrative Reflexion über die sinnvolle Art der Präsentation. Diese kann jedoch auch metamediale Züge annehmen, denn eine Darstellung von Erinnertem ist grundsätzlich in verschiedenen Medien möglich. Damit ist verknüpft, dass die Erinnerung selbst sich bestimmter Medien bedienen kann, die dann in ein Verhältnis zu den Medien der Darstellung der Erinnerung treten. Was wir über die Vergangenheit wissen, wissen wir auch durch Fotografien, Filme, Objekte in Museen, durch Monumente und Erinnerungsorte, Stadtanlagen, wichtige Gebäude und Ruinen. Die kollektive oder persönliche Erinnerung können wir wiederum in Romanen, Filmen oder Museen gestalten. Und auch die Rezeption solcher Gestaltungen muss sich nicht in dem Medium vollziehen, für das sie ursprünglich produziert wurden, sondern wir können etwa einen Roman auch zunächst oder ausschließlich über seine Verfilmung, eine Rezension oder ein Interview mit dem Autor oder der Autorin rezipieren (vgl. Böhn 2010).

Thomas Lehrs Roman *Nabokovs Katze* (**1999**) setzt sich selbst als Erinnerungsmedium in Konkurrenz zum Spielfilm. Der Text ist metafiktional und intermedial in dem Sinne, dass er Fiktion als Fiktion thematisiert, aber auch als etwas, das sich bestimmter medialer Möglichkeiten bedient, die in Konkurrenz zu anderen denkbaren Medien stehen, und diese spezifische Medialität im Zusammenhang mit der Fiktionalität in ihrer Rolle für die Konstitution von Erinnerung reflektiert. Der Text beginnt mit einem ‚vorläufigen Ende', so der Titel des Prologs vor dem ersten Kapitel (Lehr 1999, S. 9). Dessen erster Satz lautet: „Die Geschichte der Erfindung Camilles könnte in der Badewanne beginnen oder in einem Bordell in Mexiko City, wo es zum Äußersten kommt" (ebd., S. 11). Die Geschichte der erotischen Faszination des Protagonisten Georg von seiner Jugendliebe Camille, als die der Klappentext den Roman präsentiert, verschiebt sich hier schon zur Geschichte „der Erfindung Camilles" und zum Ringen um deren Erzählbarkeit, das in dem Konjunktiv „könnte" und den anschließenden Alternativen deutlich wird:

> Auch eine Intensivstation der Zukunft wäre als Ausgangspunkt vorstellbar mit Flachbildschirmen, auf denen vor den Augen der Sterbenden der Film ihres Lebens vorüberzuckt, dank des direkten Zugriffs auf ihren Gedächtnisspeicher. Georg denkt weiterhin an den mit Hollywood-Plakaten dekorierten Keller eines Einfamilienhauses […]. „Camille ist heilig wie Dantes Beatrice […]. Sie ist oberflächlich wie das Kino. Sie ist ein Bild, ein Schatten, die selbsterschaffene Statue, die der König Pygmalion in sein Bett legte, um sie zu beschlafen!" (Lehr 1999, S. 11)

Handelt es sich also um eine Figur eines Films, inspiriert von Hollywood und Dante, ein Bild, ein Schatten, eine Statue, die aus der Erinnerung aufsteigt, für die der Film, als den man angeblich kurz vor dem Sterben sein Leben sieht, nur als Metapher steht, die aber in der Zukunft vielleicht tatsächlich als Film externalisiert werden kann? Oder handelt es sich vielmehr um ein ‚selbsterschaffenes' Wesen, das eben nur Bild, Schatten, Statue ist, sich aber dann verlebendigt oder zumindest scheinbar verlebendigt (wie die Bilder im Film), so dass die Erinnerung daran von der Erinnerung an tatsächlich Gekanntes und Erlebtes nicht mehr klar zu unterscheiden ist? Von dieser sich gleichermaßen aufdrängenden und entziehenden Figur möchte Georg erzählen. „‚Ich muß das Ende erst noch erfinden', sagt Georg […]. ‚Dabei weiß ich nicht einmal den Anfang.'/‚Erfinde den doch auch', schlägt [sein Freund] Hermann vor. ‚Oder fang dort an, wo du gerade bist'" (Lehr 1999, S. 11). Wo und wann das ist, wird den Leser/innen durch die

5.2 Metareferenz und Intermedialität bei Thomas Lehr

folgende Notiz Georgs klargemacht: „Manhattan, Dezember 1994. Das Jahr des Hundes geht zur Neige. Kurz kann er über diese drei Zeilen lachen wie über seine ganze hundserbärmliche Geschichte. Immerhin./Nein, er wird nicht in New York beginnen, sondern mit der Erfindung eines sentimentalen und womöglich in Schwarzweiß zu filmenden Endes, das im Jahr 1995 spielt. Drehort: Heidelberg" (Lehr 1999, S. 12).

Dieses fiktive, von der Gegenwart der Erzählung aus gesehen in der Zukunft liegende Ende, das jedoch als Ende eines Films und nicht eines Romans erscheint, wird im Folgenden ausgeführt und ermöglicht Georg den ersehnten Einstieg ins Erzählen, anscheinend gerade wegen seiner Fiktivität und Irrealität. Das erfundene Ende ist der ersehnte Anfang. Die im Präsens gehaltene Er-Erzählung von der Suche nach einem Erzählanfang, mit der der Roman beginnt und die die Leser/innen schon sehr eng an Georgs Perspektive und Erleben bindet, verschiebt sich in der Folge zur gewissermaßen noch intimeren Ich-Erzählung im Präsens, die uns direkt am Schreibprozess teilnehmen lässt. Der Beginn des Erzählens/Schreibens ist durch Erfindung und damit durch **Distanzierung vom Realen** gekennzeichnet. Dem entspricht der Wechsel ins Präteritum:

> Camille hieß nicht Camille. Ich tippe das ein./„Past tense, nice", sagt Mary. „Es war einmal! Wie geht es weiter mit Camille, die nicht Camille hieß? Was folgt nun?"/„Die Hölle. Präteritum. Nicht verfilmbar."/„Und weiter?"/„Nach der Hölle? Was weiß ich! Ich weiß nur, daß am Eingang der Hölle Camille steht, die auf mich gewartet hat."/„Also: Es waren einmal Georg und Camille ..." (Lehr 1999, S. 16)

Mit dem Erreichen der ‚klassischen' Kombination von Er-Erzählung und Präteritum und der Erinnerung an den wirklichen Anfang im Jahre 1972 endet der Prolog, allerdings selbst noch in der Ich-Form gehalten – und zugleich scheint sich der Text damit zu entscheiden, nicht mehr Metafiktion, sondern Fiktion und zudem kein Film-Drehbuch, sondern ein Roman sein zu wollen: „Was sagst du? Es klingt besorgt. Ja, jetzt höre ich es wieder, am Eingang zur Hölle: Bist du sicher, daß deine Eltern nicht da sind?/Und ich nickte bedächtig – und Schluß, Klappe, Präteritum" (Lehr 1999, S. 17). Der direkt anschließende Beginn des ersten Kapitels des ersten Teils lautet: „‚Bist du sicher, daß deine Eltern nicht da sind?' fragte Hermann (besorgt)./Georg nickte (bedächtig)" (Lehr 1999, S. 21).

Doch trotz dieser zwischenzeitlichen Wendung zum traditionellen fiktionalen Erzählen präsentiert sich der Roman überwiegend weniger als Erzählung von der Beziehung zwischen Georg und Camille denn als Erzählung davon, wie Georg versucht, sich an Camille zu erinnern und von dieser Beziehung zu erzählen, wobei er zwischen **verschiedenen medialen Möglichkeiten** wechselt, zwischen literarischem Erzählen, zwischen Filmen, die über die teilweise drehbuchartige Beschreibung einzelner Szenen in den Romantext integriert werden, und schließlich E-Mails und digitaler dreidimensionaler Animation:

> Hier sollte die Geschichte wie folgt enden: Exit without saving? (Y)es, (N)o or (A)bort. Dies nämlich ist mein interaktiver Lieblingssatz. Die unsichtbaren Luftkameras unserer Erzählung sind an den nahezu durchsichtigen Körpern der Engel befestigt, die Du mit

dem Mauszeiger im Menü der Observationsmittel anklicken und über die bewegliche, auf ein feingehäkeltes Moskitonetz von ungefähr 1024 mal 768 Pixeln aufgerasterte 3D-Fotografie der Stadt Heidelberg ziehen kannst, um jedweden Einblick zu haben oder Überblick zu verlieren. (Lehr 1999, S. 496)

Hier durchdringen sich intermedial **literarische Erzählung, Film und digitale Animation** in den (filmischen) ‚Luftkameras' der (literarischen) ‚Erzählung' an den (digitalen) ‚Körpern der Engel', mit denen man sich über den Handlungsort des Geschehens erheben und dadurch im wörtlichen Sinne eine meta-fiktionale Perspektive einnehmen kann. Diese Er-, wenn nicht Überhebung, die die Geschichte in ein Computerspiel verwandelt, in dem man im Unterschied zu einem Roman oder Film als Rezipient/in immer wählen kann und selbst nach dem Tod des eigenen Avatars noch weitere Leben zur Verfügung hat, wird jedoch sogleich zurückgebunden an das reale Heidelberg und ein dortiges Erinnerungsobjekt. Der Heidelberger Brückenaffe erinnert an den mittelalterlichen Brückenaffen, der an derselben Stelle stand, und an eine Weltsicht, die heute nicht mehr unmittelbar geläufig ist und die im Akt des Beschreitens einer Brücke über einen Fluss, in dem Verbindendes und Trennendes sich eng verschränken, einen Anlass zur selbstbezüglichen Reflexion auf die eigene Existenz sah. Er weckt aber auch in Georg Erinnerungen:

Aber nachdem ich das Ringelsockentor durchschritten und mich nach rechts gewandt hatte, hielt mir der Heidelberger Affe den Spiegel vors Gesicht. Vor Jahren hatte ich einmal von diesem Affen gelesen und daran gedacht, am Anfang eines meiner Filme eine solche Figur zu verwenden. Die Idee war mir dann zu herablassend und zu übermütig erschienen, aber das mittelalterliche Heidelberg war fröhlich genug gewesen, an seinem Stadttor das Publikum aufzufordern, sich im Affenspiegel zu vergleichen. Daß es in der Stadt nun wieder einen solchen Affen gab, überraschte mich mehr, als ihn persönlich anzutreffen. Es handelte sich um eine moderne Bronzeskulptur, wohl in den achtziger Jahren hergestellt, einen schäferhundgroßen Mandrill, der den Spiegel mit einer Hand, fast wie einen Ping-Pong-Schläger beim Abfangen eines schwach geschlagenen gegnerischen Balls, hielt. Er saß auf seinem Sandsteinpodest mit einem wie mir schien wundersamen Gespür für seine Notwendigkeit; auf seinen gespitzten Lippen jedoch lag das Lächeln der Kontingenz. (Lehr 1999, S. 500–501)

Der Affe wird hier zur Allegorie, die die Notwendigkeit der Reflexion und die Unausweichlichkeit der Kontingenz gleichermaßen verkörpert. Hierauf reagiert das **Wechselspiel von Fiktion und Metafiktion,** das die Notwendigkeit der Wahl, die die Fiktion konstituiert, und die Zufälligkeit des Gewählten, die die Metafiktion deutlich macht, als zwei Seiten einer Medaille (oder eines Spiegels) präsentiert.

5.3 Inter- und Paratextualität bei Wolf Haas

Wolf Haas' Roman *Das Wetter vor 15 Jahren* (**2006**) hat mit Lehrs Text gemeinsam, dass er die narrative Vermittlung einer fiktionalen Geschichte auf Umwegen ins Werk setzt, die die Vermittlung und die Medien, die er benötigt,

5.3 Inter- und Paratextualität bei Wolf Haas

hervorhebt. In beiden Texten geht es um Erinnerung, um eine zeitliche Differenz, die es zu überwinden gilt, und um die Mittel, die dies ermöglichen. Haas löst in *Das Wetter vor 15 Jahren* den Roman, als der das Buch im Untertitel bezeichnet wird, in einem fingierten Interview mit einer Literaturkritikerin auf. Der Untertitel ‚Roman' ist also alles andere als redundant. Denn auf den ersten Blick handelt es sich hier nicht einmal um einen erzählenden Text, sondern eben vielmehr um ein Interview einer im Text unter ‚Literaturbeilage' firmierenden Kritikerin mit dem Autor über seinen neuen Roman.

Während uns Leserinnen und Lesern das Interview als fiktionaler Text vorliegt, erfahren wir von dem Roman nur durch dieses Interview. Seine Handlung wird dennoch lückenlos rekonstruierbar: Vittorio Kowalski aus dem Ruhrgebiet fährt mit seinen Eltern jedes Jahr in den österreichischen Ort Farmach, um dort Ferien zu machen, und verliebt sich in die Tochter der Betreiber der Pension, Anni Bonati. Als die beiden vor einem plötzlich aufziehenden Gewitter in die Schmugglerhütte von Annis Vater fliehen und dieser unweit der Hütte durch das Unwetter ums Leben kommt, reist Vittorios Familie überstürzt ab, um nie mehr wiederzukehren. Vittorio jedoch kultiviert die Erinnerung an das Jugenderlebnis, indem er sich jeden Tag über das Wetter in Farmach informiert und dieses im Gedächtnis behält. Mit dieser außergewöhnlichen Fähigkeit tritt er schließlich in der Fernsehsendung *Wetten, dass …?* auf, wodurch der Schriftsteller Wolf Haas auf ihn aufmerksam wird und beschließt, seine Geschichte in einem Roman zu verarbeiten. Er versucht, Kowalski aufzuspüren, reist ihm nach Farmach hinterher, wo sich die Ereignisse dramatisch zuspitzen und die Geschichte in Gegenwart des Autors insofern zu ihrem Ende kommt, als Anni und Vittorio letztlich doch ein Paar werden, was wiederum Wolf Haas erlaubt, seinen Roman abzuschließen.

Diese lineare Rekonstruktion ergibt sich aus dem vorliegenden Gespräch zwischen „Literaturbeilage" und „Wolf Haas", in dem die Handlung jedoch in einer **Fülle von Vor- und Rückverweisen, Kommentaren und kritischen Bemerkungen** eingeschachtelt ist, die sich vorgeblich auf die ebenfalls nicht durchgehend lineare Darstellung im Roman beziehen. Auch hier wird wie bei Lehr der Anfang eigens zum Thema gemacht, und zwar der Anfang sowohl des Interviews als auch des Romans. Der Text beginnt nach der Kapitelüberschrift „Erster Tag" wie folgt:

> *Literaturbeilage* Herr Haas, ich habe lange hin und her überlegt, wo ich anfangen soll.
> *Wolf Haas* Ja, ich auch.
> *Literaturbeilage* Im Gegensatz zu Ihnen möchte ich nicht mit dem Ende beginnen, sondern –
> *Wolf Haas* Mit dem Ende beginne ich streng genommen ja auch nicht. Sondern mit dem ersten Kuss.
> *Literaturbeilage* Aber es ist doch ürgendwie [sic!] das Ergebnis der Geschichte, die Sie erzählen. Oder meinetwegen der Zielpunkt, auf den alles zusteuert. Streng chronologisch gesehen würde das an den Schluss der Geschichte gehören. Ihr Held hat fünfzehn Jahre auf diesen Kuss hingearbeitet. Und am Ende kriegt er ihn endlich. Aber Sie schildern diese Szene nicht am Schluss, sondern ziehen sie an den Anfang vor. (Haas 2006, S. 5)

Der selbstreferentielle Beginn des Interviews mit dem Raisonnement über eben diesen Beginn geht über in die **metafiktionale Auseinandersetzung** über den Beginn des Romans, dessen Fiktionalität im Interview immer wieder relativiert wird. Denn es soll ja eine Geschichte geben, die sich tatsächlich zugetragen hat, und die der Autor bei der Transformation in seinen Roman nur möglichst schonend verändert, um sie den ästhetischen Erfordernissen anzupassen. So werden die Abweichungen von der realen Vorlage herausgestellt und diskutiert. Als sich der Autor allzu sehr auf die Vorgaben der Realität beruft, widerspricht ihm die Literaturkritikerin:

> *Literaturbeilage* Sie argumentieren, eine reale Figur hätte Ihnen keine Wahl gelassen? Da kommen mir doch einige sehr dezidierte Aussagen zu Ihren früheren Büchern in den Sinn, wo Sie sich stets von dem ‚naiven Realismus' distanzieren, der die meisten Krimis kennzeichne.
> *Wolf Haas* Das hab ich früher nur gesagt, weil ich zu faul zum Recherchieren war.
> Literaturbeilage Ach ne!
> *Wolf Haas* Ich finde es viel leichter, eine Geschichte zu erfinden. Wo man mit keinem reden muss. […].
> *Literaturbeilage* Die Reise des Herrn Haas in die Würklichkeit [sic!]. (Haas 2006, S. 44)

Die Textfigur ‚Wolf Haas', die mit dem realen Wolf Haas unter anderem teilt, dass beide mit einer Reihe von Kriminalromanen bekannt geworden sind, präsentiert sich also als Autor, der sich erstmals von einer wahren Geschichte und damit von der „Würklichkeit" leiten ließ, deren Verlauf wie auch deren romanhafte Transformation wir aber nur über das metafiktionale und **pseudo-auto-intertextuelle Spiel** von Haas' Text *Das Wetter vor 15 Jahren* kennen lernen. Diese Vermittlung ersetzt das zu Vermittelnde völlig und entlarvt damit ihren Vermittlungscharakter als Fiktion. „Autoren beklagen sich ja oft bitter darüber, dass in der Zeitung schon vorab die ganze Handlung verraten wird" (Haas 2006, S. 5). Genau dies geschieht hier ebenfalls und macht damit den ohnehin inexistenten Roman überflüssig. Der vorliegende Text ist beides zugleich und beides ist unauflöslich ineinander verschränkt: Roman und mediale Vermittlung des Romans im Interview (vgl. Assmann 2013), angeblich wahre Geschichte und deren Verarbeitung im Roman, Fiktion und metafiktionaler Kommentar (vgl. Jaumann 2010). Der Roman-im-Interview zieht seinen verführerischen Reiz aus einer 15 Jahre lang aufgeschobenen Liebesgeschichte, auf deren Erfüllung jedoch zu Beginn mit der Vorwegnahme des Kusses schon verwiesen wird; das Interview lockt die Leserinnen und Leser mit den stückweise dargebotenen Informationen über diese Geschichte, die sie ja auf anderem Wege nicht bekommen können; und die ‚Literaturbeilage' lässt sich von den Auslassungen in Romantext und dem bisherigem Verlauf des Interviews zu Nachfragen an ‚Wolf Haas' hinreißen, die aber nur außerhalb des Interviews beantwortet und damit auch uns vorenthalten werden:

> *Literaturbeilage* So lassen Sie Vittorio Kowalski überhaupt nichts von den entscheidenden Minuten im Schmugglerlager erzählen, nachdem die beiden sich splitternackt ins dampfende Heu gelegt haben. […] Herr Haas, was hat sich in den Minuten, als

5.3 Inter- und Paratextualität bei Wolf Haas

Herr Bonati verzweifelt an den verriegelten Eingang seines Schmugglerlagers hämmerte, würklich zwischen den beiden Kindern abgespielt?
Wolf Haas Meinetwegen. Wenn du es unbedingt wissen willst, kann ich dir ja verraten, wie es wirklich war. Aber da musst du vorher das Aufnahmegerät ausschalten.
Literaturbeilage Ach, du kannst es mir auch so erzählen. Ich lass es dann einfach weg, wenn du es nicht drin haben möchtest.
Wolf Haas Schalt lieber aus, dann kann ich dir wirklich alles erzählen.
Literaturbeilage Na gut, aber erinnere mich auf jeden Fall daran, dass ich wieder einschalte, wenn wir dann über Frau Ba. (Haas 2006, S. 223–224)

So endet der Text, indem er auf die Wirklichkeit verweist und damit das erotische Spiel von Zeigen und Verschweigen, Rätsel und Lösung, Versprechen und Verweigerung vorführt, das fiktionales Erzählen charakterisiert. Zumindest auf Spannung angelegtes literarisches Erzählen kann nur funktionieren, wenn wir etwas erfahren wollen, was es nicht gibt und das mithin weder erfahren noch im eigentlichen Sinne gewusst, sondern eben nur erfunden werden kann. Dies stellt ein Paradox dar, das einen wichtigen Teil der **„willing suspension of disbelief"** (Coleridge 1817, S. 2) ausmacht, die die Praxis des Umgangs mit Fiktionalität konstituiert. Erst das Absehen von der Nicht-Existenz des Fiktiven macht erfundene Geschichten als ergebnisoffene erlebbar und damit spannend. Die vorgebliche Behauptung der Realität eröffnet den Raum für das Spiel des Fiktionalen, das das Reale zugleich als sein Jenseits ausschließt und die gewünschte Erfüllung damit ins Unendliche verschiebt.

Es ist kein Zufall, dass in den drei in diesem Kapitel behandelten Fallstudien das Verhältnis von **Fiktion und Realität** eine ebenso große Rolle spielt wie **Intertextualität** und daneben auch **Intermedialität,** denn beides steht in einem engen Zusammenhang miteinander. Wenn es sich nicht um Fiktion handeln würde und dem Erzählen ein reales Geschehen vorausliegen würde, so könnte dieses die Form einschließlich der Medialität des Textes (im weiteren Sinne von Medientext) bestimmen oder zumindest nahelegen. Da dies jedoch nicht der Fall ist, kann ebenso gut eine imaginierte Geschichte ihre Erzählung wie eine angezielte Form oder ein gewähltes Medium die dazu passende Geschichte bedingen. Die entscheidende Referenz, die der fiktionalen Produktion den Rahmen setzt, liegt im Universum der (Medien-)Texte und den in ihm enthaltenen Einzeltexten, medialen Formen, Gattungsmustern, para- und metatextuellen Verweisungszusammenhängen etc. Insofern kann auch der Versuch von Leserinnen und Lesern, fiktionale Texte über ihre Autor/innen auf eine Wirklichkeit zurückzubeziehen, nämlich die ihrer Urheberin bzw. ihres Urhebers, nur in Paradoxien führen.
Auch die Rolle des Autors/der Autorin erscheint als intertextueller Effekt, der aus seinen Texten und sich auf diese beziehenden Texten resultiert. Dieser Effekt ist simulierbar durch Bezüge auf fiktive Texte, was bei Hoppe zu einer alternativen (erfundenen) Autobiographie führt. Der Autor kann zu einer Figur in der Fiktion wie bei Haas werden, die über ein fiktives Werk spricht und dieses damit indirekt zu einem realen werden lässt. Eine behauptete Erinnerung an real Erlebtes kann zum Ausgangspunkt einer Reflexion über die medialen Möglichkeiten ihrer

Gestaltung werden wie bei Lehr und im Ergebnis zu einem intermedialen Metaroman führen. Insofern zeigen die drei Fallstudien, dass die eigentliche Arbeit der fiktionalen Textproduktion sich im ‚Dazwischen' der vorhandenen Texte, Formen und Medien vollzieht und danach strebt, aus dem Vorgefundenen neue intertextuelle und intermediale Konstellationen zu erschaffen.

Literaturverzeichnis

Haas, Wolf: *Das Wetter vor 15 Jahren. Roman.* Hamburg 2006.
Hoppe, Felicitas: *Picknick der Friseure. Geschichten.* Reinbek 1996.
Hoppe, Felicitas: *Verbrecher und Versager: Fünf Porträts.* Hamburg 2004.
Hoppe, Felicitas: *Johanna.* Frankfurt a. M. 2006.
Hoppe, Felicitas: *Pigafetta.* Reinbek 1999.
Hoppe, Felicitas: *Hoppe. Roman.* Frankfurt a. M. 2012.
Lehr, Thomas: *Nabokovs Katze. Roman.* Berlin 1999.
Assmann, David-Christopher: „Sich selbst ausstellen. Literaturvermittlung und Autoreninterview bei Wolf Haas". In: Katerina Kroucheva/Barbara Schaff (Hg.): *Kafkas Gabel. Überlegungen zum Ausstellen von Literatur.* Bielefeld 2013, 297–322.
Böhn, Andreas: „Metafiktionalität, Erinnerung und Medialität in Romanen von Michael Kleeberg, Thomas Lehr und Wolf Haas". In: Alexander Bareis/Frank Thomas Grub (Hg.): *Metafiktion. Analysen zur deutschsprachigen Gegenwartsliteratur.* Berlin 2010, 11–34.
Böhn, Andreas: „Schatzsuche und falsche Fährten. Intertextualität bei Hoppe". In: Michaela Holdenried (Hg.): *Felicitas Hoppe: Das Werk.* Berlin 2015, 253–266.
Coleridge, Samuel Taylor: *Biographia Literaria; or, Biographical Sketches of My Literary Life and Opinions. Bd. II.* London 1817.
Genette, Gérard: *Palimpseste. Die Literatur auf zweiter Stufe* [franz. 1982]. Frankfurt a. M. 1993.
Gutjahr, Ortrud: „Der Entdeckungsbericht des Anderen. Erreiste Intertextualität in Felicitas Hoppes Pigafetta". In: Christof Hamann (Hg.): *Ins Fremde schreiben. Gegenwartsliteratur auf den Spuren historischer und fantastischer Entdeckungsreisen.* Göttingen 2009, 239–265.
Holdenried, Michela: „Ein unbekannter Stubengenosse Schillers, das Tropenverdikt Ottiliens und die Suche nach dem Berbiolettenfell. Anmerkungen zur postmodernen Zitationspraxis und Autorschaft im Werk von Felicitas Hoppe" (2005), (https://www.goethezeitportal.de/fileadmin/PDF/kk/df/postkoloniale_studien/holdenried_hoppe.pdf (01.09.2020).
Jaumann, Michael: „‚Aber das ist ja genau das Thema der Geschichte!' Dialog und Metafiktion in Wolf Haas' Das Wetter vor 15 Jahren". In: J. Alexander Bareis/Frank Thomas Grub (Hg.): *Metafiktion. Analysen zur deutschsprachigen Gegenwartsliteratur.* Berlin 2010, 203–225.
Oraić Tolić, Dubravka: *Das Zitat in Literatur und Kunst. Versuch einer Theorie.* Wien 1995.
Pailer, Gaby: „*Hoppe*, Hockey und der reisende Puck. Selbst(er)findung und kanadische Kindheit in Felicitas Hoppes fiktionaler Auto/Biografie". In: Michaela Holdenried (Hg.): *Felicitas Hoppe: Das Werk.* Berlin 2015, 161–172.
Wehdeking, Volker: *Generationenwechsel. Intermedialität in der deutschen Gegenwartsliteratur.* Berlin 2007.

Sampling und Remix Culture

Inhaltsverzeichnis

6.1 Intermediale Formzitate in GAME OF THRONES 1995 STYLE 238
6.2 Virgil Widrichs FAST FILM als Datenbanknarrativ. 245
Literaturverzeichnis 253

Die dieses Buch abschließenden beiden Fallstudien widmen sich **zeitgenössischen Formen von Intermedialität und Intertextualität,** die sich mit dem ursprünglich in der Literaturwissenschaft geprägten Vokabular nur noch bedingt fassen lassen. Daher soll dieses Kapitel die Notwendigkeit aufzeigen, das analytische Instrumentarium der Intertextualitäts- und Intermedialitätsanalyse zu aktualisieren und um Konzepte und Begriffe zu erweitern, die jenseits des Bereichs der Literatur und des Films geprägt wurden. Insbesondere der Diskurs der *Sound Culture* (s. Abschn. 3.4) wird sich hier als hilfreich erweisen, aber auch Konzepte wie das „intermediale Formzitat" oder die Mediennostalgie (s. Abschn. 3.5).

Die beiden Beispiele, die im Zentrum dieses letzten Kapitels stehen, rufen auf jeweils sehr unterschiedliche Art und Weise komplexe Verweisungsgefüge auf und zeigen damit gewissermaßen die Grenzen des Zitatbegriffs auf. Das erste Beispiel, ein kurzes Webvideo, stammt aus dem Bereich dessen, was häufig als ‚**Remix Culture**' bezeichnet wird. Diese Bewegung beruht, trotz zahlreicher Vorläufer bereits vor dem sogenannten Computerzeitalter, wesentlich auf der ständigen Verfügbarkeit eines immensen Fundus an kulturellen ‚Texten' in und durch digitale Medien, die gleichzeitig niederschwellige Möglichkeiten bieten, selbst transformativ mit dem Vorgefundenen umzugehen. Bewusst wurde dafür ein Beispiel gewählt, das auf den ersten Blick vergleichsweise einfach gestrickt zu sein scheint, bei näherer Betrachtung jedoch erstaunlich komplex gelagert ist.

Im Zentrum der zweiten Fallstudie steht der experimentelle Animationsfilm *Fast Film* des österreichischen Regisseurs und Medienkünstlers Virgil Widrich.

Auf spielerische Art und Weise gelingt es diesem Kurzfilm, die Grenzen nicht nur des Zitatbegriffs, sondern auch der Unterscheidung zwischen Animations- und Realfilm aufzuzeigen. Mit seiner **Potenzierung der Dimension der Interfilmizität** (s. Abschn. 2.1.3) präsentiert *Fast Film* eine komplexe Reflexion des Bildgedächtnisses (s. Abschn. 2.1.1) des Hollywood-Films, dessen narrative und generische Konventionen gleichzeitig ausgestellt werden.

6.1 Intermediale Formzitate in GAME OF THRONES 1995 STYLE

Die Eigenproduktionen des US-amerikanischen Pay-TV-Senders HBO beginnen seit Mitte der 1990er Jahre mit jener in Abschn. 3.1 bereits erwähnten und längst ikonisch gewordenen Introsequenz: Für einen kurzen Moment wird das Bild komplett schwarz, bevor sich von der Mitte aus das schwarzweiß gefleckte Rauschen ausbreitet, das charakteristisch für analoge Röhrenfernseher ist, die keinen sendenden Kanal empfangen. Die Tonspur wird währenddessen dominiert von dem akustischen Äquivalent dieses Phänomens, dem sogenannten weißen Rauschen. Aus diesem „Pixelchaos des schwarz-weißen Schnees erhebt sich schließlich der HBO-Schriftzug, begleitet von hymnischen Choralklängen" (Jahn-Sudmann und Starre 2013, S. 109). In den drei groß geschriebenen Buchstaben setzt sich das flirrende Schauspiel fort, während der Rest des Bildes schwarz wird. Zum Ende des Programms wird die Sequenz umgekehrt wiederholt: Das Fernsehbild wandelt sich zurück in Rauschen und zieht sich schließlich implosionsartig zur Mitte hin zusammen, so wie es Röhrenfernseher einst taten, wenn sie ausgeschaltet wurden.

Die nur fünf Sekunden lange Sequenz ahmt demnach den Akt des Ein- bzw. Ausschaltens des Fernsehers nach und markiert so Beginn und Ende eines Sonderraums, den der Sender emphatisch für sich beansprucht. Darüber hinaus lässt sich die kurze Logo-Sequenz auch als Versuch der **Sichtbarmachung der apparativen Konstitution des Fernsehens** oder, mit Paech (1997, S. 337), als Versuch der „Wiedereinschreibung (der Form) des Mediums auf der Seite der Form" begreifen, also als Intermedialität auf der Ebene perzeptiver Prozesse (s. Abschn. 2.3.2). Allerdings hat sich das Fernsehen als Medium seit der Einführung der Logosequenz in den 1990er Jahren ganz grundsätzlich verändert (vgl. Beil et al. 2012) – nicht nur, aber eben auch auf der Ebene seiner **Phänomenalität**. Die klobigen Röhrenfernseher sind inzwischen aus den Wohnzimmern verschwunden, ersetzt durch immer größer werdende HDTV-Geräte mit flachen LCD-Panels, die ein wesentlich breiteres Seitenverhältnis haben als die alten Fernseher. Während viele breitformatige Kinofilme nun bildfüllend ohne die früher eingesetzten schwarzen Streifen am oberen und unteren Bildrand gezeigt werden können, bleibt für das Zeigen älterer Fernsehproduktionen nur die Option, sie links und rechts mit sogar noch breiteren Rändern zu rahmen oder das Bildverhältnis falsch darzustellen und den Inhalt so zu verzerren. Auch das analoge Fernsehsignal, auf das die HBO-Logosequenz intermedial verweist, ist in den meisten Regionen inzwischen abgestellt worden. Dennoch fungiert das Flimmern des ‚toten Kanals' auch heute noch als Rahmung für die Serien des Senders und verweist so mediennostalgisch (s. Abschn. 3.5) auf die analoge Vergangenheit des Fernsehens.

Die Serienepisoden, die von diesem simulierten An- bzw. Abschaltvorgang gerahmt werden, verfügen in der Regel über eine weitere Binnenrahmung in Form eines Vor- bzw. Abspanns. Mit Genette (1989) lassen sich diese Sequenzen als Paratexte im engeren Sinn begreifen (s. Abschn. 1.1). Traditionell markiert der Vorspann den Übergang zwischen der Welt der in der Serienhandlung präsentierten Diegese und der Welt des Publikums. Ihm kommt in dieser Hinsicht also eine wichtige psychologische Funktion zu, die Fahlenbrach und Flückiger (2014) als **„affective priming"** beschreiben: Das Publikum wird affektiv eingestimmt auf das, was nach dem Vorspann folgt. Buhse (2014, S. 14–15) vergleicht den modernen Serienvorspann deshalb mit einer Konzertouvertüre: Er präfiguriert und verdichtet inhaltlich oder stilistisch die Themen der Serie und versucht dabei in der Regel, ein „vorauseilendes Gedächtnis der Serie zu inszenieren". Inzwischen haben die bis zu zwei Minuten langen Titelsequenzen vor allem der höher budgetierten Fernsehserien angloamerikanischer Sender eine „relative ästhetische Autonomie erlangt" (Bee 2016, S. 76) und sich zu einer **eigenständigen Kunstform** entwickelt, was auch daran liegt, dass der kurze Vorspann im Vergleich zur Serienhandlung mehr Spielraum für formale Experimente lässt.

Insofern überrascht es nicht, dass auf populären Videoportalen nicht nur diese Titelsequenzen selbst zu finden sind, sondern auch zahlreiche Remixes derselben. In der Tradition der ‚Movie Trailer Mashups' und ähnlicher Miniaturen aus dem Bereich der **Fankultur** stehend, erfreuen sich diese kurzen Video-Clips häufig großer Beliebtheit in sozialen Netzwerken, wo sie kommentiert und geteilt werden. Spätestens seit 2005 der Clip THE SHINING RECUT (2005, R.: Robert Ryang) auf YouTube veröffentlicht wurde, in dem Szenen aus Stanley Kubricks bekanntem Horrorfilm überzeugend zum vermeintlichen Trailer einer romantischen Komödie neu zusammengeschnitten wurden, floriert diese rekombinante Kunstform im Internet (vgl. Tryon 2009, S. 149–173; Hartwig 2012).

Für den Vorspann von GAME OF THRONES (2011–2019), HBOs bislang erfolgreichster Serienproduktion, finden sich zum Beispiel auf YouTube Remixes im Stil der ikonischen Introsequenzen anderer Serien wie BAYWATCH (NBC, 1989–2001), THE WIRE (HBO, 2002–2008), FRIENDS (NBC1994–2004) oder TRUE DETECTIVE (HBO 2014–2019), oder – **eher System- als Einzeltextreferenz** – im charakteristischen Stil japanischer Animes, der Filme des Marvel-Universums oder mit der 8-Bit-Grafik eines alten Computerspiels. Hinzu kommen zahlreiche Remixes, die für eine konkrete Dekade typische **visuelle Epochensignaturen** (s. Abschn. 3.5) nachahmen: etwa als Stummfilm der 1920er Jahre, im ‚1950s Style', im ‚1960s Saul Bass Style' oder im ‚1995 Style' (s. Abb. 6.1). Die Clips variieren dabei sehr stark in Hinblick auf Qualität und Professionalität. Die meisten wurden komplett von einzelnen Individuen am heimischen PC erstellt, einzelne jedoch wurden offensichtlich von einem professionellen Team produziert. Manche tauschen die eingängige Titelmusik der Serie einfach gegen andere Songs

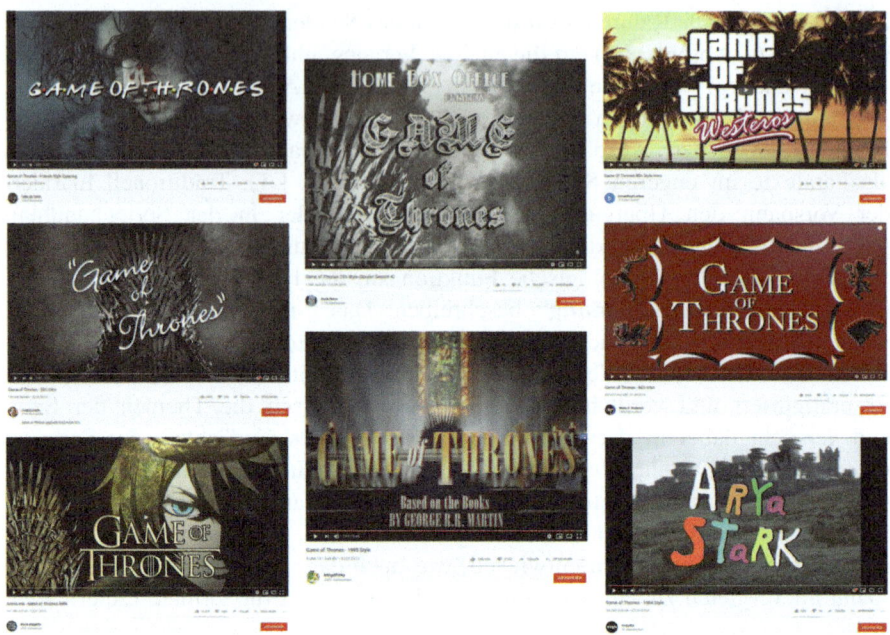

Abb. 6.1: Screenshots von Remix-Videos der GAME OF THRONES-Introsequenz auf YouTube (v.l.o.n.r.u.: „Friends Style Opening", „50's Intro", „Anime Mix", „20's Style", „1995 Style", „80's Style", „60's Intro", „1984 Style"), 2013–2016

aus, andere präsentieren komplett neue Interpretationen des Stücks, die meist das charakteristisch zwischen Moll und Dur changierende **Leitmotiv** beibehalten, aber auf andere Instrumente (etwa Saxofon statt Cello) setzen und insofern unter Gesichtspunkten der **Intermusikalität** (s. Abschn. 2.1.2.) betrachtet werden könnten.

Besonders erfolgreich (gemessen an den Abrufzahlen) und gewissermaßen stilbildend war dabei das letztgenannte Beispiel, GAME OF THRONES 1995 STYLE, weshalb dieser Remix hier ausführlicher untersucht werden soll (basierend auf der Analyse in Schrey 2017, S. 294–301). Hochgeladen wurde der Clip im März 2013 von Hunter Sanders, einem Amerikaner, über den nichts weiter öffentlich bekannt ist, als dass Filmschnitt sein Hobby ist. In der Videobeschreibung auf YouTube bezieht er sich explizit auf einen anderen Nutzer mit dem Benutzernamen ‚goestoeleven' als Inspirationsquelle. Dieser hatte kurz zuvor die Videoclips BREAKING BAD 1995 STYLE und THE WALKING DEAD 1995 STYLE auf derselben Plattform veröffentlicht. Auch diese beiden Remixes sind online noch abrufbar und präsentieren die Intros der jeweils titelgebenden Fernsehserien in einem ästhetisch stark verfremdeten Stil: nämlich so, *als ob* es sich dabei um typische Vorabendserien der 1990er Jahre handelte. GAME OF THRONES 1995 STYLE ist demnach gleich in doppelter Hinsicht ein **Pastiche** (s. Abschn. 1.1.3), denn spielerisch nachgeahmt wird nicht nur das Stilprinzip der beiden als Vorbilder

6.1 Intermediale Formzitate in GAME OF THRONES 1995 STYLE

dienenden Remix-Clips, sondern vor allem eine **historische Ausprägung der Medialität des Fernsehens** bzw. der Fernsehserie im Allgemeinen und ihres Vorspanns im Speziellen. Tatsächlich wird es sogar noch komplizierter, wie sich zeigen wird.

Innerhalb weniger Tage wurde das Video von Sanders über eine Million Mal aufgerufen – aktuell (im Sommer 2020) sind es über acht Millionen alleine auf YouTube, dazu kommen noch zahlreiche weitere Uploads des Clips mit Variationen des Titels, Veröffentlichungen auf anderen Plattformen sowie Versionen mit aktualisierter Musik – Remixes des Remixes sozusagen –, die teilweise ebenfalls mehrere Millionen Mal abgerufen wurden. Genau wie der Original-Vorspann der HBO-Serie dauert der Remix knapp zwei Minuten und ist damit selbst für heutige Verhältnisse relativ lang. Darin erschöpfen sich jedoch bereits die Gemeinsamkeiten zwischen Original und Remix. Zwar beginnt auch GAME OF THRONES 1995 STYLE mit dem charakteristischen schwarzweißen Flimmern des ‚toten Kanals' (bzw. in diesem Fall der unbespielten Videokassette), doch anstelle der eingangs beschriebenen HBO-Logosequenz folgt eine altmodisch wirkende und äußerst bunte Computeranimation desselben Schriftzugs (s. Abb. 6.2a). Es handelt sich der Jahreszahl im Titel des Clips entsprechend um die von HBO 1995 verwendete Logosequenz, die noch auf einen (damals wohl futuristisch anmutenden) CGI-Stil setzte, bevor sie dann ein Jahr später durch die

Abb. 6.2 a–d: Screenshots von GAME OF THRONES 1995 STYLE, 2013

noch heute verwendete Animation ersetzt wurde. Erst danach folgt das eigentliche Serienintro, das jedoch anders als das Original nicht zu einem virtuellen Kameraflug über die dreidimensional animierte Landkarte des fiktiven Kontinents Westeros ansetzt, sondern eine Montage von kurzen Szenen aus den ersten beiden Staffeln der Serie zeigt, unterlegt von einer Strophe des Songs *I Want It All* der britischen Band Queen, der bereits 1989 veröffentlicht wurde. Sanders' kreative Eigenleistung besteht demnach ausschließlich in der Kombination und der ästhetischen Verfremdung von bereits existierendem Material.

Gewählt wurden vor allem solche Einstellungen der Originalserie, die entweder handlungstragende Figuren in Nahaufnahmen zeigen oder sich durch ein gewisses Pathos in der Bildgestaltung auszeichnen: ein fliegender Falke in Untersicht (s. Abb. 6.2b), Ritter beim Turnier, auf eine nebelverhangene Brücke zureitende Recken. Die zentralen Figuren werden überwiegend in Form von zwei oder drei unterschiedlichen Gesichtsausdrücken vorgestellt (lächelnd, nachdenklich, bedeutungsvoll gen Horizont blickend), während die Namen der Schauspieler in simpler Typographie eingeblendet werden (s. Abb. 6.2c). Obwohl nur Material aus der sehr aufwändig produzierten Original-Serie verwendet wurde, entsteht so der Eindruck einer naiv-kitschigen Inszenierung, die kein Klischee sowohl des Fantasy-Genres als auch der 90er-Jahre-Vorabendserie auslässt. Explizit als Referenzpunkte erwähnt werden im Paratext der Videobeschreibung die Serie HERCULES: THE LEGENDARY JOURNEYS (NBC, 1995–1999) sowie deren erfolgreicheres Spin-Off XENA: WARRIOR PRINCESS (NBC, 1995–2001), das als „feminist camp" (Morreale 1998) gilt und bis heute einen gewissen Kultstatus genießt.

Die **Dimension der Intertextualität** wird also weiter verkompliziert: GAME OF THRONES 1995 STYLE imitiert nicht nur den Stil früherer Fan-Remixes und stellt einen fiktiven Serienvorspann im Stil der 1990er Jahre vor, sondern bringt (über den Paratext der Videobeschreibung) auch eine Serie der Gegenwart mit zwei Serien aus dieser Zeit in einen impliziten Dialog. Dabei zeichnen sich bereits diese beiden Bezugsserien durch eine komplexe Verweisungsdynamik aus – und das längst nicht nur, weil die eine Serie wie erwähnt auf einer Figur aus der anderen basiert:

> *Xena,* for example, may be regarded as a pastiche in the way it weaves a tapestry of images and themes from different cultures, mythological and Biblical traditions, and historical time periods. We see characters that range from Julius Caesar to Santa Claus, and plots that borrow from the Biblical tale of Moses to Charles Dickens' *A Christmas Carol.* […] [T]he result is pastiche rather than parody because these images and themes are appropriated without comment, without a critical point of view towards them. (Morreale 1998, S. 82).

Während GAME OF THRONES bzw. die der Serie zugrundeliegende Buchreihe *A Song of Ice and Fire* (George R. R. Martin, seit 1996) antike, mittelalterliche und frühneuzeitliche Versatzstücke mit Elementen aus dem Horror-Genre (Zombies), der Fantasy (Drachen, Magie) und der Science Fiction (Zeitreisestrukturen) zu einem homogenen und nahtlos wirkenden Ganzen zu vermengen versucht und zusätzlich auf moderne transmediale Formen des ‚**Worldbuildings**' setzt

6.1 Intermediale Formzitate in GAME OF THRONES 1995 STYLE 243

(vgl. Steiner 2013, Spiegel u. a. 2020; s. Abschn. 3.2), stellt *Xena* die Heterogenität ihres **postmodernen Zitatkosmos** ostentativ und durchaus selbstironisch aus. Hunter Sanders' Remix überträgt diese Geste gewissermaßen auf GAME OF THRONES und entlarvt so grundlegende strukturelle Ähnlichkeiten. Dafür entfernt er all das, wofür GAME OF THRONES von Fans und Kritiker/innen eigentlich geschätzt wird: die ambivalenten Figuren, das permanente Unterlaufen von Genre-Konventionen, die damit verbundene Unberechenbarkeit und komplexe Vielschichtigkeit sowie die recht düstere Grundstimmung. Vielmehr scheint die Szenenauswahl leichte Unterhaltung für die ganze Familie zu versprechen: Die provokative Darstellung von Sex und Gewalt, für die GAME OF THRONES mehr noch als andere HBO-Serien berüchtigt ist (vgl. Spiegel 2016), bleibt im Remix komplett ausgespart.

All dies entspricht dem gewählten Jahr 1995, das in vielerlei Hinsicht ein zentrales Jahr ist für die Entwicklung der Drama-Fernsehserie hin zu dem, was häufig als ‚Quality TV' bezeichnet wird: Es ist die Zeit der grundsätzlichen Neuausrichtung des amerikanischen Pay-TV-Senders HBO, dessen Geschäftsmodell zuvor in der Ausstrahlung von Kinofilmen ohne Werbeunterbrechungen und der Produktion aufwändigerer Fernsehfilme bestand. Durch die massenhafte Verbreitung des Videorekorders in amerikanischen Haushalten geriet dieses Geschäftsmodell ab den frühen 1990er Jahren jedoch zunehmend in eine Krise: Dank der zahlreich entstehenden Videotheken und der gleichzeitigen Konjunktur von Kaufvideos war werbefreier Filmgenuss zuhause nun nicht mehr exklusives Privileg der Kabelsender-Kund/innen. Bereits zu diesem Zeitpunkt konnte HBO seine spätere Rolle als „prototypischer Katalysator, der [...] die medientechnischen Modernisierungsmaßnahmen vor allem unter Prämissen der Ökonomiesteigerung und Gewinnmaximierung frühzeitig als notwendig erkannte und entsprechend vorantrieb" (Stollfuß 2012, S. 101), unter Beweis stellen. Die neue Unternehmensstrategie von HBO setzte daher ab der zweiten Hälfte der 1990er Jahre vermehrt auf die exklusive Ausstrahlung von Serien-Eigenproduktionen, die aufgrund ihrer provokativen Inhalte nicht für das reguläre Fernsehprogramm geeignet waren und auch nicht oder nur mit einiger Verzögerung auf VHS vermarktet wurden. Entsprechend mussten Rezipient/innen, die eine Serie (wie heute üblich) mehr oder weniger am Stück ansehen wollten, die einzelnen Episoden bei ihrer Ausstrahlung selbst auf VHS aufzeichnen.

Dieser **impliziten Kontextualisierung** entsprechend ist der Remix nicht nur im für die prädigitale TV-Ära typischen Seitenverhältnis von 4:3 gehalten, sondern auch schwer gezeichnet durch das charakteristische Rauschen analoger Videokassetten. Zu diesem Grundrauschen kommt zusätzlich fast die gesamte Bandbreite dessen, was VHS-Kassetten an Bildstörungen aufweisen können (vgl. Gfeller et al. 2013 für eine umfangreiche Darstellung der möglichen „Bildstörungen beim analogen Video"): Ausgeblichene und „ausblutende" (d. h. ihre Formkonturen überschreitende) Farben zeigen an, dass es sich um eine Kopie einer Kopie (einer Kopie etc.) handelt. Denn bei Videobändern tritt bei jedem Kopiervorgang eine weitere Qualitätsminderung auf (‚Generationenverlust'), bis irgendwann die Farbinformationen nicht mehr eindeutig einzelnen Zeilen zugeordnet sind. Zudem bewegt sich Bildrauschen vertikal über das Videobild, was mehrere Ursachen haben kann, hier aber wohl eine Banddeformation suggerieren soll, die auf ein vielfach abgespieltes und zurückgespultes Video hinweist (s. Abb. 6.2d). In der Magnetschicht des (imaginären) Videobandes scheinen zudem einzelne Partikel zu fehlen, was in einem geschwächten oder gänzlich ausfallenden Signal (‚Dropout') resultiert.

All diese Störungen sind jedoch nicht ‚natürlich' – also durch Alterung und Benutzung – entstanden, sondern lediglich simuliert bzw. imitiert: Es handelt sich demnach – mit Böhn (2003) – um **intermediale Formzitate** oder – mit Schröter (2013) – um **„transmaterielle Formen"**:

> Während transmediale Formen (wie z. B. narrative Verfahren) gerade keinem Medium insbesondere zugeordnet werden können, verweisen transmateriale Formen dezidiert auf die je ‚spezifische' Materialität (z. B. ein Lens Flare auf ‚Fotografie' oder zumindest auf eine fotografische Optik) eines Mediums, aber in einem anderen medialen Zusammenhang (ebd., S. 94, Herv. i. O.).

Flückiger (2012) hat für den Eindruck dieser spezifischen Materialästhetik den Begriff der **„Videozität"** eingeführt, der nach dem Vorbild von Roland Barthes' (1990 [1964], S. 43) Begriff der „Italianität" modelliert ist: Am Beispiel einer Zeitschriftenreklame für ein Pasta-Fertiggericht beschreibt Barthes den komplexen und meistens subliminal ablaufenden Prozess der Bedeutungskonstitution in alltäglichen Kontexten. Er weist den in der Anzeige vorhandenen bildlichen und sprachlichen Elementen jeweils eigene Konnotationen zu, die in ihrer Gesamtheit die beabsichtigte Werbebotschaft ausmachen: Die Summe der konnotierten Bedeutungen des untersuchten Werbebildes suggeriert demzufolge die „Italianität" des darauf abgebildeten Fertiggerichts (vgl. Baden und Schrey 2017). Flückigers „Videozität" verhält sich zu Video wie Barthes' „Italianität" zu Italien: Es handelt sich lediglich um ein Amalgam aus Erwartungen, affektiven Zuschreibungen und Klischees, also um ein konstruiertes und damit gezielt abrufbares ‚Image'.

Die beschriebenen Effekte lassen sich in Videobearbeitungsprogrammen mit wenig Aufwand über das Ausgangsmaterial legen. Auf YouTube findet man nicht nur entsprechende Remix-Videos, sondern auch zahlreiche Anleitungen, wie man sich seine eigenen ‚VHS-Presets' zusammenstellen kann, wenn sie nicht bereits softwareseitig als sogenannte Retro-Filter (vgl. Schrey 2015) zur Verfügung gestellt werden. Insbesondere gegen solche Formen der **„Autorschaft durch Auswahl aus einem Menü"** (Manovich 2005, S. 10) wird oft der Vorwurf der Inauthentizität oder mangelnden Kreativität erhoben, wobei oft mehr oder weniger explizit auf Jamesons Verurteilung des postmodernen Pastiches als oberflächlicher ‚Plünderung' der Vergangenheit Bezug genommen wird (s. Abschn. 3.5). Doch diese Perspektive scheint hier deutlich zu kurz zu greifen, schon alleine, weil der beschriebene Remix subtil mit den Konventionen des Serienvorspanns und der damit verbundenen Marketing-Mechanismen spielt und durchaus auch kritisches Potenzial zeigt. Insofern ist es auch unerheblich, ob Hunter Sanders die retrodatierenden VHS-Signaturen in GAME OF THRONES 1995 STYLE mit wenigen Mausklicks über das gewählte Ausgangsmaterial gelegt oder aufwändig selbst erstellt hat.

Wichtiger erscheint die Feststellung, dass der Vorspann-Remix nicht einfach nur die Frage stellt, wie die Fantasyserie ausgesehen hätte, wenn sie ungefähr zur Zeit der Neuorientierung des Senders HBO im Jahr 1995 produziert worden und dementsprechend noch anderen Konventionen unterworfen gewesen wäre. Vielmehr imaginiert er auch und vor allem eine Serie aus dem Jahr 1995, die jemand auf einer VHS-Kassette aufgezeichnet hat, die dann häufig abgespielt und verliehen wurde, bevor sie irgendwo auf einem Speicher oder in einem Kellerregal endete, um schließlich Jahre später als Relikt einer vergangenen Epoche wiederentdeckt zu werden. Nostalgisch ist der Remix also gleich in mehrfacher Hinsicht: Er stellt eine Hommage an die fantastischen TV-Serien der 1990er Jahre dar, die aus der Sicht des heutigen Quality TV unterkomplex und naiv wirken, für ein mit diesen Serien sozialisiertes Publikum aber eine gewisse biografische Relevanz erlangt haben und so zum Objekt rückblickender Nostalgie auf die Fernsehserien der eigenen Kindheit werden. So evoziert der Remix des GAME OF THRONES-Vorspanns für dieses Publikum eine Zeit, in der Serienkonsum noch eine ganz andere Rolle gespielt hat und man unter Umständen in Kauf genommen hat, eine Kopie n-ten Grades mit entsprechend stark ausgeprägten Bildstörungen anzuschauen, weil es eben sonst keine Möglichkeiten gab, eine Fernsehserie, die nicht aktuell ausgestrahlt wurde, überhaupt zu rezipieren. Gleichzeitig ruft er eine antizipierende Nostalgie auf, die man in 20 Jahren für die heutigen Serien empfinden könnte. Auch hier spielt das Element der Verfremdung von eigentlich Bekanntem eine große Rolle: Das Verfahren ermöglicht uns eine aus zeitlicher Distanz rückblickende Perspektive auf eine heutige Serie. Somit ließe sich auch hier von einer **Reimagination der Gegenwart als zukünftige Vergangenheit** sprechen, wodurch der Remix durchaus auch entlarvt, zu welchem Grad die aus heutiger Sicht anachronistisch oder naiv wirkenden Genreformeln und die pathetischen Bildkompositionen eben auch in einer Serie wie GAME OF THRONES noch wirksam sind.

6.2 Virgil Widrichs FAST FILM als Datenbanknarrativ

Auch das zweite Fallbeispiel, das hier im größeren Kontext der Remix-Kultur besprochen werden soll, arbeitet ausschließlich mit vorgefundenem Material, wenn auch auf ganz andere Weise als GAME OF THRONES 1995 STYLE. Während letzterer Clip (wahrscheinlich) in wenigen Tagen von einer einzelnen Person am heimischen PC erstellt wurde, um auf YouTube geteilt zu werden, handelt es sich bei FAST FILM (2003) um einen aufwändig produzierten Kurzfilm des österreichischen Regisseurs und Medienkünstlers Virgil Widrich, der mehrere internationale Preise gewonnen hat und an dem ein Team von zeitweise bis zu zwölf Animateur/innen insgesamt zweieinhalb Jahre lang gearbeitet hat, was in Anbetracht einer Laufzeit von nur knapp 14 min selbst für einen Animationsfilm sehr viel ist. Trotz seiner Kürze ist die Dichte sowohl an Einzeltext- als auch Systemreferenzen (s. Abschn. 1.1) enorm hoch, vor allem aber präsentiert FAST FILM eine hochgradig komplexe materialästhetische Reflexion auf die

,Zwischenräume der Medien' (s. Abschn. 2.3), die hier anhand einer kurzen Analyse nachgezeichnet werden soll.

Der Film beginnt mit der Einblendung des Titels, wobei jeder einzelne bunte Buchstabe aus einem anderen Filmplakat herausgerissen worden zu sein scheint. Bereits hier wird also das ästhetische **Prinzip der Rekombination,** das im Laufe des Films immer weiter potenziert wird, ostentativ vorgeführt. Auffällig ist dabei, dass die Ränder der einzelnen Papierschnipsel nicht glatt, sondern ausgefranst sind und leicht flirren. Auch auf der Tonspur knistert es, als käme die Musik von einer sehr alten und zu oft abgespielten Schallplatte. Die nächste Einstellung wechselt zu schwarzweiß, wirkt aber ausgeblichen und extrem körnig, was sich erneut in einem leicht unruhigen Flackern äußert. Es handelt sich jedoch nicht einfach um das charakteristische dezente Rauschen des in jedem Bild zufällig verteilten Filmkorns fotochemischer (analoger) Filmemulsionen, dem wir heute – ähnlich wie den für VHS typischen Bildstörungen aus der letzten Fallstudie – vor allem als „transmateriellen Formen" (Schröter 2013), also in digital simulierter Form, begegnen. Wie schon Widrichs früherer Film COPYSHOP (2001), basiert auch FAST FILM komplett auf per Einzelbildschaltung animierten Papierausdrucken. In einer Zeit, in der die Verdrängung des fotochemischen Films durch die Digitalisierung gerade begann, zu einem virulenten Thema zu werden, weist FAST FILM in die entgegengesetzte Richtung und ersetzt den analogen Film durch das noch ältere und gewissermaßen haptischere Medium Papier.

Damit kehrt er auch den Prozess der Mediengeschichte des Films um: Da in den ersten Jahren der amerikanischen Filmgeschichte ein Copyright nur auf gedruckte Werke angemeldet werden konnte, wurden von zahlreichen Filmen Kontaktkopien auf Papier angefertigt (vgl. Grimm 1999). Viele Filme aus der Zeit vor der Novelle des Copyright-Rechts im Jahr 1912 sind nur dank dieser Praxis überhaupt erhalten geblieben und wurden inzwischen restauriert, also gleichsam zurück in das Medium Film übersetzt. Noch wichtiger für unseren Kontext ist jedoch, dass die Bewegungsillusion des Films, die auf der schnellen Abfolge von üblicherweise 24 Einzelbildern pro Sekunde basiert, in FAST FILM zunächst dekonstruiert wird, um dann aufs Neue erzeugt zu werden. Die natürliche Kontinuität der Realfilmbewegung, die erst durch den Aufnahmeapparat in Einzelbilder zergliedert wurde, wird so ersetzt durch die kontrollierte Bewegung der diskontinuierlichen Stop-Motion-Animation. Insofern handelt es sich sozusagen um einen **,Re-Animationsfilm'.**

Zu sehen ist in der ersten Einstellung nach der Titelsequenz Humphrey Bogart, der kurz zögert, bevor er energisch eine Türe öffnet. Den Montage-Regeln des klassischen Hollywood-Kinos entsprechend sehen wir nach dem nun erfolgenden Schnitt, wie er auf der anderen Seite den hinter der Türe liegenden Raum betritt, allerdings hat sein Trenchcoat bei dieser Passage offenbar die Farbe geändert und ist nun nicht mehr beige, sondern schwarz. Im Sinne des sogenannten Continuity-Editings (vgl. Bordwell und Thompson 2015 [1988]) wäre das ein Anschlussfehler: eine Störung, die – wenn sie bemerkt wird – das Publikum aus der filmischen Illusion zu reißen vermag. Im Fall von FAST FILM soll diese **Diskontinuität** freilich registriert werden, denn der Garderobenwechsel beruht darauf, dass hier Material aus zwei unterschiedlichen Bogart-Filmen miteinander kombiniert wurde – in diesem Fall BULLETS OR BALLOTS (1936, R.: William Keighley) und THE BIG SLEEP (1946, R.: Howard Hawks). Beim Durchschreiten der Tür ist der Protagonist demnach strenggenommen um zehn Jahre gealtert.

Schon in diesen ersten Sekunden ‚zitiert' FAST FILM nicht nur diese beiden konkreten Filme, sondern spielt strukturell gleichzeitig auf zwei weitere an: Bereits 1982 kombinierte Carl Reiner für DEAD MEN DON'T WEAR PLAID Szenen aus Klassikern des Film Noir der 1940er Jahre mit neu gedrehten Szenen, wobei ein beträchtlicher Teil des Witzes dieses bereits als Cento-Film vorgestellten Werks (s. Abschn. 2.1.3) darin bestand, dass durch den geschickten Schnitt ebenfalls verschiedene von Bogart gespielte Figuren zu einer einzigen zusammengelegt wurden. Die zweite Anspielung betrifft die Art und Weise, wie hier mit der durchschrittenen Türe die „Naht zwischen den Einstellungen" (Blümlinger 2009, S. 100) betont wird, wodurch **das Prinzip des unsichtbaren Schnitts,** der wichtigsten Regel des klassischen Hollywoodkinos, zugleich ausgestellt und unterlaufen wird. Matthias Müllers HOME STORIES, eine „siebenminütige Collage aus klassisch-melodramatischen Szenen weiblichen Wartens und häuslichen Eingesperrtseins" (ebd., S. 101) hatte 1990 bereits in ähnlicher Art und Weise Szenen aus verschiedenen Filmen aneinandergereiht.

Jedoch ist der **Status der Intertextualität** bei FAST FILM im Wortsinn ‚verwickelter'. Direkt nach den bislang beschriebenen ersten Sekunden des Films macht sich ein erstes Irritationsmoment bemerkbar: Ein Riss geht schräg durch das Bild, das inzwischen eine Szene aus DARK PASSAGE (1947, R.: Delmer Daves) mit der wartenden Lauren Bacall zeigt, synchron dazu hören wir auch auf der Tonspur das Geräusch reißenden Papiers (s. Abb. 6.3a). Bis Bogart und Bacall sich küssen, treten die Risse und Erschütterungen immer deutlicher in den Vordergrund, das Bild sieht zunehmend zerknittert aus, wie ein zusammengeknülltes Stück Papier, das wieder auseinandergefaltet wurde. Nach einem weiteren Schnitt küsst Bogart plötzlich nicht mehr Bacall, sondern Mary Astor – eine Szene aus dem Film THE MALTESE FALCON (1941, R.: John Huston).

Bis zu diesem Moment unterscheidet sich FAST FILM noch nicht radikal von anderen **Found-Footage-Filmen,** die Material unterschiedlicher Provenienz seriell aneinander montieren. Doch nun beginnt ein Transformationsprozess, der nur schwer zu beschreiben ist. Die Nahaufnahme von Astors Gesicht wird von einem vertikalen Riss durchzogen, das Bild teilt sich entlang dieser Linie, gibt den Blick auf ein weiteres darunterliegendes Filmbild frei (s. Abb. 6.3b), das sich zu einem dreidimensionalen Objekt verfaltet (s. Abb. 6.3c), bis es schließlich als Eisenbahnwaggon zu erkennen ist, in dem die ‚eingefaltete' Protagonistin offenbar entführt wird. In einer Split-Screen-Einstellung ist links Bogart in IN A LONELY PLACE (1950, R.: Nicholas Ray) zu sehen, rechts das ikonische Monument Valley im Süden der USA in einer Aufnahme aus John Fords Westernfilm THE SEARCHERS (1956). Von rechts betritt nun ein Origami-Pferd (zunächst aus unbedrucktem Papier gefaltet) das Bild, das dadurch plötzlich eine neue Tiefendimension bekommt (s. Abb. 6.3d). Nun wiederholt sich die Eingangssequenz mit der Türe zwischen BULLETS OR BALLOTS und THE BIG SLEEP, allerdings öffnet sich

Abb. 6.3 a–f: Screenshots aus FAST FILM, 2003

die Türe nun *in* dem animierten Papier-Pferd, das nun also aus denselben Ausdrucken von THE BIG SLEEP zusammengefaltet ist, die wir bereits zuvor gesehen haben (s. Abb. 6.3e). Es beginnt eine wilde Verfolgungsjagd, die sich über die restlichen zwölf Minuten von FAST FILM erstreckt (s. Abb. 6.3f).

Versucht man, die **medialen Transformationsprozesse** (Paech 1998) zu beschreiben, die das Ausgangsmaterial durchlaufen hat, wird der immense Produktionsaufwand deutlich: Zunächst sichteten Widrich und sein Team nach eigenen Angaben ca. 2000 Filme – größtenteils Hollywoodproduktionen –, und katalogisierten sie nach brauchbaren Szenen in einer Datenbank. Dann suchten sie Sequenzen aus insgesamt etwa 400 Filmen aus, die zum geplanten einfachen Handlungsbogen des Kurzfilms am besten passten. Diese Szenen wurden dann am Computer in Einzelbilder zerlegt, die mit einem handelsüblichen Laserdrucker ausgedruckt wurden. Diese Ausdrucke wiederum wurden weiter unterteilt in einzelne Bildteile, die ausgeschnitten oder – in den meisten Fällen

6.2 Virgil Widrichs FAST FILM als Datenbanknarrativ

– ausgerissen wurden, um eine raue und ungenaue Ästhetik zu erzielen. So wurden insgesamt rund 65.000 Papierobjekte gefaltet, die dann in ebenfalls handgemachten Dioramen (bestehend aus Landschaftsaufnahmen aus Filmen) aufgestellt wurden, um mit einer Digitalkamera Bild für Bild fotografiert werden zu können. Diese einzelnen Fotos wurden am Computer schließlich wieder zu einem Film zusammengesetzt. Auch in dieser Hinsicht kehrt FAST FILM gewissermaßen die filmhistorische Entwicklung um: Während der Einsatz von zunehmend fotorealistischer CGI (*computer generated imagery*) die Arbeit der Animateur/innen zunehmend unsichtbar macht, wie Paul Wells (2002, S. 5) beklagt, macht Widrich sie wieder sichtbar. Trotz der digitalen Postproduktion ist der entscheidende Faktor für die Ästhetik von FAST FILM sein handgemachtes und zerknittertes Aussehen, seine emphatisch altmodische Ungenauigkeit, die vor allem durch das Zerreißen des Papiers erreicht wurde.

Das Resultat dieses komplizierten Produktionsprozesses ist ein **Animationsfilm, der aus Realfilmen besteht** (vgl. Bruckner 2013). Doch während etwa in WHO FRAMED ROGER RABBIT (1988, R.: Robert Zemeckis) – und zahlreichen ähnlichen Hybridfilmen, die Live-Action und Animation miteinander kombinieren – ein Konflikt zwischen den beiden im Filmbild anwesenden ontologischen Registern inszeniert wird, wodurch dann oft Komik entsteht, verzichtet FAST FILM konsequent auf die direkte und einfache Konfrontation von Animation und Live-Action als sich entgegengesetzten Welten und das damit verbundene intermediale Reflexionspotenzial (vgl. Schrey 2010). Er unterwirft das Realfilmmaterial den Regeln des Animationsfilms und verweist so darauf, dass von einem bestimmten Standpunkt aus aller Film Animation ist, was den Realfilm letztlich zu einem ‚Sonderfall' degradiert (s. Abschn. 2.4.3).

Das – aus der Perspektive der Intermedialitätsforschung – eigentlich Radikale an Widrichs Experiment ist jedoch zweifellos das, was Jon Davies (2006, S. 37) als **„break-up of the single frame"** bezeichnet hat. Während die Filmtheorie meist die einzelne Einstellung, also die Sequenz zwischen zwei Schnitten, als kleinste bedeutungstragende Einheit des Films beschrieben hat, galt das einzelne Bildkader als abstrakte Größe, die für das Publikum stets unsichtbar bleiben muss – in vordigitalen Zeiten konnte es nur außerhalb des Projektors direkt auf dem Filmstreifen eingängiger betrachtet werden, da die Projektion von fotochemischem Film eine konstante Bewegung verlangt (vgl. Paech 2002). 1927 bezeichnete Boris Ejchenbaum das einzelne Filmbild daher als „eine Art Atom des Films" (Ejchenbaum 2005 [1927], S. 42), nicht nur weil es in der Regel unterhalb unserer Wahrnehmungsschwelle bleibt, sondern vor allem auch weil es als im Wortsinn unteilbare Einheit aufgefasst wurde – freilich noch bevor die Entdeckung der Kernspaltung den Begriff des Atoms *ad absurdum* führte.

Widrich reiht nicht einfach Szenen verschiedener Filme aneinander; er kombiniert sein heterogenes Ausgangsmaterial auf verschiedenen visuellen Ebenen ein und desselben Filmbildes und ermöglicht so ein komplexes Zusammenspiel der verschiedenen **Samples** – dieser Begriff (s. Abschn. 3.4) scheint hier treffender zu sein als aus der Literaturwissenschaft kommende Konzepte. Zwar besteht FAST FILM ähnlich wie ein Cento-Gedicht aus lauter

Zitaten, allerdings wird eine solche auf der eindimensionalen Linearität von geschriebenen Texten beruhende Beschreibung der Komplexität der Konstellation nicht gerecht, da zu jedem gegebenen Moment mehrere solcher Samples gleichsam übereinandergeschichtet werden (s. Abb. 6.4a, b). Insofern ist der Prozess am ehesten mit einer **Mehrspuraufnahme** in der Musik vergleichbar. Anders als bei Zitaten üblich werden die entlehnten Elemente in FAST FILM zudem vollständig aus ihrem ursprünglichen Kontext herausgerissen (etwa wenn Bogart durch die Tür schreitet und im Körper des Origami-Pferdes wieder erscheint). Mitunter ist Material aus bis zu dreißig unterschiedlichen Filmen gleichzeitig zu sehen. In mehreren Interviews berichtet Widrich ausführlich über den Produktionsprozess und geht dabei auch auf die Rolle des Sounds ein, der nach einem ganz ähnlichen Prinzip funktioniert:

> Frédéric Fichefet, der den Ton für FAST FILM kreiert hat, geht ähnlich vor wie wir beim Bild. Der Ton wird aus Samples kreiert, man nimmt Klangwelten aus verschiedenen Werken und baut eine neue daraus zusammen. Auch hier haben wir aus tausenden Filmen Töne gesammelt und nach Geräuschen sortiert – Züge, die beim Anfahren quietschen, Züge, die beim Anfahren nicht quietschen und ähnliche Dinge. Der Ton besteht aus hunderten Tonspuren, die in Summe dann den Gesamtklang von FAST FILM ausmachen. (Schiefer 2003, o.S.)

FAST FILM ist eine nostalgische Tour de Force, die stereotype Szenen und Töne aus einem ganzen Jahrhundert Filmgeschichte miteinander korrespondieren lässt. Zentral ist dabei die Tatsache, dass die Originalfilme, aus denen die Samples entnommen wurden, für das Publikum prinzipiell noch erkennbar sind, während

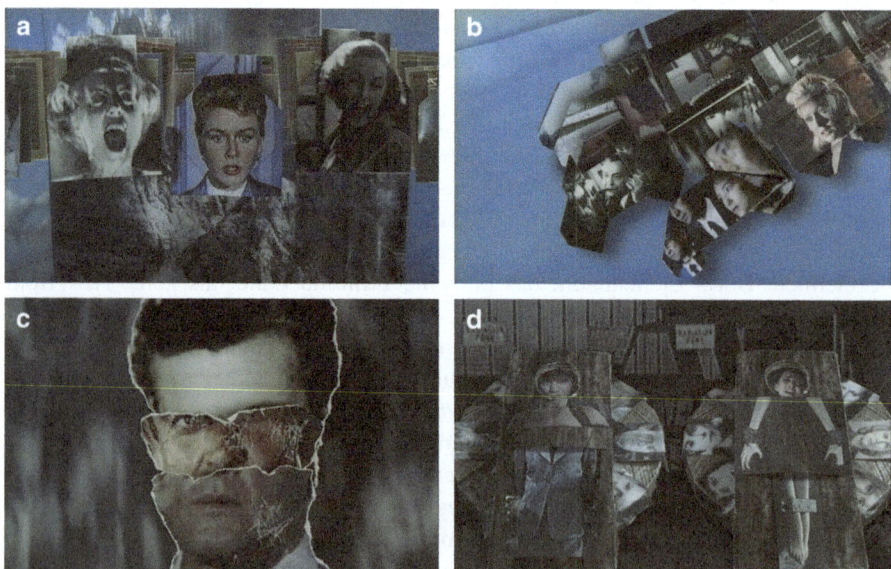

Abb. 6.4 a–d: Screenshots aus FAST FILM, 2003

6.2 Virgil Widrichs Fast Film als Datenbanknarrativ

es gleichzeitig von der schieren Menge an Verweisen kognitiv gezielt überfordert wird. Im Interview sagt Widrich dazu: „Wenn man auf drei Fernseher, die verschiedene Programme zeigen, gleichzeitig schaut, dann gibt es vier Filme: den Raum, in dem die Fernseher stehen, und jeweils einen Film im Fernseher. Je nachdem, worauf ich mich konzentriere, entsteht ein neuer Film aus diesen vier Elementen. Und Fast Film funktioniert ähnlich" (Schiefer 2003, o.S.).

Diese **Schichtenlogik** führt zu einem eigentümlichen Rezeptionsprozess: Während man der einfachen Handlung folgt, entfaltet sich gleichzeitig eine enorme Menge weiterer, erinnerter Geschichten an Filmerlebnisse, die zu neuen Zusammenhängen verdichtet werden. Um diesen Prozess zu begünstigen, setzt Widrich vorwiegend auf Schlüsselszenen aus bekannten Klassikern des Genre-Kinos. Dabei wird die Handlung von Fast Film selbst zu einer Art Destillat der Filmhandlungen des Ausgangsmaterials. So werden die **isomorphen Strukturen** dieses ursprünglich sehr heterogenen Sortiments an gesampelten Filmen freigelegt und **universelle Genre-Muster** erkennbar. Denn so sprühend vor kreativen Ideen die Form des Films ist, so generisch ist seine Handlung. Sie lässt sich ungefähr so zusammenfassen: Am Anfang steht ein glückliches Paar, dann wird die Frau von archetypischen Bösewichten entführt. Der männliche Held nimmt die Verfolgung auf und folgt ihnen in die Zentrale des Bösen, befreit die Frau und flieht gemeinsam mit ihr, nun wiederum verfolgt von den berühmtesten Monstern der Filmgeschichte. Als die Flucht gerade endgültig zu scheitern droht, wird das Paar buchstäblich in letzter Sekunde von Verbündeten gerettet.

Es ließe sich behaupten, dass Widrich die stereotypen Erzählmuster Hollywoods offenlegt und dekonstruiert, indem er zeigt, wie simpel ihre Formel ist und wie austauschbar ihre Figuren und Schauplätze sind, was die Kulturkritik natürlich schon immer wusste: Das „unablässig Neue", das die Kulturindustrie Theodor W. Adorno (1999 [1963], S. 203–204) zufolge offeriert, „bleibt die Umkleidung eines Immergleichen; überall verhüllt die Abwechslung ein Skelett, an dem so wenig sich änderte wie am Profitmotiv selber, seit es über Kultur die Vorherrschaft gewann". Tatsächlich wechseln die Figuren in Fast Film ständig: Im einen Augenblick ist der männliche Held noch Humphrey Bogart, im nächsten Cary Grant, dann Rod Taylor, Sean Connery, Harrison Ford usw. Dasselbe gilt für die weibliche Hauptfigur, deren Aufgabe vor allem darin besteht, entführt und gerettet zu werden. Allerdings fehlt dem Film jegliche elitär-avantgardistische Perspektive, die verächtlich auf die schematischen Hollywoodproduktionen herabblickt. Fast Film ist eher eine Hommage an das klassische Erzählkino, geprägt von einer regelrecht **„obsessiven Cinephilie"** (Davies 2006, S. 35, unsere Übersetzung).

Wichtiger als die Handlung ist das **Tempo,** wie schon der Titel des Films verrät: Er ist voll von Verfolgungsjagden mit unterschiedlichen Fahrzeugen. Doch während die Filmszenen, aus denen die Papierobjekte gefaltet sind, nicht chronologisch geordnet sind, folgen die von den Figuren benutzten Transportmittel einer ausgeprägten Beschleunigungslogik: Der Held startet auf einem Pferd und steigt auf einen Zug um, später fährt er ein Auto und schließlich steuert er ein Flugzeug. Fast Film ist jedoch nicht nur eine Liebeserklärung an das Erzählkino, sondern gleichzeitig auch an eine diesem vorgängige Form des Filmemachens, die in den ersten Jahren des 20. Jahrhunderts, als der Film noch ein neues Medium war, vorherrschte. Diese Periode, die etwa bis 1906 reichte, wird mit einem von Tom Gunning (1986) eingeführten Begriff als **„Kino der Attraktionen"** bezeichnet. In diesem frühen Modus der Filmproduktion bietet die erzählte Geschichte lediglich eine Art Vorwand, um die gleichsam magischen Möglichkeiten der bewegten Bilder zu präsentieren. Dieses „Kino der Attraktionen" verwendet deshalb wenig Energie darauf, Figuren mit psychologischer Tiefe auszustatten, wie Gunning schreibt. Bewegung und Spektakel waren die Attraktionen, die die Leute zum Staunen brachten. Zwar wurde das Kino der Attraktionen Gunning zufolge durch das Erzählkino mit seinem Continuity-Editing verdrängt, in bestimmten Genres wie etwa dem Action-Film und vor allem auch in der Gattung des Animationsfilms hat es jedoch noch eine gewisse Nischenexistenz behauptet.

Tatsächlich setzt FAST FILM auf genau diesen Effekt des Staunens. Anders als das Gros der experimentellen Found-Footage-Filme geht es hier nicht darum, einen vorgefundenen Sinn zu brechen oder zu demaskieren, latente Bedeutungsdimensionen manifest zu machen etc. Die Figuren mit ihren schwankenden Persönlichkeiten (s. Abb. 6.4c) erlauben nicht mehr als eine oberflächliche Identifikation und die oben geschilderte Handlung ist lediglich ein Vehikel für das materialästhetische Experiment, das gewissermaßen die syntagmatische Ebene der paradigmatischen unterordnet. Der Film ließe sich daher mit dem Begriff der **„Database Logic"** (Manovich 2001, S. 218–243) beschreiben. Wie bereits erwähnt bestand der erste Arbeitsschritt der Produktion des Films in der Verschlagwortung von 2000 Filmen in einer digitalen Datenbank. Die gesamte Filmgeschichte wird hier nicht nur als Datenbank begriffen, sondern tatsächlich auch in eine solche überführt. Diesen Prozess wiederum reflektiert FAST FILM auch auf der Handlungsebene, indem er den Selektionsprozess zwischen den verschiedenen möglichen Elementen – also die **paradigmatische Ebene der Erzählung** – ganz manifest macht, wenn er etwa die entführte Protagonistin in einer Konstruktion zeigt, mit deren Hilfe ihr die Gesichter verschiedener Filmstars aufgesetzt werden (s. Abb. 6.4d). Lev Manovich (2001, S. 234, unsere Übersetzung) hatte die These aufgestellt, dass die Logik des Computers zur Logik der Kultur im Allgemeinen geworden sei und die modernen Medien (zu denen er auch den Film zählt) zu einem „Schlachtfeld für den Wettbewerb zwischen Datenbank und Erzählung". Marsha Kinder (2003, S. 348–349) dagegen präsentiert mit dem Begriff der „Database Narratives" eine weniger martialische Perspektive auf diese beiden Pole:

> In contrast, I see database and narrative as two compatible structures whose combination is crucial to the creative expansion of new media, since all narratives are constructed by selecting items from databases (that usually remain hidden), and then combining these items to create a particular story.

Wie auch in Hinblick auf so viele andere dichotom gedachte Unterscheidungen lässt sich auch in diesem Fall FAST FILM nicht eindeutig einer Seite zuordnen. Die Diachronizität der Narration trifft hier auf die Synchronizität der digitalen Datenbank, das Mainstream-Kino auf den Experimentalfilm. Darüber hinaus ließe sich der Film auch auf der zentralen Verwerfungslinie sowohl der Intertextualitäts-

als auch der Intermedialitätstheorie verorten: Denn genauso wie er ganz konkret auf benennbare Einzelwerke, erzählerische Konventionen und Genres verweist, führt er durch die Quantität dieser Verweise und den Rückgriff auf die klassische **Heldenreise als transmedialen Mythos** gewissermaßen wieder zurück zu Kristevas breitem Verständnis von Intertextualität, demzufolge Kultur als Gewebe von Verweisen zu verstehen ist, das keine genialischen Schöpfungsakte vorsieht (s. Abschn. 1.2.2). Ähnliches lässt sich auch in Bezug auf die Intermedialitätstheorie festhalten: FAST FILM ist nicht nur eine komplexe Reflexion auf das Verhältnis unterschiedlicher Medialitäten (etwa von Papier und Film oder Realfilm und Animationsfilm etc.), sondern vor allem auch darauf, dass diese nicht essenziell zu denken sind. So bietet sich der Film einerseits für grundsätzliche theoretische Überlegungen über (Inter-)Textualität bzw. Medialität an, lässt sich andererseits aber auch im Sinne der jeweiligen Operationalisierungen der Konzepte noch gewinnbringend analysieren.

Literaturverzeichnis

Adorno, Theodor W.: „Résumé über Kulturindustrie". In: Claus Pias/Joseph Vogl/Lorenz Engell/Oliver Fahle/Britta Neitzel (Hg.): *Kursbuch Medienkultur. Die maßgeblichen Theorien von Brecht bis Baudrillard*. Stuttgart 1999, 202–208.

Baden, Sebastian/Schrey, Dominik: „‚It's Time for Another Revolution'. Revolutionität in der Automobilwerbung". In: Martina Allen/Ruth Knepel (Hg.): *Poetik und Poesie der Werbung. Ästhetik und Literarizität an der Schnittstelle von Kunst und Kommerz*. Bielefeld 2017, 103–120.

Barthes, Roland: „Die Rhetorik des Bildes" [franz. 1964]. In: *Der entgegenkommende und der stumpfe Sinn. Kritische Essays III*. Frankfurt a. M. 1990, 28–46.

Bee, Julia: „Dramatisierungen des Anfangens. Die Intros von *Homeland*, *True Blood* und *True Detective*". In: Adam Czirak/Gerko Egert (Hg.): *Dramaturgien des Anfangens*. Berlin 2016, 75–105.

Beil, Benjamin/Engell, Lorenz/Schröter, Jens/Schwaab, Herbert: „Die Fernsehserie als Reflexion und Projektion des medialen Wandels". In: Friedrich Krotz/Andreas Hepp (Hg.): *Mediatisierte Welten*. Wiesbaden 2012, 197–223.

Blümlinger, Christa: *Kino aus zweiter Hand. Zur Ästhetik materieller Aneignung im Film und in der Medienkunst*. Berlin 2009.

Böhn, Andreas (Hg.): *Formzitat und Intermedialität*. St. Ingbert 2003.

Bordwell, David/Staiger, Janet/Thompson, Kristin: *The Classical Hollywood Cinema. Film Style & Mode of Production to 1960*. London 2015.

Buhse, Eric: *Der Vorspann als Bedeutungsträger. Zu einer zentralen Strategie zeitgenössischer Fernsehserien*. Darmstadt 2014.

Bruckner, Franziska: „Hybrides Bild, hybride Montage". In: *Montage/AV. Zeitschrift für Theorie und Geschichte audiovisueller Kommunikation* 22/2 (2013), 58–78.

Davies, Jon: „Action, Animation, Archival Abyss. Virgil Widrich's Fast Film". In: *Animation Journal* 14 (2006), 26–43.

Ejchenbaum, Boris: „Probleme der Filmstilistik". In: Wolfgang Beilenhoff (Hg.): *Poetika Kino. Theorie und Praxis des Films im russischen Formalismus*. Frankfurt a. M. 2005, 20–55.

Fahlenbrach, Kathrin/Flückiger, Barbara: „Immersive Entryways into Televisual Worlds. Affective and Aesthetic Functions of Title Sequences in Quality Series". In: *Projections* 8/1 (2014), 83–104.

Flückiger, Barbara: „Materialmix als ästhetisches und expressives Konzept". In: Philipp Brunner/Jörg Schweinitz/Margrit Tröhler (Hg.): *Filmische Atmosphären*. Marburg 2012, 73–90.

Genette, Gérard: *Paratexte. Das Buch vom Beiwerk des Buches* [franz. 1987]. Frankfurt a. M. 1989

Gfeller, Johannes/Jarczyk, Agathe/Phillips, Joanna (Hg.): *Kompendium der Bildstörungen beim analogen Video // Compendium of Image Errors in Analogue Video*. Zürich 2013.

Grimm, Charles ‚B.': „A Paper Print Pre-History". In: *Film History* 11/2 (1999), 204–216.

Gunning, Tom: „The Cinema of Attractions. Early Film, Its Spectator and the Avantgarde". In: *Wide Angle* 8/3–4 (1986), 63–70.

Hartwig, Lili: „You'll Never See This on the Silver Screen. The Film Trailer as a Template for the Appropriation and Transformation of Hollywood Movies". In: Kathleen Loock/ Constantine Verevis (Hg.): *Film Remakes, Adaptations and Fan Productions. Remake/ Remodel*. Basingstoke 2012, 215–230.

Jahn-Sudmann, Andreas/Starre, Alexander: „Die Experimente des Quality TV. Innovation und Metamedialität in neueren amerikanischen Serien". In: Susanne Eichner (Hg.): *Transnationale Serienkultur. Theorie, Ästhetik, Narration und Rezeption neuer Fernsehserien*. Wiesbaden 2013, 103–119.

Kinder, Marsha: „Designing a Database Cinema". In: Jeffrey Shaw/Peter Weibel (Hg.): *Future Cinema. The Cinematic Imaginary After Film*. Cambridge 2003, 346–353.

Manovich, Lev: *Black Box – White Cube*. Berlin 2005.

Manovich, Lev: *The Language of New Media*. Cambridge 2001.

Morreale, Joanne: „*Xena: Warrior Princess* as Feminist Camp". In: *The Journal of Popular Culture* 32/2 (1998), 79–86.

Paech, Joachim: „Paradoxien der Auflösung und Intermedialität". In: Hubertus von Amelunxen/ Martin Warnke (Hg.): *HyperKult. Geschichte, Theorie und Kontext digitaler Medien*. Basel 1997, 331–367.

Paech, Joachim: „Intermedialität. Mediales Differenzial und transformative Figuration". In: Jörg Helbig (Hg.): *Intermedialität. Theorie und Praxis eines interdisziplinären Forschungsgebiets*. Berlin 1998, 14–30.

Paech, Joachim: „Figurationen ikonischer n…Tropie. Vom Erscheinen des Verschwindens im Film". In: *Der Bewegung einer Linie folgen… Schriften zum Film*. Berlin 2002, 112–132.

Schiefer, Karin: „Virgil Widrich im Gespräch über Fast Film" (2003), https://www.austrianfilms.com/news/bodyvirgil_widrich_im_gespraech_ueber_fast_filmbody (14.09.2020).

Schrey, Dominik: „Zwischen den Welten. Intermediale Grenzüberschreitungen zwischen Animations- und Realfilm". In: *Filmblatt* 41 (2010), 4–21.

Schrey, Dominik: „Retrofotografie. Die Wiederverzauberung der digitalen Welt". In: *MEDIENwissenschaft. Rezensionen, Reviews* 1 (2015), 9–26.

Schrey, Dominik: *Analoge Nostalgie in der digitalen Medienkultur*. Berlin 2017.

Schröter, Jens: „Medienästhetik, Simulation und ‚Neue Medien'". In: *Zeitschrift für Medienwissenschaft* 8 (2013), 88–100.

Spiegel, Simon: „‚Everything in the world is about sex, except sex. Sex is about power.' Die Funktion der Sexpositionen in *GOT*". In: Markus May/Michael Baumann/Robert Baumgartner/ Tobias Eder (Hg.): *Die Welt von ‚Game of Thrones': Kulturwissenschaftliche Perspektiven auf George R.R. Martins ‚A Song of Ice and Fire'*. Bielefeld 2016, 369–384.

Spiegel, Simon/Illger, Daniel/Lötscher, Christine/Mittermeier, Sabrina/Baumann, Michael/Kalbermatten, Manuela/Brüns, Elke: „Forum *Game of Thrones*". In: *Zeitschrift für Fantastikforschung* 8/1 (2020), 1–36.

Steiner, Tobias: „Transmediales Erzählen im narrativen Universum von *Game of Thrones*". In: *Journal of Serial Narration on Television* 4 (2013), 53–61.

Stollfuß, Sven: „‚Always Already New'!? American Quality Television und Fernsehtheorie. Ein Baustellenbericht". In: Sven Stollfuß/Monika Weiß (Hg.): *Im Bild bleiben. Perspektiven für eine moderne Medienwissenschaft*. Darmstadt 2012, 89–112.

Tryon, Chuck: *Reinventing Cinema. Movies in the Age of Digital Convergence*. New Brunswick 2009.

Wells, Paul: *Animation. Genre and Authorship*. London 2002.

Personenregister

A
Aarseth, Espen J., 126, 133
Adorno, Theodor W., 16, 78, 79, 166, 180, 182, 251
Allen, Graham, 20, 25, 26
Allen, Woody, 85, 118
Aptekar, Ken, 33
Aristoteles, 13, 53, 149, 155
Assmann, Jan, 36
Augustinus, 34, 35

B
Bachtin, Michail, 20–32, 36, 38, 40, 56, 82, 196
Bal, Mieke, 33
Barth, John, 55
Barthes, Roland, 20, 26–30, 38–41, 244
Bass, Saul, 239
Baudry, Jean-Louis, 102, 103, 107
Bazin, André, 103, 122
Benjamin, Walter, 160
Benthien, Claudia, 124, 162
Berndt, Frauke, V, VI, 2, 20, 22, 27, 95, 96, 99, 100
Beyer, Marcel, 173
Bloom, Harold, 40–43
Boehm, Gottfried, 68, 70, 161, 162
Bogart, Humphrey, 246, 247, 250
Bolter, David Jay, 109
Bordwell, David, 159
Borges, Jorge Luis, 8, 9, 55
Botkin, B. A., 210–212
Boyle, T. C., 98
Brakhage, Stan, 121
Broich, Ulrich, 4, 8, 35, 52, 53
Bryson, Norman, 70, 71
Buddha (Siddhārtha Gautama), 34, 35
Buhse, Eric, 239
Burkholder, J. Peter, 81
Burroughs, William S., 48, 50, 51, 168, 199

C
Cage, John, 168
Campe, Rüdiger, 39, 40
Chanen, Brian W., 132
Chion, Michel, 165, 168
Clare, Jennifer, 39
Coover, Robert, 50, 56, 193–218
Cope, Jackson I., 205, 206
Coseriu, Eugenio, 21
Coy, Wolfgang, 113
Crary, Jonathan, 161, 164
Culler, Jonathan, 18, 30, 40, 44

D
da Vinci, Leonardo, 73, 75, 150
Dalí, Salvador, 72
Danielewski, Mark Z., 129–133
Davis, Robert Con, 54, 56
Davis, Whitney, 71, 160
Debray, Régis, 21, 37, 75, 160
DeLillo, Don, 193, 217
Duras, Marguerite, 90

E
Eco, Umberto, 55
Eisenstein, Sergei, 96
Ejchenbaum, Boris, 249
Eliot, T.S., 30–32, 34, 35, 37, 42–44, 46, 48, 51, 53
Elkins, James, 160–162
Elleström, Lars, 111, 112, 114
Ellis, Trey, 98, 99

Erll, Astrid, 173
Ernst, Wolf-Dieter, 179
Eshun, Kodwo, 170
Estes, David C., 209, 213

F

Fahlenbrach, Kathrin, 239
Fahrer, Sigrid, 40, 50, 51
Finscher, Ludwig, 76, 81
Fischer-Lichte, Erika, 149, 153, 178
Fitzgerald, F. Scott, 46–48
Flückiger, Barbara, 239, 244
Fowles, John, 56, 97
Frank, Gustav, 71, 160–163
Frye, Northrop, 114

G

Gance, Abel, 180, 181
Gaster, Theodor H., 203, 204
Gelshorn, Julia, 70
Genette, Gérard, 3–5, 8, 11–13, 17, 20, 21, 32, 33, 38, 44, 45, 53–56, 68, 70, 72, 88, 89, 92, 93, 159, 208, 214, 225, 239
Glaubitz, Nicola, 125, 126
Goethe, Johann Wolfgang von, 6, 7, 9, 10, 13, 14, 156
Goodman, Nelson, 50, 68, 72, 80, 87, 130, 131
Greenberg, Clement, 104, 105, 110
Gross, Sabine, 131
Großmann, Rolf, 78, 166, 167
Grusin, Richard, 109
Gumbrecht, Hans Ulrich, 67, 125, 128
Gunning, Tom, 252
Gysin, Brion, 48–51, 199

H

Haas, Wolf, 222, 232–235
Harte, Bret, 212
Hartmann, Frank, 182
Hayles, N. Katherine, 131
Hennig, R., 78
Hickethier, Knut, 123
Hitchcock, Alfred, 84, 86, 118, 120, 224
Hite, Molly, 210, 212
Hoffmann, E. T. A., 10, 13, 14, 151, 157, 223
Holdenried, Michaela, 9, 224
Holthuis, Susanne, 4, 8, 9
Homer, 53, 155, 156, 214
Hoppe, Felicitas, 8, 9, 221–229, 235

Hopper, Edward, 120
Horaz, 53, 149
Horkheimer, Max, 180, 182
Hugo, Victor, 163
Hutcheon, Linda, 13

I

Iampolski, Mikhail, 86
Isekenmeier, Guido, 72

J

Jameson, Fredric, 174, 175, 244
Jenkins, Henry, 158, 159, 182
Joyce, James, 53, 97
Juvan, Marko, 54–56

K

Kammer, Stephan, 124, 128
Karbusicky, Vladimir, 80–82, 168, 172
Karpenstein-Eßbach, Christa, 161
Kinder, Marsha, 252
King, Martin Luther, 37, 38
Kirchmann, Kay, 104, 106, 108, 109
Kittler, Friedrich, 108, 110, 124, 125, 166, 167
Kleinschmidt, Christoph, 127
Kleinspehn, Thomas, 160
Kracauer, Siegfried, 104, 152
Krämer, Sybille, 128, 176
Kristeva, Julia, 2, 20, 21, 25–30, 32, 36, 38, 44, 82, 88, 101–103, 253
Kühlmann, Wilhelm, 52

L

Lachmann, Renate, 20, 21, 24, 27, 31, 32, 36, 37
Leer, Thomas, 221
Lehr, Thomas, 229–233, 236
Lepa, Steffen, 170
Lerner, Laurence, 53
Leschke, Rainer, 89, 92, 100, 111, 112
Lessing, Gotthold Ephraim, 70, 71, 150, 151, 155
Levine, Sherry, 172
Lincoln, Abraham, 37, 38, 216
Ludes, Peter, 182
Luhmann, Niklas, 102, 105–108
Lukas, Wolfgang, 124, 126, 128
Luther, Martin, 15, 16, 47

M

Mann, Thomas, 15, 16, 229
Manovich, Lev, 123, 171, 244, 252
Mattheson, Johann, 77
McHale, Brian, 127–129
McLuhan, Marshall, 133, 161, 183
Mecke, Jochen, 124, 125, 133
Meinecke, Thomas, 173
Mendelson, Edward, 209
Merkel, Angela, 6, 7
Mersch, Dieter, 108, 111–113
Miller, Paul D., 167
Mitchell, W. J. T., 72, 159–162, 164, 165
Monson, Ingrid, 82
Morgan, Thaïs, 38, 40
Müller, Jürgen E., 88, 111, 183

N

Navas, Eduardo, 167
Nestroy, Johann, 19
Neuber, Wolfgang, 52
Nink, Rudolf, 126, 127
Noé, Günther, 76
Nöth, Winfried, 152, 153
Nutt-Kofoth, Rüdiger, 124, 126, 128

O

O'Donnel, Patrick, 54, 56
O'Sullivan, John, 210, 211
Oraić Tolić, Dubravka, 8, 9, 228
Orr, Mary, 20

P

Paech, Joachim, 89, 92, 98, 101, 102, 104, 106–109, 111, 154, 183, 238, 248
Pearce, Richard, 204
Pelleter, Malte, 170
Pfister, Manfred, 1–5, 8, 20, 22, 28–30, 51, 52, 57, 201
Platon, 149, 157, 177
Plett, Heinrich F., 7, 8, 34
Plinius, 151
Podewski, Madleen, 124, 126, 128
Poe, Edgar Allan, 39, 131
Pound, Ezra, 46
Pynchon, Thomas, 193

Q

Queen, 242

R

Rajewsky, Irina O., 29, 65–67, 88–99, 101, 104, 106, 109, 111, 127, 132, 157, 182, 183
Ricardou, Jean, 44, 45, 48
Rimmele, Marius, 71, 160, 161
Rippl, Gabriele, 65, 94, 95, 162, 163
Robert, Jörg, VI, 88, 92, 147
Rosen, Valeska von, 71, 155
Ruchatz, Jens, 106, 108, 109
Ruttmann, Walther, 180
Ryan, Marie-Laure, 128, 159

S

Samoyault, Tiphaine, 1, 18, 20, 21, 32, 36, 44, 92
Sanders, Hunter, 240–244
Savvas, Theophilus, 205, 206
Schabert, Ina, 40, 43, 44
Schade, Sigrid, 71, 159, 160
Schafer, R. Murray, 165
Schanze, Helmut, 113
Scheit, Gerhard, 178, 179
Schivelbusch, Wolfgang, 163, 164
Schröter, Jens, 101, 109, 110, 114, 128, 167, 181, 183, 244, 246
Scorsese, Martin, 85
Scott, Hugh Arthur, 78
Shakespeare, William, 6, 10, 31, 37, 53–55
Shastri, Sudha, 55
Shusterman, Richard, 68, 125–127
Simon, Claude, 44
Stam, Robert, 86
Sterne, Lawrence, 127
Stiegler, Bernd, 163
Stierle, Karlheinz, 36, 70
Stingelin, Martin, 39, 40, 45, 49, 51
Stocker, Peter, 4, 5, 11
Stoppard, Tom, 6, 54
Strycker, Carl de, 42, 43

T

Tabucchi, Antonio, 96
Tappert, Wilhelm, 77, 78

Till, Dietmar, 41
Tonger-Erk, Lily, V, VI, 2, 20, 22, 26, 27, 95, 96, 99, 100
Turner, J. M. W., 163
Twain, Mark, 209, 212, 213

V
van Sant, Gus, 85
Viol, Claus-Ulrich, 217
Virilio, Paul, 71

W
Wagner, Richard, 32, 78, 178–181
Walzel, Oskar, 151
Warburg, Aby, 69, 173
Wartofsky, Marx W., 161
Wehde, Susanne, 126

Weingart, Brigitte, 124, 162
Wenk, Silke, 71, 159, 160
Werner, Andreas, 182
Widrich, Virgil, 237, 245, 246, 248–251
Wilder, Billy, 86
Wirth, Uwe, 89, 91, 108, 147
Withalm, Gloria, 86
Wolf, Werner, 89, 91, 95, 111, 153
Wölfflin, Heinrich, 151
Wood, Grant, 75, 76

Y
Youngblood, Gene, 181, 182

Z
Zuschlag, Christoph, 69, 71, 131

The manufacturer's authorised representative in the EU is Springer Nature Customer Service Centre GmbH, Europaplatz 3, 69115 Heidelberg, Germany. If you have any concerns regarding our products, please contact ProductSafety@springernature.com

Printed and bound by CPI Group (UK) Ltd, Croydon, CR0 4YY

25/03/2026

02078173-0017